세계사를 바꾼
전염병
13가지

제니퍼 라이트 지음 | 이규원 옮김

안토니누스역병
가래톳페스트
무도광
두창
매독
결핵
콜레라
나병
장티푸스
스페인독감
기면성뇌염
전두엽절제술
소아마비

세계사를 바꾼
전염병
13가지

산처럼

엄마, 아빠에게.
어쩌다 병원 가는 게
그렇게 싫으신가요?

자연적인 것은 병균이다.
나머지―건강, 무결, (이 표현을 선호한다면) 청결―는
모두 인간 의지의 산물이며, 그 의지는 결코 경계를 늦춰서는 안 된다.
- 알베르 카뮈, 『페스트(*La Peste*)』

전율이 느껴져. 점점 커지고 있어. 참을 수 없을 만큼.
- 존 파라, 영화 「그리스(Grease)」 삽입곡 「내가 원하는 건 너야」

| 일러두기 |

1. 이 책은 Jennifer Wright의 *GET WELL SOON: History's Worst Plagues and the Heroes Who Fought Them* (DeFiore and Company Literary Management, 2017) 을 번역한 것이다.
2. 외래어 인명과 지명은 국립국어원의 외래어 표기법에 따라 표기했다.
3. 본문에 설명이 필요한 부분에는 옮긴이 주를 괄호 안에 소개하거나 각주로 달았다.

세계사를 바꾼 전염병 13가지
차례

오직 **당신**만이 역병을 막을 수 있다…

들어가며

역병疫病(대체로 급성이고 집단적으로 크게 유행하는 전염병을 가리킨다—옮긴이)에 관한 책을 쓰고 있다고 말하면 지인들은 현대인의 버릇을 추가하면 어떻겠냐고 선심 쓰듯 제안한다. 특히 "종일 휴대폰만 만지작거린다든지 말이야." 아니면 셀카. 셀카에 관해 한 챕터 쓰라고.

나는 이렇게 대답한다. "아니, 내가 관심 있는 건 온몸에 종기가 생기는 역병이야. 주변 사람이 수도 없이 죽어가는. 인생의 전성기 때 수개월 내로 쓰러져서 말이지. 어쩔 도리도 없이 모든 이가 죽고 모든 것이 파멸해서 지구 전체가 시체로 가득한 방대한 황무지로 변할 거야. 아, 그렇지. 정말 끔찍한 사진이 있는데 좀 볼래?"

그럼 그들은 말한다. "잠깐, 음료 한 잔 더 시키러 가야겠어."

당신이 이 책을 선택해주어 정말 기쁘다. 열심히 이야기해도 과거의 질병에 관해 듣고 싶어 하는 사람은 거의 없으니까. 아마도 역병이 매우 불길하고 또 자신과 동떨어진 것처럼 여겨지기 때문인 것 같다. 차라리 셀카를 좋아한다고 말하는 편이 더 낫다. 즐겁기도 하고 친구들의 웃는 얼굴 사진을 보는 것도 좋다. 그 생생한 모습이란.

우리가 살고 있는 세계에서 **역병**이라는 말은 많은 사람들에게 충격적일 만큼 의미를 갖지 않는 것으로 보인다. 어쩌다 역병에 관해 생각한다고 해도 진흙투성이 오두막이나 6학년 교과서를 연상하거나, 영화광이라면 어처구니없게도 체스를 좋아하는 죽음의 사자使者 캐릭터(잉마르 베리만 감독의 영화 「제7의 봉인」에 등장한다—옮긴이)를 떠올릴 것이다. 선진국 국민은 자신이 양로원에서 90세에 죽을 것이라 기대하는 것 같다. 그럴 만한 이유가 있다. 상황이 변하지 않는다면 2000년에 태어난 아기의 50퍼센트가 100세까지 살 것이기 때문이다.

상황이 변하지 않는**다면** 말이다.

우리는 말도 안 되는 행운의 시대에 살고 있다. 선진국에서는 건강한 젊은이들이 몇천 명이나 희생되는, 대처법을 알 수 없는 질병을 거의 30년 동안 겪지 않았다. 이러한 행운이 다하게 될지 알 수 없지만 —그렇지 않기를 바라지만— 과거에는 늘 그래왔다. 우리는 이 불쾌한 사실을 잊고 싶어 한다. 잊는 게 약이며 아마 인간의 본성일 것이다. 하지만 과거의 역병을 무시하고 모른 채 있으면 언젠가 반드시 발생할 역병에 대해 더욱 취약해질 것이다.

역병이 돌면 놀랄 만큼 올바르게 행동하는 사람들이 있다. 그들은 주위의 죽음과 파멸을 최소화한다. 착하고 용감하며 최상의 인간 본성을 보여준다.

미신에 사로잡힌 미치광이처럼 행동하며 사망자 수를 늘리는 사람들도 있다.

내게 과학 지식이 있어서 질병을 퇴치할 백신이나 치료법에 관해 이야기할 수 있으면 좋겠지만 그렇지 못하다. 이 책은 미래의 노벨상 수상자를 위한 것이 아니다. 그들에게 감명을 받고 응원하기도 하지만, 역병에 대한 신속한 대처는 의사나 과학자의 노력에만 달려 있는 것이 아니기 때문이다. 주말에 늦잠을 자고 영화를 보고 감자튀김을 먹고 평범하지만 멋진 것들을 하기 좋아하는 사람들 즉 우리 모두에게 달려 있는 것이다. 위기가 닥쳤을 때 문명이 제대로 굴러갈지 아닌지는 과학자가 아닌 평범한 시민들이 어떻게 반응하느냐에 달려 있다. 이 책에서 논의하겠지만, 역병에 대해 취해진 대책들은 대부분 놀랍도록 뻔해 보인다. 예컨대 질병에 걸린 사람들을 죄인 취급하고 문자 그대로든 비유적으로든 태워 죽여서는 안 된다. 도덕적으로 말도 안 될 뿐만 아니라 아무런 효과도 없기 때문이다. 이 의견에는 아마 모두가 이론적으로 동의할 것이다. 그런데 갑자기 새로운 역병이 발생하면 우리는 300년 전의 사례로부터 배웠어야 할 똑같은 잘못을 저지르고 만다.

최근에 읽은 역사책에는 과거를 현대의 시점에서 보아서는 안 된다고 쓰여 있었다. 서로 다른 시대를 마치 비엔나소시지처럼 완전히 분리해서 파악하라는 것일 테다. 저자는 시간의 작동 원리에 대한 이해가 근본적으로 결여되어 있음을 보여주려는 것 같았다. 과거는 투명한 유리종 아래 존재하지 않는다. 과거의 순간들, 생각들, 비극들이 현재로 흘러들어오는 것이다. 아아, 하지만 현재의 의식을 이루는 모든 생각이 최선인 것은 아니다. 예를 들어 유대인이 우물에 독을 풀어 가래톳페스트를 퍼뜨렸기 때문에(뒤에서 검토하겠지만 이는 불가능하다) 그들을 증오하는 것이 정당하다고 믿는 사람이 여전히 있다. 음식을 준비하는 사람이 손을 제대로 씻었는지 걱정하는 것은 전염병을 옮긴 요리사 메리 맬런(1869~1938. 미국 최초로 보고된 장티푸스의 무증상 보균자—옮긴이), 일명 장티푸스 메리와 상당한 관계가 있다. 과거의 순간이 그토록 매끄럽게 현재로 침투한다면, 현재의 순간도 과거를 이해하는 데 도움이 될 수 있다. 결국 과거도 현재 못지않게 우스꽝스러웠다. 어느 시대든 구성원은 인간이었다.

나의 큰 바람 중 하나는 현대의 사람들이 과거의 사람들을 조언을 구할 수 있는 친한 (혹은 화나게 하는) 지인으로 여기는 것이다. 과거의 사람들이 무미건조한 교과서에나 나올 법한 2차원 흑백사진이나 그림이 아니었음을 우리는 쉽게 잊어버린다. 그들은 단지 중산모를 쓰고 핏기 없는 얼굴을 한 사람이 아니었다. 살아서 숨 쉬고 농담하고 트림했으며, 기뻐하거나 슬퍼하고 재밌거나 지루하고 멋지거나 아주 고지식했을 것이다. 그들은 자신이 과거를 살았다고는 짐작도 하지 못했다. 모두 현재를 살고 있다고 생각했다. 그렇기에 현재의 여느 사람과 마찬가지로 영리하고 친절하고 의학의 천재인 동시에 끔찍하게 따분한 사람도 있었다. (존 스노(1813~1858. 잉글랜드의 의사로 마취과학의 발전에 기여하고 근대적 역학疫學을 창시했다—옮긴이)의 탁월한 추론을 좋아하지만 절대로 그와 10분 이상 이야기하고 싶지 않다는 사실을 받아들이려고 애쓰고 있다.) 또한 카리스마적이고 매력적인 소시오패스(어느 정도 사회적 교류가 가능한 반사회적 인격장애인—옮긴이)도 있었다. (월터 잭슨 프리먼 2세(1895~1972. 미국의 의사로 전두엽절제술을 전문적으로 실시했다—옮긴이)에게는 과분한 설명이지만 사람들은 그를 좋아했다. 그는 역겨운 인간이었고, 기이한 페니스링을 목에 걸고 있었다. 여러 가지 면에서 그를 좋아해야 할 이유는 없었다.)

이 책에 등장하는 사람들을 이미 죽은 **역사적 인물**이 아니라 (살아 있는) 인간으로 여기길 바란다. 그러면 그들에 대한 개인적인 의견을 가질 수 있다. ―그들도 우리와 별반 다르지 않다. 기막히게 멍청한 몇몇 지식인이 무엇을 주장하려 하든, 현재의 사람들과 관심사가 모두 어리석고 천박한 것이 아닌 것처럼 과거의 사람들과 관심사도 꼭 현명하고 진지한 것은 아니었다. 대중문화에 관해 알고 있다고 해서 어리석은 것은 아니다. 자신이 살고 있는 세계에 관심을 가지고 있는 것이다. 게다가 결핵 환자는 악어 사냥꾼이 되어야 한다고 주장한 자를 알고 나면, 과거의 사람들이 모두 깊은 존경을 받을 만한 진지한 인물이었다고는 생각할 수 없다.

과거의 신비성을 걷어낼수록 ―그리고 과거를 실컷 비웃으며 좋아하는 텔레비전 쇼에 관해 이야기할 때처럼 열정적으로 의견을 주고받을수록― 상황은 더 나아지리라고 나는 늘 기대하고 있다. 언젠가 역병이 들이닥칠 때 트위드 재킷을 입은 나이 든 교수들만이 가짜 영국식 억양으로 (수은을 사랑하고 여자를 증오한) 파라켈수스(1493~1541. 스위스 출신의 의사이자 연금술사로 금속화합물을 의약품에 이용했다―옮긴이)를 논하는 꼴은 보고 싶지 않기 때문이다. 다음 유행이 발생할 때 ―발생하지 않으리라 믿을 만큼 낙천적이지는 않다― 우리가 직면할 과제는 대부분 과거와 동일할 것이다. 오늘날과 미래 사람들의 절대다수가 이 책에 등장하는 뛰어난 인물들처럼 역병에 침착하게 대처한다면 상황은 훨씬 더 나아질 것이다. 솔직히 말해서 트위드 재킷을 입고 억양이 들쑥날쑥한 그자는 제일 먼저 죽을 것이다.

내가 질병 연구에 시간을 쏟는 이유는 과거에 질병과 어떻게 싸웠는지를 알면 미래에도 도움이 될 거라고 생각하기 때문이다. 미래까지 살아갈 작정이라면 여러분도 그렇게 하길 바란다.

그리고 걱정 마시라. 음료 한 잔 더 시키러 달아나지 않아도 될 테니. 끔찍한 사진은 넣지 않을 것이다. 상당한 역경이 있겠지만, 인류 역사의 어두웠던 시기들을 읽고 배우는 것을 최대한 재미있게 만들어보겠다.

안토니누스역병

아침에 일어나면 살아 있는 것,
숨 쉬고 사색하고 즐기고 사랑하는 것이
얼마나 귀중한 특권인지 생각하라.
- 마르쿠스 아우렐리우스

빅토리아 시대에는 금지되었을 방식의 섹스를 서로 동의하여 즐기는 성인들의 이야기가 가끔씩 보도되기라도 하면 텔레비전 해설가는 고개를 저으며 이러한 행위가 어떻게 로마를 멸망으로 이끌었는지 논할 것이다. 그러한 전문가는 배려, 인류에 대한 동정심, 사회적 관습의 진보적인 흐름을 잘 이해하지 못하는 것 같다. 그리고 그들은 '로마의 멸망'에 관해 제대로 파악하지 못한다고 단언할 수 있다.

분명히 말해두면, 로마제국이 종말을 고한 것은 다들 섹스를 했기 때문이 아니다. '너무 많은 섹스' 때문에 몰락한 문명은 없다. ─ 1848년의 바이에른 왕국(1805~1918. 뮌헨을 수도로 한 독일 남부의 왕국으로 비텔스바흐 가문이 통치했다─옮긴이)은 예외적이지만 관계없는 (그러나 재미있는) 이야기다.

로마의 멸망은 동성애자의 훈훈한 결혼 때문에 시작된 것이 아니다. 160년대에 창궐한 역병 때문이다. 당시 로마인은 권력의 정점에 있었고, 거대한 제국은 스코틀랜드에서 시리아까지 확장되어 있었다.

그처럼 웅대한 제국을 지배하고 지킬 수 있었던 것은 로마의 막대한 군사력 덕분이었다. 160년경, 로마의 군대는 28개의 군단을 거느렸고 각 군단에는 5,120명의 군인이 소속되어 있었다. 지원병이 25년 동안 복무하면 퇴역할 때 약 14년분에 해당하는 넉넉한 연금을 받을 수 있었다. 14만 3,360명의 군인으로 부족할 경우를 대비하여 —참고로 현재 미국의 현역병은 52만 명 정도다— 병력의 약 60퍼센트를 보충할 수 있는 예비군이 따로 있었다. 예비군은 보통 비시민권자로 구성되었으며 복무 기한을 채우면 로마제국의 시민권이 부여되었다.

여기서 의문이 생길지도 모른다. **그래, 하지만 누가 군대에서 25년 동안이나 살아남는단 말인가?** 135년부터 160년까지 로마의 군인이 생존할 확률은 상대적으로 괜찮았다. 정확한 통계는 없지만 전투가 비교적 적은 시기였기 때문이다. 어쩌면 전장에 나갈 필요조차 없었을지도 모른다. 스탠퍼드대학의 발터 샤이델 교수는 다음과 같이 썼다. "알 수 있는 범위 내에서, 160년경 클라우디우스 제7군단에서 제대한 239명의 퇴역 군인(2년 동안의 집계)은 25~26년 동안의 복무기간 중 실제 전투 작전에 단 한 번도 투입되지 않았다."[1]

그 군단은 **25년** 동안 전투에 참가하지 않은 것이다. 틀림없이 웃음거리였을 것이다. 하지만 좋은 일이다! 싸울 필요가 전혀 없었던 것이니까!

전투가 있을 때면 로마군은 놀랄 만큼, 심지어 불필요할 정도로 철저히 무장했다. 군단의 군인에게는 금속판으로 만들어진 매우 유연한 갑옷 '로리카 세그멘타타Lorica segmentata'가 지급되었다. 1세기의 역사가 요세푸스(37~c. 100. 제정로마시대의 정치가이자 저술가로 신권정치라는 말을 처음 사용했다—옮긴이)는 인상적으로 정렬한 로마군을 다음과 같이 묘사했다. "그들은 실제 전투에서처럼 대열 속에서 자신의 위치를 유지하며 순서대로 조용히 전진한다. 보병은 흉갑과 투구를 착용하고 양쪽 허리에 칼을 차고 있다. 장군을 호위하는 보병은 창과 긴 검을 갖고 있다. 뿐만 아니라 톱, 바구니, 삽, 도끼, 가죽 끈, 낫, 사슬, 3일분의 식량까지 장착하고 있다."[2] 마치 스위스 군용 칼을 휴대하는 것 같았다.

이처럼 로마군은 훌륭한 갑옷, 다수의 병력, 철저한 훈련, 그리고 경우에 따라서는 3일분의 상비 식량까지 갖추고 있었다. 하지만 얼마 지나지 않아 게르만족과의 전쟁에서 패배하고 도시를 빼앗기기 시작했다.

나는 처음에 게르만족이 아주 근사한 장비를 앞세워 로마제국의 군대를 격퇴했다고 생각했다. 다행스럽게도 타키투스(56~c. 120. 고대 로마의 정치가이자 역사가로 라틴문학 백은白銀시대의 대표적 인물이다—옮긴이)가 바로잡아주었다. 게르만족은 거의 아무것도 걸치지 않고 전투에 나섰다. 타키투스는 최소 한 무리의 게르만족에 관해 다음과 같이 기술했다. "그들은 벌거벗고 있거나 작은 외투를 살짝 걸쳤고, 장비를 뽐내지 않았다. 방패만이 질 좋은 색상으로 치장되어 있었다. 쇠사슬 갑옷이나 투구를 착용한 자도 거의 없었다."[3] 나는 타키투스가 지면을 할애하여 게르만족의 방패를 예술적으로 조악하다고 조롱한 것이 특별히 마음에 든다. 『브리태니커 백과사전Encyclopædia Britannica』은 게르만족이 6세기 이전에는 끔찍이도 형편없는 장비를 갖추었을 것이라며 타키투스의 주장을 뒷받침하는데, 이는 평소와 달리 도움이 되는 특이한 사례다.

그들의 주요 무기는 기다란 창으로, 칼은 대개 쓰이지 않았다. 투구와 흉갑은 거의 알려지지 않았다. 나무나 잔가지로 만들어진 가벼운 방패가 유일한 방어용 무기였으며 테두리가 철로 마감된 것이나 가죽이 덧대어져 강화된 것도 더러 있었다. 충분한 장비가 없었기 때문에 중무장한 로마군의 대열을 향해 신속하고 맹렬하게 돌격할 수 있었다. 만일 장기적인 육탄전에 말려들어 가벼운 방패와 창으로 로마군의 칼과 갑옷에 대적했더라면 승리할 가능성은 거의 없었을 것이다.[4]

비록 장비는 열등했지만 그들은 **믿을 수 없을 만큼** 용감했다. 여성도 남성과 함께 싸웠고 아이들이 동원되기도 했다. 많은 이들에게 가장 큰 바람은 전장에서 명예로운 죽음을 맞이하는 것이었다. 19세기의 역사가 존 조지 셰퍼드는 게르만족에 대해 다음과 같이 묘사했다. "그들은 자주 패배했지만 결코 정복되는 일은 없었다. 파도는 뒤로 밀려나도 조류는 나아갔다. 이루어질 때까지 목적을 고수했고, 로마인에게서 보주寶珠와 왕홀王笏을 빼앗아 지금까지도 쥐고 있다."[5]

게르만족은 수적으로 열세였고 질 낮은 갑옷과 무기를 갖고 있었는데도 로마제국을 계속해서 공격했다. 각오가 되어 있었고 싸우기 위해 살았다. 기원전 101년에 로마의 장군 가이우스 마리우스에게 패배한 이래 비록 국경을 돌파하지는 못했지만 끊임없이 위협을 가해왔다. 그들이 공격한 것이 놀랍다는 것은 아니다. 이길 리가 없었다는 것이다. 세계 최강의 군대가 두더지 색깔의 방패를 가졌을 벌거숭이 무리에게 논리상 질 리가 없었다.

그러나 게르만족에게는 가장 강력한 아군이 있었다. 인간이 아니라 바로 안토니누스역병Antonine Plague이었다.

로마군이 이동한 드넓은 영토에 실패의 원인이 있었다. 이 역병은 서기 165~166년경 메소포타미아에서 로마로 전해졌다. 그 지역에서 싸우고 있었던 로마군이 집으로 옮겨온 것이다. 그것은 **악몽**이었다. 질병에 익숙했던 사람들의 기준으로도.

로마는 그 문명의 붕괴 이후 뒤따른 암흑시대와 비교했을 때 기술적으로 진보했다고 평가받지만 불완전한 것이었다. 공중화장실은 있었지만 공공 하수도와 연결된 개인 주택은 거의 없어서 많은 사람들이 배설물을 그냥 거리에 버렸다. 티베르강도 범람하기 일쑤였는데, 이는 때때로 똥이 가득한 강물이 거리 위를 흘렀다는 뜻이다(설명이 좀 그렇지만 달리 표현할 방법이 없다). 또한 목욕탕이 사용되었지만 목욕물은 정화되지 않았고 흔히 세균이 포함되어 있었다. 예상할 수 있듯이, 이 시기 내내 말라리아, 장티푸스, 이질, 간염이 만연했지만 역사가 에드워드 기번은 "인류가 가장 행복하고 번영한" 시대라고 주장했다. 그를 너무 몰아붙일 수는 없지만 —1776년부터 『로마제국 쇠망사The History of the Decline and Fall of the Roman Empire』를 펴냈다— 제대로 된 옥내 화장실이 만들어지기 이전의 시대를 영광의 시대라고 주장하는 것은 터무니없는 망상이다. 현대의 역사가 프랭크 맥린은 『마르쿠스 아우렐리우스Marcus Aurelius: A Life』에서 다음과 같이 말했다. "말라리아를 비롯한 치명적인 질병들은 끔찍했지만 로마인들은 그것들을 일상생활의 일부로 받아들였다. 노예 및 '대지의 저주받은 자들'은 이미 죽은 것과 다름없는 삶을 살고 있었기 때문에 저승사자가 접근해와도 지나치게 동요하지 않았을지도 모른다. 하지만 마르쿠스 아우렐리우스 통치하의 로마를 덮친 '역병'은 그때까지 로마인들이 경험한 것과는 그 정도와 유형에서 전혀 다른 것이었다."[6]

이 역병에 관해 알려진 것 대부분은 마르쿠스 아우렐리우스의 시의侍醫 갈레노스(129~c. 216. 고대 그리스의 의사이자 철학자로 17세기 중반까지 유럽의 의학에 절대적인 영향을 미쳤다―옮긴이)의 기록에서 온 것이다. 사실 안토니누스역병은 갈레노스의 역병이라 불리기도 한다.

갈레노스는 훌륭한 의사였지만 아주 용감한 사람은 아니었다. 그는 무엇보다 자기 자랑에 능숙했다. 역사가 프랭크 맥린에 따르면, 갈레노스는 늘 자신이 자수성가했다고 주장하면서 매우 부유한 집안 출신으로 많은 토지와 쟁쟁한 인맥을 물려받은 사실에 관해서는 입을 닫았다. 그는 논쟁에서 이기기 위해 음험한 책략을 서슴지 않았고 자신의 업적을 과대 포장했다. 성격은 고대 로마의 도널드 트럼프라고 보면 된다. 질병에 관해서는 겁쟁이다운 면이 있었다. 생사가 걸린 상황에서 겁쟁이가 되는 것이 비정상적인 반응은 아니라고 생각한다. 지능적인 자기 보호와 매우 유사하다고도 할 수 있다. 역병이 닥치면 분명 나도 나약해져 결단력을 잃을 것이다. 그러나 의사가 그렇다면 그리 좋은 일은 아니다.

갈레노스는 하마터면 이 역병을 전혀 기록하지 못할 뻔했다. 166년에 역병이 유행하기 시작하자 유행이 덜한 시골로 도망쳤기 때문이다. 그가 주장하기를, 로마를 떠난 것은 겁을 먹어서가 아니라 다른 의사들이 모두 어마어마한 기량을 갖춘 자신을 시샘하여 더 이상 로마에 있기 힘들어졌기 때문이란다. 166년부터 168년 사이에 그가 정확히 어디에 있었는지 알 수 없지만 168년에는 마르쿠스 아우렐리우스가 있던 아퀼레이아(현 이탈리아 북아드리아해)로 복귀할 것을 명령받았다. 1년 후 그 지역에서 유행이 심해지자 갈레노스는 마르쿠스 아우렐리우스에게 의술의 신 아스클레피오스가 꿈에 나타나 **반드시** 로마로 돌아가라 했다고 말했다. 갈레노스는 꿈에서 신과 자주 이야기를 나누고 의학에 관해서도 많은 조언을 얻는다고 주장했다. 위험을 피하기 위해 "신이 내게 시켰다"는 변명을 하고도 남을 인물이지만, 그가 그러한 메시지를 정말로 믿었을 가능성도 있다. 마르쿠스 아우렐리우스는 자비롭게도 로마 귀환을 허락했고, 갈레노스는 로마에서 차기 황제 콤모두스(마르쿠스 아우렐리

갈레노스.

우스의 친아들이자 로마제국 사상 최악의 황제로 로마를 쇠락의 길로 이끌었다—옮긴이)의 주치의로서 여생을 보냈다. 매우 행복했던 것 같고 80대까지 살았다. —당대의 짧은 평균수명을 고려하면 큰 재주다.

우리에게는 다행스러운 일이지만, 갈레노스는 온 힘을 다해 역병을 피해 다니는 것을 그만두고 안토니누스역병에 관해 연구하여 많은 기록을 남겼다. 그의 기록을 통해 그 질병의 증상과 진행을 상세히 알 수 있다. 역병에 걸리면 갑자기 작고 붉은 반점이 온몸에 나타나 하루나 이틀 후에 발진으로 변한다. 그 후 2주간 단순포진이 생기고 딱지가 되어 벗겨지며 온몸에 재 같은 것이 남는다. 열도 나지만 즉시 나타나지는 않았던 것 같다. 갈레노스는 다음과 같이 기록했다. "역병에 걸린 이들은 만졌을 때 뜨겁지도 따뜻하지도 않지만 투키디데스가 기술한 것처럼 체내에서 열이 끓고 있다."[7]

갈레노스가 주목한 투키디데스의 기술은 아마도 기원전 430년

아테네 인구의 약 3분의 2를 희생시킨 아테네역병이었을 것이다. 갈레노스는 이 두 역병을 동일한 것이라 생각했던 것 같다. 600년 전에 쓰인 글을 아무렇지도 않게 언급하다니! 역사서를 읽는 것은 아주 좋다! 그런데 두 역병은 환자가 고열을 내고 죽는다는 것 말고는 공통점이 별로 없다. 오늘날 아테네역병은 보통 가래톳페스트나 에볼라출혈열이었을 것이라 생각되고, 안토니누스역병은 두창이었을 것이라 여겨진다.

아테네역병은 종말론적 사건이라 간주되었기 때문에 투키디데스가 언급되는 것은 흥미롭다. 투키디데스는 다음과 같이 기술했다.

> 사망자 수가 급증했다. 죽어가는 자의 몸이 겹겹이 쌓였고, 반생반사의 인간들이 거리에서 비틀거렸으며, 샘터마다 물을 찾아온 자들로 가득했다. 사람들이 묵고 있던 신전에도 거기서 죽어나간 시체가 즐비했다. 재앙이 만연하여 자신이 어찌 될지 알지 못하자 신성이든 모독이든 어떤 것에도 개의치 않았다.[8]

갈레노스는 이 두 역병을 비교함으로써 안토니누스역병의 규모를 알려준다. ―무턱대고 과장하지만 않았다면. 그의 성격을 고려하면 그럴 만도 하지만, 비록 과시하는 것은 좋아했어도 자신의 기량을 뽐낼 때 외에는 일부러 부풀리거나 하지 않았다.

갈레노스는 투키디데스에 비해 '동시대' 역병의 역사적·사회적 영향에는 관심이 없었다. 대신 질병의 진행 방식과 환자의 생존율을 나타내는 요인에 초점을 맞추었다. 그는 말한다. "살아남았든 죽었든 검은 변은 그 질병의 증상 중 하나였다. … 변이 검지 않으면 반드시 발진이 나타났다. 검은 변을 배설한 사람은 모두 죽었다."[9] 이러한 서술은 **훌륭하다.** 역사가로서가 아니라 의사로서 질병에 관해 쓴 최초의 기록 가운데 하나다. 사랑하는 사람을 병간호한다면 그 정보에 큰 관심을 기울일 것이다. 변이 검게 변하면 장례식 준비를 시작할 때라는 것을 알게 되듯이.

오늘날 전문가들은 갈레노스의 기록에 의지하여 그 역병의 정확한 성질을 조사하고 있다. 그의 정확한 서술을 통해 안토니누스역병의 최초 증상(물집)이 발현된 후 약 2주간 혀와 목구멍이 발진으로 뒤덮인다는 것을 알 수 있다. 또한 갈레노스는 많은 환자가 피를 토했다고 언급했다. 어떤 환자는 딱지를 토해냈다고 기술했는데, 이만큼 매스꺼운 묘사도 없을 것이다.

끔찍한 질병으로 들리겠지만 모든 환자가 죽은 것은 아니다. 갈레노스가 '검은 발진'이라 부르는 것('잔뜩 생겨남' 혹은 광범위한 발진이라는 뜻)이 나타나면 살아남을 가능성이 높다. 그는 발병 후 12일째 되는 날에 침대에서 일어난 환자에 관해서도 즐거운 듯이 이야기한다.

설사를 앓고 살아남은 환자에게는 온몸에 검은 발진이 나타났다. 단순포진에서 부패한 혈액 찌꺼기 때문에 마치 몸에 재가 침전된 것처럼 보였다. 궤양이 생긴 환자 일부는 딱지 즉 표면 부분이 벗겨졌고, 남은 부분은 건강하여 하루나 이틀 후에 흉터로 남았다. 궤양이 생기지 않은 부위는 발진이 까칠까칠하고 딱지투성이였으며 껍질처럼 벗겨진 후 건강해졌다.[10]

로마의 멸망으로 이어진 이 역병이 발진티푸스였는지 홍역이었는

질 엘리 들로네가 그리고 르바쇠르가 판각한 「로마의 역병」(1869).

지 아니면 두창이었는지 현재 논쟁의 대상이다. 나는 두창 팀이다!

하지만 그 질병이 무엇이었든 간에 당시 사람들에게는 전혀 달라 질 것이 없었다. 어느 질병이든 치료할 수 있는 약이 없었기 때문이 다. 1600년 이전에는 질병을 구별하는 것이 어려웠고 급속히 퍼지는 유행병은 단지 역병이라고만 불렸다.

안토니누스역병으로 인한 총 사망자 수에 관해서도 논쟁은 계속 되고 있다. 프랭크 맥린은 말한다. "뛰어난 연구 결과들을 취합해 절 충안을 찾는다 하더라도 총 사망자는 최소 1천만 명이다."[11] 아마 더 많았을 것이다! 맥린 자신은 1800만 명 정도로 추산한다. 디오 카 시우스(c. 150~235. 고대 로마의 정치가이자 역사가로 80권짜리 『로마사 Romaika』를 편찬했다—옮긴이)는 189년 후반 유행이 한창일 때 로마 에서만 매일 약 2천 명이 죽었다고 주장했다. 어느 추정치든 압도적인 사망자 수를 보여준다.

대충이라도 좋으니 이 질병이 어떻게 처치되고 치료되고 또 예방되었는지 이야기하고 싶지만 내겐 불가능하다! 166년의 일이지만 미래의 역사서에 희망을 걸겠다. 로마인들은 치유를 기도했을지도 모르지만, 바랄 수 있는 것은 기껏해야 사회를 최소한으로나마 돌아가게 해줄 인물이었다. 어느 시대의 사람이든 신전에 시체가 쌓였던 아테네역병이 반복되는 것을 진정 바라지 않기 때문이다. 역사를 통틀어 역병이 돌 때마다 거의 어김없이, 심지어 거리의 시체를 치우는 데도 매우 강력한 지도자가 필요했다.

로마는 운이 좋았다. 마키아벨리가 5현제(연속으로 재위하며 고대 로마의 최전성기를 이끈 다섯 명의 황제를 뜻한다―옮긴이)라 칭한 황제들 중 마지막 인물인 마르쿠스 아우렐리우스가 지도자였기 때문이다. 그는 갈레노스를 고용했을 뿐만 아니라 우리에게 친숙한 스토아철학을 실천했다. 친숙하지 않다고? 주변에 철학개론을 수강한 대학교 1학년생이 있다면 조만간 열심히 가르쳐줄 것이다. 내가 선수를 치자면, 스토아철학의 기본 교의는 이성을 발휘하고 감정, 특히 노여움이나 탐욕처럼 부정적인 감정보다 절제를 중시하는 것이다. 인간은 죽음처럼 존재의 변치 않는 측면을 받아들이고 준비하며 자연과 조화를 이루도록 노력해야 한다. 마르쿠스 아우렐리우스는 『명상록*Ta eis heauton*』을 통해 이 철학을 아름답게 요약했다. "아침 일찍 스스로에게 말하라. 나는 오늘 성가시고 배은망덕하고 폭력적이고 불성실하고 질투심 많고 몰인정한 사람들을 만날 것이다. 이러한 성질은 선악에 대한 무지 때문에 나타난다. 하지만 나는 좋고 옳은 것의 본질을 알고 있으므로 그들로부터 피해를 입거나 잘못에 말려들지도 않고 친척에게 화를 내거나 증오하지도 않을 것이다. 우리는 힘을 합치기 위해 태어났기 때문이다."[12]

스토아학파는 잠깐의 세속적 즐거움이 아닌 논리와 이성에 따르려고 했다. 스토아철학을 실천함으로써 더욱 평화롭고 분별 있는 삶을 영위할 수 있었을 것이다. 이 철학 때문에 마르쿠스 아우렐리우스에게 공감하기 어렵다고 생각하는 시민도 있었지만, 스토아철학은 대체로 복잡하지 않고 실용적이라 인기가 있었다. 위기 상황에서는 분명 매우 유용할 것 같다.

흥미롭게도 로마인들은 시간이 지남에 따라 자신들의 스토아철학 지지를 재고하고 다 같이 고개를 저으며 "아니"라고 반응했다. 그들은 역병이 발생하자마자 침착하고 이성적인 스토아철학을 던져버리고는 마술을 믿고 기독교도를 죽이기 시작했다.

아보노테이코스의 알렉산드로스를 비롯한 행상인이 등장하여 현관에 거는 쓸모없는 부적을 팔고 다녔다. 부적에는 "장발의 포이보스(그리스 신화의 올림포스 12신 중 하나인 아폴론의 별칭으로 주로 태양신으로서의 측면을 가리킨다―옮긴이)가 역병의 구름을 쫓아낸다" 같은 간단한 문구가 쓰여 있었다.[13] 알렉산드로스는 부를 쌓고 유명해졌다. 당연한 일이다. 역병이 돌 때 사람들의 공포를 이용하여 헛된 희망을 심는 사기꾼들은 으레 그렇게 된다. (이 책의 '소시오패스를 위한 직업 조언' 항목으로 삼으라.)

사람들은 부적 사느라 바쁠 때를 제외하면 기독교도들이 올림포스 신들의 노여움을 사서 질병을 초래했다고 매도했다. 웃기는 소리다. 『돌레르의 그리스 신화D'Aulaires' Book of Greek Myths』를 읽은 사람이라면 올림포스 신들의 노여움이 "제국에 농포膿疱와 치명적인 질병을 내리"기보다는 대개 "심한 공주병에 대한 벌로 여자를 거미로 만들"거나 "섹스 중인 사람들을 그물로 잡아들임"으로써 표출된다는 것을 알고 있다. 그러나 기독교도는 쉽게 희생양이 되었다. 이미 마르쿠스 아우렐리우스는 그들을 무모하게 순교하려는 어리석은 자라 여기며 멸시하고 있었다. 그의 시대에 기독교도에 대한 처우가 끔찍하여 『폭스의 순교사 *Foxe's Book of Martyrs*』에서는 "네 번째 박해"라 부르기도 한다.

> 마르쿠스 아우렐리우스는 서기 161년에 즉위했다. 그는 엄격하고 엄숙했으며 철학과 민정民政의 연구는 훌륭했지만 기독교도에 대해서는 무자비하고 사나웠다. … 이 박해의 잔혹함을 목격한 자는 공포에 떨고 순교자의 용감함에 경악했다. 순교자들은 이미 상처 입은 발로 가시, 못, 날카로운 조개껍데기 등의 뾰족한 부분을 강제로 밟고 지나가거나 힘줄과 혈관이 드러날 때까지 채찍질을 당했다. 고안할 수 있는 가장 고통스러운 고문을 받은 후에는 가장 지독한 죽음을 맞이했다.[14]

역사상 종교적 소수자 박해는 매번 무분별하게 이루어졌다. 역사가가 "우아, 당시 그룹 X를 고문하는 게 옳았어"라고 할 만한 예는 지금까지 본 적이 없다. 마르쿠스 아우렐리우스는 그 약한 시민들을 어떻게든 보호했어야 했다. 그러나 그러지 않았다. 그들을 싫어했고, 긴급히 씨름해야 할 다른 일들이 있었다.

종파의 박해를 암묵적으로 혹은 공공연하게 용납한 것과는 별개로, 마르쿠스 아우렐리우스는 역병에 침착하게 대응했다. ─우리도 타임워너 케이블에 전화 걸 때 이를 본받아야 한다. 살기 좋은 도시를 유지시키기 위해 즉시 새로운 법률을 마련했는데, 예컨대 별장을 거대한 무덤으로 바꾸는 것을 금지했다. 장례식에 참석해야 하는 자는 법정 소환을 면제받았고, 역병으로 죽은 서민은 공금으로 매장되었다. 시체를 파헤쳐 다른 사람의 묘지로 쓰는 것도 법으로 금지되었다. 법 제정이 필요할 만큼 흔한 일이었던 것 같다. 매장의 수요가 증가하여 장의사가 터무니없는 요금을 청구했기 때문에 이러한 법률은 중요했다. 다시 말하지만 역병 발생 때 통치자의 주된 책무는 거리에 시체가 쌓이지 않게 하는 것이다(비위생적이기도 하고 공포를 불러일으키기도 하니까).

도시의 사망자 수보다 더 무서운 것은 군인이 병에 걸려 죽어간다는 사실이었다. 휴가로 귀향한 군인을 통해 질병이 막사로 전염되고 다시 다른 군단으로 옮아갔다. 이 때문에 특히 게르만족이 점점 들썩이고 도나우강을 건너려고 하는 불행한 시기에 인력이 상당히 부족해졌다.

167년에는 마르코만니족이 이끄는 게르만족이 로마의 국경을 넘어 진격해왔다. 이때 게르만족은 약 250년 만에 이탈리아반도 침공에 성공한다. 그들은 오데르초를 쑥대밭으로 만들고 당시 세계 최대의 도시 중 하나인 아퀼레이아를 포위했다.

마르쿠스 아우렐리우스는 국경으로 갔다. 역병으로 죽은 군인을 대체하기 위해 칼을 쥘 수만 있다면 누구든 징집했다.

개중에는 검투사도 있었다. 지당하고 탁월한 생각이다. 검투사는 싸우는 법을 아니까! 그들은 아주 **잘** 싸웠다. 하지만 애꿎게도 이 정책은 검투사 경기를 좋아하는 로마의 군중을 격분시켰다. 동포가 떼

죽음 당하는 것도 서러운데 이제는 스포츠 영웅까지 전쟁터로 보내진 것이다. 검투사가 얼마 남지 않아 시합은 거의 사라지고 입장료는 엄청나게 비싸졌다. '음식과 오락bread and circuses'에 대한 사회의 요구는 역병이 돌아도 수그러들지 않는다. 오히려 불확실하고 무서운 시대일수록 대중은 현실을 도피하기 위해 **더 많은** 오락을 원한다. 마르쿠스 아우렐리우스는 불만을 잠재우고자 당국자를 설득하여 이미 사형 선고를 받은 죄수들을 대중의 재미를 위해 경기장에서 싸우게 하고 그 구경거리의 비용을 정부가 댈 것이라고 약속했다. 또한 동물을 이용한 오락거리를 기획하여 수백 마리의 사자를 화살의 과녁으로 만들었다. 이러한 구경거리에서도 기독교도들은 수난을 겪었다. 2세기의 학자 테르툴리아누스는 "크리스티아노스 아드 레오넴Christianos ad leonem", 대강 번역하면 "기독교도들을 사자에게 던져라!"라는 외침이 울려 퍼진 것을 상기했다. 끔찍하다. 하지만 이러한 수단은 훈련된 검투사들이 국경을 수비하는 동안 대중의 유혈 욕망을 충족시켰다.

또 마르쿠스 아우렐리우스는 강도들을 소집하여 포상금을 주고 입대시켰다. 해방된 노예와 심지어는 적인 게르만족까지 모집했다. 강도 채용의 문제점은 명백하다. 무법자이며 군대의 엄격한 규칙을 따르지 않을 수도 있다. 게르만족 채용의 문제점은 로마인 군인의 반응과 더 관련 있었다. 해방된 노예는 큰 문제가 없어 보일지도 모르지만, 주인이 나이 든 노예를 돌보는 데 드는 비용이 아까워서 자유를 준 경우가 많았다. 결국 마르쿠스 아우렐리우스는 한때 무시무시했던 로마군을 텔레비전 드라마 「왕좌의 게임Game of Thrones」(2011~2019)의 '밤의 경비대(장벽을 지키는 집단으로 과거가 말소되기 때문에 온갖 부류의 사람들로 구성된다—옮긴이)'로 바꿔놓았다.

역병으로 인한 병력의 축소를 생각하면 이 모든 조치는 필요하고 합당했다. 그렇지만 세계에서 가장 영예로운 군대에서 20년 동안 싸워온 군인이라면 노예 출신의 팔순 노인과 말 도둑이 죽은 전우를 대신하는 것을 보고 로마 군대의 지위가 급격히 떨어졌다고 느꼈을 것이다.

경제적인 문제도 닥쳐왔다. 역병 때문에 군사비가 계속 증가했다. 필요한 신병이 두 배로 많아진 부대도 있었다. 한편 정부가 소유지로부터 벌어들이는 수입이 현저하게 감소했다. 역병에 시달리는 와중에 포도밭의 수익 증대를 최우선 순위로 두는 사람은 없었기 때문이다. 제국은 부채를 지게 되었다.

놀랍게도 마르쿠스 아우렐리우스는 트라야누스 포룸(5현제 중 한 명인 트라야누스 시대의 포룸으로 광장 및 부속 건축물로 이루어져 있다—옮긴이)에서 황실의 재산을 매각하기 시작했다. 4세기의 역사가 에우트로피우스에 따르면 황제는,

신성한 트라야누스 포룸에서 황실 가구를 경매에 부쳤고, 금, 수정, 형석螢石으로 만들어진 잔, 고귀한 화병, 황후의 비단과 금 자수가 들어간 옷, 보석까지 팔았다. … 판매는 2개월간 이어졌고 다량의 금이 획득되어 그는 자신의 의지에 따라 마르코만니전쟁(마르쿠스 아우렐리우스가 게르만족의 한 부족인 마르코만니족의 침입에 맞서 두 차례 치른 전쟁—옮긴이)을 마저 수행한 후에 구매자들에게 원하면 반품하고 환불받을 수 있도록 했다. 반품 여부와 관계없이 누구에게도 문제 삼지 않았다.[15]

통치자가 말도 안 되는 중고 장터를 열어 전쟁 자금을 마련했다는 것이 잘 믿기지는 않지만, 고대 로마는 여러모로 놀라운 곳이었다.

적어도 일시적으로 경매는 효과가 있었다. 마르쿠스 아우렐리우스는 국경의 위기에 대응하기 위해 새로운 방어지대인 이탈리아알프스 요새를 구축했다. 패배도 있었지만 —예컨대 170년 카르눈툼 근방에서 발로마르가 이끄는 마르코만니족에게 2만 명의 로마 군인이 살해당했다— 172년에는 마르코만니족을 격파했다. 175년, 대치 중인 나머지 종족(콰디족과 사르마티아족)과 평화조약을 맺고 약 16만 명의 로마인 포로가 풀려났다.[16] (독자보다는 나 자신을 위해 이 문장에 주를 달았다. 머릿수가 너무 많아서 제대로 읽었는지 다시 확인하고 있다.)

결국 로마는 마르코만니족과의 전쟁에서 승리했다. 마르쿠스 아우렐리우스의 원주(이탈리아 로마의 콜론나광장에 있는 마르쿠스 아우렐리우스 기념 전승기념탑—옮긴이)에 가보면, 그리고 아주 긴 사다리나 고성능 쌍안경을 갖고 있다면 황제에게 항복하는 야만족 왕자의 조각물을 볼 수 있다.

로마인은 이겼다. 하지만 게르만족은 수십만의 로마인을 생포하고 도나우강을 건넘으로써 고대 로마인에게 중요했던, 로마는 불사신이라는 생각에 결정적인 타격을 입혔다. 텔레비전 드라마 「웨스트 윙The West Wing」(1999~2006. 미국의 정치 드라마로 '웨스트 윙'은 백악관의 서쪽 별관을 뜻한다—옮긴이)에서 인용해보자. (가상) 대통령 조시아 바틀렛은 다음과 같이 역사적으로 정확한 발언을 했다. "2천 년 전 로마 시민은 위해에 대한 두려움 없이 온 세계를 누볐습니다. '나는 로마 시민이오civis romanus (sum)'라는 말의 보호를 받으며 어디든 무사히 다닐 수 있었죠. 대단한 건 시민 한 사람을 해치기만 해도 로마가 응징한다는 인식이 널리 퍼져 있었다는 것입니다." 당신은 이렇게 답하지 않을까. "그건 역사적으로 정확하지 않아, 제니퍼. 「웨스트윙」의 아론 소킨이 멋대로 쓴 거야. 그 재기 넘치지만 변덕스러운 시나리오 작가 말이지. 바틀렛 대통령이 그런 식으로 말하는 게 네 마음에 들었을 뿐이야." 로마의 법률가 키케로는 아퀼레이아가 함락하기 200년쯤 전에 이러한 특권 의식에 관해 언급한 적이 있다. 그는 로마 시민을 고문한 베레스라는 이름의 총독을 가리키며 다음과 같이 썼다.

극심한 고통을 겪고 있는 그 불쌍한 사람은 신음 소리도 내지 않고 어떤 감정도 표현하지 않았다. 구타하는 소리 사이로 "나는 로마 시민이다"라는 음성만을 흘렸다. 시민이라는 것을 밝히기만 하면 고문을 피할 수 있다고 믿었던 것이다. … 그리고 당신 베레스는 그 남자가 로마 시민이라 외쳤다는 것을 인정한다. … 당신은 그가 첩자라고 의심했다. 그 의혹의 근거를 묻지는 않겠다. 당신 자신의 말로써 당신을 고발한다. 그는 자신을 로마 시민이라고 했다.[17]

로마 사회에는 악몽 같은 측면이 있었다. 로마인들은 **쉴 새 없이** 서로 죽였다. 거리에는 똥이 흘러넘쳤다. 하지만 시민이라면 위험한 세계에서도 안전하다고 믿게 만든 제국은 로마밖에 없었다. 아퀼레이아가 포위당했을 때, 로마 시민은 어떻게 그것을 진심으로 믿을 수 있었겠는가. 약 16만 명의 로마인이 붙잡혔다. 국경이 뚫렸다. 군대는 더 이상 이전과 같을 수 없었다. 이전처럼 보이지도 않았다. 군단에서 로리카 세그멘타타와 직사각형 방패가 사용된 것은 마르코만니

전쟁이 마지막이었다. 맥린에 따르면, "로마 군단은 확실한 사회적 지위와 뚜렷이 구별되는 외관을 모두 잃었다."**18**

만일 마르쿠스 아우렐리우스가 더 오래 살았더라면 인구는 돌이킬 수 없을지언정 적어도 로마 시민이 의미하는 바는 회복되었을지 모른다. 19세기 역사가 바르톨트 게오르크 니부어(1776~1831. 독일의 역사가이자 정치가로 철저한 사료 비판의 방법을 통해 근대 역사학의 정립에 기여했다—옮긴이)는 말했다. "엄청난 고난이 없었던 것은 아니지만 그 전쟁 말기에 로마인이 승리한 것은 의심의 여지가 없다. 만일 마르쿠스 아우렐리우스가 더 오래 살았다면 마르코만니아와 사르마티아는 로마의 영토가 되었을 것이다."**19** 마지막 부분은 추측이지만, 그래, 그랬을지도! 역병의 시대에 마르쿠스 아우렐리우스처럼 현명한 통치자는 분명 하늘이 내린 선물이다. 로마는 위기 때마다 합리적인 —때로는 뜻밖의— 해결책으로 침착하게 대응할 수 있는 지도자가 있어 다행이었다. 사람들은 마르쿠스 아우렐리우스의 철학적 천재성, 도덕감, 다재다능함을 주로 이야기한다. 물론 다 옳지만 실제적인 차원에서 그는 단지 뛰어난 문제 해결사였다. 영화 「마션The Martian」(2015)(화성을 배경으로 한 SF 영화—옮긴이)에서 맷 데이먼이 연기한 인물처럼. 안토니누스역병 같은 위기가 닥치면 문제 해결사가 되는 것이 최선의 방책이다. 지도자를 선출할 때 "역병이 발생하면 정신적인 면에서 국가를 이끌 수 있을까? 실용적인 면에서는? 여러 문제들을 침착하게 하나하나 풀어갈 수 있을까? 아니면 거리에 시체가 쌓이게 될까?"라고 자문하는 것도 나쁘지 않다. 함께 맥주 한잔 걸칠 만한 인물인가 묻는 것보다 훨씬 낫다.

유감스럽게도 니부어의 희망적인 추측과 달리 마르쿠스 아우렐리

외젠 들라크루아가 그린 「황제 마르쿠스 아우렐리우스의 유언」(1844).

우스는 더 오래 살지 **않았다.** 180년에 죽었고 역병 때문이라 추정된다. 그는 어떤 질병보다도 부도덕이 더 큰 악이라는 신념을 갖고 있으면서도 분명 역병에 관해 마음을 쓰고 있었다. 임종 때 다음과 같이 말했다고 추정된다. "나 때문에 울지 말고 역병과 그토록 많은 죽음에 관해 생각하라."[20] 니부어는 주장했다. "고대 세계는 마르쿠스 아우렐리우스 시대에 등장한 역병으로 타격을 입고 결코 회복하지 못했다."[21]

그는 제대로 파악했다. 로마의 몰락이 시작된 원인을 군대의 약체화로 보든, 국경 밖 민족들의 자신감 및 공격성 증대로 보든, 상처 입은 로마인의 정서로 보든, 경제적 문제로 보든, 아니면 마르쿠스 아우렐리우스의 때이른 죽음으로 보든, 이것들은 모두 역병과 직간접적으로 엮여 있다. 이 책의 첫 번째 교훈은 역병이 단지 사람들의 건강에만 영향을 미치지는 않는다는 것이다. 의학으로 신속하게 대처할 수 없다면, 질병의 대규모 발발은 사회의 모든 측면에 끔찍한 파문을 일으킨다.

안토니누스역병 이후 로마는 급속도로 악순환에 빠졌다.

마르쿠스 아우렐리우스를 계승한 열아홉 살 콤모두스의 치하에서 로마는 회복의 기미가 없었다. 역병이 만연하고 있을 때 문명을 이끄는 것은 구멍 뚫린 배의 선장이 되는 것과 같다. 조종할 줄 알아야 할 뿐만 아니라 터무니없는 시간과 노력을 들여 혼란스런 비상사태에 선별적으로 대처해야 한다. 그나마 상황이 좋았을 때도 콤모두스는 아동용 수영장에서 노를 저어 나아가는 것조차 불가능했다. 디오에 따르면, 마르쿠스 아우렐리우스의 죽음 직후 마르코만니족을 상대할 때 "콤모두스는 그들을 쉽게 섬멸할 수도 있었지만 타협했다. 힘든 일을 싫어하고 도시의 쾌적한 생활을 열망했기 때문이다."[22] 영화 「글래디에이터Gladiator」에서 호아킨 피닉스가 연기한 콤모두스는 누나인 루킬라와 자고 싶어 하는 인물로 그려진다. (이는 논란의 여지가 있다. 루킬라가 아닌 다른 여자 형제였을 가능성이 높다.) 이 영화에 대한 나의 진짜 불만은 그 외에도 수많은 콤모두스의 지독한 성격을 무시한 것이다. 디오에 따르면, 그는 "천성적인 악인은 아니지만 … 지나치게 단순하고 비겁했기 때문에 동료들의 노예가 되어 … 탐욕스럽고 잔인한 습관에 길들여지고 이것이 곧 제2의 천성이 되었다."[23] 그는 황제로 있을 때 갈수록 기이한 방식으로 시간을 낭비했다. 디오에 따르면, 예컨대 무턱대고 자신을 "루키우스 아엘리우스 아우렐리우스 콤모두스 아우구스투스 헤르쿨레우스 로마누스 엑스수페라토리우스 아마조니우스 인빅투스 펠릭스 피우스"라 개명하고 책력의 각 달의 명칭을 자신이 지어낸 이름으로 바꿔버렸다. "예전에 프린스라 불렸던 아티스트 같다!"고 생각될지도 모르지만, 아니다. 프린스는 계약상의 분쟁 때문에 개명한 것이다. 콤모두스가 이름을 바꾼 것은 머릿속이 멍청한 생각과 '정적正的 강화(대상이 어떤 행동을 할 때 보상으로 여길 만한 특정 자극을 제시하여 그 행동의 빈도, 강도, 지속 시간을 높이는 것을 뜻하는 심리학 용어—옮긴이)'로 가득했기 때문이다. 그는 정적政敵이라 여기는 인물을 독살하고 검투사 경기에서 전혀 위협적이지 않은 동물을 살상하며 여생을 보냈다. 디오는 콤모두스가 타조를 죽이고는 원로원 의원들 앞에서 보란 듯이 과시하여 의원들이 웃음을 참아야만 했던 일을 상기한다.

비열하고 어리석은 콤모두스는 결국 암살당했지만, 안토니누스역병에 이어 키프리아누스역병이 등장하여 270년까지 지속되었다. 그리고 마르쿠스 아우렐리우스의 치세 기간과 달리, 통치자들은 역병이 만들어낸 산적한 문제의 해결을 위해 계속적인 노력을 기울이지 않았다. 270년 당시는 황제 발레리아누스가 페르시아의 포로가 되어 로마 시민은 안전하다는 생각이 창밖으로 사라진 뒤였다. 야만족은 더욱 공격적으로 나왔다. 그들 중 일부는 로마 사회에 흡수되었지만, 제국의 광대한 부분이 떨어져 나가기 시작했다. 410년에는 로마시가 —로마 그 자체가! 마르쿠스 아우렐리우스 시대에 인구 100만이 넘었던 도시가!— 서고트족에게 약탈당했다. 440년에 반달족에게 **다시** 약탈당하고 547년에는 동고트족에게 **또다시** 약탈당했다. 동고트족이 떠났을 때, 로마시의 인구는 수백 명밖에 되지 않았다. 그리하여 지금은 완곡하게 '중세 초기'라 불리는(무연고 공동묘지를 '꽃발 초기'라 부르는 것과 뭐가 다른지?) 암흑시대의 막이 올랐다.

오늘날 "나는 로마 시민이다!"라고 외쳐본들 교통 위반 딱지조차 피할 수 없다.

이 이야기의 핵심은, 문명의 종말을 초래할 위험이 있어 경계해야 할 것은 오직 하나뿐이라는 것이다. 음탕한 행위를 말하는 것이 아니다. 사람들이 섹스하는 것이 문명의 가장 큰 문제라면 아주 훌륭하다. 모든 것이 마음에 들지 않는다고 공격해오는 타국을 말하는 것도 아니다. 충분한 군대를 보유하고 있으면 물리칠 수 있다. 정말로 무서운 것은 역병이다. 어딘가에서, 빙하나 정글 속에 숨어서 때를 기다리고 있다. 갑자기 덮쳐왔을 때 효과적으로 싸울 수 없다면 제국은 사라질 수 있다.

가래톳페스트 *

"흑사병에 걸린 것 같다." 그는 천천히 말했다.
"더 이상 사람들을 기쁘게 할 수 없겠어."
– F. 스콧 피츠제럴드, 『밤은 부드러워 (Tender is the night)』

소셜 미디어에서 짜증나는 일은 어떤 의사가 알츠하이머병의 치료법을 발견했다는 작은 팝업 광고가 뜨는 것이다. 나 스스로 클릭할 것을 알기 때문에 화가 치민다. 어쩔 수가 없다. 알츠하이머병은 엄청 무서우니까. **매번** 그 광고를 클릭하겠지.

클릭해보면 대개 수년 동안 알츠하이머병을 연구했다는 사람이 등장하여 자기 책을 사보라는 아주 긴 영상이 나온다. 그 책은 안 살 거다. 알츠하이머병의 치료법은 현재 없기 때문이다. 만일 있다면 언론에 대대적으로 보도될 테니 자신의 '치료법'을 직접 영상으로 만들어 소개할 필요가 없을 것이다. 그러나 … 광고를 클릭해서 볼드체로 **"바나나를 많이 먹어라"**라는 문구가 표시되어 있다면, 의학적으

---

* 14세기 유럽을 휩쓴 '흑사병'의 정체로 여겨지는 질병으로 선(腺)페스트와 같은 말이다. 단순히 '페스트'라고도 불리지만, 페스트의 또 다른 두 가지 유형 즉 폐페스트, 패혈증페스트와 구별하기 위해 이 책에서는 '가래톳페스트'라고 했다.

로 검증되지 않았더라도 나는 바나나를 많이 먹을 것이다.

어떤 식이요법을 시작하기 전에 그 효능에 관한 확실한 증거가 필요하다는 것을 아는 21세기의 인간이지만, 나는 그렇게 할 것이다. 사람들은 —꽤 분별력 있는 사람들조차— 무시무시한 질병에 대해 비이성적인 경향을 보이는 것 같다. 실제 효능이 있는지 밝혀지지 않은 소위 '치료법'이라는 것에 혹하고 만다. 겁을 먹으면 '평정심을 유지하고 하던 일을 계속하기keep calm and carry on' 어려워진다.

아마도 그래서 1347년부터 유럽에 가래톳페스트가 퍼지기 시작했을 때 중세의 평범한 사람들도 제정신이 아닌 요법에 혹했을 것이다.

가래톳페스트가 가장 맹위를 떨친 14세기에는 서유럽인의 90퍼센트가 대부분 농민으로서 땅을 일구며 살았다. 지식인 계층은 극히 일부였다('진짜 서유럽인이 아니'라고 치부되었을 것이다). 소작농이 누군가에게 "시궁창에 살면 가래톳페스트에 걸리지 않는다"고 들었다면 "과학적 근거가 궁금하다"고 하지 않고 "가까운 시궁창이 어디냐"고 물을 것이다. 치명적인 질병에 대한 두려움과 과학적 지식의 결여, 그리고 사람들의 공포심을 이용하는 일부 사악한 인간이 오늘날에는 터무니없어 보이는 예방법을 낳았다.

가래톳페스트에 효능이 있다고 여겨진 14세기의 요법을 특별한 순서 없이 소개하겠다.

좋은 와인을 조금 마시기

14세기의 연대기 편자 질 리 뮈지는 투르네에서 와인을 마신 사람은 아무도 죽지 않았다고 주장했다. 그럼! 정말 훌륭한 치료법이고 말고. 가벼운 감기부터 불치병까지 모든 병에 효과가 있지. 설령 그렇

지 않더라도(그렇지 않다) 적어도 즐거워 보인다. 즐거운 치료법부터 시작하고 싶었다.[1]

시궁창 안에 살기

이런 라이프스타일을 선택하는 근거는 몸이 불결함과 헤아릴 수 없는 공포에 익숙해져 역병의 피해를 입지 않는다는 것 같다. 이는 틀렸다. 특히 역병은 쥐에 붙은 벼룩이 옮긴다고 여겨지는데, 많은 쥐가 시궁창에 살기 때문이다. 따라서 역병에 더 걸리기 쉽고, 생애 마지막 날들을 진짜 지독한 곳에서 보낼 공산이 크다.[2]

에메랄드 부숴 먹기

과연 멋져 보인다. 그리스신화에 나오는 부자가 할 법한 일이다. 하지만 절대 좋은 생각이 아니다. 에메랄드는 인간이 가치 있게 인식한다는 것 말고는 아무런 가치가 없다. 그냥 돌이다. 사람들은 위장이 찢기고 내출혈이 일어나 죽을 수도 있는 보석 파편을 자진해서 삼키고 있었다. 물론 아주 곱게 간 에메랄드는 별개지만, 그러면 아무런 효능도 없을 것이다. (재밌는 사실: 곱게 간 유리를 음식에 섞어 사람에게 먹여도 죽지 않는다. 발각되거나 너무 고와서 살상력이 없거나 둘 중 하나다. 내가 역사책을 써서 번 돈을 노리는 잠재적 살인자들이여, 내겐 안 통한다.)[3]

계란, 과일, 채소 먹기

우리가 어렴풋한 현대 세계를 보고 있나? 이것들을 먹는 것은 상식처럼 보인다. 영양분이 가득하니까! 하지만 아니, 그 이유 때문이 아니다. 차라리 우유, 치즈, 고기 등 직사광선 아래 두었을 때 악취를 풍기는 음식을 피하라는 것과 관련이 있다. 당시에는 악취가 역병을 일으킨다고 믿어졌기 때문이다. 나쁜 공기와 관련된 이러한 생각은 미아스마설miasma theory(미아스마 즉 유독한 '나쁜 공기'에 의해 전염병이 발생한다는 설―옮긴이)이라 불리며 끈질기게도 19세기까지 이어졌다. 이 건강한 식이요법에 운 좋게 도달한 것이다.[4]

병든 사람 쳐다보지 않기

'공기의 영혼'이 병든 사람의 눈에서 빠져나와 다른 사람, 특히 죽어가는 병자를 쳐다본 사람의 몸으로 들어간다고 믿은 의사가 있었다. 이는 사실이 아니지만 만약을 위해 어떤 록스타처럼 아무도 쳐다보지 않는 것도 나쁘지 않을 것이다.[5]

생 양파를 잘게 썰어 집안 곳곳에 두기

많은 사람들이 역병은 악취를 통해 퍼진다고 생각했기 때문에 집에 양파를 두면 공기가 정화될 것이라 기대했다. 소용없었다. 하지만 잘게 썬 양파에 치유력이 있다는 미신은 아주 널리 퍼졌다. 오늘날에도 미국양파협회는 자주 묻는 질문 페이지에 집에 잘게 썬 양파를 두어도 질병을 예방하지 못한다고 설명해야 할 지경이다. 협회의 그런 행동은 낯설지만 꽤 이타적이라고 생각한다. 양파를 많이 사서 그 솔직함에 보답해야 한다. 가래톳페스트를 앓는 사람에게 양파 수프를 먹이기도 했다. 14세기에는 양파의 치유력이 과대평가되었고, 또한 ―미국양파협회가 가르쳐주듯이― 맛있고 '중층적인 풍미'가 있기 때문이었다.[6]

『토겐부르크 성서』(1411)에 그려진 흑사병 환자.

오줌/고름 마시기

몸을 질병에 노출시켜 강하게 만들기 위해, 터진 부스럼에서 나오는 고름이나 자신의 오줌을 마신 사람도 있었다(하루에 두 번이나!). 말할 것도 없이 이 전략은 효과가 없었다. 이에 비하면 양파 수프나 와인을 마시는 편이 훨씬 낫다.[7]

이러한 '치료법'을 듣고 진짜 과학적 사실을 궁금해하는 분들을 위해 말해두면, 이 역병은 일반적으로 벼룩에 물리면서 전파된다. 특정 쥐가 예르시니아 페스티스*Yersinia pestis*라 불리는 박테리아를 옮긴다. 그리고 함께 산다. 벼룩도 쥐에 붙어사는데, 벼룩이 쥐의 피를 빨아먹을 때 박테리아를 흡수하면 박테리아는 벼룩 체내에서 증식한다. 그 벼룩을 쥐가 인간의 거주지로 운반하는 것이다. 쥐가 죽으면 벼룩은 인간을 비롯한 다른 숙주로 갈아탄다. 인간 숙주를 물고 상처에 박테리아의 흔적을 남긴다. 그 부위를 긁거나 문지르면 박테리아를 상처 안으로 더 깊이 몰아넣게 된다(사실 긁지 않아도 별 차이는 없다). 이후 박테리아는 림프계로 들어가고, 그 결과 몸에 부스럼처럼 보이는 가래톳이 나타난다. 그래서 '가래톳페스트'라 명명되었다. 하지만 당시에는 주로 '떼죽음the Great Mortality'이라 불렸다. 프랑스에서는 석탄이라는 뜻의 '르 샤르봉Le charbon'이라 불렸는데, 아마도 가래톳이 석탄처럼 생겼기 때문일 것이다. (그리고 가벼운 상처boo-boo라는 말은 가래톳bubo에서 비롯되었다고 생각된다. 낫게 하겠다고 가래톳에 키스해서는 안 된다.) 이 질병은 흑사병으로 알려지게 되었다.

가래톳은 림프샘이 부풀어 오른 것으로 보통 겨드랑이, 생식기, 목 부분에 나타난다. 그래서 이 질병에 걸리면 제일 먼저 골프공 크기의 불쾌스러운 갑상샘종이 겨드랑이나 사타구니에 생긴다. 웨일스인 주안 게틴은 1349년에 다음과 같이 기록했다. "겨드랑이에 동전(가래톳)이 생겨서 슬프다. 어디서 오는 것인지 펄펄 끓게 하고 끔찍하다. … 사과 모양을 하고 있으며 양파의 윗부분처럼 생긴 작은 부스럼은 그 누구도 용서하지 않는다. 타고 남은 재처럼 펄펄 끓고 잿빛을 띠며 극심한 고통을 유발한다."[8]

놀랄 일은 아니지만 가래톳페스트에 걸린 게틴은 이것을 쓰고 나서 곧 죽었다. 환자 대부분이 최초의 증상이 나타난 뒤 4일 내로 죽었고, 24시간 이내에 죽은 자도 많았다. 14세기의 작가 보카치오도 게틴이 묘사한 것과 동일한 가래톳에 관해 썼다. "보통 사과 크기까지 커진 것도 있고 계란만 한 것도 있다."[9]

환자는 고름과 피가 흘러나오는 계란 크기의 가래톳 외에도 발열, 구토, 근육통, 섬망 등의 증상을 보였다. 피하출혈도 나타났다. 가래톳페스트는 피를 응고시키는 능력을 저해하기 때문이다. 보카치오에 따르면, 이 때문에 "몸의 거의 모든 부위에 보랏빛 반점이 생기는데, 큰 반점이 적게 나타나는 경우도 있고 작은 반점이 많이 나타나는 경우도 있지만 보통 양쪽 다 죽음으로 이어진다."[10] 폐까지 번져 폐렴을 일으키면 기침을 통해 사람들 간에 전염될 수 있다. 14세기에 2천만~5천만 명, 유럽 인구의 약 30퍼센트가 이 역병으로 죽었다.

가래톳페스트가 불러온 공포의 수준을 고려하면 "바나나/에메랄드를 많이 먹는" 예방법은 그다지 비이성적이지 않다. 역병을 막을 수 있다고 알려진 극단적인 방법은 종교적 열정에 기초한 것이었다. 강력한 역병에 에메랄드를 먹던 부자들까지 죽어나갈 때 사람들이 신에게 의지하는 것은 놀라운 일이 아니다. 많은 이들이 문에 십자가를 새겨 역병이 지나가기를 바랐다. 아주 무해한 방법이다!

하지만 14세기의 삶은 급속히 섬뜩해졌다. 자신을 채찍질함으로써 신에게 용서를 구하려는 자가 많았다. 주로 네덜란드 출신이었던 채찍 고행자들은 14세기 중반에 유럽 전역으로 퍼졌다. 피가 날 때까지 자신을 채찍질하면서 알몸으로 여러 마을을 누비고 다녔다. 상처를 씻거나 여자와 말하는 것도 금지되었다. 십자가 모양이 되도록 팔을 뻗고 넙죽 엎드렸다. 들르는 곳마다 33일과 3분의 1일 동안 계속 반복했다. 그 일수는 그리스도가 이 세상에 살았던 햇수였다고 생각된다. 교황 클레멘스 6세(c. 1291~1352. 프랑스 출신의 제198대 교황으로 역병의 원인을 규명하려 했다―옮긴이)는 1349년 10월에 그 행위를 금지했지만, 그때까지 많은 광신자들이 자신을 해치는 일에서 유대인을 해치는 일로 관심을 돌리고 있었다. 유대인이 우물에 역병을 풀며 돌아다닌다는 유언비어가 널리 퍼졌다. 중세의 기독교도는

『뉘른베르크 연대기』(1493)에 묘사된 채찍 고행자.

로마 시대에 자신들이 박해받은 참상으로부터 아무것도 배운 게 없는 것 같다. 떼 지어 다니며 주저 없이 유대인을 공격한 걸 보면.

교황 클레멘스 6세는 이러한 반유대주의 폭동을 막기 위해 역병의 책임이 유대인에게 있다고 믿는 자는 "악마의 거짓말에 넘어간" 것이므로 학살을 멈춰야 한다는 칙령을 발표했다.[11] 훌륭한 조치였다. 클레멘스 6세의 선의의 칙령은 프랑스와 이탈리아 등지에서 흥분을 가라앉혔다고 여겨지지만, 유럽의 다른 지역에서는 받아들여지지 않았다. 당장 구글에서 검색해보라. 유대인이 우물에 독을 타 가래톳페스트를 의도적으로 퍼뜨렸다고 믿는 —지금도!— 증오에 찬 인간이 아직도 존재한다. 그 유언비어는 의학적으로 타당하지 않지만, 실상을 알지 못하는 자들의 마음을 사로잡는 데는 충분했던 것 같다. 따라서 1349년 2월에 슈트라스부르크(현재는 프랑스의 도시 '스트라스부르'지만, 1681년에 프랑스에 합병되기 전까지는 신성로마제국의 자유도시로 독일어권에 속했다. 이후에도 정세에 따라 몇 차례 독일령이 되었다—옮긴이)에서 900명의 유대인이 불에 타 죽은 것도, 소름끼치지만 전혀 뜻밖의 일은 아니었다. 어느 연대기 편자는 말했다. "그들은 자신의 묘지가 될 건물로 끌려갔고, 도중에 군중에게 옷이 다 뜯겨 나체가 되었다."[12] 같은 해 마인츠에서는 하루에만 6천 명의 유대인이 살해당하는 등 총 2만 명 이상이 학살되었다.

유대인 애인을 둔 폴란드의 왕 카지미에시 3세(1310~1370. 위대한 업적을 많이 남겨 폴란드 역사상 가장 훌륭한 왕으로 평가받는다—옮긴이)는 박해를 피하려는 모든 유대인에게 자국에 도피처를 제공했다.

잘했어요, 카지미에시 3세 왕. 히스토리 채널에 특집으로 나오면 좋겠네요.

그러나 대혼란을 일으킨 건 종교적 광신자뿐만이 아니었다. 이탈리아에서는 '겁에 질린 채 살면 죽는다'는 모토를 내건 무덤 파는 집단이 특히 위협적이었다. '베키니'라 불렸으며, 역사적으로 정확하지는 않지만 내 머릿속에서는 영화 「시계태엽 오렌지A Clockwork Orange」(1971)에 등장하는 깡패 이미지다. 존 켈리에 따르면, "피렌체에서는 죽음의 공포가 더욱 커졌다. 베키니가 한밤중에 현관문을 벌컥 열고 난입하여 삽을 휘두르며 몸값을 지불하지 않으면 강간하거나 죽이겠다고 위협했다."[13] 돈을 지불하지 않으면 산 채로 무덤으로 끌고 가겠다고 위협했다. 시체라면 주변에 널려 있었건만.

사회질서는 모든 측면에서 무너지고 있었다. 한때 아름다웠던 도시들이 공동묘지로 변해갔다. 보카치오에 따르면, 피렌체는 희생자를 묻을 구덩이로 가득해서 죽은 자를 "마치 선적 화물처럼 여러 층으로 쌓고 각 층마다 흙을 얇게 덮어 구덩이를 꽉꽉 채울" 수밖에 없었다.[14] 피렌체인 마르키오네 디 코포 스테파니(1336~1385. 이탈리아 피렌체의 연대기 편자로 『피렌체 연대기Cronaca fiorentina』를 저술했다—옮긴이)는 구덩이가 라자냐(넓적한 파스타와 속재료를 층층이 쌓아 구운 이탈리아 요리—옮긴이) 같다고 말했다.[15] (이런 이미지 때문에 다시는 올리브 가든(미국의 이탈리아 레스토랑—옮긴이)에 가고 싶지 않아질지도 모른다.) 하지만 피렌체는 시에나에 비하면 시체의 상황이 약간 나은 편이었다. 연대기 편자 아뇰로 디 투라(이탈리아 시에나의 연대기 편자로 가래톳페스트에 관한 기록을 남겼다—옮긴이)는 다음과 같이 썼다. "흙으로 잘 뒤덮이지 않은 시체는 개들이 밖으로 끌어내어 게걸스럽게 먹어치우는 일도 있었다."[16] 거리의 시체를 치워주는 마르쿠스 아우렐리우스가 없으면 이렇게 된다.

이러한 일들을 열거하면 감이 잘 안 올 수 있으므로 들개가 당신집 앞에서 시체를 질질 끌고 다니고 있는 모습을 잠시 상상해보라. 무덤 파는 집단이 마을을 휘젓고 다니며 "겁에 질린 채 살면 죽는다"고 소리치고, 당신을 강간할 거라 위협하는 모습도(이 연습을 위해 '베키니'는 성별에 관계없이 똑같이 대한다고 치자). 게다가 종교적 광신자들이 피투성이가 된 몸으로 가두 행진을 하고 타 죽은 유대인 시체의 악취가 코를 찌른다. 가래톳페스트가 활개 치던 시대에 살아 있는 게 얼마나 끔찍했을지 짐작할 수 있으리라.

이제 컵케이크라도 좀 먹고 목욕도 하시라. 그럴 자격이 있으니.

아무도 이런 참혹한 곳에서 살고 싶어 하지 않는다. 라자냐 묘지로 가득한 마을에서 탈출할 수 있는 자는 모두 달아났다. 보카치오가 1349년부터 쓴 소설 『데카메론Decameron』은 한 무리의 귀족이 역병에서 벗어나기 위해 시골로 달아나는 내용으로 시작된다. 역병으로부터 '목숨을 지키기 위해서'뿐만 아니라 흉포한 행위를 일삼는 놈들로부터 스스로 보호하기 위한 목적도 있었다. 소설 첫머리에 귀족들이 어떤 합의에 도달한다.

우리 모두 몇 채씩은 갖고 있는 시골 별장으로 가서 이성의 한계를 넘어서지 않는 범위에서 최대한 즐겁게 지내자는 거죠. 거기서는 아름다운 새가 감미롭게 지저귀고 푸르른 언덕과 평원이 보일 것입니다. 파도처럼 넘실대는 들판, 끝없이 이어지는 멋진 나무, 드넓게 펼쳐진 하늘, 이것들을 바라보는 것입니다. … 또한 공기는 더없이 맑고 깨끗하고 지금 건강을 지키는 데 필요한 모든 것이 훨씬 더 풍부하며 이곳보다 범죄와 위해가 적을 것입니다.[17]

모든 이가 시골 별장을 소유하지는 않았기 때문에 당장의 환경을 떠나 조금이라도 덜 치명적인 곳으로 이동하는 데 만족해야만 했다. 병든 가족이나 친척의 머리맡에 빵과 물을 남겨두고는 필요한 물품을 구한다며 그대로 버리고 나가는 일이 비일비재했다. 누군가 찾아와 고통을 줄여주기를 바라며 호소하듯 자신의 창문을 두드리는 환자가 도시 곳곳에 있었다. 14세기의 역사가 가브리엘 데 무시스(c. 1280~c. 1356. 이탈리아 피아첸차의 공증인으로 가래톳페스트에 관해 생생히 기술했다—옮긴이)는 가족들에게 돌아오라고 애원하며 죽어가는 사람들에 관해 다음과 같이 언급했다. "돌아와. 목이 말라. 물 한 잔만 갖다 줘. 난 아직 살아 있어. 무서워하지 마. 나 죽지 않을지도 몰라. 나 좀 안아줘. 내 쇠약한 몸을. 품에 날 안아줘야 해."[18] 데 무시스는 문이 잠겨 집에 들어가지 못하고 죽어가는 아이들이 거리에서 울부짖는 광경을 묘사한다. "아빠, 날 왜 버렸어? 나 잊었어? 엄마, 어디로 갔어? 어제는 잘 해줬으면서 오늘은 왜 그래? 나 엄마 젖도 먹고 아홉 달 동안 엄마 뱃속에 있었잖아."[19]

이 가슴 찢어지는 외침을 읽자마자 영웅적인 시간 여행자가 되어 죽어가는 사람들을 도우려고 생각했다면 내가 즉시 말리겠다. 첫째, 역병이 들끓는 14세기로 여행하겠다는 건 극도로 경솔한 짓이다. 그 공상 속에서는 텔레비전 다큐멘터리 「바이스Vice」의 리포터밖에 될 수 없을 거다. 둘째, 자신의 아이를 거리로 내쫓고 싶어 하는 사람은 없다. 그 누구도 아이를 혼자 죽게 내버려두고 싶어 하지 않는다. 그렇게라도 하지 않으면 자신들도 파멸을 면할 수 없기 때문이다. 저 아이들에게 가볼 수도 있겠지만, 거의 확실히 죽을 거다. 질병이 환자의 폐에 침투하면 전염성이 생겨 기침만 해도 옮길 수 있기 때문이다. 사람들은 사랑하는 이 옆에서 함께 죽거나 사랑하는 이를 혼자 죽게 내버려두고 자신은 살아남아야 하는 악몽 같은 처지에 놓여 있었다.

존 켈리는 역병 시대의 심리 상태를 현대의 용어로 설명한다. "역병이 돌 때 공포는 인간관계의 용매로서 작용한다. 모든 사람을 적으로 만들고 고립시킨다. 모든 사람이 섬—의심, 공포, 절망에 사로잡힌 작은 유령 섬—이 된다."[20] 14세기의 연대기 편자 아뇰로 디 투라는 그 시대를 다음과 같이 표현했다. "아버지는 아이를, 아내는 남편을, 형제는 형제를 버렸다. 이 질병은 숨과 시각을 통해 발생한다고 생각되었기 때문이다. 그들은 곧 죽었다. 돈이나 우정 때문에 죽은 자를 묻어주는 사람은 없었다. 나 아뇰로 디 투라는 … 내 다섯 아이를 내 손으로 묻었다. … 너무 많은 사람이 죽었고 다들 세상의 종말이라고 믿었다."[21]

이탈리아의 시인이자 인문주의자 페트라르카에게는 세상의 종말이라고 믿을 만한 이유가 충분히 있었다. 1348년에 최애하는 라우라를 잃었다. 한편 동생이 있던 수도원에서는 35명이 죽었다. 동생과 개, 그리고 35구의 시체만이 남았다. 페트라르카는 동생에게 다음과 같이 썼다. "동생이여, 나는 태어나지 말았어야 했네. 아니면 적어도 이런 세상이 되기 전에 죽었어야 했네. … 아아, 후손은 행복하리라. 이런 최악의 비통을 겪지 않고 우리의 증언을 지어낸 이야기라 생각할 테니."22

임종 자리에서 안아달라고 애원한 사람들의 생생한 절규를 잊어버리고 이 역병을 자신과 동떨어진 이야기로만 바라보는 것이 우려스러울 때가 있다.

역병이 공포와 고립을 양산하는 와중에 환자를 보살피는 의사가 있었고, 그중에는 죽어가는 주민에게 도움을 주려는 이타주의자도 있었다. 한편 역병 환자를 보는 것을 의학으로 먹고 살 수 있는 유일한 방법으로 여긴 이류 의사도 있었다. 역병 의사가 꼭 필요해져 개인이 아닌 마을에 고용되는 경우가 많았기 때문에 특히 그러했다. 그들은 밀랍을 바른 거대한 옷을 입고 막대기를 들고 다니며 직업을 드러냈다. 새 모양의 가면도 썼는데, 이 때문에 '부리 의사'라 불렸다.

이러한 복장의 도입 시기에 관해서는 아직 논쟁의 여지가 있다. 이 장은 가래톳페스트가 14세기부터 16세기까지 유럽에 미친 영향에 주로 초점을 맞추고 있지만, 실은 유럽 전역에서 18세기까지 맹위를 떨쳤다. 이러한 유형의 복장이 17세기 이후에 등장했을 가능성도 있다. 그러나 그 기원이 14세기였음을 보여주는 사료도 존재한다. 등장 시기와 관계없이 묘사할 가치가 있다고 생각하지만, 시간 여행자에

파울 퓌르스트의 판화 「로마의 부
리 의사」(1656).

게 말해두자면 1619년 이전에는 그 복장을 기대하지 않는 게 좋다.

당시 사람들은 그 이유를 정확히 몰랐지만, 부리 의사의 복장에는
기적적이게도 보호 기능이 있었다. 복장을 그렇게 만든 논리가 기괴
하기 때문에 의아하게 생각될지도 모른다. 예를 들어 가면이 새의 모
양인 것은 새가 역병의 악마를 쫓아낼 수 있다는 믿음에서 비롯되었
다. 당시는 새가 엄청난 인기였을 것이다.

새 모양 가면의 부리에는 좋은 향이 나는 것들로 채워져 있었다.
민트, 장미 꽃잎, 오렌지 껍질까지 들어간 진정 포푸리(꽃을 비롯한 향
기로운 재료가 담긴 주머니로 방향제로 쓰인다―옮긴이)였을 것이다. 그
향기가 숨 쉴 때 유독한 공기를 막아준다고 생각되었다. 악취가 역병
을 일으킨다고 믿었다는 걸 상기해보라. 가면에 박힌 유리 눈은 '공
기의 영혼'을 들어오지 못하게 하여 악마의 눈을 통해 역병에 걸리
는 걸 막아준다고 여겨졌다.

이것들은 모두 미신적인 허튼소리로 들리지만, 복장의 각 측면은 현대인이 실용적이라고 인정할 만한 요소를 갖추고 있었다. 지면까지 닿을 만큼 길고 밀랍을 바른 검은 옷 덕분에 벼룩에 물릴 일이 거의 없었고, 따라서 가장 흔한 감염원을 통한 발병 가능성도 낮았다. 유리 눈이 달린 가면은 환자가 기침할 때 나오는 비말飛沫을 차단했다. 가면 내부에서는 배스앤바디웍스Bath and Body Works 매장의 향기가 났기 때문에 환자 집에서 나는 죽음과 부패의 냄새가 완화되어 더 오랫동안 환자를 볼 수 있었다. 막대기는 음, 그걸로 환자를 때리기도 했다. 정말로! 환자가 달려들 때 때렸는데, 의사답지는 않지만 감염된 환자와 거리를 두는 데는 유용했다. 그렇지만 실제 환자와 접촉하지 않고 몸의 부위를 가리키는 데 더 자주 사용했을 거라 믿고 싶다.

역병의 '의학적' 치료법이 그 복장만큼 효과가 있었다면 좋았을 텐데. 14세기에 역병 의사의 도움을 받는다면 다음과 같은 것들을 기대할 수 있다.

개구리 터뜨리기 치료법

역사상 오랫동안 사람들은 개구리를 무서워했다. 오늘날 공주가 개구리에게 키스하는 이야기는 귀엽고 재미있다고 생각하지만, 역사적으로 보면 상상할 수도 없을 만큼 역겨운 행위였다. 개구리에 대한 편견은 부분적으로 이 치료법과 관련이 있다. '개구리 터뜨리기 치료법'은 거의 확실히 학술용어는 아니었다. 하지만 그렇게 부를 수밖에 없다. 역병 의사는 환자의 가래톳 위에 개구리를 올려놓는다. 개구리는 독을 흡수하고 부풀어 결국 터진다. 다른 개구리로 교체하여 터지지 않을 때까지 반복한다. 개구리가 터지지 않으면 환자가 죽는다는 것을 의미했다. 세상에서 제일 몰상식하고 효과 없는 치료법이겠지만, 당시로 시간 여행할 기회가 있다면 **부디** 가서 구경하시라. 14세기로 가는 건 멍청하고 멍청하고 또 멍청한 짓이지만.[23]

비둘기 치료법

개구리 치료법과 비슷하지만, 비둘기는 터지지 않고 그냥 죽었다. 방법은 다음과 같다. "비둘기를 잡아 꼬리의 깃털을 뽑고 맨살이 드러난 꼬리 부분을 부스럼에 갖다 대면 비둘기는 독을 빨아내고 죽을 것이다. 그럼 다른 비둘기를 데려와 독이 다 빠질 때까지 반복한다. 독이 남아 있는 한 비둘기는 죽을 것이다. 비둘기 대신 닭을 써도 아주 좋다."[24] 닭을 써도 좋다고 덧붙인 걸 보니 아무 가축이나 되는 대로 이용하지 않았나 싶다.

무화과와 양파 치료법

당시 양파는 주된 약용 식품이었다. 양파를 집에 뿌려두거나 부스럼을 완화시키기 위해 무화과, 양파, 버터를 발랐다. 어느 정도 시간이 지나면 가래톳을 갈라서 독이 흘러나오도록 했다. 그리고 "큰 양파를 도려내어 잘게 썬 무화과와 소량의 테리아카theriaca(여러 약재를 벌꿀에 개어 만든 고약으로 서양에서 오랫동안 해독제 및 만병통치약으로 쓰였다―옮긴이)를 넣고 젖은 종이로 빈틈없이 덮는다. 이것을 잿불로 구운 뒤 부스럼 위에 댄다."[25] 끓듯이 뜨거운 양파를 부스럼에 대고 있어야 했다. 쉽게 상상할 수 있듯이, 이 방법은 쓸모없을 뿐 아니라 고통스러웠다.

피 뽑기와 대변 찜질

드물지만 부스럼이 터진 후 환자가 낫는 경우도 있었다. 그러나 터진 가래톳을 대변이 들어간 습포제로 찜질하여 회복을 방해했다. "해를 끼치지 말라"가 의학의 제1 규칙이라지만, 제2 규칙은 '벌려진 상처에 똥을 바르지 말라'가 좋겠다. 이런, 피 뽑기도 쓸모없는 건 마찬가지인 걸.[26]

역병과 맞설 때 최우선 사항은 벼룩이 들끓는 쥐가 최대한 적은 환경을 만드는 것이다. 자신을 채찍질하거나 개구리를 수집해본들 아무런 소용이 없다.

실제 도움이 되는 방식으로 가래톳페스트와 맞서 싸운 최초의 인물은 노스트라다무스로 더 잘 알려진 미셸 드 노스트르담이다. 1503년에 태어난 그는 세계의 종말을 예측한 마법사로 전해지기도 한다. 노스트라다무스는 만년에 부유한 후처와 성에 살며 앞으로 일어나리라 생각되는 사건들을 예언서로 남겼기 때문에 마법을 부린다고 여겨지게 되었다. 당시에는 어느 정도 유명한 사람이 그러한 책을 쓰는 것은 흔한 일이었다. 오늘날로 치면 워런 버핏이 미래의 경제에 관해 자신의 생각을 저술하는 것과 같다. 그것은 마법사의 일이 아니다. 단지 현명하기로 유명한 사람들이 하는 일이다.

노스트라다무스가 초자연적인 마법사였다는 생각을 떨쳐버리고 싶은 이유는, 그로 인해 그가 박식하고 진보적인 사람이며 그의 기량이 마법만큼 가치 있었다는 사실이 가려질 수 있기 때문이다. 그 기량은 인간이 실제 연마할 수 있는 것이기도 하다. 그의 능력은 하늘에서 내려온 것이 아니었다. 그가 열렬한 독서가이며 과거의 의술뿐만 아니라 당대 과학적 발전에도 관심을 갖고 있었다는 사실에서 유래한다. 노스트라다무스는 10대 시절, 코페르니쿠스가 설명한 대로 지구가 태양의 주위를 돈다고 확신했기 때문에 괴짜로 여겨졌다. 교회의 견해에 반하는 생각이었지만 그

노스트라다무스.

는 옳았다. 하지만 질병에 관한 저술과 역병의 대처법에 관한 생각에 더 큰 영향을 미친 것은 갈레노스의 저작이었을 것이다. 1558년에는 갈레노스의 메노도토스(2세기에 활동한 고대 그리스 니코메디아의 경험학파 의사이자 철학자로 갈레노스가 자주 인용했다―옮긴이) 주해도 번역하여 출판했다.

그보다 앞선 1520년대에는 약제사로 일하고 몽펠리에대학에서 박사 과정을 시작했다. 약국에서 일한 것이 품위가 없다고 간주되었기 때문에 학교에서 제적되었다는 설도 있다. 약제사 대부분이 그냥 아무거나 갈아서 '마법'의 약을 팔아먹었지만, 노스트라다무스의 약은 어느 정도 효능이 있었다. (뒤에서 다시 기술하겠지만 근본적으로는 비타민 C였다.) 1530년대에 생업을 재개하여 특히 가래톳페스트 치료에 열중하게 되었다.

그는 창문 너머 자신에게 손을 흔드는 여성 환자를 보고 가래톳페스트의 치료법을 생각하기 시작했다고 전해진다. 다시 말하지만

이는 드문 광경이 아니었다. 창문 가까이 가서 보니 그 환자는 죽음
이 임박하여 자신의 수의를 짓고 있었다. 노스트라다무스가 그 집에
들어갔을 때 그 여성은 "반쯤 지은 수의를 걸치고" 죽어 있었다.[27] 참
좋은 일화다! 1530년대에 첫 번째 부인과 두 딸을 역병으로 잃은 것
이 적어도 부분적인 동기가 되었음에 틀림없지만.

　항생제가 없으면 이미 역병에 걸린 환자를 완전히 치료할 수는 없
지만, 노스트라다무스는 효과적인 예방법을 찾는 데 성공했다. 그
방법은 대부분 청결에 관한 그 자신의 선구적인 선호에서 비롯되었
다(그러한 선호는 갈레노스의 저작 등 고전의 영향을 받았을지도 모른다).
몇 가지 예방법을 소개하겠다.

거리의 시체 치우기

　시체 구덩이는 분명 재앙이다. 시체를 아무 데나 두면 벼룩을 옮
기는 쥐들이 틀림없이 모여드는 만큼 매장할 필요가 있다. 또한 길거
리에 굴러다니는 시체를 보면 공포에 휩싸이게 된다. 전염병 발생 때
공포가 이성의 적이라는 것을 생각하면 거리를 청결하게 유지하려
는 건 좋은 생각이다.[28]

더러워진 리넨 버리기

　죽은 환자가 썼던 시트나 의류를 갖고 있으면 안 된다고 판단한
것은 노스트라다무스가 처음은 아니었다. 갈레노스도 옷을 빨아 입
어야 한다는 생각에 큰 관심을 보였다. 노스트라다무스와 더 가까
운 시대에 살았던 보카치오는 "방금 죽은 가난한 사람이 걸쳤던 누
더기가 거리에 버려졌는데, 그와 동시에 나타난 돼지 두 마리가 그

누더기를 파헤치다가 입에 넣고 흔들자 한 시간도 안 되어 자빠지더니 그 자리에서 죽은" 사건에 관해 글을 남겼다.[29] 불결한 침구는 역병을 매개하는 벼룩이 서식하기에 안성맞춤이다. 리넨을 버리는 것은 쉬운 일이겠지만, 몸져누웠을 때 침대 시트를 교체하는 게 얼마나 힘든지 생각해보라. 이제 수많은 사람이 1년 내내 똑같은 옷을 입고, 리넨을 교체해야 한다고 아무도 가르쳐주지 않는 세상을 생각해보라. 그럼에도 사회는 진보하고 있었다![30]

물 끓여 마시기

와인이나 양파 수프를 들이키는 것만큼 즐겁지는 않지만, 끓인 물을 마시는 것은 특히 강물이 시체로 뒤덮여 있을 때 효과가 있었다. 정말로 시체가 **빼곡**했다. 교황은 프랑스의 론강에 성호를 그을 수밖에 없었다. 강에 너무 많은 시체가 떠다녔고, 사람들은 자신이 사랑하는 이가 성지에 있다고 믿고 싶어 했기 때문이다. 가래톳페스트는 물로 전염되지는 않지만, 오염된 물을 마시면 다른 건강 문제가 생겨 면역력이 약해지고 역병에 걸리기 쉬워질 수 있다.[31]

목욕하기

위생 상태를 개선하면 벼룩에 물릴 위험성이 낮아진다. 노스트라다무스는 매일 목욕을 했다. 하지만 그는 예외적이었다. 중세 사람들 대부분은 1년에 두 번 했다. 목욕을 하면 피부의 구멍이 넓어져 역병이 몸속으로 더 쉽게 들어오기 때문에 질병과 죽음이 찾아온다고 생각되었다. 노스트라다무스는 역사책을 읽으면서 이 혁명적인 목욕 이론을 이끌어낸 것 같다. 갈레노스는 목욕을 장려했을 뿐만 아니라

비누로 몸을 깨끗이 씻으라고 권장한 최초의 의사다.[32]

신선한 공기 마시기

많은 사람들이 병실에 들어박혀 있었다. 역병으로 오염된 공기를 두려워했기 때문에 더욱 그러했다. 교황 클레멘스 6세는 자신 주위에 햇불을 두어 유독한 냄새를 태워 없애려고 한 것으로 유명하다. 밖에 나가서 운동을 하는 것은 특히 시골에서는 면역력을 높이는 데 효과적이다. 역병에서 회복된 사람들 중 10퍼센트는 대체로 강건한 면역계를 갖고 있었다.[33]

마법의 약 먹기

노스트라다무스가 역병과의 싸움에서 성공을 거둔 것은 마법의 약 덕분이라는 설이 인터넷에 널리 퍼져 있다. 그렇지 않다. 그는 비타민 C가 풍부한 '장미의 약'을 만들었다. 당시에는 온갖 것들을 섞어 약을 만들었기 때문에 ─그래서 약제사가 품위 없다고 여겨졌다─ 노스트라다무스의 약만이 효능이 있었던 것은 일종의 행운처럼 생각된다. 하지만 매일 비타민 C를 섭취하면, 특히 그것이 부족한 경우라면 더욱 면역력이 강해진다. 마법의 약의 레시피가 궁금하신가? 나는 그렇다. 노라 에프론(1941~2012. 미국의 작가이자 영화감독으로 로맨틱 코미디의 거장으로 평가받는다─옮긴이)의 책처럼 본문 중간에 재밌는 레시피가 들어 있는 걸 좋아하니까. 최대한 그럴듯한 것을 소개하겠다.

레시피

가능한 한 푸르른 사이프러스나무의 톱밥이나 대팻밥 1온스(28.3 그램), 피렌체의 붓꽃 6온스(170그램), 클로브 3온스(85그램), 창포(아레카야자) 3드램(5.3그램), 침향 6드램(10.6그램)을 준비한다. 전부 갈아서 가루로 만들고 공기가 들어가지 않도록 주의한다. 깨끗하고 싱싱한 빨간 장미 봉오리 300~400송이를 이슬이 맺히기 전에 딴다. 대리석 절구에 넣고 절굿공이로 갈아 으깨 가루로 만든다. 반쯤 핀 장미를 위의 가루에 첨가하고 두드린다. 그리고 알약 형태로 빚는다.[34]

21세기의 용기 있는 꽃집에서 이 마법의 약을 만들어 팔아주기를 기대한다. 상당히 좋은 실적이 있으니까! 전해지는 이야기에 따르면, 엑상프로방스에서는 노스트라다무스의 요법 덕분에 마을 전체가 역병으로부터 무사했다고 한다. 마을은 그에게 평생 급여를 지급했다. 그 직후 그는 리옹과 살롱드프로방스에 발생한 역병에 대처하기 위해 호출되어 그곳에서 여생을 보냈다.

동화처럼 요약해보자. 모두들 노스트라다무스의 말을 잘 들어서 가래톳페스트는 영원히 사라졌지요.

불행히도 꼭 그렇지는 않았다. 노스트라다무스는 자신의 조언이 엑상프로방스 주민들이 생각한 것만큼 경이로운 것이었는지 의문을 가졌다. 자신의 기량을 의심하고, 마법의 치료에 대해 자신만이 가능한 것이라며 막대한 돈을 요구하지 않는 것은 사기꾼이 아니라는 아주 좋은 증거다. 노스트라다무스의 요법이 정말 근본적인 것이었는지 아니면 아주 경미한 도움밖에 되지 않았는지에 관해 "글쎄, 둘 다지"라고 할 수 있다. 그의 모든 아이디어는 살아 있는 비둘기를 부스럼에 들이대는 것보다 훨씬 나았다. '깨끗한 물 마시기'와 '더러워진 리넨 위에서 자지 않기' 등은 근대적 위생과 공중보건의 주춧돌로 볼 수 있다. 잘못된 '치료'가 판을 치는 시대에 기본 위생과 건강을 위한 실천은 분명한 진전이었다.

그렇지만 만일 16세기로 하이킹을 떠나 비타민 C 알약을 M&M 초콜릿처럼 왕창 먹는다고 해도 꼭 역병을 예방할 수 있는 것은 아니다. 역병 때문에 죽을 가능성은 조금 낮아지겠지만, 한번 걸리고 나면 아마도 죽을 것이다.

그런데 18세기에는 가래톳페스트의 유행이 중세 때에 비해 훨씬 줄어들었다. 사회의 기본적인 위생 기준이 높아지고 개인의 위생 상태도 개선된 것이 주요 원인이다. 예컨대 독일의 거리는 더 이상 쓰레기와 대변으로 가득하지 않게 되었고, 위생 상태도 무난했으며, 시체가 아무렇게나 놓여 개에게 끌려가는 일도 적어졌다. 즉 역병을 옮기는 벼룩에게 쾌적한 환경은 아니었다.

그러나 가래톳페스트가 완전히 사라진 것은 아니다. 지금도 존재한다. 세계보건기구WHO는 2013년에 전 세계적으로 783건의 증례가 발생하여 그중 126명이 사망했다고 보고했다.[35] 미국에서는 매년 10명 정도가 감염된다. 미국 서남부 같은 건조한 지역에서 하이킹을 하고 겨드랑이에 달걀 모양의 부스럼이 생겼다면, 무조건 24시간 이내에 병원에 가야 한다. 단순한 발진일지도 모르지만 가래톳페스트일 가능성도 있기 때문에 최대한 신속하게 확인해야 한다. 다행히 오늘날에는 항생물질인 스트렙토마이신으로 치료되며, 조기에 발견하기만 하면 치유될 수 있다.

지금처럼 항생제가 넘치는 아주 깨끗한 세계에서 노스트라다무스가 제안한 해결책은 너무 뻔해 보인다. "불결한 상태로 자지 마라. 목욕을 하라." 그래. **물론** 옳다. 개구리를 폭죽처럼 터뜨리는 것이 좋은 치료법이라고 생각한 사람을 비웃는 건, 특히나 질병의 원인이 명백해진 오늘날에는 손쉬운 일이다. 잡지 『어니언Onion』의 훌륭한 풍자 기사 「쥐와 똥 범벅이 된 의사, 흑사병의 확산에 망연자실하다」에는 다음과 같은 탁월한 문장이 나온다. "분명 질병을 일으키는 어떤 요인 때문이다. 바보도 안다. 더러운 식수에 많이, 너무나 많이 들어 있는 벼룩만큼 명백하지 않은가."[36]

하지만 에메랄드를 게걸스럽게 먹어치우는 사람들에게 동정의 마음을 갖자. 오늘날 우리가 필사적으로 연구하고 있는 질병의 치료법이 미래의 인류에게는 얼마나 단순하고 쉬운 것일지 생각하면 풀 죽게 된다. 알츠하이머병을 예방하기 위해 **당연히** 하루에 바나나 다섯 개를 먹었다는 게 알려진다면 말이다.

피렌체의 역사가 지오반니 빌라니(c. 1275~1348. 이탈리아 피렌체의 연대기 편자로 『피렌체사Storia fiorentina』를 지었다―옮긴이)는 역병에 관해 가슴 아픈 기록을 남겼다. 존 켈리에게 퉁명스럽고 다소 신경질적인 역사가라고 평가받은 빌라니는 역병에 관한 글을 다음의 문장으로 끝맺었다. "역병이 사라진 시기는 …:"[37] 역병이 끝나기 전에 죽었기 때문에 그 날짜는 공백으로 남아 있었다. 결코 오지 않을 그 날짜를 기입하기 위해 평생을 기다린 것이었다.

시대를 막론하고 많은 사람들이 자신이 살아 있는 동안에 질병이 퇴치되기를 기대한다. 애석하게도 그렇지 않은 경우가 많다.

그럼에도 기죽을 필요는 없다. 현재 가래톳페스트로 죽는 사람은 거의 없다. 오랜 세월 인류의 가장 무서운 적 중 하나였지만, 먼저 16세기에 비누로, 20세기에는 항생제로 물리쳤다. 빌라니가 그 소식을 들으면 짜증을 내며 말할 것이다. "흠, 나한텐 쓸모없어. 이미 죽은 몸이니까." 모든 사람이 전쟁의 끝을 볼 때까지 살 수 있는 건 아니다. 현재 최악의 질병과 싸우고 있는 모든 이들이 언젠가 인류가 승리를 거둘 것임을 알고 위안을 받을지는 알 수 없다. 그럼에도 우리보다 약간 더 똑똑하고 분별력 있는 미래의 인간이 우리 시대의 질병을 되돌아볼 때 그 치료법을 펑 터지는 기괴한 개구리 떼라고 여겼으면 좋겠다.

무도광 舞蹈狂

시간은 흘러가고
사랑은 흘러가고
인생은 흘러가고
하지만
빨간 구두는 계속된다.
- 레너드 코헨, 「빨간 구두(The Red Shoes)」

인간의 다정함과 지역사회의 지원으로 질병을 낫게 할 수 있을까? 아니다. … 보통은. 항생제나 백신에 기대는 편이 나을 것이다. 그런데 동네 약국에 가면 (화창한 들판, 새끼 고양이, 무지개의 사진과 양 캐릭터 그림으로 장식된) 인사말 카드나 동기부여 포스터가 있다. 거기에는 '회복을 위한 애정 어린 보살핌'과 '낫기를 바라는 포옹'을 전하는 다정함이 묻어난다. 노란 버터의 사진과 함께 "얼른 버터 구하시길get butter('get better(나으시길)'와 발음이 비슷하다―옮긴이)"이라고 적혀 있는 것도 봤다.

이러한 카드를 받으면 분명 기분이 좋다. 버터 카드는 빼고. 그건 심하다. ―콜레스테롤 수치가 높은 사람에게 보내면 웃길지도. 그러나 포옹으로 암을 치료하면 어떻겠냐고 제안하면 마치 살인 전문 사이비 종교 신자 보듯 쏘아볼 것이다.

생명을 위협하는 질병에 대한 현대의 항생제나 백신이나 약에는 그러한 달콤한 어구가 없다. 만일 페니실린은 풍부하지만 무신경하고 고립된 사회와 약은 없지만 매우 따뜻하고 애정 어린 세계 중 선택해야 한다면, 페니실린이 있는 쪽을 택하라. 약을 개발하는 것보다 인간을 친절하게 만드는 것이 훨씬 쉬우니까.

그런데 16세기에는 모든 사람이 다정했다. 현대 의학보다 강력하지는 않겠지만 배려와 지역사회의 지원이 질병 회복에 도움이 **된다**고 믿을 만한 이유가 있다. 적어도 병자의 정신 상태가 건강에 영향을 미친다면 맞는 말이다. 페니실린만큼 효과적이지는 않지만 가치는 있다. 무도광의 경우가 그랬다.

무도광의 시작은 무해했다. 1518년 7월, 슈트라스부르크의 거리에서 프라우 트로페아라는 여성이 춤을 추기 시작했다.

춤을 춘다고 하면 현대인들은 기뻐하거나 축하하거나 멋진 음악을 듣거나 아니면 적어도 술에 취한 이미지를 떠올릴 것이다. 그것은 음악과 축하할 일로 가득한 세계에 살고 있다는 증거다. 원한다면 슈퍼마켓에서 춤을 춰도 된다. 이상해 보이겠지만 사람들은 그냥 피터 가브리엘(1950~ . 영국의 록 음악가―옮긴이)을 정말로 좋아하는구나, 프링글스(미국의 감자칩 과자로 긴 통과 수염 캐릭터로 유명하다―옮긴이)를 엄청 싸게 파나 보다 하고 생각할 것이다.

음악이 그다지 보편적이지 않고 축하할 일이 거의 없는 16세기에는 그렇지 않았다. 1518년경은 끔찍했다. 역병, 기근, 전쟁의 세기였다. 하지만 사람들은 계속해서 춤을 췄다! 기뻐서 춘 것은 아니었다. 비통에 빠져 제정신이 아니었기 때문이다. 역사가 존 윌러는 『무도광: 놀라운 질병의 기묘한 실화*The Dancing Plague: The Strange, True Story of* *an Extraordinary Illness*』에서 다음과 같이 썼다. "너무나 비참한 시대였기 때문에 거의 모든 계급의 사람이 견딜 수 없는 현실에서 도피하기 위해 기회만 있으면 술을 마치고 춤을 췄다."[1]

알자스 지역에서는 살아 있는 것 자체가 끔찍했다. 역병을 다룬 이 책에서 좋은 시대는 거의 등장하지 않지만, 이 시기는 특히나 지독했다. 1517년은 너무 심각해서 그냥 '나쁜 해'라 불리기도 한다.[2] 세금은 굉장히 높고 곡물 수확량은 낮은 데다가 농민이 개울에서 물고기를 잡거나 숲에서 사냥을 하는 것도 금지되었기 때문에 대기근이 닥쳤다. 『헝거게임 *The Hunger Games*』(소설, 영화)의 12구역을 떠올리면 된다. 슈트라스부르크는 두창으로 피폐해졌고, 뮐루즈에는 가래톳페스트가 발생했다. 지역의 젊은 남성 대부분이 튀르크족과의 전쟁에서 목숨을 잃었다. 미신에 사로잡힌 사람들은 죽은 자가 밤거리를 배회한다고 주장했다. 춤은 육체적 활동으로 악몽 같은 세상을 탈출하려는 수단이었다. 마치 우리가 직장에서 안 좋은 일이 있었을 때 헬스장에서 땀을 빼는 것처럼(즐거워서가 아니라 극악무도한 경리부의 찰리를 잊으려고).

프라우 트로페아는 이런 상황에서 춤을 추기 시작한 것이다.

동네 한복판에서 혼자 춤추는 여성을 사람들은 놀랍게는 아니더라도 처음에는 흥미롭게 바라봤을 것이다. 마을을 돌아다니다가 이처럼 무해하지만 예기치 못한 사건에 맞닥뜨리면 기쁜 반응을 보일지도 모른다. (이실직고하겠다. 난 맨해튼 지하철의 '쇼타임' 댄스를 **혐오**한다. 하지만 그런 걸 좋아하는 사람도 있고, 내 독자 모두의 호감을 사려고 노력 중이니까.)

애석하게도 기록에 남아 있는 한, 프라우 트로페아는 춤을 추면서 전혀 기쁨을 느끼지 못했다. 그리고 사람들은 처음에는 막연히 재미있게 봤을지 모르지만, 날이 저물 무렵에는 이상하다고 느낀 것 같다. 프라우 트로페아가 단지 "남편을 괴롭히는 데 춤만 한 게 없어서" 계속 추었다고 의심하는 구경꾼도 있었다.[3] 사람들은 그녀가 아마도 남편에게 어떤 할 말이 있어서 미친 듯이 춤춘다고 생각했다. 의사 파라켈수스는 1532년의 저작에 프라우 트로페아가 계속 춤을 춘 것은 남편이 "하기 싫은 일을 시켜서"였다고 (아마도 여자들과 그들의 끔찍한 행동에 머리를 가로저으며) 기술했다. 그리고 다음과 같이 덧붙였다. "행동의 효과를 극대화하고 질병처럼 보이게 하기 위해 높이 뛰어오르고 노래를 부르고는 멈추고, 남편이 제일 싫어하는 일이라면 무엇이든 했다."[4] 마치 동작을 통해 독립적인 여성성을 자유롭게 표현하고자 했던 1970년대의 행위예술가처럼.

집단 히스테리가 발생할 때마다 꾸며내는 거라고 단정짓는 인간들이 있다.

잠시 후 프라우 트로페아는 귀가하여 16세기 아내의 의무를 다하지 않고, 거리에서 기절했다. 파라켈수스는 말했다. "춤이 끝나자 남편의 화를 돋우기 위해 쓰러졌다. 잠시 경련을 일으키더니 잠들었다. 이 모든 것이 발작이었다고 주장하고 남편을 바보 취급하기 위해 더 이상 아무 말도 하지 않았다."[5] 그녀는 잠에서 깨자마자 다시 춤추기 시작했다.

3일째에는 신발에 피가 배어났지만 그녀는 계속해서 춤을 췄다. 그저 몰상식한 남편을 골탕 먹일 작정이었다면 분명 멈췄을 것이다. 이때 지켜보던 사람들은 모두 즐거움이 아닌 공포를 느꼈다. 이상하게도 곧 수십 명의 마을 사람이 그녀를 따라 하기 시작했다.

피터르 브뤼헐이 그리고 헨드릭 혼디우스가 판각한 「몰레베이크 순례에 나선 간질 환자」(1564/1642). 무도광 환자의 모습이 묘사되어 있다.

　현재 이 무도광이 곰팡이 때문에 발생했다는 설도 있다. 무도광은 많은 경우(다른 사람들도 있었다!) 호밀이 자라난 강 근처에서 발생했다. 일종의 곰팡이가 그 줄기에 맥각병麥角病을 일으키는데, 맥각병에 걸린 호밀을 먹으면 지독한 증상이 나타날 수 있다. 먼저 팔다리가 타는 것처럼 느껴진다. 성 안토니우스 수도회의 수도사가 1075년에 성 안토니우스 병원을 열어 맥각병 중독 환자를 치료했기 때문에 이런 증상을 '성 안토니우스의 불'이라 부르기도 한다.

　맥각균을 섭취하면 경련이 일어나고 환각을 경험하는데, 경련은 춤과는 다르다. 그래미상 무대에 선 사람이 춤을 추는지 발작을 일으키는지 정도는 판단할 수 있으리라 믿는다. (요즘 아이들의 댄스를 조롱하지 마시길. 프라우 트로페아의 남편처럼 보일 테니까.) 오늘날 춤이라 정의되는 것은 500년 전보다 훨씬 광범위하다. 16세기에는 다양한 춤을 배우는 것이 청소년 교육의 일환으로 여겨졌다. 그러한 춤은 수학적으로 정밀하게 구성된 것으로, 오늘날 춤이라 생각되는 것과는 다르다. 어떤 춤도 경련처럼 보이지는 않았다. 당시 사람들은 분명 그 차이를 알았을 것이고 경련을 춤이라 부르는 일도 없었을 것이다. 그들은 프라우 트로페아와 그녀를 따르는 사람들이 춤을 추고 있다고 반복적으로 확신했다. 게다가 아주 흔했던 맥각균 중독의 증상도 익히 알고 있었다. 만일 프라우 트로페아가 맥각균 중독이었다면 성 안토니우스 병원으로 보내졌을 것이다. 마을의 춤꾼들이 '이상한 유행병'에 걸렸다고 여겨지지는 않았을 것이다. '평범한 유행병'이었을 것이다.

종합해보면 이 역병이 균류菌類의 소행이었다고는 볼 수 없다. 근거가 학술적이지는 않지만, 당시 아무도 그렇게 생각하지 않았다.

16세기에는 보통 질병에 걸리면 **악인이라 신에게 미움받은 것**이라고 생각했다. 따라서 당시의 기준으로 보면 대부분의 사람이 프라우 트로페아는 죄악을 범했기 때문에 신에게 벌을 받은 것이라고 간주했을 것이다. 파라켈수스도 그중 한 명이었다. 그는 진짜 질병이라고 판단한 후 "매춘부와 악당"이 "방자하고 비천하고 건방지고 음탕하기 그지없고 두려움과 존경심 없는" 생각을 가졌기에 병을 앓았다고 주장했다. 이런 타락한 사고는 과도한 악담, 섹스에 대한 지나친 생각, 특히 막연한 "상상력의 부패" 때문에 생겨난다고 역설했다.[6]

그런 생각과 행동은 오늘날 많은 사람에게 해당된다. 그럼에도 대부분은 마치 기괴한 저주라도 받은 듯 춤추지는 않는다. 그런데 파라켈수스는 히스테리 발생에 관한 현대적 이해의 측면에서 보면 **아주**틀린 것은 아니었다. 현대의 의사 스콧 멘델슨은 프로이트의 '전환장애'—춤추는 것을 멈출 수 없는 것처럼 신체적 원인 없이 증상이 나타나는 상태― 개념에 관해 기술한 바 있다. 그 상태가 다른 사람에게 퍼지면 집단 히스테리로 분류된다. 오늘날에는 집단 심인성心因性질환이라는 용어가 자주 쓰인다. 멘델슨에 따르면, "이 장애는 강력하고 참을 수 없는 감정적 또는 성적 사고를 사회적으로 더욱 용인되는 것으로 '전환'하려는 잠재의식에 의해 추동된다고 생각된다."[7] 전환장애가 생긴다고 해서 꼭 거리에 나가 걷잡을 수 없이 춤추는 것은 아니다. 훨씬 가벼운 증상도 있다. 예를 들어 스트레스를 받는 상황에 놓였을 때 화를 억누르도록 사회화된 여성(혹은 남성)은 손이 마비되거나 삼키는 것이 곤란해지거나 구토를 하는 등의 증상이 나타날 수 있다.[8] 몸은 이렇게 얘기하고 있다. "이봐, 지금 뭔가 해야 하는 거야? 화가 났는데도 소리를 지르거나 사람을 때릴 수 없다고? 화가 난 걸 생각조차 하면 안 된다고? 좋아, 그럼 … 다른 걸 하지. 좀 이상할 거야!"

현대에는 성적인 생각을 하는 것이 사회적으로 대개 용인된다. 그것을 억제해서 광란의 댄스로 바꿀 필요가 없다. 하지만 그때는 달랐다. 성적인 생각을 하는 것은 지옥에 떨어질 뿐만 아니라 그전에 산 채로 태워져도 마땅한 확실한 징표였다. 15세기에 발행된 마녀사냥 바이블 『말레우스 말레피카룸Malleus Maleficarum(마녀를 때려잡는 망치)』에는 다음과 같이 쓰여 있다.

이 세계에서 여자를 없앨 수 있다면 우리는 신과 교류하게 될 것이다. … 마술은 탐욕스러운 여자의 육욕에서 비롯된다. 『잠언』 제30장을 보라. 결코 만족하지 않는 것은 세 가지가 있노라. 아니, '충분하다'고 말하지 않는 네 번째 것은 자궁의 입이노라. 그리하여 욕정을 채우기 위해 악마와도 살을 섞는다. … 마술은 신의 위엄에 도전하는 대역죄다. 그러니 고문을 당해야 한다.[9]

『말레우스 말레피카룸』은 이어서 옛날에는 혐의자를 야생동물에게 잡아먹히도록 했지만 이제는 그냥 화형에 처하기만 한다며 "아마도 대부분이 여자이기 때문일 것"이라고 불평한다.[10] 전형적인 여자. 웃기지도 않네.

성적이고 탐욕스런 생각을 억압하는 데 끔찍한 고문보다 더 좋은 방법은 상상할 수 없다. 사람들이 셀카를 찍거나 리얼리티 텔레비전 쇼를 보는 등 무해한 행동에 빠져 있기 때문에 문명은 내리막길이라고 누군가가 거만하게 푸념하기 시작한다면, 째려보면서 이렇게 말하는 게 좋다. "있잖아. 옛날에는 인간을 마녀라며 태워 죽였는데 말이지. 그게 한가할 때 하던 짓이라고."

따라서 파라켈수스가 그 질병이 성적인 생각 때문에 생길 수 있다고 여긴 것은 옳았을지도 모른다. 사람들이 악마 숭배자가 될까 두려워 필사적으로 '방탕함'을 억누르려 했기 때문이기는 하지만.

그는 치료법에 관해서는 거의 확실히 틀렸다. 그가 생각한 가장 좋은 치료법은, 만일 악담 때문에 나타난 증상이라면 춤추는 사람에게 자신의 밀랍 인형을 만들게 하고(유능한 멀티태스킹 댄서!) 자신의 생각을 그 인형에 투영시켜 태우게 하는 것이다. 성적인 생각이나 경박한 언동 때문이라면 어두운 방에 가둬놓고 너무 슬퍼서 더 이상 그런 생각을 하지 않을 때까지 빵과 물만을 제공한다. '부패한 상상력' 때문이라면 아편(헤로인의 주성분)이나 알코올을 먹인다.

형편없는 추측이고 고약한 시도다. 프라우 트로페아가 춤추기 시작한 1518년에 그의 의학적 소견이 아직 없었던 건 행운이었다. 있었다면 '치료'를 당했을 테니까.

실제로는 프라우 트로페아가 댄서의 수호성인 성 비투스에게 벌을 받아야 한다고 마을에서 결정을 내렸다. 성 비투스는 어떤 사람들을 그냥 미워했던 것 같다. 16세기에는 남을 저주할 때 흔히 "신이 네게 성 비투스를 내려주실 거다!"라고 소리 질렀다.[11] 14세기로 거슬러 올라가면 그렇게 "저주받은 사람은 열이 나고 성 비투스의 춤(무도광)에 걸린다"고 알려져 있었다.[12] 저주받기 전에 먼저 성 비투스의 이름으로 저주하라는 건 아니지만, 하지 **말라**고도 안 했다.

사람들은 성 비투스가 프라우 트로페아를 싫어한다고 믿었기 때문에 그에게 예배를 올리면 낫게 될 거라 생각했다. 그래서 그녀를 마차에 태워 성지로 데려갔다.

인간 행동의 기준을 낮게 설정해서 하는 이야기지만, 마을 사람들이 그녀를 마녀로 몰아 태우지 않고 도와주려고 했다는 점은 매우 **놀랍다.** 존 월러는 "(무도광 환자는) 아무도 종교재판에 끌려가지 않았다"고 지적한다.[13] 악마의 추종자로 여겨졌다면 끌려갔을 것이다. 충격적이다! 그보다 덜 기이한 행동 때문에 수백 명의 사람들을 태워 죽인 독일 뷔르츠부르크와 밤베르크의 유명한 마녀재판은 그로부터 10년도 안 되어 벌어진 일이다. 슈트라스부르크의 시민이여, 위대하다! 당시의 규범보다 훨씬 더 훌륭하게 행동했다!

프라우 트로페아는 나았을까? 알 수 없다. 하지만 며칠 내에 30명이 그녀를 따라 역시 즐겁지 않게 춤을 췄다는 건 알려져 있다. 발에서 피가 흐르고 뼈가 드러났다. **뼈가 살을 뚫고 나온 것이다.** 그들은 심장마비가 오거나 탈수 또는 감염으로 쓰러질 때까지 계속해서 춤을 췄다(뼈가 튀어나올 정도니 놀랄 일도 아니다). 월러는 설명한다. "그들은 거의 분명히 정신착란 상태였다. 정상적인 의식 상태라면 그처럼 극도의 피로와 피부가 벗겨지고 부어오르고 피가 흐르는 발의 극심한 통증을 견딜 수 없다. 게다가 목격자들은 하나같이 그들이 넋을 잃은 채 끔찍한 환상을 보고 미친 사람처럼 제멋대로 행동했다고 말했다."[14]

놀랍게도 이러한 행동이 아주 드문 것은 아니었다. 1518년의 발병은 무도광의 첫 번째 사례도 아니었다. 1017년 이후 유럽에서는 비슷한 질병이 일곱 차례 발생했다. 아마도 슈트라스부르크에 인쇄기가 있었기 때문에 프라우 트로페아의 사례가 처음으로 널리 보고되었을 것이다. 그 이전의 유행은 대처법에 대한 어떤 단서도 남기지 않았다. 예를 들어 실화인지 확신할 수는 없지만, 1017년의 발병 때는 춤을 좋아하지 않았던 지역 사제가 춤추는 모든 이에게 1년 내내 멈추지 않도록 저주했다고 한다. 성직자라는 자가 마치 그러한 권력 행사가 현명한 것인 양 사람들을 저주하며 돌아다녔다는 이야기는 매우 흥미롭다.

1247년에는 약 100명의 아이가 독일의 에르푸르트에서 춤을 추었다. 정말 귀여운 이야기 같지만, 부모에게 발견되었을 때는 아이들 대부분이 죽어 있었다. 1278년에는 200명이 불안정한 다리 위에서 즐거운 기색 없이 춤을 추다가 다리가 무너져 모두 죽었다. 1347년에는 라인 지역에서 춤추던 사람들이 "자신들이 죽어가고 있다며 미치광이처럼 울부짖었다."[15]

여기서 확실히 해두어야 할 것은 그 누구도 스스로 원해서, 혹은 춤이 의무인 멋진 컬트 집단의 일원이어서 춤을 춘 것이 아니라는 점이다. 따라서 슈트라스부르크에서 처음에는 재미로 춤춘다는 듯 반응한 것이 다소 이상하다.

사람들이 미친 듯이, 그리고 비참하게 춤추다 죽어가자 슈트라스 부르크의 길드 집회소(중세 유럽의 상공업자 동업 조합인 길드에서 사용한 회관으로 지금은 회의장이나 공연장으로도 쓰인다—옮긴이)가 개방되어 음악이 제공되었다. 댄서를 위해 특별히 목제 무대가 설치되었다. 전문 무용수가 고용되어 환자와 함께 춤을 췄다. 페이스가 떨어지거나 탈진해서 쓰러질 것 같으면 연주가는 파이프와 드럼을 이용하여 더욱 경쾌한 음악을 선사했다. 윌러에 따르면, 그 질병은 "보통 습하고 차가운 뇌에 영향을 미치는 부패한 혈액"[16] 때문에 발생하므로 계속 움직여야만 나을 수 있다는 논리였다.

실제 병에 걸리지 않았는데 합류한 사람도 있었다. 16세기의 연대기 편자 스펙클린에 따르면, 마을 사람들이 댄스홀에 음식과 와인을 기부했기 때문에 "그런 상황에서 이득을 취하려는 사기꾼이 많았다."[17] 공짜 음식은 '나쁜 해'의 기근에서 살아남은 사람들의 이목을 크게 끌었다. 그러나 잔치는 금방 끝났다. 스펙클린은 마을 사람들이 선의로써 크게 노력했는데도 댄스홀과 음악은 "전혀 도움이 되지 않았다"고 주장했다.[18] 쇠약해진 댄서는 뇌졸중이나 심장마비로 쓰러졌고, 가족들이 무도장 밖으로 옮겨야 했다.

1518년의 늦여름, 슈트라스부르크에는 다음과 같은 공고문이 붙었다.

최근 이상한 유행병이
마을에 퍼져

정신이 이상해진 많은 자가

춤추기 시작했다.

밤이고 낮이고

쉬지 않고 춤추다가

정신을 잃고

많은 사람이 죽었다.[19]

연대기에 따르면, 매일 15명이 죽었다고 한다.

강박적인 춤을 더 많은 춤으로 치료하려는 계획이 효과적이지 못하다고 깨달은 마을 당국은 그 역병이 그들의 **모든** 죄에 대해 신이 내린 벌이라고 결론지었다. 병에 걸린 개인을 비난하지 않고 공동체로서 책임을 졌기 때문에 주목할 만하다. 도박과 매춘이 금지되었고, 이에 관여한 자는 '당분간'이기는 하지만 마을에서 추방되었다. 당국은 공공 무도장과 훌륭한 음악의 제공을 중단하고, 이상한 역병에 걸린 자는 집 안에 머물러야 한다고 결정했다. 당시의 관리가 다음과 같이 기록했다. "무도광이 끝날 기미를 보이지 않자 시의회는 환자의 가족들이 ―다른 사람이 감염되지 않도록― 집에만 머물러야 한다고 결정했다. 만일 하인이 감염되었다면 자비를 들여 어딘가에 붙들어두거나 성 비투스에게 보내야 했다. (지키지 않을 경우) 엄벌에 처해졌다."[20] 신분이 낮은 하인까지도 신경을 써야 한다고 정한 것이다.

춤도 금지되었다. 유일한 예외는 결혼식이나 '첫 미사'에서 춤추기를 원하는 '고귀한 사람'뿐이었다. 그러나 그들도 '양심을 걸고' 탬버린이나 드럼을 사용하지 말 것을 단호히 지시받았다.

당시 제바스티안 브란트(1457~1521. 슈트라스부르크 출신의 풍자 시인으로 『바보배 *Das Narrenschiff*』를 지었다—옮긴이)는 다음과 같이 기록했다. "애석하게도 이때 끔찍한 사건이 일어났다. 아프고 … 춤추는 사람들은 아직 멈추지 않았다. 제21 평의회는 신의 명예를 위해 누구든 성 미카엘 축일(9월 29일)까지 이 도시와 교외 및 모든 관할 구역에서 무도회를 여는 것을 금지하고 어길 경우 벌금 30실링을 부과했다. 그런 행위는 춤추는 사람들의 회복을 방해하기 때문이다."[21]

그런 행위는 춤추는 사람들의 회복을 방해하기 때문이다. 얼마나 멋진 마을인가!

모든 포고가 고통 받는 사람들을 돕는 것과 관계되었다니 멋진 일이다. 그 공동체는 이웃을 죽지 않도록 하기 위해 도움이 될 만한 여러 활동을 시도했다. 오늘날에도 질병이 발생하면 **여전히** 공포에 휩싸여 이웃에 관해서는 다 잊어버린다. 슈트라스부르크의 시민들은 시대를 앞서 서로를 위한 마음을 갖고 있었다.

실제 어떤 치료법이 효과가 있었을까? 성 비투스의 성지로 보내야 한다는 집착? 바로 그렇다! 예상치도 못했을 거다! 적어도 스펙클린의 기술에 의하면 그랬다. 모든 매춘부와 범죄자를 '당분간' 추방한 후에 마을 당국은 "많은 이들을 마차에 태워 차베른(현재 프랑스 북동부 알자스 지역의 사베른—옮긴이) 근교의 성 비투스 (성지)로 보냈고, 스스로 간 자도 있었다. 그들은 (성 비투스의) 상 앞에서 춤추며 쓰러졌다. 그러자 사제가 미사를 올렸고, 그들에게 작은 십자가와 빨간 구두가 주어졌다. 구두의 윗부분과 밑창 양쪽에는 성유로 십자가가 표시되어 있었다."[22] 빨간색이 선택된 것은 앞서 역병이 발발했을 때 희생자가 빨간색을 볼 수 없거나 견디지 못했기 때문이었는지도 모른다. 아니면 그들의 발이 불타는 듯했기 때문이었을 수도 있다.

예술계의 반응이 궁금하신가? 무도광은 발레 영화 「빨간 구두(분홍신)」(1948)의 영감이 되었다. 빨간 구두를 신은 소녀가 춤을 멈출 수 없다는 이야기다.

하지만 이 경우는 달랐다!

성지 순례 후 많은 환자가 춤을 간단히 멈췄다. 집으로 돌아가 일상으로 복귀했다. 아마 다소 여위었을 것이고 드럼과 탬버린을 평생 무서워했을 것이다. 기록에 따르면, 성 비투스의 성지에서 보낸 시간은 "많은 이들을 구했고, 그들은 많은 헌금을 냈다."[23]

성지에서 춤을 추고 빨간 구두를 신어 효과적으로 치료된 것은, 질병은 마법으로 낫지 않는다는 것을 알고 있는 우리 현대인에게 놀라운 일이다. 종교적 믿음이 없다는 문제가 아니다. 집요하게 인간을 저주하다가 헌금의 대가로 치료해주는 성인을 믿지 않는 것이다. 그렇지만 16세기의 사람들은 현대인과 달리 종교적 기적, 악마 쫓기, 변신 등을 정말로 **믿었다.** 위대한 힘으로 치유된다고 믿는 것 자체가 실제 그들을 낫게 했을지 모른다. 1347년의 무도광은 사제가 각 환자의 입을 열고 그 안을 향해 "참된 신을 찬양하라, 성령을 찬양하라, 물러가라, 지옥에 떨어질 망령이여"라고 소리쳤기 때문에 종식되었다고 이야기된다.[24] (당신의 상사가 고정관념에서 벗어나 새로운 아이디어 좀 내라고 할 때, 일이 잘 풀리지 않으면 동료 입속에 소리 지르는 것도 고려할 만하다.) 이러한 신과 성인에 대한 변함없는 신앙이 일종의 플라세보효과placebo effect(효능이 없는 약물이나 가짜 치료법으로 증세가 호전되는 현상으로 위약 효과, 속임약 효과라고도 불린다—옮긴이)였다고 생각할 수 있다. 오늘날 우리도 경험하듯이.

슈트라스부르크의 관리는 역병 환자를 당시 최고의 권위자에게 데려가도록 했다. 주로 정신적 장애의 결과로 보이기 때문에 그 치료법은 효력이 있었던 것 같다. 하지만 성 비투스의 능력에 대한 믿음 덕분에 치유되었을지도 모르는 만큼, 환자들은 ―놀라지 마시라― **우정의 힘으로 치유되었다**고도 말할 수 있을 것 같다. 진정으로. 슈트라스부르크 사람들은 환자들에게 대단히, 비정상적으로 친절했다. 태워 죽이지 않았고, 공동체에서 영구히 추방하지도 않았다. 숙고하고 배려하며 그들을 다시 건강하게 만들 방법을 궁리했다. 그들에게 크게 **마음 쓴** 나머지 전문 무용수를 고용하여 환자들과 어울려 신나게 뛰놀도록 하는 등의 (완전히 잘못된) 아이디어에 공동체의 한정된 자원을 써버렸다. 그 후에는 회복에 방해가 될까 두려워 자신들의 춤마저 제한하려고 했다. 이런 행위를 가래톳페스트가 유행하던 때 한밤중에 사랑하는 사람을 버린 사람들과 비교하면, 보살핌의 정도가 압도적으로 다르다. 이러한 배려가 환자들에게는 굉장히 참신했을지도 모른다. 사람들은 그들을 잘 대해줬고, 이는 비참했을 그들의 삶에서 처음 겪는 일이었을 테다. 윌러는 그들이 치유되었거나, 아니면 적어도 다시 춤추는 일은 없었을 것이라고 기술했다.

그들 대부분이 오랜 세월 무시당하고 착취당하며 비참하고 빈곤한 세월을 보냈지만, 지난 며칠 혹은 몇 주 동안은 평소 같았으면 순전히 천대했을 시市 당국과 종교 지도자들로부터 진심 어린 관심을 받았다. 소외받고 홀대받았던 많은 이들은 당국의 반응이 틀림없이 매우 기뻤을 것이다. 교회와 지방 정부가 자신들의 질병을 치료하려고 노력한 것을 떠올리며 정신적으로 강해졌고, 그것이 재발 방지로 이어졌다.[25]

당국자가 우리의 쾌유를 **바란다**는 것을 아는 것만으로 질병에서 회복될 수 있는가? 분명히 정부 당국은 모두가 건강하기를 늘 바라 **야 한다.** 설령 관리가 모두 비열한 소시오패스라고 상정할지라도 마을 사람들이 집단으로 죽으면 홍보에 악영향을 미친다. 그러나 질병을 앓는 사람이 악마로 취급받지 않는 것은 오늘날에도 드문 일이다. 미국 정부가 후원하는 금연 광고는 진짜 적인 폐암의 치료법 연구에 자금을 투입하지 않아서가 아니라 흡연자가 금연하지 않았기 때문에 그들이 폐암에 걸려도 싸다는 것을 암시한다. 에이즈 위기에 대한 대응이 지체된 것은 적어도 부분적으로는 환자를 죄인으로 여긴 인간들이 있었기 때문이다. 이러한 질병이 온정만으로 치유되지 않는 것은 명백하지만, 공동체의 보살핌과 배려가 독이 되는 상황일 리는 없다.

집단 히스테리의 발생은 16세기 이후에도 사라지지 않았다. 지금도 일어나고 있다. 그 과학적 메커니즘은 완전히 밝혀지지 않았지만, 가혹하거나 억압적인 상황—그 상태를 견디기 위한 정신의 혼란스럽고 병적인 시도—과 관계가 있다고 생각된다. 집단 히스테리는 주로 중증 트라우마와 연관되어 있다. 예컨대 1970년대에 크메르루주의 킬링필드에서 살아남은 캄보디아인은 히스테리성 실명을 겪는 경우가 있다. "여성의 70퍼센트가 직계 가족이 살해당하는 것을 목격했다." 그들의 시각 질환을 연구하던 캘리포니아주립대 롱비치캠퍼스의 교수 패트리샤 로지코커는 『로스앤젤레스 타임스_Los Angeles Times_』에 이렇게 말했다. "그래서 그들은 마음을 꼭 닫고 더 이상 보는 것을 거부했다. —더 이상의 죽음, 고문, 강간, 기아를 보는 것을."**26** 히스테리성 실명은 1970년대 훨씬 이전부터 전쟁 영화에 비유적 용법으로 등장해왔다. 대개 군인이 어떤 끔찍한 것을 보고 신체적 원인 없이 실명하며 좋은 여성의 사랑으로 다시 건강을 되찾는다. 그런 영화를 비웃으며 화면을 향해 "말도 안 돼!"라고 손가락질할 수도 있겠지만, 때로는 누군가의 온정이 신체의 건강에 영향을 미친다고 … 나는 생각한다.

1962년에는 탄자니아의 여학교에 집단 웃음이 발생했다. 한 여학생의 웃음으로 시작되어 학급 전체, 그리고 학교 전체로 퍼졌다. 최소 217명에게 퍼진 것이다. 소녀들은 웃다 울다를 반복했고, 교사가 하지 말라고 하면 난폭해졌다. 약 16일 동안 울고 웃다가 멈추고는 다시 시작했다. 이에 대해 당신은 이렇게 말할 것이다. "음, 이상한데. 10대 여학생이 왜 그렇게 정신적으로 못 견디지?" 고교 시절이 어땠는지 싹 잊어버린 성인이 된 걸 축하한다.

전염성 웃음을 연구한 텍사스A&M대학의 크리스티안 F. 헴펠만에 따르면, 집단 히스테리는 흔히 "집단 내에 스트레스 요인이 잠재해 있을" 때 시작되며 "큰 힘을 갖지 못한 그룹에서 주로 발생한다."[27] 탄자니아의 경우는 국가가 독립한 지 얼마 안 되어 모든 사람이 엄청난 스트레스를 받고 있었기 때문이라는 설도 있다. 그러나 탄자니아에서는 지금도 여전히 웃음 히스테리가 발생하고 있다. 라디오 프로그램 「라디오랩Radiolab」에 나온 한 여성은 자신의 고등학교에서 여학생 세 명이 수학 시험 날 아침 발병했다고 이야기했다.[28] 그중 한 명은 남자 친구가 병문안 왔을 때만 회복했다. 그의 관심을 끌기 위해 꾀병을 부린 것이라고 생각한다면, 프라우 트로페아가 쓰러질 때까지 춤췄을 때도 사람들이 같은 생각을 했다는 것을 떠올려보라.

당신네 지역에서는 있을 수 없는 일이라고 생각할까봐 윌러는 다음과 같이 말했다. "국가가 오래 존속되어온 서양도 히스테리적 공포에 안전한 것은 아니다. 실제로 몇몇 지역은 고질적이다. 미국 문화와 어느 정도의 유럽 문화에는 외계인 피랍과 비행접시에 관한 편집망상이 넘쳐난다."[29]

2012년, 뉴욕주 르로이의 10대 소녀들에게 일제히 틱이 발병하여 걷잡을 수 없는 경련이 일어났다. 그 사건이 한 차례의 집단 히스테리로 분류되자 보호자 중 한 명이 『뉴욕 타임스 매거진*New York Times Magazine*』에 "우리는 1600년대에 살고 있단 말인가?"라고 발언했다.[30] 의사들은 소녀들의 증상이 삶의 스트레스와 관련 있다고 생각한 것 같지만, 항생제를 투여받고 호전된 환자도 있었다. —16세기에 독일인이 성지를 신뢰했던 것만큼 우리는 항생제를 신뢰한다(다 이유가 있다. 가까운 미래에 직면할 수 있는 가장 끔찍한 의학적 문제는 질병이 항생제 내성을 갖는 것이다). 그들의 의사는 『타임스*Times*』에 "약과 플라세보효과는 구별하기 어렵다"고 인정했다.[31]

오늘날 우리는 신체의 건강을 정서 상태와 완전히 분리해서 생각하는 경향이 있다. 텔레비전 드라마 「닥터하우스Dr. House」의 주인공은 자신의 환자에게 큰 소리로 "당신은 불임입니다. 불모지 염전처럼!"이라든지 "당신 아이가 자살을 했군요. 극복하세요!" 같은 말을 하지만, 우리는 그가 훌륭한 의사라고 믿고 싶어 한다. 그러나 환자에게 무정하게 대한다고 해서 실력 좋은 의사인 것은 아니다. 그냥 정서적으로 결핍되어 있을 뿐이다. 실력이 뛰어나면서도 얼마든지 예의 바르고 공손할 수 있다. 몇 세기 동안 여성들이 그래 왔다. 다정함이 가장 필요할 때는 보통 아플 때다. 실제로 다정하게 대해줘야 낫는 경우도 있다.

온정은 중요하다.

물론 이러한 생각을 비웃는 자도 있을 것이다. 특히 질병에 관한 책에서라면 더더욱. 비웃음으로는 아무것도 변화시키지 못한다.

『뉴욕 타임스 매거진』에 따르면, 집단 히스테리에 관한 하나의 해석은 "실제 신체 감각에 나타나는 이러한 공감의 부적응, 예컨대 전염되는 하품, 감응적 구역질, 형제의 손가락에 피가 흐르는 것을 보고 자신의 손가락을 움켜잡는 행위"로 인해 발생한다는 것이다.[32]

물론 질병은 정신 상태와 관계없이 생기지만, 스트레스가 심하면 내면의 고통이 신체에 나타나는 것도 사실이다. 터프하거나 쿨하다는 것이 대부분의 감정을 거의 항상 억제하는 것을 의미하는 문화에서는 고독, 스트레스 또는 슬픔을 억누르는 데 매우 익숙하여 그러한 감정을 받아들이지 않고 생각조차 하지 않으려고 한다. 이는 좋은 해결책이 아니다. 극도의 스트레스는 실제 신체에 무서운 방식으로 나타날 수 있다. 춤추다가 쓰러지기 전에 내면의 혼란을 다스리는 것이 좋다. 만일 그럴 기미가 보인다면 의사든 아니든 누군가에게 이야기하라.

현대인은 약으로 치료하는 데 능하다. 이는 현대 세계의 가장 놀랍고 마법 같은 업적 가운데 하나다. 하지만 그렇다고 해서 약만 있으면 된다는 것은 아니다. 우리는 약의 정원을 가꾸는 것뿐만 아니라 서로를 돌보는 것도 가능하다. 그래서 말도 안 되는 치료 계획이나 종교적 치유를 제시한 사람, 혹은 당사자가 꾀병을 부린다고 여기지 않은 사람 모두 이 책에서는 영웅의 자격을 얻는다.

두창 痘瘡 *

> 메스껍고 전신이 욱신거렸다.
> 사랑에 빠졌거나 아니면 두창에 걸린 것이었다.
> — 우디 앨런

14세기부터 17세기까지는 흑사병이 유럽 각국에 미친 영향 때문에 역사상 가장 끔찍한 시기 중 하나로 기억되고 있다. 그러나 유럽 문명은 견뎌냈다. 서양 세계의 가장 뛰어난 예술적 성취 중 일부는 이 역병과 공존했다. 셰익스피어는 누나, 여동생, 남동생, 그리고 아들을 가래톳페스트로 잃었다. 그의 평생 동안 역병 때문에 극장이 폐쇄되었다. 한스 홀바인과 티치아노는 역병으로 죽기 전에 훌륭한 작품을 남겼다. 그들은 흑사병 없는 시대에 살고 싶어 했을까? 그렇다. (짐작이 아니라 그들 모두에게 전화로 물어봤다.) 하지만 삶은 죽음에

---

* '두창' 외에도 예로부터 '완두창(豌豆瘡)', '두진(痘疹)' 등 다양한 명칭이 존재했고, 민간에서는 '마마', '손님' 등으로 불렸다. 일본에서는 '포창(疱瘡)', '두창' 등으로 불리다가 서양의학이 본격적으로 도입되기 시작한 19세기 중반에 '천연두(天然痘)'라는 용어가 등장하여 정식 명칭으로 자리 잡았고, 오늘날 한국에서도 널리 쓰이고 있다. 하지만 개화기 이후 식민의료와 함께 한반도에 들어와 정착한 것이기 때문에 본래 사용하던 병명을 제쳐두고 굳이 사용할 필요는 없다고 여겨지며, 한국의 의사학계 및 정부기관에서 '두창'을 우선적으로 쓰기 때문에 이 책에서도 두창이라고 번역했다.

직면하면서도 계속되었다. 로마제국조차 안토니누스역병 이후 몇백 년을 견딜 수 있었다. 콤모두스는 벌벌 떨며 타조를 죽일 수 있었다.

당신은 이렇게 말할지 모른다. "사실 역병은 그리 대단한 일도 아니었네." 동정심 깊은 사람은 이렇게 대답할 것이다. "셰익스피어 아들이 썼을지도 모를 희곡을 영원히 읽을 수 없잖아." 공정하게 말하자면 그 희곡이 그리 좋은 작품은 아니었을 것이다. 유명인의 자녀가 부모의 뒤를 따르려고 할 때, 그 결과는 가지각색이다. 하지만 가래톳페스트 때문에 유럽 사회가 완전히 붕괴되지는 않았을지언정 상당한 천재성과 인류의 성취가 사라졌을 것이다.

그러나 '대단한 일'을 문명의 완전 파괴로 정의한다면, 그에 걸맞은 역병이 있다. 두창이 퍼지자 아스테카와 잉카의 사회는 삽시간에 황폐화되었다. 어느 해에 세계에서 가장 위대한 문명에 속했던 사회가 이듬해에는 아예 **존재하지 않았다.**

'예기치 않은 역사적 결과'의 서막은 프란시스코 피사로(c. 1475~1541. 에스파냐 출신의 정복자로 현 페루의 수도인 리마를 건설했다—옮긴이)가 1532년에 —신으로 여겨졌던— 잉카제국의 황제 아타왈파(c. 1502~1533. 내전으로 이복형인 제12대 황제 와스카르를 무찌르고 즉위한 잉카제국 최후의 황제—옮긴이)를 쓰러뜨린 것이다. 아타왈파는 8만의 군대를 거느리고 있었고, 피사로의 군대는 총 168명, 그중 말을 탄 군인은 62명밖에 없었다.[1] 에스파냐 군대는 첫날 밤에 7천 명의 잉카 군인을 죽였을 뿐만 아니라 피사로가 아타왈파를 생포하는 데는 **몇 분**도 채 걸리지 않았다고 추정된다. 피사로는 아타왈파에게 다음과 같이 약속했다. "우리는 포로와 정복한 적을 자비로써 처우하고 전쟁을 걸어올 때만 공격하오. 말살시킬 수도 있지만 그러지 않고 오히려 용서한단 말이오."[2] 당시 에스파냐인의 원주민 취급에 관한 글을 읽어본 사람이라면 위의 성명이 사실과 정반대라는 것을 알 수 있다. **지금까지 사회에서 이루어진 모든 것과 완전히 반대되지는 않는** 과장된 이야기와 선의의 거짓말도 많이 있기 때문에 그것을 거짓말이라 말할 수조차 없다. 그 후 피사로는 아타왈파의 목숨을 살려주는 대가로 방 —길이 약 6.7미터에 너비 약 5.2미터— 전체를 금으로 가득 채울 것을 요구했다. 잉카인들은 에스파냐인들이 금을 갖고 떠나리라 기대하고 평화롭게 금을 준비했다. 그러자 피사로는 아타왈파를 살해했다. 황제는 죽기 전에 화형만 면해주면 기독교로 개종하겠다고 약속했다. 잉카인은 몸이 불타면 사후 세계로 갈 수 없다고 믿었기 때문이다. 에스파냐인들은 그를 목 졸라 죽이고는 시체에 불을 붙였다.

콩키스타도르conquistador(정복자라는 뜻의 에스파냐어로 특히 16세기 멕시코와 페루를 중심으로 아메리카대륙을 점령하고 원주민을 도륙한 에스파냐의 지도자들—옮긴이) 페드로 시에사 데 레온이 잉카인에 관해 다음과 같이 기술했는데도 말이다. "(피사로가 잉카인을) 좋은 말로 개종시키길 바랐다면, 그들은 온순하고 평화를 좋아해서 소수의 인력만으로 목적을 달성할 수 있었을 것이다."[3]

콩키스타도르와 에스파냐 종교재판 사이, 16세기 전반에 걸쳐 에스파냐인들은 '상상도 못할 만큼 지독한 짓'을 했다. 크리스토퍼 버클리는 『이제 됐어 *But Enough About You*』에서 에스파냐인의 일반적인 태도에 관해 다음과 같이 기술했다. "잉카인을 납치하고 고문하고 산 채로 태우고 여자를 강간하는 건 말할 것도 없고 나라를 약탈하고 7천 년 이어진 문명을 없애버릴 절호의 때가 왔다. —유일하고 진정한 신앙의 이름으로!"[4]

에스파냐인과 아메리카 원주민 사이의 끔찍한 관계에 관해 내가 가장 좋아하는 이야기는 존 캠벨의 『에스파냐의 아메리카 식민지화에 관하여 *An Account of the Spanish Settlements in America*』에 등장한다. 이 18세기의 기록에서 캠벨은 16세기에 에스파냐인들이 어떻게 쿠바에 도달하여 "역사의 페이지를 더럽힌 최악의 만행"을 저질렀는지 전해 준다. 에스파냐의 수도사가 원주민 한 명을 화형에 처하기 전에 "자신들의 종교를 믿으면 천국에 갈 것이고 믿지 않으면 영원히 지옥에서 불에 탈 것"이라고 말했다. 쿠바인은 천국에 에스파냐인이 있느냐고 물었다. 수도사는 그렇다고 했다. 그러자 쿠바인이 말하길, "그렇다면 지옥에서 악마와 지내는 게 낫겠다."[5]

팩트 폭행이네요, 쿠바인이여. 아주 잘 했어요. ─시공을 넘어 하이파이브.

이제 크리스토퍼 버클리와 우리를 포함한 모두가 에스파냐인이 아메리카 원주민에게 개탄스러운 행동을 일삼았다는 것을 분명히 알게 되었으니 그들이 어떻게 승산 없는 잉카인과의 전투에서 승리하고 지역 전체를 손에 넣었는지 살펴보자.

에스파냐인들은 자신들의 성공에 관해 독자적인 의견을 갖고 있었다. 자신들이 **훌륭한** 기독교도이기 때문에 믿기 어려운 승리를 거두었다고 생각한 것 같다. 그들은 열성적이고 독실했다. 피사로의 형제들이 에스파냐의 카를로스 왕에게 보낸 서신에 그들의 승리가 다음과 같이 설명되어 있다. "저희들은 인원이 적었기 때문에 저희의 힘으로 이룩한 것이 아닙니다. 위대하신 신의 은총 덕분입니다."[6]

16세기의 에스파냐인이 "지독한 인간이 되지 말라"는 성서의 수많은 구절을 대충이라도 읽었는지 강한 의구심이 든다.

　그들의 승리에 관한 세속적인 설명은, 에스파냐인은 말과 총을 가졌지만 잉카인은 가지지 못했다는 것이다. 그러한 장비가 분명 도움은 되었지만, 잉카의 대군과 맞서는 데 그것만으로 충분했다고 믿는 것은 무리가 있다. 다른 관점에서 보면 168명은 대략 칠리스Chili's 레스토랑이 수용할 수 있는 인원이다. 손님 전원에게 총을 쥐어주고 ─사우스웨스턴 에그롤(닭가슴살과 야채를 토르티야로 말아 튀긴 음식─옮긴이)과 그릴드 콘 과카몰레(구운 옥수수알과 할라피뇨에 으깬 아보카도를 곁들인 음식─옮긴이)도 함께. 그런 밤이 될 것 같으니까. ─ 식당 밖에 있는 8만 명의 폭도와 싸우라고 하자. 그들의 신앙심이 지극히 깊고 신의 **뜻**이라고 설득하면 이 대담한 모험에 참여할지도 모르지만, 여전히 겁을 먹을 것이다. 그들에게 주는 총은 당시 에스파냐인이 사용한 것으로 장전하는 데만 하루 종일 걸린다는 걸 잊지 말자. 칠리스의 손님들이 열의를 가질 거라 볼 수는 없다. 집에서 시켜 먹을 걸 하고 후회할 것이다.

　당시의 광신적인 에스파냐인조차 자신들에게 불리하다고 생각했다. 그들은 겁을 먹었다. 피사로의 동료 한 명은 다음과 같이 기록했다. "인디언의 야영지는 매우 아름다운 도시 같았다. 텐트가 너무 많아서 우리는 모두 큰 불안에 휩싸여 있었다. 인도 제도諸島에서 이런 광경을 본 건 이번이 처음이었다. 우리 에스파냐인들은 모두 공포와 혼란에 빠져 있었다."7 신 덕분에 승리했다고 할지라도 많은 에스파냐인들은 그러한 승산 없는 전투에서 이긴 것이 기이한 요행이라고 생각한 것 같다. 특히 피사로는 1524년과 1526년 두 차례에 걸쳐 잉카를 상대로 비슷한 전투를 벌였을 때 그의 군대가 너무 작고 약해서 제대로 맞서 싸울 수 없다고 생각했기 때문이다.

피에 굶주린 정복군을 대신한 신의 개입이나 반만 쓸모 있는 총과 말의 위력보다 그들의 승리를 더 잘 설명하는 것은 두창의 도래로 인한 잉카제국의 황폐화다. 저널리스트 찰스 만은 다음과 같이 썼다. "(두창의 발생을 둘러싼) 혼란이 극에 달하자 프란시스코 피사로는 168명의 병력으로 에스파냐와 이탈리아를 합한 크기의 제국을 점령할 수 있었다."[8]

승리는 총과 말에 달려 있지 않았다. 단 한 사람에 달려 있었다. 두창에 걸린 에스파냐인 한 명이 1525년경 잉카 사회에 두창을 들여왔다고 생각된다.

오늘날 두창은 두창바이러스 때문에 발병한다는 것을 알고 있다. 감염되면 약 40도까지 열이 나고 구토가 동반되기도 한다. 그 후 발진이 생겨 투명한 액체나 고름이 차 있는 울퉁불퉁한 농포로 바뀐다. 이것들은 나중에 딱지가 되어 벗겨지고 피부에 마맛자국이 남는다.

이렇게 설명하면 보기에는 흉해도 치명적이지는 않아 보인다. (다른 바이러스로 인해 발병하는) 수두水痘는 두창과 비슷하지만 그 때문에 죽는 사람은 거의 없다. 한편 두창은 일반적으로 환자의 약 30퍼센트가 죽는다. 아메리카 원주민은 훨씬 많이 죽었지만. 이 사망률에 관해 훌륭한 의사인 내 친구가 아주 간결하고 이해하기 쉽게 설명해주었다. "두창은 면역계를 미치게 만들지. 면역계가 죽이니까 죽는 거야." 전문용어로는 제어 불가능한 면역 반응이다. 면역계는 침입한 바이러스나 박테리아를 식별하고 신체가 위험에 처하지 않도록 흥분한다. 혈류에 화학물질을 분비시켜 감염과 싸우고 전신에 염증을 일으킨다. 체내 기관에 문제가 생겨 기능이 멈출 수 있다. 면역계가 심장을 공격하면 혈액을 효과적으로 내보내지 못하여 세포에 산소가 공급되지 않는다. 그럼 죽는다. 신장을 공격하면 혈액이 정화되지 않는다. 그럼 죽는다.

수두바이러스는 보통 그처럼 난폭한 반응을 유발하지 않는다. 대개 세포 내에 비교적 무해하게 있으며 가끔 수년 후에 새로운 증상을 일으키는 정도다. 비유해서 말하자면 신체는 당신네 집이고, 수두바이러스는 당신네 게스트룸에 영원히 빌붙어 살려고 하는 불쾌한 전 밴드 동료로 볼 수 있다. 그럼 두창은 고질라다. 고질라가 갑자기 집 안으로 들이닥치면 집 주인(면역계)은 자제력을 잃고 고질라를 없애기 위해 화염병을 여기저기 마구 던질 것이다. 빈둥거리는 수두는 불쾌하기는 하지만 그렇게까지 하지는 않을 것이다. 그(수두)는 그냥 거기에 살며 **영원히** 당신의 음식을 먹고 당신의 소파 위에서 섹스하고 당신의 맥주를 마실 것이다. 시간이 지나면 그가 있는 걸 신경도 안 쓰게 될 것이다.

경우에 따라서는 두창이 파종성혈관내응고DIC라 불리는 질환을 일으키기도 한다. 체내에는 **혈액응고인자**라 불리는, 혈액을 굳히는 작은 단백질이 많이 존재하여 면도할 때마다 출혈로 죽는 것이 방지된다. 파종성혈관내응고가 발병하면 혈액응고인자가 모여들어 혈류에 작은 덩어리를 형성하기 시작한다. 혈액응고인자가 더 모여들고 덩어리는 커진다. 결과적으로 혈액이 정상적으로 응고되지 않는다. 비정상적인 부위에서 출혈이 시작된다. 뭉친 혈전이 너무 커지면 혈액이 제대로 흐를 수 없어 세포가 산소를 받지 못한다. 그럼 죽는다.

두창의 발생 이전에 잉카 문명이 번영한 데는 와이나 카파크 황제 (c. 1468~1527. 잉카제국 제11대 황제로 현재 콜롬비아 남부에서 칠레 북부에 이르기까지 영토를 확장했다―옮긴이)의 공이 크다. 그가 1493년에 지배권을 잡았을 때 제국은 이미 거대했다. 아르헨티나에서 콜롬비아까지 뻗어 있었다. ―남아메리카의 절반 정도가 포함되었다. 와이나 카파크는 전국을 돌며 각 지방의 통치자들을 만났다. 관개시설 등 인프라의 수리를 감독하고 땅콩이나 목화 같은 새로운 작물의 재배를 장려했다. 이 시기에 그는 5만 5천 명 이상의 병력을 통솔했고, 몇몇 군사작전에서 승리를 거두었다. 당시의 회화에 그가 보석으로 덮인 가마를 타고 출정하는 모습이 그려져 있다. 그는 베르사유의 16세기 남아메리카 버전이라 할 수 있는 대궁전 키스피관카를 사냥용 숙소로 짓고 신하와 장군을 불러 파티를 열고 도박을 했다. 한편 그의 부인은 비둘기 떼를 보살피며 즐거운 시간을 보냈다.[9] (비둘기에 관한 내용이 아주 중요한 건 아니다. 다만 문명화된 멋진 이미지를 떠올리게 한다. 내 생각에 비둘기는 가장 고상한 애완동물이다.)

잉카인에게 좋은 시절이었다!

하지만 그것도 두창이 제국을 괴롭히기 전의 일이다. 와이나 카파크는 그 병에 걸려 1527년에 죽었다. 그가 가장 신임하는 장군들 전원과 그의 가족 대부분도 죽었다. 와이나 카파크는 임종 때 젖먹이 아들을 후계자로 지명했다고 추정되지만, 그때는 아기도 이미 죽은 후였다. 와이나 카파크는 말했다. "나의 아버지 태양이 나를 부르고 있다. 그의 곁에서 쉴 것이다." 매우 시적인 임종의 말이다. 유감스럽지만 그보다 계승 순위를 분명히 밝히는 편이 나았다. 와이나 카파크가 적자인 와스카르(1491~1532. 잉카제국의 제12대 황제였으나 이복동생인 아타왈파에게 축출당했다―옮긴이)와 총애하는 사생아 아타왈파 중 누구를 통치자로 생각했는지 알 수 없었기 때문이다.

후계자 문제로 혼란에 빠지는 것은 분명 바람직하지 못하다. 내전으로 이어진다. 그러나 잉카제국에서 왕가의 집안싸움은 흔한 일이었고, 누가 승리하여 통치자가 되든 간에 민중들은 좋아했다. 와스카르와 아타왈파는 군대를 소집했고, 와이나 카파크의 후계자를 결정하는 격렬한 내전이 시작되었다. 불행히도 이 전쟁으로 인해 수많은 전사가 죽었고, 그보다 더 많은 사람이 두창으로 희생되었다. 잉카인들은 양 전선에서 엄청나게 많이 죽었다. 만일 와이나 카파크가 살아 있었다면 제국이 역병으로 피해를 입었을지언정 에스파냐인은 결코 승리를 거두지 못했을 것이다. 피사로도 인정했다. "페루에 침입했을 때 와이나 카파크가 살아 있었다면 우리는 승리하지 못했을 것이다. 그는 민중들에게 대단히 사랑받고 있었기 때문이다. … 침략도 승리도 불가능했을 것이다. 심지어 1천 명의 에스파냐 군대가 한꺼번에 들이닥쳤을지라도."[10] 누차 말하지만, 한 국가가 혼란한 상태에 빠졌을 때는 사랑받는 훌륭한 지도자가 있는 것이 바랄 수 있는 최고의 상황이다. 그 지도자가 죽었을 때 분명히 알게 된다.

1532년, 피사로가 아타왈파의 군대와 조우하여 물리쳤을 때, 잉카인들은 내전과 질병을 겪고 극도로 약해져 있었다. 그런데도 피사로의 작은 무리가 이긴 것은 놀랍다. 그러나 칠리스의 전사들도 상대가 영양실조에 진이 다 빠진 데다 질병을 독하게 앓고 있으며 그 질병이 상대의 지도자를 죽이고 내전을 일으켰지만 자신들은 어린 시절에 앓았기 때문에 면역이 있다는 것을 알았다면, 살아남을 가능성에 대해 보다 낙관적이었을 것이다.

두창은 당시 아메리카의 또 다른 위대한 제국이며 현재의 멕시코 지역에 위치했던 아스테카도 괴롭혔다. 에르난 코르테스(1485~1547.

가마에 탄 잉카제국의 황제 아타왈파가 카하마르카 전투(1532)에서 피사로의 군대에 맞서고 있다.

카스티야 출신의 콩키스타도르로 아스테카를 카스티야 국왕의 식민지로 삼았다―옮긴이)가 이끄는 에스파냐의 군대가 1519년에 도착했을 때 퍼진 것이었다.

　나중에 생각해보면 아스테카인은 즉시 에스파냐인과 전투를 벌였어야 했다. 하지만 코르테스의 군대가 아스테카의 수도 테노치티틀란에 도달했을 때, 그들은 환영받았다. 오늘날의 미국 군대가 언제 어디서나 환영받(기를 바라)는 것처럼. 아스테카의 황제 몬테수마 2세(1466~1520. 아스테카제국의 제9대 황제로 영토를 최대로 확장하고 중앙집권화를 꾀했으나 여러 부족의 반발을 샀다―옮긴이)는 코르테스에게 귀중한 보석으로 만든 목걸이, 금, 깃털 등의 선물을 아낌없이 주었다.

　아스테카인이 잉카인처럼 '온화하고 평화를 좋아하기' 때문에 이처럼 따뜻하게 환영한 것은 아니다. 아스테카인은 일반적으로 식인 풍습이 있고 매일 인간을 제물로 바치는 피에 굶주린 미치광이로 묘사된다. 이는 피할 수 없는 사실이다.

잠깐 본론에서 벗어나 인간 제물에 관한 피비린내 나는 이야기를 해보자. 이런 풍습은 아스테카에만 있었던 것이 아니다. 잉카도 인간을 제물로 삼았다. 그런대로 문명화된 방식으로. 주로 미모로 선택된 아이들이 궁극적으로 공동체의 산 제물이 되도록 10대까지 길러졌고, 높은 사회적 지위를 얻었다. 그들은 하층 계급은 구경할 수 없는 (옥수수 같은) 특별한 음식을 먹었다. 죽으러 가기 전에는 영예로운 큰 연회를 대접받고 황제를 따로 알현했다. 어떤 희생자는 다음과 같이 말한 것으로 추정된다. "쿠스코에서 저를 위해 거행된 연회보다 더 영광스러운 일은 없으니 저를 지금 끝내주십시오."[11] 그 후 약과 술을 받고 산으로 끌려가 후두부를 얻어맞고 방치되어 죽었다. 유족은 그러한 희생을 치름으로써 명예로운 사람으로 간주되었다.

두 가지만 짚고 넘어가자. (1) 연회가 즐거워 보인다고 해서 잉카의 인신 공양을 옹호하는 것은 아니다. (2) 그러한 비운의 10대의 관점에서 '영 어덜트' 역사 소설을 쓴다면 아주 좋은 생각이다. 이 아이디어를 훔쳐도 아마 고발하지 않을 것이다. 하지만 저자 사인회에는 초청해주길 바란다. 쿠스코의 연회처럼 즐거울 테니까.

한편 아스테카는 날마다 사람들을 바위에 묶고는 뛰고 있는 심장을 쥐어뜯었다. 그래야만 태양이 계속해서 작열한다고 믿었기 때문이다. 그 후 시체를 발로 걷어차 신전의 계단 아래로 떨어뜨려 그 고기를 먹었다고 한다. 그리고 "제물로 바칠 때 (희생자가) 크게 울부짖으면 길조로 여겨졌다."[12] 내 잠꾸러기 동료들이여, 만일 모든 아스테카인이 하루라도 대낮까지 잤더라면 고동치는 심장이 없어도 태양은 떠오른다는 것을 깨닫고 수많은 목숨이 구원되지 않았겠는가. 이를 잘 기억했다가 누가 당신의 수면 습관을 비난하면 써먹으라.

아무튼 코르테스가 놀랄 만큼 우호적으로 환영받은 것은 아스테카인이 착해서가 아니다. 아마도 —아주 우연히도— 그가 도착한 타이밍이 아스테카의 신 케찰코아틀(제물로 벌새와 나비만을 요구하는 꽤 좋은 신)이 재림한다고 예언된 때와 완벽히 맞아떨어졌기 때문이다. 신이 올 것이라 기대했던 바로 그날에 인상 깊게 총을 쏘아대는 낯선 자들의 무리가 말 타고 등장했을 때, 일부 아스테카인들이 적어도 일시적으로 혼란에 빠진 것도 무리는 아니었다.

그들은 도착 직후 몬테수마 2세를 감금했다. 그러나 테노치티틀란을 점령하려고 했을 때 도시 병력의 강력한 저항에 부딪혔다. 군인들은 깃털과 금 등의 선물을 준 것이 잘못된 판단이었다며 자신들의 지도자를 돌로 죽였다고 여겨진다. 600명에서 1천 명에 이르는 콩키스타도르가 뒤따른 전투에서 죽었다. 너무 많이 죽어서 1520년 6월 30일은 '라 노체 트리스테La Noche Triste(눈물의 밤 혹은 슬픔의 밤)'라 불리게 되었다. 에스파냐인은 달아났고 아스테카인은 기뻐했다. 새로운 지도자 쿠아우테목(c. 1495~1522/25. 아스테카제국 최후의 황제로 몬테수마 2세의 조카이자 사위였다—옮긴이)은 다시는 신이라 입증되지 않은 외부인을 맞이하지 않기로 결정했고, 테노치티틀란은 약 10분 동안 평상시로 돌아왔다.

에스파냐인은 도시를 점령할 정도로 아스테카에 오래 있지는 않았지만, 추측할 수 있듯이 두창을 남겨둘 수는 있었다. 감염된 코르테스의 군인이 전투 중에 죽었고, 그의 시체는 적에게 넘어갔다. 두

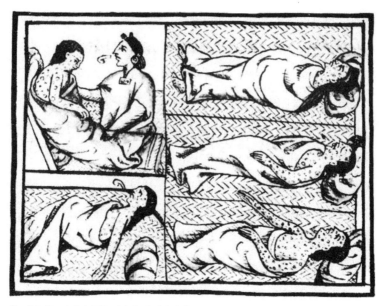

『누에바 에스파냐의 문물 일반사』의 저본인 『피렌체 코덱스』(16세기) 제12권에 수록된 삽화.
아스테카의 나우아족이 두창에 걸려 괴로워하고 있다.

창은 제국 전역을 휩쓸고 황폐화시켰다. 1520년 9월에는 테노치티틀
란 주민들에게 극심한 기침과 타는 듯 고통스러운 부스럼이 나타났
다.[13] 한 아스테카인이 '엄청난 발진the great rash'이라 불린 것을 기록
했다. "부스럼이 얼굴, 가슴, 배에 돋았고, 머리부터 발끝까지 고통스
러운 부스럼으로 뒤덮였다. … 병자는 아무것도 할 수 없었고 그저
시체처럼 침대에 누워 있을 뿐이었다. 팔다리, 심지어 머리도 움직일
수 없었다. 엎드릴 수도 몸을 좌우로 돌릴 수도 없었다. 몸이 조금이
라도 움직이면 아파서 비명을 질렀다."[14] 텍스코코 같은 아스테카의
도시는 역병이 돌기 전의 인구가 1만 5천 명으로 추정되지만, 1580
년에는 4퍼센트에 해당하는 600명밖에 남지 않았다.[15] 그보다 작은
마을은 그냥 소멸되었다. 두창으로 인해 아메리카 원주민의 약 90퍼

센트가 죽은 것으로 추정된다.[16]

　두창은 이미 알려져 있던 유럽에서도 강한 전염력 때문에 두려움의 대상이었다. 베르겐대학의 의학 교수 올레 디드리크 레룸에 따르면, "감염자 옆방에 있어도 감염될 수 있다."[17] 두창은 감염된 적 없는 사람들에게 훨씬 더 무섭고 치명적이었다. 에스파냐의 한 사제가 아스테카인에 대해 다음과 같이 생생하게 묘사했다. "시체가 빈대처럼 수북이 쌓였다. 많은 곳에서 가족 전체가 죽었고, 엄청난 수의 시체를 묻는 것이 불가능했기 때문에 집을 허물어 무덤으로 썼다."[18]

　코르테스가 1521년에 돌아왔을 때는 아스테카의 수도를 손쉽게 함락할 수 있었다. 질병에 더해 "기아만으로 죽은 사람도 많았다. … 그들을 돌봐줄 사람이 아무도 없었기 때문이다. … 그 누구도 남에게 관심을 가지지 않았다."[19] 수도사이자 『누에바 에스파냐의 문물 일반사 Historia general de las cosas de la Nueva España』의 저자였던 사아군은 자신이 1590년에 두창으로 죽을 때까지 1만 명을 묻었다고 주장했다. 그에 따르면, 당시 사람들은 (유럽 인구의 30퍼센트만을 죽인) 가래톳페스트가 유행했을 때의 유럽인과 마찬가지로 주변 사람들과 접촉하는 것을 두려워하며 살았다. 사아군은 정주할 에스파냐인이 너무 적어서 "(아스테카의) 땅이 야수의 황야로 되돌아갈"까 걱정했고,[20] 아스테카인은 절멸 직전이었다. 살아남은 소수의 아스테카인은 새로운 책력을 만들어 '엄청난 나병 the Great Leprosy'을 처음 경험한 해부터 날짜를 다시 셌다. 이치에 맞는 일이다. 그 질병은 너무나 파괴적이고 닥치는 대로 소멸시켰기 때문에 그들의 세계 전체는 그 이전과 이후로만 나뉠 수 있었다.

　잉카도 아스테카와 마찬가지로 세계가 변했다고 느꼈다. 그들은 두창의 도래를 병瓶에서 해방된 요정의 복수인 것처럼 신화로서 이야기했다. 후안 데 산타 크루스 파차쿠티 얌키 살카마이와(16세기 말에서 17세기에 걸쳐 활동한 페루 현지의 연대기 편자—옮긴이)는 1613년에 간행된 『고대 페루왕국 보고서 Antiquities of Peru』에 잉카인이 역병의 시작에 관해 말한 것을 기록했다.

검은 망토를 두른 전령이 와서 잉카인에게 매우 경건하게 키스를 하고는 '프푸티pputi' 즉 열쇠가 달린 작은 상자를 주었다. 잉카인이 열어보라고 하자 전령은 창조자가 오로지 잉카인만이 열어야 한다고 명령했다며 양해를 구했다.

그럴 만하다고 생각한 잉카인이 상자를 열자 나비와 종잇조각 같은 것들이 펄럭거리며 나오더니 사방으로 흩어져 사라졌다. 이것이 두창이었다.[21]

그리스신화에 익숙한 사람이라면 판도라의 상자 이야기와 비슷하다고 느낄 것이다. 지구상 최초의 여자가 상자를 열자 전 세계의 모든 악이 방출되어 벌레처럼 날아올랐다는 이야기다. 그러나 서둘러 뚜껑을 닫아 희망이 달아나는 것을 간신히 막았다고 한다.

잉카의 이야기에는 희망이 없다. 죽음만이 있을 뿐이다. 파차쿠티 얌키 살카마이와는 다음과 같이 끝맺었다. "이틀 안에 미이크나카마이타 장군을 비롯한 수많은 명장이 죽었고, 그들의 얼굴은 온통 타오르는 듯한 딱지로 뒤덮여 있었다. 그것을 본 잉카인은 돌집을 준비시켜 스스로 고립했다. 그리고 거기서 죽었다."[22] 결말은 첫 대목보다 훨씬 덜 신화 같다.

에스파냐인은 역병의 공포와 참상을 대수롭지 않게 생각했다. 예컨대 페드로 시에사 데 레온은 다음과 같이 말했다. "인도 제도의 문제는 신의 심판이고 신의 깊은 지혜에서 비롯된 것이며 신은 이런 일을 허용한 이유를 알고 계시다."[23]

이는 … 만족스런 답변이 아니다. 이들 제국에서는 두창의 영향이 왜 **그렇게** 파괴적이었나? 가장 큰 이유는 유럽인의 방문 이전 아메리카 원주민은 16세기 유럽인의 삶의 일부였던 그러한 질병에 노출된 적이 전혀 없었기 때문이다. 그래서 면역이 없었다. 두창이 유럽에서는 재앙이 아니었다는 것이 아니다. 18세기가 되어서도 해마다 약 40만 명의 유럽인—주로 어린이—이 두창으로 죽었다.[24] 하지만 살아남은 자들은 면역이 생겼고, 면역력은 어느 정도 유전될 수 있었다.

두창은 가축—주로 소이지만 말과 양도 해당된다—에게서 발생하여 이종 간 감염으로 인간에게 퍼졌다고 여겨진다. 유럽인은 그러한 동물과의 접촉이 잦았지만, 잉카인과 아스테카인은 접촉할 일이 전혀 없었다. 『총, 균, 쇠 *Guns, Germs and Steel*』의 저자 재레드 다이아몬드는 다음과 같이 설명한다. "잉카인은 라마를 길렀지만 라마는 유럽의 소나 양과는 다르다. 젖을 제공하지도 않고 큰 무리를 짓지도 않으며 인간과 가까운 외양간이나 오두막에 살지도 않는다."[25] 아메리카대륙에서 두창이 파괴적이었던 것은 복수심에 불타는 신이나 악의 상자를 떠맡은 신비에 싸인 인물 때문이 아니라, 아메리카 원주민이 가축화된 라마와 보낸 시간이 유럽인이 소와 보낸 시간만큼 도움이 되지 못했기 때문이다.

이러한 파멸의 이야기를 읽고 **맙소사 나는 소 농장은 없어서** 혹은 **난 자랑스러운 라마 농가라서**(어딘가 계시겠죠) 비통한 면역계를 갖고 있으니 두창에 걸리면 죽겠구나 하고 생각하거나, 만일 테러리스트가 두창바이러스를 배양하고 자살 공격으로 퍼뜨려 우리가 **모두 죽고** 문명이 **사라지고** 모든 것이 **끝장나면** 어쩌나 걱정할지도 모르겠다. 나도 그래요, 여러분! 로마인과 아메리카 원주민에게 일어난 일을 생각하면, 두창의 유행은 굉장히 무섭다. 다행히도 1979년, 세계보건기구는 두창이 전 세계적으로 박멸되었다고 공식 선언했다. 따라서 더 이상 백신 접종도 하지 않는다. 그러나 2001년 9월 11일 이후 미국 정부는 당신과 마찬가지로 염려하게 되었고, 미국인 전원을 지킬 수 있을 만큼의 백신을 비축했다. 백신은 질병에 노출된 지 3일 이내에 유효하다. 최악의 경우, 아주 악독한 놈들이 일반 대중에게 두창을 살포할지라도 피해를 막을 계획이 마련되어 있다. 두창은 매우 무서운 질병이지만 오늘날 특별히 겁낼 필요는 없는 것이다(어디까지나 미국의 이야기다—옮긴이).

이러한 바람직한 상황은 에드워드 제너의 공이 크다. 18세기 잉글랜드의 의사이자 과학자인 그는 우유 짜는 여자가 우두—손에 작은 부스럼이 약간 나기만 하는 질병—를 앓고 나면 두창에 걸리지 않는다는 것을 깨달았다. 그는 우유 짜는 여자가 아닌 사람들에게도 두창에 걸리지 않게 하기 위해 우두 걸린 사람의 물집에서 채취한 소량의 고름을 주입하기 시작했다. 그런데 그보다 앞서 비슷한 (하지만 덜 안전한) 방법을 시도한 사람들이 있었다. 「획기적인 의학 발전의 신화: 두창, 백신 그리고 제너에 대한 재고The Myth of the Medical Breakthrough: Smallpox, Vaccination, and Jenner Reconsidered」라는 제목의 의학 논문에 따르면, "한 개인이나 단독 실험을 통해 비약적인 발전이 이루어지는 경우는 극히 드물다. 그의 '고독한 천재' 패러다임은 연구 과정에 해를 끼칠 위험이 있다."[26] 꼭 맞는 말이라고는 생각하지 않는다. 나는 고독한 천재가 좋다! 나는 영웅을 좋아하고, 한 인물이 전 인류를 앞으로 견인하는 것을 상상하면 설레기 때문에 될 수 있는 한 다룰 생각이다.

그러나 이 경우, 비유적으로 말하면 제너는 하렘(이슬람 사회에서 일반 남성의 출입이 금지된 장소로 후궁이나 부인들이 거처했다—옮긴이)의 여성들과 레이디 메리 워틀리 몬태규(1689~1762. 잉글랜드의 저술가이자 시인으로 대사인 남편과 함께 오스만제국에 살며 두창의 예방법에 관심을 가졌다—옮긴이)의 어깨 위에 올라타 있었다.

고대 로마까지 거슬러 올라가면, 두창에 걸려 살아남은 자는 두 번 다시 두창에 걸리지 않는다는 것이 알려져 있었다. 앞서 가래톳 페스트에 대해 시도된 '치료법'을 다뤘기에 아시겠지만, 면역에 관한 이러한 기초 지식이 있어도 유럽인들은 그 질병의 치료법으로 엉뚱한 이론들을 전개했다. 17세기의 의사 토머스 시드넘은 "24시간마다 묽은 맥주 12병"을 마시도록 권장했다.[27] 적어도 일시적으로 흉한 농포를 잊고 앞으로 치유되어 더 매력적에게 보일 테니 자신감을 가지라는 의미였을 거다. 그는 어떤 병이든 아편을 처방하면 된다고 믿었으니까.

유럽인들이 맥주를 진탕 마셔대고 있을 때, 오스만제국에서는 **인두접종**이라는 기법이 유명해졌다. 인두접종은 일반적으로 두창 환자의 농포에서 혈액이나 분비액을 뽑아 감염되지 않은 사람에게 주입하는 것이었다. 그 외에도 감염자의 딱지 파편을 벌어진 상처에 문지르거나 코로 들이마시는 방법도 있었다. 그러면 보통 두창이 발병했지만, 증상은 자연적으로 감염되는 것보다 가벼웠다. **많이 앓지 않**

고 **조금** 앓기 때문에 잘만 하면 피해를 최소한으로 줄이고 회복할 수 있었다. 오스만제국에서는 일찍이 1600년에 술탄의 하렘 후보인 소녀들에게 인두접종이 빈번히 이루어졌다. 흉터가 남더라도 미모를 해치지 않을 부위에 접종되었다.

그것은 하렘의 소녀에게 분명 중요한 것이었다. 두창은 살인자였지만 '아름다움의 적'으로도 불렸다. 사아군은 아스테카에서의 유행에 관해 다음과 같이 기술했다. "수많은 감염자가 미모를 잃었다. 깊은 곰보 자국이 생기고 흉터가 영구히 남았다. 시력을 잃고 실명한 자도 있었다."**28**

인두접종을 받은 터키의 여성은 외모가 흉해지지는 않았지만 안 좋은 점도 있었다. 우선 첫째로 대부분 하렘에 살아야만 했다. 19세기의 낭만주의 회화에 드러나는 것과 달리, 하렘은 마치 지옥에 위치한 여대생 기숙사 같았다. 더 현실적으로 질병과 관련지어보면, 하렘 거주자는 인두접종으로 인해, 매독 같은 온갖 종류의 혈액 질환을 앓거나 **두창 샘플에 극심한 반응을 보여 죽는** 경우도 있었다. 인두접종의 사망률은 2~3퍼센트였다. 50분의 1의 확률로 죽는 방법이라면 오늘날 미국식품의약국FDA에서 승인받기는 쉽지 않을 것이다. 하지만 그 확률은 자연적으로 두창에 걸렸을 때 죽거나 실명되거나 흉해질 가능성이 훨씬 높은 것에 비하면 분명 나은 것이었다. 비좁은 곳에 살면서 가능한 한 아름다워지고 술탄에게 사랑받는 것이 권력을 얻을 유일한 수단인 여성들에게 인두접종은 아주 믿을 만한 방법이었는지도 모른다.

1716년, 오스만제국 영국 대사의 아내였던 레이디 메리 워틀리 몬태규는 하렘 소녀가 되지 못했을 것이다. 미인으로 유명했지만 두창을 앓아 얼굴에 자국이 남았기 때문이다. 역사상 대부분 그래 왔듯이 여성의 가치가 미모로만 결정된다면, 두창에 걸리는 것은 죽음보다도 비참한 운명일 수 있다. 레이디 메리 몬태규의 전기를 쓴 이소벨 그런디는 다음과 같이 언급했다. "두창 담론에는 성별이 반영되었다. 남성에 관해서는 목숨을 잃을 위험이, 여성에 관해서는 아름다움을 해칠 위험이 이야기되었다."[29] 두창을 앓고 살아남은 유럽의 — 그리고 아마도 전 세계의— 여성은 외모를 되찾기 위해 필사적으로 노력했지만 허사였다. 1696년 발표된 희곡 『사랑의 마지막 수단*Love's Last Shift*』에 이런 구절이 있다. "나는 세간의 평판을 유지하는 데 더 애를 쓴다/ 두창에 걸린 숙녀가 살결을 되돌리려 하는 것보다."[30]

레이디 메리는 터키의 기술에 관해 들었을 때 매료되고 흥분하여 이렇게 보고했다. "다른 나라에서 온천에 들어가듯이 이 나라에서는 기분 전환을 위해 두창에 걸린다고 프랑스 대사가 유쾌하게 말했다."[31] 그리고 목격한 과정에 관해 다음과 같이 썼다.

노부인이 최량의 두창 물질(고름)을 가득 채운 견과류 껍질을 가져와 어느 혈관을 열지 묻는다. 대답한 곳을 즉시 큰 바늘로 찢고(보통 할퀴는 정도만큼만 아프다) 바늘 끝에 올릴 수 있을 만큼의 물질을 혈관에 집어넣은 뒤 작은 상처를 빈 껍질로 동여매며 이런 식으로 네다섯 군데 실시한다. 그리스인은 보통 미신에 기초하여 이마의 중앙, 양팔, 가슴의 혈관을 하나씩 열고 성호를 긋는다. 하지만 이는 부작용이 심하고 작은 흉터가 남는다. 미신을 믿지 않는 자는 다리나 눈에 띄지 않는 팔의 부위를 선택한다. 어린이나 젊은 환자는 남은 하루를 함께 놀며 8일째까지는 완전히 건강하다. 그 후 열이 나기 시작하고 이틀, 혹은 매우 드물게 사흘 동안 누워 않는다. 얼굴에 (부스럼이) 20~30개 이상 생기는 경우는 극히 드물고 자국이 남지 않으며 8일 지나면 다시 예전처럼 건강해진다.[32]

레이디 메리는 미신에 혹하지 않았다. 대신 주변 사람들의 치료 효과를 관찰했다. 이미 두창을 앓았기 때문에 그 치료로부터 얻을 것은 없었지만, 자신의 두 아이에게 인두접종을 (성공적으로) 실시했다. 그 기술이 널리 알려지자 1721년에는 (영국의) 뉴게이트감옥 수감자 여섯 명이 시험 대상이 되었고 그 대가로 사면되었다. 그들은 모두 살아남아 이후 두창에 면역이 생겼음이 확인되었다.

18세기 말에는 인두접종이 전 세계에 보급되었다. 프로이센의 왕 프리드리히 2세는 군인 전원에게 접종시켰고, 조지 워싱턴도 1778년 밸리포지에서 그렇게 했다. 프랑스인은 이 시술을 거부하는 경향이 있었기 때문에 철학자 볼테르는 씩씩거리며 말했다. "프랑스에서 (인두접종이) 실시되었다면 수천 명의 목숨을 구했을 텐데."

에드워드 제너 ─**고독한 천재이자 영웅**─ 자신은 어렸을 때 종래의 방법으로 인두접종을 받았다. 하지만 우유 짜는 여자가 한 말에 흥미를 가졌다. "저는 우두에 걸렸기 때문에 절대로 두창에 걸리지 않을 거예요. 얼굴에 흉한 마맛자국도 없을 거고요." 1796년에 제너는 우두에 걸린 우유 짜는 여자의 부스럼에서 고름을 뽑아 여덟 살 난 소년에게 접종했다. 소년은 미열과 식욕부진을 겪었지만 상당히 빨리 회복했다. 열흘 후 제너는 실제 두창에 걸린 소년에게 접종했다. 그 소년은 살아남았다! 자국도 남지 않았다. 오싹한 실험이지만 결과는 좋았다. 제너는 그 기법을 **종두**vaccination라 불렀다. '소'를 의

The Cow Pock — or — the Wonderful Effects of the New Inoculation! — vide. the Publications of ye Anti Vaccine Society

제임스 길레이의 풍자화 「우두, 혹은 새로운 접종의 근사한 효과!」(1802).

미하는 라틴어 'vacca'에서 따온 것이었다.

우두접종(즉 종두)은 **아무도** 죽이지 않지만 면역을 제공하는 위험성 낮은 우두를 사용하기 때문에 인두접종보다 뛰어났다. 이것이 안전한 백신을 향한 첫걸음이 되었고, 이후 생명을 위협하는 많은 질병의 백신이 개발되었다. 소아마비, 홍역, 뇌수막염, 디프테리아. 우리는 이것들을 극복했다.

하지만 당시 종두는 물의를 일으켰다. 많은 이들이 반대했다.

1911년, 『아메리칸 매거진*American Magazine*』에서 의사 윌리엄 오슬러 경은 종두에 반대하는 자들을 향해 웅변을 토했다.

모든 급성 감염 가운데 가장 지독한 것 중 하나이며 제너의 성과를 통해 억제할 수 있게 된 이 질병에 관해 한두 마디 말하려 한다.

방대한 문헌이 두창 예방에 대한 종두의 가치를 비난해왔다. 나처럼 전염병에 관해 조사했거나 그 역사를 잘 알고 있고 또 명석한 판단을 할 수 있는 자가 어떻게 그 가치를 의심할 수 있는지 이해할 수 없다. 수개월 전, 나는 이 문제에 관해 '묘한 침묵'을 지키고 있다고 해서 반反종두연합 잡지의 편집자에게 야유를 받았다. 나는 종두를 접종하지 않은 바알(고대 메소포타미아에서 숭배된 풍요의 신으로 구약성경 이후 우상과 악마로 여겨졌다―옮긴이)의 사제 10명에 대해 가르멜산의 대결(가르멜산에서 엘리야가 우상 바알을 따르는 수백 명의 예언자를 물리친 이야기가 성서에 나온다―옮긴이)처럼 도전장을 던지고 싶다. 종두를 접종한 10명과 접종하지 않은 10명―의원 세 명과 종두에 반대하는 의사 세 명(있다면)과 반종두 전도사 네 명, 이들은 내가 고르고 싶다―이 다음에 심한 유행병을 겪을 것이다. 그때 나는 약속할 것이다. 그들이 질병에 걸려도 조롱하거나 모욕하지 않고 형제처럼 돌볼 것이다. 분명 네다섯 명은 죽을 것이고, 나는 장례식을 주선하여 반종두 시위의 장엄한 의식으로 치르도록 할 것이다.[33]

이것은 백신을 믿지 않는 자들에 대한, 내가 읽어본 것 중 가장 훌륭하고 신랄한 비난이다. 죽게 될 정치가를 직접 선택하려는 부분이 특히 마음에 든다.

오늘날에도 백신 접종을 신뢰하지 않는 강경한 소수파가 있다. 그들 대부분이 백신을 불신하는 이유는 1998년에 앤드루 웨이크필드라는 소화기내과 의사가 어린이의 홍역, 유행성이하선염, 풍진MMR 백신 접종은 자폐증과 연관성이 있다고 주장한 논문을 『랜싯Lancet』에 발표했기 때문이다.

웨이크필드는 사기꾼이었다. 2010년에 의사 면허를 박탈당했다. 비윤리적 실험을 실시했고, 풍진 백신 제조회사에 소송을 걸려는 변호사들로부터 수십만 달러를 받아 챙긴 것이 드러났다.[34] 그는 또한 새로운 홍역 백신을 만들려고 했다. 풍진 백신의 신용이 떨어지면 꽤나 이득을 취할 속셈이었다. 개인적인 이익을 얻기 위해 사람들의 공포심과 자식에 대한 염려를 이용한 것이다. 『선데이 타임스*Sunday Times*』의 용감무쌍한 기자 브라이언 디어가 조사를 하여 웨이크필드의 연구에 등장하는 어린이 12명 전원의 병력이 위조되었음이 밝혀졌다.[35] 그리고 2010년에 『랜싯』의 편집자가 다음과 같이 논문 철회를 발표했다. "논문의 주장이 완전히 거짓임은 단 한 치의 의심도 없이 명명백백하다."[36]

그런데도 많은 사람들이 웨이크필드의 결론을 끈덕지게도 믿는다.

자식에게 백신을 접종시키지 않으려는 사람들에게 육아는 참 힘들어 보인다. 내가 보기에 내 직업은 친구들의 자녀 양육 관련 결정을 돕는 것이다. 아장아장 걷는 아이를 스위스의 기숙학교에 보내고 싶다고? 멋진데! 폴로를 할 줄 아는 네 살배기라니 감탄을 넘어 공포가 느껴지네. 존경한다는 뜻이야! 딸에게 이름을 직접 고르게 하고 읽기 대신 그리기를 가르치는 히피 아카데미에 보낸다고? 그것도 멋진 걸! 프린세스 젤리빈 프로스티나 엘사 정도면 창의력 만점이야. 아니면 이렇게 쓰겠지. "!!☺☺****☺!!"

지지 이외의 것을 표현할 가치가 있다고 생각되는 유일한 경우는 자발적으로 자기 자식을 위험에 빠뜨리고 있을 때다. 아이에게 백신을 접종시키지 않아 홍역 같은 치명적인 질병에 취약하게 만든다면, 나는 거리낌 없이 말할 것이다. 부모가 자식의 예방접종을 거부하는 것은, 이유 없이 보도가 두렵거나, 결국 달려오는 차에 치이는 게 나을지도 모른다고 생각하여 아이를 차도에 내보내는 것과 같다. 그리고 위험에 빠뜨리는 건 자신의 아이뿐만이 아니다. 당신에게 아이가 있다면 **당신** 아이도 위험에 노출된다. 대다수의 사람에게 예방접종을 실시하면 안전하게 접종받을 수 없는 영유아 및 모든 연령의 취약한 사람들도 보호받게 된다. 예컨대 예방접종의 대상인 홍역이 구식 질병이라 걱정할 필요 없다고 생각하는 사람을 위해 말해두지만, 세계보건기구에 따르면 세계적으로 매년 약 11만 5천 명이 홍역으로 죽는다.[37] 백신은 수십만의 죽음을 초래하지 않는다. 하지만 접종 가능한 모든 사람이 접종을 완료했을 때만 유효하다. 어리석은 부모 때문에 홍역에 걸린 아이 한 명으로 인해 판단력 있는 부모를 둔 아이들 여러 명이 감염될 위험이 있다.

예방접종 반대자 중에는 아름답고 건장한 과거의 사람들은 어린 시절 질병에 노출되었기 때문에 자연히 강력한 면역계를 갖고 있었다고 믿는 자도 있는 것 같다. 영화를 너무 많이 봤다. 예방접종을 하지 않은 사람으로 스타즈 텔레비전 드라마 시리즈 「아웃랜더 Outlander」(2014)의 멋진 남자를 떠올리지 마시길. 옛날 사람을 **연기하는** 현대의 배우일 뿐이다(치아가 멀쩡하지 않은가). 대신 두창에 걸려 눈이 먼 수많은 사람들을 생각하면 된다. 혹은 평생 마맛자국이 난 사람들. 아니면 아스테카인과 잉카인, 그들의 몰락한 문명, 시체 위로 무너진 집을. 친구와 가족의 30~90퍼센트가 죽은 상황을 상상해보라. 백신이 탄생하기 전의 세계가 그랬으니까. 백신이 있는 게 좋았을지 없는 게 좋았을지 아스테카인과 잉카인에게 물어보라. 아 잠깐, 그렇겐 못하지. 죽었으니까.

예방접종은 문명 세계 최고의 작품 중 하나다. 오늘날에는 별로 개의치도 않는 질병들 때문에 여러 제국이 모래성처럼 무너졌다. 그 점을 잠시 짚고 넘어가면 이 책이 백신접종을 거부하는 무리에게 인기가 없겠지만 상관없다. 이는 강한 신념을 갖고 추구할 만한 것이다. 잉카인이 가졌던 것보다 분명 더 나으니까.

매독

위대한 인물의 전기를 믿는다면, 아무도 매독에 걸리지 않았다.

그들은 놀랄 만큼 운이 좋은 것이다. 1493년 바르셀로나에서 발견된 이래 —신대륙에서 들여온 것으로 추정된다— 그 성병은 유럽인들을 닥치는 대로 쓰러뜨렸다. 너무나 파괴적이어서 유럽인이 아메리카에 수출한 홍역 및 두창과 동등한 교역이었다고 여겨지기도 한다. 최초의 유행 때 100만 명 이상의 유럽인이 죽은 것으로 추정된다. 16세기의 화가 알브레히트 뒤러는 다음과 같이 썼다. "신이여 저를 프랑스병(매독은 15세기 말 이탈리아와 프랑스가 전쟁 중일 때 처음 나타나 이탈리아와 독일에서는 '프랑스병', 프랑스에서는 '이탈리아병(나폴리병)'이라 불렸으며, 현재 쓰이는 '시필리스(syphilis)'라는 명칭은 1530년에 등장했다—옮긴이)으로부터 지켜주소서. 이토록 무서운 건 본 적이 없다. … 거의 모든 사람이 걸렸고, 그들은 소모되어 결국 죽는다."[1]

1928년 이전으로 시간 여행을 한다면 매독에 걸리지 않기 위해 성 경험이 없는 신앙심 깊은 사람과 결혼해야 한다. 당신 또한 배우자와도 섹스를 해서는 안 된다. 과거를 숨기고 있거나 혼외정사를 하여 질병을 당신에게 옮길 수 있기 때문이다. 섹스는 하지 않지만 건강한 사람이 되어야 한다.

해보기는 하겠지만 그렇게 살 수 있을지 100퍼센트 확신은 안 선다고 생각한다면, 그래, 역사상 아무도 그렇게 하지 못했지. 가톨릭 교회조차 유럽에 매독이 유행하자 성직자의 얼굴에 증상이 나타나 얼굴에 똥칠을 했으니까.

(약간 과장이겠지만) 모든 사람이 매독에 걸렸다. 정말로. (그 질병에 관해 최초로 기록된) 1520년에서 1928년 사이에 생존한 유명인의 이름을 대보라. 아마 매독에 걸렸을 거다. 어디 보자. 베토벤도 감염된 걸로 생각된다. 나폴레옹도. 슈베르트도 거의 확실하다. 플로베르는 무조건이다. 히틀러도 의심받고 있다. 콜럼버스는 매독으로 죽었다. 메리 토드와 에이브러햄 링컨 부부조차 매독에 걸렸다고 여겨진다.

매독이 실제 얼마나 퍼졌는지 영영 알 수 없으리라는 사실은 환자가 자신의 질병을 밝히거나 타인의 발병 사실을 알리기 꺼려한 것과 큰 관련이 있다. 매독에 얼마나 많은 사람이 걸렸는지, 그리고 구체적으로 누가 걸렸는지에 관해서는 여전히 논란이 많다. 예를 들어 많은 전기 작가가 링컨이 매독에 걸렸다는 것에 이의를 제기하지만, 그의 친구 W. H. 헌든은 1891년에 다음과 같이 말했다. "1835~1836년쯤 링컨 씨는 비어즈타운에 가서 사악한 격정에 휩싸여 한 소녀와 관계를 맺고 병에 걸렸다. 링컨 씨가 내게 털어놓았지만 나는 바보 같이 마음에만 담아두고 있었다."[2] 오랜 친구이자 동업자가 친구의 질병에 관해 아주 구체적인 거짓말을 할 가능성이 있다고 생각한다. 왜냐하면 … 사람들이 왜 이야기를 지어내는지 누가 알겠나?

W. H. 헌든은 어쩌면 남몰래 링컨을 **미워했고**, 그의 멋진 편지와 다정한 말은 단지 속임수에 불과했을지도 모른다. 그래도 나는 몇백 년 전에 살았던 인물을 소개하는 사람보다 그 인물과 실제 친분이 있었던 사람을 더 믿으려 한다. 전기 작가 중에는 그들 영웅의 명성을 지키는 데 혈안이 된 자도 있다. 탐험가 메리웨더 루이스(1774~1809. 미국의 탐험가이자 정치가로 미국이 루이지애나를 매입한 후 윌리엄 클라크와 함께 서부 탐험대를 이끌었다―옮긴이)의 전기 작가 스티븐 앰브로즈는 루이스가 매독에 걸렸냐는 『뉴욕 타임스_New York Times_』의 질문에 대해 시치미를 떼며 대답했다. "전기 작가라 할지라도 그것을 알 권리는 없다."[3] 일반적으로 전기 작가라면 자신이 다루는 인물이 어떤 병에 걸렸는지 정도는 알아야 한다고 생각한다. 그렇지 않으면 모든 전기는 이렇게 끝날 것이다. "그리고 죽었다. 그 이유를 누가 알겠나. 난 모른다."

누군가를 매독 환자라고 단정하기가 꺼려지는 이유 중 하나는 이 질병이 '위장의 달인'이라 불리는 사실과 관련이 있다. 매독은 너무 많은 증상을 나타내서 다른 여러 질병으로 오인되기 쉽다. 하지만 그보다 매독에 성병이라는 낙인이 찍힌 ―그리고 여전히 찍혀 있는― 것이 가장 큰 이유일 것이다. 성병은 환자가 감염 사실을 시인하려 하지 않기 때문에 맞서 싸우기 가장 어려운 질병일 수 있다. 일부 사람들이 성병을 죄와 욕정에 대한 벌로 간주하는 마당에 왜 밝히려 하겠는가. 최근 트위터의 건강관리 인식 캠페인에서 성병 환자에게 상태를 알려달라(해시태그 #shoutyourstatus)고 격려하고 있다. 이에 응한 용기 있는 자들은 다음과 같은 반응에 시달렸다. "내가 허피스herpies(헤르페스herpes의 잘못)에 걸렸다면 손목을 긋고 총구를 입안에 넣고 도로에 뛰어들었겠다. … 위의 치료법 중 적어도 하나는 시도하길 바랄게 ☺ 99퍼센트의 미국인 드림."

이는 2016년에 짜증스럽지만 전혀 치명적이지는 않은 성 매개 피부질환에 걸렸다고 털어놓은 사람들에게 쏟아진 반응이다. (또한 헤르페스가 **죽음보다 기구한 운명**이라고 진심으로 믿는 괴상한 사람이 있다면, 온라인에서 모르는 사람에게 죽으라고 협박할 게 아니라 치료비 모금이라도 해야 한다.)

매독에 걸린 이야기를 하지 않으려는 것도 **무리**는 아니다.

그렇다고 해서 감염을 막지는 못한다.

매독의 경우 전염되는 방식은 단순하다. 매독성 부스럼에는 트레포네마 팔리둠*Treponema pallidum*이라는 스피로헤타균이 들어 있는데, 이 박테리아는 항문, (페니스의) 요도, 질, 입, 즉 성적 접촉이 이루어질 수 있는 모든 부위의 점막을 통해 체내로 침투할 수 있다. 감염 후 약 3주가 지나면 먼저 굳은궤양이라 불리는 작은 부스럼이 매독이 침투한 부위에 나타난다. 보통 아프지 않고 이후 사라진다. 많은 사람들이 이를 알아차리지도 못한다. 그러나 부스럼이 사라지고 나서 5~12주가 지나면 보통 발열이나 발진이 (주로 손바닥과 발바닥에) 나타나며 수두처럼 보이는 경우도 있다. 발진은 대개 통증이 없지만 전염성이 매우 강하고 모든 분비물에 박테리아가 들어 있다. 이때부터 매독이 온몸에 퍼져 피부, 림프샘, 뇌에 영향을 미치기 시작한다.

이런 증상이 나타났다면 매독에 걸린 것이다. 당장 병원에 가서 페니실린 처방을 받아야 한다. 과거의 파트너들에게도 알릴 것. 이후 아무런 지장 없이 생활할 수 있다.

페니실린이 없었던 100년 전의 매독 환자들은 아주 불행했다.

렘브란트의 「제라르 드 레레스의 초상」
(1665~1667). 화가이자 예술이론가
인 드 레레스는 선청성 매독을 앓아 얼
굴이 변형되고 결국 실명했다.

초기 단계가 지나면 박테리아가 지라와 림프샘에 머물기만 하는 잠복기에 들어간다. 잠복기가 몇십 년이나 이어지는 환자도 있다. 이들은 매우 운이 좋다. 하지만 치료를 받지 않은 환자의 15~30퍼센트는 실로 끔찍한 제3기로 진행된다.[4] 관절에 문제가 생기거나 극심한 두통이 나타날 수 있다. 홍채에 염증이 일어나 시각장애, 때로는 실명으로 이어지기도 한다. 떨림과 발작을 경험하는 환자도 있다. 반신불수가 될 위험도 있다. 많은 경우 척수매독이라 불리는 상태로 발전하여 척수를 따라 신경이 변성되면서 쑤시는 듯한 강렬한 통증이 온몸에 발현한다.

매독균이 신경계에 침입하면 어떤 단계에서든 신경매독이 생길 수 있고, 대부분은 제3기에 나타난다. 뇌에 염증반응이 일어나 신경섬유다발이 파괴되는 것이다. 두통처럼 가벼운 증상만 겪는 경우도 있다. 그러나 많은 경우 조증을 앓거나 인격이 변화하거나 중증의 치매가 오는 등 정신적 문제가 동반된다. 이러한 정신질환이 폭발적인 창의력의 분출로 이어지기도 한다. 철학자 니체는 매독을 앓았다고 여겨지는 만년에 『이 사람을 보라*Ecce Homo*』(1888)를 비롯한 작품을 남겼다. 누군가가 매독 환자였는지에 관해 **늘** 논쟁이 붙듯이 니체가 매독을 앓았는지도 여전히 논란거리다. 작곡가 슈베르트는 기묘하게 예외적이다. 그가 죽자 친구들이 그의 편지와 일기를 모두 불태워 질병을 감추려 했지만, 그의 전기 작가들은 하나같이 말한다. "맞아요. 한 가지 확실한 건 그가 **틀림없이** 매독에 걸렸다는 거죠."

반론도 있겠지만 나는 니체가 매독에 걸렸음을 99.9퍼센트 확신한다. 슈베르트의 경우처럼 니체의 가족들도 그가 죽자 대대적인 은폐에 착수했다. 퍽이나 도덕주의자인 니체의 누이는 그가 매독 환자였다는 의견을 "역겨운 의혹"이라고 일축했다.[5] 이후 신경학자들은 니체의 광기가 카다실CADASIL(유전성 뇌졸중)에서 뇌종양에 이르는 질환 때문이라고 추정했다. 그의 질병에 관한 다른 설을 찾아내는 것도 재밌을 것 같지만 어리석은 짓이다. 니체는 말년에 실제 매독 진단을 받았기 때문이다. 대부분의 사람이 병력을 부인하기 위해 온갖 수단을 쓰는 상황에서 이는 우선 드문 일이다. 하지만 죽기 11년 전인 1889년, 니체는 병원에 입원하여 (몇십 년 전 매독에 노출되었다고 밝히고 나서) 정식으로 매독 진단을 받았다. 이는 그의 상태를 극명하게 시사한다. 그의 페니스에는 매독의 부스럼 때문에 생긴 작은 흉터가 있었다. 조증, 실명, 만년에 쓴 편지의 읽기 어려운 필체가 그의 질병을 완벽히 증명하지는 못할지라도 적어도 매독의 증상을 아주 잘 모방하는 것처럼 보인다.

정신과 의사 카를 구스타프 융은 이렇게 말했다. "저 극도로 예민

하고 신경질적인 남자는 매독에 감염되었다. 이는 역사적 사실이다. —그를 돌본 의사를 알고 있다."⁶ 숙녀 앞에서 두꺼비를 먹었다는 니체의 꿈을 해석하면서 꺼낸 말이다. 악몽을 꾸었다고 해서 **꼭** 성병에 감염된 것은 아니라고 안심시키듯 말을 이었다. 그래, 다행이네. 이제 니체가 매독 환자였다고 결론짓자. 왜냐하면 그게 맞으니까.

신경학자인 지그문트 프로이트는 매독의 조증이 니체의 작품에 도움이 되지 않았나 의심했다. "부전마비(매독이 유발하는 뇌의 염증)가 일으키는 이완 작용이 그에게 모든 층을 꿰뚫어 근저의 재능을 인지하는 매우 대단한 성과를 낼 능력을 부여했다." 그렇게 그는 마비성 소인을 살려 학문에 이바지했다.⁷

매독 감염이 천재적인 작품에 공헌할 수 있다고 생각한 것은 프로이트만이 아니었다. 20세기 초의 시인 마르크 라 마르슈는 다음과 같은 「매독Syphilis」이라는 시를 남겼다.

> 매독이여 너는 위대한 중개자가 아니냐
> 인간을 천재성과 이어주는
> 강력한 사유의 원천이자
> 예술과 학문의 씨앗을 전달하고
> 매혹적인 우행에 영감을 주는?
> 십자가를 내놓아야 얻을 수 있다 해도
> 너의 뜻에 따르리라
> 오, 매독이여 세상의 소금이여!

이런 식의 미화는 어리석다. 오늘날 이렇게 말할 사람이 있나? "다시 매독에 걸려 창의성을 더욱 발휘하자!" 영감을 받고 싶다면 눈이 멀고 온몸이 격통에 휩싸이는 병에 걸릴 게 아니라 표지에 7분마다 7개의 아이디어를 떠올리는 법이라고 굵은 블록체로 장식된 책을 구입하시라.

전쟁에서 무서운 적과 맞닥뜨릴 때, 투항하여 적과 친해지면 살아남을 가능성이 커진다고 생각하는 사람이 있다. 그러나 상대가 질병이라면 불가능하다. 질병 편에 선다고 해서 목숨을 살려주지도 관대한 대접을 해주지도 않는다. **그런데도 시도하는 사람이 있다.** 질병에 긍정적인 측면이 있다는 건 —매독이 조증 천재를 만든다든지 결핵 환자는 천사처럼 아름다워진다든지 알츠하이머병에 걸리면 순간을 즐긴다든지— 그냥 허튼소리다. 그것들은 질병으로 고통 받는 사람들의 공포를 완화시키지 않는다. 오히려 환자의 진짜 괴로움을 비하하고 치료법의 개발 의욕을 꺾을 수 있다.

니체는 섬뜩하게 죽어갔다. 매독 때문에 정신질환이 생겨 병원에 갇혀 있었다. 만년에 의식이 또렷한 시기도 있었지만, '옥스퍼드 라운드테이블 학자' 월터 스튜어트에 따르면, "그는 소변을 마시고 대변을 먹고 대변을 모아놓았다가 벽과 자신의 몸에 마구 발랐다."[8] 역사가 데보라 하이든도 비슷하게 묘사한다. 죽음이 머지않았을 때 "그는 말하는 동안 끊임없이 손짓을 하고 얼굴을 찡그렸다. … 안절부절못하고 자주 횡설수설했다. 똥칠을 하고 오줌을 마셨다. 비명을 질렀다."[9] 그는 뇌의 염증이 인간에 미치는 영향의 사례 연구로 의대생들 앞에 전시되었다. 바젤대학의 최연소 문헌학 교수로서 학구열 높은 학생들 앞에서 강의하던 나날과 비교하면 얼마나 끔찍한가. 임종이 가까워지자 퇴원하여 어머니의 보살핌을 받았다. 니체를 안락사

시켜 고통에서 벗어나게 해야 할지 고민한 적 있는 친구 프란츠 오버베크는 니체와의 마지막 만남을 회상했다. 니체는 구석에 "반쯤 쭈그리고 앉아" 몸을 옹그리고 필사적으로 혼자 있으려고 했다.[10]

니체는 20세기 가장 위대한 철학자 중 한 사람이다. **그토록 비참하게 죽었을** 때, 그의 나이 겨우 55세였다.

수많은 매독 환자도 마찬가지로 암울한 최후를 맞았다. 화가 테오 반 고흐(빈센트의 남동생)는 치매로 난폭해져 부인과 아이를 공격했다. 작가 기 드 모파상은 좀 더 온화하게 제정신을 잃었고, 죽음이 가까워졌을 때는 자신의 생각이 어디로 가버렸는지 알고 있냐며 근심스러운 듯 모두에게 물었다. "어디선가 내 생각을 본 적 없는가?" 그는 생각이 마치 나비처럼 팔랑팔랑 날아다니기 때문에 재빨리 움직이면 잡을 수 있을 거라 믿었다. 결국에는 갇혀 지내야 했고, "어둠, 어둠"이라고 계속 중얼거리며 죽었다.[11]

좋게 죽는 법은 없겠지만, 당대 굴지의 인물들치고는 놀랍도록 음울한 최후였다.

임종 때 중얼거릴 입술이라도 있는 게 유일하게 괜찮은 면일지도 모른다. 매독의 또 다른 소름끼치는 점은 피부가 썩을 수 있다는 것이다. 업튼 싱클레어의 매독 관련 소설 『결함 상품*Damaged Goods*』에서 한 의사는 매독의 신체적 영향에 관해 다음과 같이 묘사한다. "매독 감염 때문에 불운한 젊은 여성이 진정 괴물로 변한 딱한 모습을 본 적이 있소. … 그녀의 얼굴, 아니 차라리 얼굴의 잔해는 한낱 흉터가 남은 평면에 불과했지. … 윗입술이 흔적도 없이 사라져 윗잇몸이 전부 드러났소."[12] **코가 어떻게 됐는지는 언급조차 하지 않았다.**

매독 환자는 '안장코'가 된다. 콧날이 함몰되어 말의 안장처럼 휘어지는 것이다. 그리 대단한 일이 아닌 것 같지만 남은 부분 즉 콧구 멍 주위도 썩어 문드러지기 때문에 코끝밖에 남지 않게 된다.

오늘날 #shoutyourstatus에 동참하는 사람들에게 존중 받을 자 격이 없다는 메시지가 퍼부어지는 것처럼 과거의 코 없는 사람들 도 호의적인 취급을 받지 못했다. 1890년에 출간된 『특히 새로운 방법을 이용한 인체의 손상 부위 복원에 관한 외과적 기술*Surgical Experience Dealing Especially with the Reconstruction of Destroyed Parts of the Human Body Using New Methods*』에서 외과 의사 요한 프리드리히 디펜바흐는 다 음과 같이 기술했다. "맹인은 동정심을 불러일으키지만 코가 없는 사 람은 혐오와 공포를 자아낸다. 더구나 세상은 이처럼 불행히 손상된 외모를 여전히 벌로 간주하고 있다. … 코를 잃은 불운한 자는 전혀 동정받지 못하고 있다. 특히나 편견에 사로잡힌 자, 동종요법 의사, 위 선자들에게는."**13**

놀랄 것도 없이 많은 환자는 사람들이 뒷걸음치지 않도록 금속이 나 나무로 만든 코 가리개를 이용했다. 그러한 코 가리개는 선글라 스의 원형으로도 이어졌으며, 매독에 걸리면 빛에 극도로 민감해지 기 때문에 유용했다.

더 영구적인 해결책을 찾는 사람들은 **방정중전두부피판 비결손 재건**paramedian forehead nasal flap reconstruction이라 불리는 기술을 이 용하기도 한다. 인도에서 기원전 600년경부터 실시되었으나 영국에 서는 19세기 초가 되어서야 보급된 이 수술은 이마의 피부를 벗겨 이식할 부위 즉 코에 봉합하는 것이다. 매독 환자가 이마의 피부를 사용한 것은 코의 피부와 잘 어울렸기 때문이다. 이제 궁금할 것이 다. **수술 후 좀 멋져졌나?!** 아니, 당연히 아니다. 눈썹의 위치가 너무

가스파레 탈리아코치가 고안한 '이탈리아' 방법으로 팔의 피부를 코에 붙이는 과정이 그의 저서에 묘사되어 있다.

이상해지는 경우가 많았다. 코가 없는 것보다는 낫지만, 수술 후에는 주의해야 했다. 특히 심한 재채기를 하면 새로운 코가 떨어질 수도 있었으니까.[14]

외과 의사 가스파레 탈리아코치(1545~1599. 이탈리아의 외과 의사로 성형 및 재건 수술의 선구자로 평가된다—옮긴이)가 고안한 '이탈리아' 방법이 시도되기도 했다. 이마 대신 팔의 피부를 이식하는 것이었다. 16세기의 의사 레오나르도 피오라반티(1517~1588. 이탈리아의 의사이자 연금술사로 기록상 이탈리아 최초의 지라절제술을 실시했다—옮긴이)는 그 과정을 이렇게 묘사했다. "팔의 피부 한쪽 끝(만)을 잘라내어 코에 봉합했다. 매우 교묘하게 붙였기 때문에 피부가 자라 코에 닿을 때까지 전혀 움직이지 않았다. 피부가 코에 접합되면 그 다른 쪽 끝을 잘랐다. 입술의 피부를 벗겨내고 그 위에 팔에서 떼어온 피부를 봉합했다. … 멋진 수술이고 훌륭한 경험이다."[15] "훌륭한 경험!" 역사가 윌리엄 이먼은 『비밀의 교수: 이탈리아 르네상스의 미스터리, 의학, 그리고 연금술 *The Professor of Secrets: Mystery, Medicine, and Alchemy in Renaissance Italy*』에 다음과 같이 기술했다. "그 수술이 얼마나 극심한 고통을 초래했을지는 상상에 맡길 수밖에 없다."[16] 팔은 코에 연결된 상태를 유지하기 위해 부목으로 고정되었고, 모든 과정이 끝나는 데 보통 **40일**이 걸렸다. 고문과 다름없는 방법인데도 피오라반티가 수술 참관을 하러 갔을 때 다섯 명의 환자가 줄을 서서 기다리고 있었다.

당연히 환자들은 질병을 실제로 예방하고 치료하기를 바랐다. 몸의 어딘가에서 떼어온 피부로 만든 조잡한 미스터 포테이토 헤드 모양의 코를 원한 것이 아니다. 16세기에 특히 매독을 막기 위해 콘돔이 발명되었지만 비싸고 여러 번 재사용하는 일이 잦아서 별 효과가 없었다.

그리고 1947년에 페니실린이 유효한 치료법으로서 공식적으로 인정받기 전에도 몇 가지 치료법이 존재했다.

1519년, 독일의 학자 울리히 폰 후텐은 『프랑스병에 관하여 *De Morbo Gallico*』에서 매독 증상을 치료하는 데 유창목 *Guaiacum*(중남미가 원산지인 상록교목으로 수액이 매독 치료제로 쓰였다―옮긴이)을 빈번히 사용했다고 밝혔다. 아주 틀린 것은 아니었다. 유창목에는 약효 성분이 포함되어 있다. 현대에는 인후염 치료에 이용된다. 대부분의 액상 기침약에 들어 있는 거담제 구아이페네신도 유창목에서 추출한 것이다. 과거의 모든 의사가 멍청이는 아니었다. 많은 의사가 어느 정도 효능이 있는 식물과 물약을 가려낼 줄 알았다. 불행히도 그러한 발견

유창목을 달여 매독 치료제로 사용하는 광경을 파리의 장 스트라당이 그라비어로 표현했다 (1570).

은 대개 실제 질병의 치유로 이어지지 못했다.

오늘날 의사가 모든 질병에 기침약밖에 처방할 수 없다면 어떨지 상상해보라. 항의하면 이렇게 대답할 것이다. "아뇨, 진정으로 이게 가장 좋은 약입니다. 행운을 빌죠." 현대에 살고 있음에 감사하도록 하자.

폰 후텐은 유창목을 넉넉히 사용했고 그 덕분에 고통 없이 치유되었다고 주장했지만, 1523년에 제3기 매독의 합병증으로 사망했다.

그러나 그의 접근법은 16세기부터 20세기에 걸쳐 무분별하게 사용된 수은요법을 대체할 만한 것이었다. 수은요법은 무도광을 다룬 장에 등장했던 우리의 오랜 지인이자 강적인 파라켈수스가 장려한 것이다. 그 요법은 "밤은 비너스(금성과 동의어), 생애는 수은(수성과 동의어)과 함께"라는 농담이 있을 정도로 대중화되었다. S. V. 베크는 「매독Syphilis: The Great Pox」에서 수은요법의 한 버전을 소개하고 있다. "그 요법을 받는 환자를 무덥고 숨 막히는 방에 격리시켜 하루에 수차례씩 수은 연고를 강하게 문지르며 발랐다. 마사지는 뜨거운 불 근처에서 이루어졌으며 이후 환자를 그곳에 두어 땀을 흘리도록 했다. 이 과정은 일주일에서 한 달, 혹은 그보다 오래 계속되었고, 병이 낫지 않으면 다시 반복해서 실시했다."[17]

그러나 수은은 유독하다. 수은에 과도하게 노출되면 피부가 벗겨지고 머리카락, 치아, 손톱이 떨어져나가며 정신이상이 온다. **미친 모자 장수**mad hatters라는 말은 19세기에 모자 제조업자가 수은 증기에 자주 노출되어 정말로 미쳤다는 사실에서 유래한다. 수은은 ―18세기와 19세기에 유행했던 것처럼 문지르든 알약으로 삼키든 주사하든― '건강'과는 거리가 멀다. 1812년에 '임상 시험'이 이루어졌다. 매독에 걸린 영국 군인에게 수은요법을 실시하고, 역시 매독에 걸린 포르투갈 군인에게는 아무런 치료도 하지 않았다. 그 결과, 포르투갈 군인들에게 건강 문제가 적게 나타났다. 분명 다른 요인 때문일 수도 있다. 그냥 포르투갈 군인이 강건해서 그랬을지도! 그런데 오슬로의 연구팀이 1891년부터 1910년까지 2천 명의 매독 환자를 대상으로 조사한 결과, 수은요법을 받지 않은 환자의 60퍼센트가 요법을 받은 환자보다 합병증이 적었다.[18]

폰 후텐이 유창목을 선호한 이유는 수은요법으로 인한 합병증이 심각할 수 있기 때문이다. 의사학자醫史學者 로렌스 I. 콘래드는 이렇게 설명한다. "폰 후텐은 땀과 타액의 유출에 따른 수은요법의 고통과 통증, 숨 막히는 방의 열기, 가래도 뱉지 못할 정도로 죄어진 목에 관해 말하고 있다."[19] 이처럼 수은요법은 고통스럽고 시간 소모가 크며 결국 환자의 건강에 해롭다.

기술적으로 가능한 매독 치료의 원시적인 방법은 환자의 체온을 극도로 높이는 것이었다. 하지만 매독균을 죽이기 위해서는 화씨 107도(섭씨 41.7도)까지 올려야 하는데, 그러면 주요 장기 부전과 발작이 일어날 수 있다. 체온이 화씨 108도(섭씨 42.2도)에 달하면 매독균과 함께 인간도 죽는다. 따라서 실수 허용의 여지가 크지 않으며, 현대 기술의 도움 없이 '정확히 화씨 107도'까지 높이는 것은 어렵다. 1917년에 율리우스 바그너야우레크는 매독 환자에게 말라리아를 주입하여 고열을 일으킨 후 퀴닌(기나나무 껍질에 함유된 알칼로이드로 말라리아 치료약으로 쓰이며 키니네라고도 불린다─옮긴이)으로 치료하는 새로운 방법을 시도했다. 이 업적으로 노벨상을 수상했지만, 약 15퍼센트의 환자가 죽었다. 그 이후 '마법의 탄환' 살바르산을 비롯한 비소砒素 기반의 치료법도 등장했다. 비소 요법은 효과가 있었지만 중독성 부작용도 자주 생겼다. 비소는 독약이기 때문이다.

이처럼 뜻은 좋지만 분명히 위험한 치료들에 관해 읽고 나면, 매독의 치료는 '무시무시한 것을 시도하여 질병을 말 그대로 몸 밖으로 도망치게 만드는 것'이라는 생각이 들 때가 있다.

매독의 가장 끔찍한 ─팔의 일부를 잘라내어 가짜 코를 만드는 것보다 훨씬 더─ 측면은 아마도 환자가 자신의 질병에 관해 이야기할 수 없었다는 사실이었을 것이다. 점잖은 사람을 매독 환자라 부르는 것은 상상도 할 수 없었다. 가장 친한 사람들 외의 누군가에게 자신이 매독에 걸렸다고 밝히는 것도 마찬가지로 상상하기 힘든 일이었다. 사실 가장 친한 사람들에게조차 알리고 싶지 않았을 것이다.

앞서 언급했듯이 입술이 썩어 문드러진 여성이 묘사된 업턴 싱클레어의 소설 『결함 상품』에서 조지라는 젊은 남자는 약혼녀를 두고 바람피운 후 자신이 매독에 걸린 것을 알게 된다. 약혼을 파기하면 평판이 떨어질 것을 염려하여 결혼을 진행하고 매독 환자라는 사실을 숨긴 채 아내를 감염시킨다. 아내는 태어난 아기를 감염시키고 갓난아기는 유모를 감염시킨다. 조지의 비밀 때문에 상황이 악화되어가는 것이 대단히 현실적으로 느껴진다.

조지는 빨간 부스럼을 처음 보았을 때 매독의 징후라 판단하고 친구에게 비밀을 털어놓는다. 그리고 다음과 같이 이어진다.

그 친구는 기꺼이 상대해주었다. 그는 말했다. 불결한 병이라고. 하지만 흔치 않은 병이니까 바보같이 걱정할 필요 없다고. 주변에서 거의 다들 걸리는 질병에는 아무도 주의를 기울이지 않았다. 하지만 조지가 무서워하는 빨간 역병에 걸린 사람은 좀처럼 만날 수 없었다.

"그런데 말이야." 그는 말을 이었다. "책을 보니 그리 드문 병은 아니네. 아마 다들 숨기고 있겠지. 말하면 인생을 망치게 될 테니 그럴 만해."

조지는 마음이 아팠다. "그렇게 나쁜 일인가?"

"물론이지." 친구가 말했다. "매독 걸린 사람과 어울리고 싶겠어? 한 방을 쓰거나 함께 여행을 가려고 할까? 악수조차 하기 싫을 걸!"

매독 환자로 알려진 사람을 무서워하고 어울리지 않으려는 것은 특히 어떻게 감염되는지 정확히 모를 경우 이해할 수 있는 반응이다. 그리고 사람들이 **듣고 싶어 하지 않는** 것을 가르치는 건 어려웠다. 매독이라는 이름을 입에 담는 것조차 꺼려져 흔히 '드문 혈액질환이라고 불렀다. 1906년이 되어서야 『레이디스 홈 저널*Ladies' Home Journal*』의 성병에 관한 일련의 기사에서 매독을 다뤘지만 7만 5천 명의 구독자를 잃어야 했다.[20]

코가 썩어 문드러지는 질병을 어떻게 숨길 수 있었는지 의아하게 생각될 것이다. 아무튼 가능했다. 내 훌륭한 에이전트가 자신의 증조부는 마을에 나가야 할 때 목제 코 가리개를 썼다는 이야기를 해 주었다. 그의 가족은 소의 꼬리에 맞아 코가 썩어 없어진 거라고 주장했다고 한다. 내 에이전트는 이제 그것이 은폐 공작이었을지 모른다고 깨달았다.

질병의 은폐는 비참한 결과를 낳았다. 1886년, 콜린 캠벨 경 부부의 이혼 절차 중에 그것이 명백히 드러나기 시작했다. 레이디 캠벨(결혼 전 성姓은 거트루드)은 22세 때 스코틀랜드에서 3일 동안의 로맨스 끝에 콜린 경과 결혼하기로 했다. 모든 게 좋아 보였다! 캠벨은 부유했고 레이디 거트루드는 가난했고 그들은 … 3일 동안 싹틀 수 있는 감정만큼 서로를 좋아했다. 유일한 문제는 콜린 캠벨 경이 매독 환자라는 것이었다. 그들은 결혼 즉시 첫날밤을 치르지 않았다(캠벨 경은 증상이 가라앉고 나면 더 안전하게 치를 생각이었다). 『타임스』에 따르면, "1881년 10월, 그들은 런던에 머문 후 본머스로 갔는데 거기서도 첫날밤을 치르지 않았다. 콜린 경은 의사의 편지에서 발췌한 내용이라는 종잇조각을 아내에게 건넸다. 이제 같은 방을 쓰면 콜린 경의 건강에 이로울 것이라고 쓰여 있었다. 그들은 10월 하순에 인버라레이로 가서 처음으로 성교를 했다."[21]

캠벨 경의 건강에는 이로웠을지 모르지만 레이디 캠벨에게는 그렇지 않았다. 몇 달 내에 매독에 감염되었기 때문이다. 1883년에는 '가

매독의 사회적인 오명을 인정하는 한편, 의심 환자에게 검사를 촉구하는 1936년경의 포스터.

혹함'―매독을 옮긴 가혹함―을 주장하여 별거가 인정되었다. 이러한 재판의 소식을 듣고 사람들이 진정 얼마나 충격을 받았는지 상상도 할 수 없다. 앤 조던이 쓴 전기『현재를 사랑하라: 레이디 콜린 캠벨의 삶(1857~1911) Love Well the Hour: The Life of Lady Colin Campbell(1857~1911)』에 따르면, 거트루드의 변호사 찰스 러셀 경은 "그가 입증한 것은 콜린이 앓고 있는 질병의 실체―매독―라고 폭로했다. 대부분의 신문이 그 사실을 무시하고 언급을 피하거나『타임스』처럼 '신문지상에서 다루기에 완전히 부적합한' 보도라고 명시했다."²² 언론은 그 재판을 정확히 전하는 데 애를 먹었다.『이브닝 뉴스Evening News』는 **매독**이라는 단어를 인쇄했다고 해서 전국자경협회 National Vigilance Association로부터 '외설적 명예훼손'으로 고발당했다. 대중은 재판의 세부 사항을 빠삭하게 꿰고 있으면서도 ―『이브닝 뉴스』의 판매 부수는 두 배로 뛰었다― 어쨌든 그 질병을 쓴 데 대해 **격노**했다.

보라. 『해리 포터』를 읽어본 적이 있다면 알 것이다. 너무 두렵다고 입에 담기조차 꺼리면 더 무서워질 뿐이라는 걸.

재판관은 캠벨 부부의 이혼을 승인하지 않았지만, 레이디 캠벨의 편에 선 것처럼 다음과 같이 물었다. "콜린 캠벨 경이 자신의 아내를 한낱 매춘부로 취급하려 했던 것이 무도한 행위가 아니라고 생각합니까?"**23**

맞아요, 포학했죠! 콜린 캠벨 경은 자신의 질병이 어떤 것인지 솔직히 밝혔어야 했다. 특히나 레이디 캠벨은 **어디에서도 그 질병에 관해 읽거나 들을 수 없었**기 때문이다. 그러나 짐승만도 못한 놈이나 매춘부만이 매독에 걸린다는 생각을 끊임없이 강화하면 사람들이 매독에 관해 이야기하기 **더** 어려워진다. 오늘날에도 단지 운이 없어서 성병에 걸린 사람들을 뒤에서 '죄인'이라 비난하지만, 그러지 말고 성병에 관해 터놓고 이야기를 나눌 수 있었으면 좋겠다.

매독의 성질을 둘러싼 침묵은 오랫동안 이어졌다. 이는 터스키기(미국 앨라배마주의 중동부에 위치한 도시—옮긴이) 매독 연구를 가능케 한 토대가 되었다. 그 수치스러운 실험은 시골의 아프리카계 미국인 600명을 대상으로 매독을 치료하지 않으면 어떤 영향이 생기는지 연구하는 것이었다. 대상자에게 매독에 걸린 사실을 절대 알려주지 않았다. 그 실험은 1932년부터 1972년까지 40년 동안 계속되었다. 1947년에 페니실린으로 치료할 수 있게 되었을 때도 이를 결코 알리지 않았다(다행히도 현재 이런 종류의 연구를 하려면 **충분한 정보에 근거한 동의**를 참가자에게 받아야 한다). 터스키기 연구는 완전히 극악무도한 실험이었지만, 매독을 둘러싼 무지의 문화가 자리 잡고 있었기에 가능했다. 대부분의 사람이 전혀 알지 못하거나 막연한 공포만을 품고 있는 질병에 걸렸을 때 이런 일이 일어난다. 어떤 질병에 대해 침묵과 모욕 캠페인이 용인될 때 일어나는 것이다.

그래서 이 이야기의 영웅은 페니실린의 발견자만이 아니다. (매독의 특효약인 페니실린의 발견자는 알렉산더 플레밍(1881~1955. 스코틀랜드 출신의 세균학자로 페니실린을 발견하여 노벨 생리의학상을 수상했으나 그의 업적에 관해서는 이견도 있다 ─옮긴이)이다. 그는 훌륭하다. 그보다 지명도가 낮은 하워드 플로리(1898~1968. 오스트레일리아 출신의 병리학자로 페니실린 개발에 공헌하여 플레밍, 언스트 체인과 공동으로 노벨 생리의학상을 수상했다 ─옮긴이)도 마찬가지다. 권 맥팔레인의 『알렉산더 플레밍: 인물과 신화*Alexander Fleming: The Man and the Myth*』는 그 둘에 관해 알 수 있는 아주 좋은 전기다.) 내가 좋아하는 영웅은 '코 없는 사람들의 모임No Nose'd Club'이라는 런던의 독특한 클럽을 소개한 『블랙우즈 에든버러 매거진*Blackwood's Edinburgh Magazine*』 1818년판에 등장한다. 필자에 따르면 "코 없는 사람들의 성대한 모임을 보고 싶어 한 어떤 엉뚱한 신사가 그가 만난 모든 사람을 술집에 초대하여 식사를 제공하고 그 자리에서 그들 모두와 함께 위 명칭의 단체를 결성했다." 크럼턴 씨로 불렸던 그 사람은 많은 사람을 모은 것 같다. 그 상황에서 예상할 수 있는 숫자를 뛰어넘어. "사람 수가 늘어날수록 참가자의 놀람도 커졌다. 그들은 서로 익숙지 않은 부끄러움과 묘한 혼란의 감정을 느끼며 서로를 응시했다. 마치 죄수들이 동료의 얼굴에서 자신의 죄를 보아내기라도 한 듯이."[24]

그들이 죄인이라 불린 것은 차치하고, 고통을 나눌 수 있는 사람들과 드디어 연결된 기분이 어땠을지 상상해보자. 대부분의 사람이 병명을 입에 담기조차 두려워했던 질병에 관해 남과 **이야기**할 수 있게 된 것이다. 충격을 받았다면 그 또한 당연한 반응이었을 것이다. 그들 대부분이 많은 시간을 들여 코가 없는 것을 최대한 감추려고만 해왔기 때문이다. 기사에 따르면, 그들은 서로 어울려 곧 농담을 주고받기 시작했다. "우리가 먹살 잡고 싸운다면 코피 터지는 데 얼마나 걸릴까?" "이런, 코 이야긴가? 30분 동안 눈을 씻고 찾아봤지만 이 중엔 없던데." "신을 찬미하라! 코는 없어도 입은 있지 않은가. 식탁 위 음식을 보니 입이야말로 지금 가장 쓸모가 있네."[25]

유쾌해 보이는 모임이다. 코는 없어도 유머감각은 여전하다! 모두 절망에 빠져 있을 때 농담을 할 줄 아는 사람이 좋다. 그리고 이는 매독 환자가 비인간적—천재적인 창조 괴물이거나 그냥 평범한 괴물—이지 않게 그려진 최초의 기록일지도 모른다. 비록 기사에 병명은 언급되지 않았지만, 매독 환자가 진짜 사람처럼 묘사되었다는 사실은 큰 발전이었다.

불치병에 걸린 사람들을 모욕하는 것은 지금도 흔히 볼 수 있다. 우리는 어느 정도 그들과 다르다고 믿고 싶어 한다. 그들이 질병을 어떻게든 자초했다고 믿고 싶어 하는 것이다. 그러나 질병은 생각이 없고, 이 세상 최악의 사람들을 신중하게 골라 죽이지 않는다. 우리가 질병과 환자로부터 거리를 두면 둘수록 예방에 관해 교육하거나 치료법 개발을 위한 자금을 모으기가 더욱 어려워진다(괴물 같은 인간만이 걸리는 질병을 왜 퇴치하고 싶겠는가). 병을 앓는 사람들을 묘사할 때 그들의 고통을 알아주는 데 그치지 않고 그들이 용감하고 유머러스하며 농담도 할 수 있다는 것을 보여주면 그들도 우리와 다를 바 없다고 여겨질 것이다.

애석하게도 기사에 따르면, '코 없는 사람들의 모임' 창시자가 그로

부터 1년 후에 죽었다. 아마도 매독으로. 그리고 "납작한 얼굴 집단
은 불행히도 해산했다." 마지막 모임에서는 창시자에게 경의를 표하
며 다음과 같은 시가 낭독되었다.

홀륭한 친구의 죽음을 애도한다
우뚝한 코를 가졌었지
초라한 코가 멸시할 수 없는
하지만 우뚝한 콧날은 낮게 구부릴 줄 알았다
코가 없는 자를 달래주기 위해
코 없는 사람들의 모임은 본 적이 없다네
그토록 너그럽고 다정한 코를
하지만 아아 그는 깊이 가라앉았구나
왕도 노예도 코가 없는 곳으로
하지만 거기선 도도한 미인이 애인을 뽐내고
곧 코 없는 유행이 시작되리라
우리들의 상냥한 친구는 거기로 가버렸다
우리들처럼 코를 없애기 위해[26]

앞서 읽은 매독을 칭송하는 시보다도 훨씬 유쾌하다.
질병에 걸리면 단지 코가 썩어 문드러지기 때문에 삶이 파멸되는
것이 아니다. 사회로부터 고립되고 도움과 존중을 받을 자격이 없다
고 여겨짐으로써 인생은 파괴되는 것이다. 무도광 유행 시기의 슈트
라스부르크처럼 가장 바람직한 사례는 공동체가 힘을 합쳐 약한 구
성원을 돌보는 것이다. 외부의 후원자가 그들 편을 드는 경우도 있다.

그러나 대개의 경우 병자는 힘을 받기 위해 자신과 비슷한 타인에게 시선을 돌리도록 강요받는다. '코 없는 사람들의 모임'을 묘사한 자는 그것을 유머러스한 —어쩌면 기이한— 새로움으로 여겼지만, 이 모임의 설립은 알코올의존증에서 에이즈에 이르는 환자 단체의 토대를 마련하는 데 도움이 되었다.

크럼턴 씨 모임의 회원은 —적어도 그들이 함께했던 동안은— 질병에 대한 수치심에서 해방되었다. 수치심은 질병과의 전쟁에서 싸워야 할 적 중 하나이므로 이는 대단한 일이다. 병자를 모욕한들 아무도 낫지 않는다. 침묵 속에 살아간들 무엇 하나 치유하지 못한다. 자신의 질병에 관해 두려워서 말 못하는 사람이 늘어날 뿐이다. 그들은 실체를 모르는 것으로부터 자신을 지킬 수 없기 때문에 불리한 입장에 있다. 크럼턴 씨의 모임처럼 단체의 규모가 작든 아니면 더 크든 그들이 목소리를 높이는 것은 자신의 목숨을 잃지 않겠다고 외치는 것이다. 사회의 위선자들이 뭐라 생각하든 간에 자신은 고통받아 마땅한 사람이 아니라고 주장하는 것이다. 그리고 사회가 그들의 목소리에 귀를 기울이기 시작하면, 바라건대 치료법을 찾기 위해 더욱 분발하게 될 것이다.

결핵

결핵으로 죽어가고 있다. 세상은 숨이 막힌다.
… 내 몸을 가를 것을 맹세해다오.
산 채로 묻히지 않도록.
– 프레데리크 쇼팽

매독을 다루며 보았듯이 유사 이래 사람들은 특정 질병들을 미화
해왔다. 그러지 말았어야 했다. 질병은 어떤 상황에서도 멋지지 않다.
멋지다고 가장하는 것은 데스마스크에 예쁜 얼굴을 그리는 것과 같
다. 해골바가지에 립스틱을 칠해봤자 제니퍼 로렌스가 되지 않는다.
질병은 인류의 가장 근본적인 적이며 지속적으로 맞서 싸워야 한다.

질병에 걸린다고 다음과 같이 되지는 않는다.

· 멋지다.
· 시적이다.
· 섹시하다.
· 고상하다.
· 천재적이다.

대신 이렇게 된다.

· 죽는다.

결핵이 **진짜. 끝내주게. 매력적**이라 생각한 19세기의 많은 사람들이 이것을 알면 좋았을 텐데.

결핵은 ─소모성 질환이라고도 불린다─ 세균성 질환으로 전염성이 매우 강하다. 결핵균은 환자가 기침이나 재채기를 할 때 (혹은 노래를 부르거나 웃을 때도) 나오는 비말을 통해 퍼진다. 그 비말을 다른 사람이 들이마시는 것이다. 사람에 따라서는 결핵균이 수년 동안 잠복하기도 하고 발병하지 않는 경우도 있다. 가장 심각한 경우에는 세균이 폐에 자리 잡고 결국 그 조직을 파괴한다. 증상으로는 가슴 통증, 기침, 극심한 체중 감소, 그리고 영화 「물랭루주Moulin Rouge」(2001)를 봤다면 아주 익숙할 그 '손수건에 피 토하기(전문용어로 피 가래)'가 있다.[1]

19세기 이후의 많은 문학작품에서 결핵은 천사처럼 아름다운 여성의 사망 원인으로 선택되었다. 그들의 허구적인 최후의 순간은 거의 항상 편안하고 숭고하게 죽어가는 것이었다. 예컨대 1852년에 출간된 해리엇 비처 스토의 『톰 아저씨의 오두막Uncle Tom's Cabin』에는 다음과 같이 묘사되어 있다.

에바가 중병이라는 것을 곧 모두가 알아차렸다. 뛰어다니거나 놀지도 않고 자신의 예쁜 방에 있는 소파에 종일 누워만 있었다.

모두가 그녀를 좋아했고 그녀를 위해 무엇이든 하려 했다. 장난꾸러기 톱시조차 꽃을 가져다주고 착하게 굴려고 했다. …

어느 날 에바는 아주머니에게 부탁하여 아름다운 머리카락을 싹

둑 잘랐다. 그러고는 노예 모두를 불러 작별인사를 한 뒤 머리카락 한 타래씩을 유품으로 건넸다. 모두 펑펑 눈물을 쏟으며 그녀를 절대 잊지 않겠다고 했다. 그리고 그녀에게 잘해주려 했다. … 아침이 되자 침대 위의 에바는 눈을 감고 양손을 깍지 낀 채 희고 차가운 몸이 되어 있었다.[2]

그다지 알려지지 않은 에드거 앨런 포의 단편 「메첸게르슈타인 Metzengerstein」(1832)에서는 이렇게 묘사한다. "아름다운 레이디 메리! 그녀는 왜 죽었나? 결핵으로! 하지만 그것이야말로 내가 따르고자 기원하는 길이지. 내가 사랑하는 사람들 모두 그 온화한 질병으로 죽었으면 해. 얼마나 멋진가! 혈기 왕성할 때 떠나는 것은 ―모든 정열의 진수― 활활 타오르는 상상력 ―더 행복한 날들을 기억하면서― 그해 가을―, 그리고 화려한 단풍잎 아래 영원히 묻히는 거야!"[3] 포는 죽음 그 자체에 매료되었다고 볼 수 있지만, 빅토르 위고는 그렇지 않았다. 그의 작품은 보통 죽음을 숭배하지 않는다. 그러나 『레미제라블 Les Misérables』(1862)에서는 팡틴의 임종을 다음과 같이 묘사한다.

그녀는 잠들었다. 가슴이 숨을 밀어낼 때마다 죽음을 선고받은 자식을 밤새 간병하는 어머니의 억장을 무너지게 만들 법한 특유의 비극적인 소리가 났다. 하지만 이 고통스런 호흡도 얼굴 전체에 스며든, 이루 형언할 수 없는 일종의 평온함을 망치지는 않았다. 창백했던 얼굴은 새하얘졌고, 뺨은 진홍빛으로 물들었다. 아직 남아 있는 청춘과 순결의 아름다움을 유일하게 보여주는 황금빛 긴 속눈썹은 닫히고 축 늘어졌지만 살짝 떨리고 있었다. 전신이 후들거리며 말로 표현하기 힘든 날개가 활짝 펼쳐져 그녀를 데려가려는 듯했다. 눈에 보이지는 않았지만 움직이는 기운이 느껴졌다. 누구라도 이러한 모습을 보면 그녀가 희망을 상실한 병약자라고는 꿈에도 생각지 못했을 것이다. 죽음에 임박했다기보다 당장이라도 날아오를 것 같았다.[4]

천사처럼 날아오르는 것.

결핵에 대한 매력적인 수사는 소설에만 국한되지 않았다. (1848년에 간행된 알렉상드르 뒤마의 『동백꽃의 여인*La Dame Aux Camelias*』의 영향을 받은) 베르디의 오페라 「라트라비아타La Traviata」가 1853년에 초연되었다. 그 이야기는 고급 매춘부 비올레타의 비극적이고 타락한 삶을 중심으로 전개된다. 그녀는 역사상 가장 유명한 결핵 환자일 것이며, 영화 「물랭루주」에서 니콜 키드먼이 연기한 캐릭터에 어느 정도 영감을 주었다. 비올레타는 노래하며 죽는다. "통증의 발작이 멈췄어/ 내 안에서 … 태어났네/ 익숙지 않은 힘이 차오른다!/ 오! 하지만 … 아아!/ 난 되살아나고 있어!/ 아아 기뻐라!" 그녀의 마지막 음표는 내림 나음으로, 결핵 환자가 낼 수 있을 법한 음이 아니다. 폐를 크게 확장시켜야 하고, 결핵성 후두염으로 인해 목이 잘 쉬기 때문이다.[5] 뭐, 어쨌든. 좋은 노래다.

부분적으로 이러한 완곡한 묘사 때문에 19세기 사람들은 결핵을 그다지 두려워하지 않았다. 그래, 죽기야 하겠지만 정말 안락하게 죽을 테고 천사나 팀 버튼 영화의 캐릭터처럼 완전 창백하고 섹시해지리라는 것이 일반적인 생각이었다.

그렇게 느끼지 않은 건 누군지 아시겠나? 실제 결핵에 걸린 사람들이다. 여배우 엘리사 라셸 펠릭스는 1855년 결핵을 앓고 있을 때 자신을 **대단하게** 보는 사람들에게 반대의 뜻을 밝혔다. "화려하게 빛나는 라셸을 기억하고 극장을 가득 메운 함성을 자주 들어보신 분이라면, 기진맥진하여 무거운 다리를 끌고 저세상으로 가는 수척한 요괴가 라셸이라는 사실을 믿지 못하시겠죠." 그녀는 죽은 자매를 소리쳐 부르(려 하)다가 1858년에 질식사했다.[6]

고통 없이 아름답게 죽는다고 여겨진 것은 결핵에 걸린 여성만이 아니었다. 시인 바이런은 친구에게 이렇게 말한 적이 있다. "난 결핵으로 죽고 싶네. 그럼 여자들이 말할 것 아닌가. 가여운 바이런을 보세요. 죽어가는 모습이 얼마나 매력적인지!"[7] 낭만주의 시인 존 키츠는 '그 온화한 질병'으로 죽은 상징적인 인물이었다. 퍼시 비시 셸리는 키츠가 결핵에 걸린 이유에 대해 "그의 (시) 「엔디미온Endymion」에 대한 혹평이 그의 민감한 마음에 아주 끔찍한 영향을 미쳤고 그렇게 생겨난 불안이 결국 폐의 혈관을 터뜨렸기" 때문이라고 주장했다.[8]

악평 때문에 속상할 수는 있어도 죽을 정도는 아니라고 생각한다. 문학평론가를 실제 살인범 취급하는 걸 본 건 이게 유일하지만, 아무튼 셸리가 말해버렸으니 앞으로 굿리즈Goodreads(인터넷 서평 사이트—옮긴이)에 로그인할 때는 당신이 행사하는 권력에 대해 생각해보라.

1820년, 로마 방문 중이었던 키츠가 아마도-악평-유발성-결핵의 증상을 앓고 있을 때, 상황을 그리 대수롭지 않게 여긴 듯한 제임스 클라크에게 치료를 받았다. 키츠가 다른 결핵 환자들과 함께 로마의 격리 병동에 입원해 있었다는 것을 알고 나자 클라크는 그러한 장치가 "저속한 자들에 의해 유지되고" 있으며 "이 질병의 전염성에 관한 오래되고 한물간 견해"에서 비롯되었다고 콧방귀를 뀌었다.[9] 병원을 운영하는 사람들을 "저속하다"고 하는 걸 보면 허세나 부리는 잡놈 같지만, 이에 관해선 일단 무시하겠다.

대신 결핵의 전염성이 실은 **극히** 강하다는 사실에 주목하자. 로마의 병원들은 합리적인 매뉴얼을 이용하고 있었다. 대중 차원에서 결핵의 확산을 막으려고 훨씬 더 신경을 쓴 에스파냐에 가봤다면 클라크는 더욱더 무시했을 것이다. 에스파냐에서는 결핵 환자를 즉시 보고하고 입원시켰을 뿐만 아니라 환자가 죽으면 살던 집까지 사실상 거주 부적합 판정을 내렸다.

그러나 클라크는 그처럼 진기한 염려와는 거리가 멀었다. 그는 키츠를 치료할 때 멸치 비슷한 생선과 빵으로 식이요법을 실시했고, 그 질병이 "그의 위장에 있는 것 같다"고 주장했다.[10] 다양한 음식으로 결핵을 치료할 수 있다고 믿은 것은 클라크만이 아니었다. 대니얼 휘트니는 『가정 의사와 건강 가이드 *The Family Physician, and Guide to Health*』(1833)에 다음과 같이 썼다. "머지 씨는 어깨 사이의 곪은 부위를 완두콩 50알로 계속 열어두고 동시에 우유와 채소의 식이요법을 이용함으로써 스스로 치료했다."[11] 완두콩은 아마도 피부를 휘저어 분비물을 배출시키기 위한 것이겠지만 기괴한 변칙처럼 보인다. 반면 우유와 채소 식이요법은 에드워드 배리가 『폐결핵에 관한 논문 *Treatise on the Consumption of Lungs*』(1726)에서 권장한 이론에서 비롯된 것 같다. 당시 가장 평판 좋은 의사 중 한 명이었던 배리는 '더 나은 부류'의 영국인이 결핵에 걸리는 이유가 술을 마시고 고기를 많이 먹기 때문이라고 주장했다. 그러므로 우유와 채소의 식이요법을 통해 질병과 맞설 수 있다고 추론했다.[12]

채소 섭취는 결코 나쁜 생각이 아니다. 브랜디나 적포도주나 뭐든

19세기 영국 귀족이 들이켰던 것 대신에 우유를 마시는 것도 마찬가지다. 어깨 사이에 거북한 완두콩 한 바가지를 넣고 싶다면야. ─ 좋아요, 당신과 나 마음껏free to be you and me(어린이용 오락물 제목─옮긴이). 그러나 이러한 식이요법으로는 낫지 않는다. 이로써는 키츠를 구하지 못했고, 추가로 실시된 사혈瀉血은 그의 질환을 악화시켰을 것이다. 키츠는 26세에 죽었다. 그의 삶은 너무 짧아서 묘비명으로 "물에 자취를 남긴 자 여기에 잠들다"라는 문구를 희망했다. 한편 클라크는 빅토리아 여왕의 주치의가 되어 웅장한 저택에서 여생을 보냈다. 불공평하지 않은가.

멸치만 빼면 키츠의 죽음은 흔히 평온하고 로맨틱하고 꿈꾸는 듯한 것으로 기억된다. 그 이유 중 하나는 그가 「나이팅게일에게 부치는 송가Ode to a Nightingale」 같은 시를 지었기 때문이다.

어스름 속 귀를 기울여본다 그리고 여러 번
안락한 죽음과 절반쯤 사랑에 빠져
그 아련한 이름을 불렀다네. 무수한 운율 속 묵상에 잠겨
내 고요한 숨결 하늘에 흩뿌려달라고
이제 더없이 값져 보이네. 죽음이란
한밤중 고통 없이 스러지는 것이란

이 그릇되고 청아한 추모는 키츠의 임종을 지킨 친한 친구 조지프 세번에게도 책임이 있다. 세번은 말년에 키츠의 죽음을 "좋은 죽음"이라 회상하며 "결핵은 아름답게 죽는 법"이라는 생각을 따랐다.

그러나 키츠가 실제 죽음을 앞두고 있던 때부터 세번이 쓴 편지

는 전혀 다른 이야기를 들려준다. 그는 키츠가 죽기 약 한 달 전인 1820년 12월 17일, 친구 찰스 브라운에게 다음과 같이 썼다.

보통 아침에 기침을 할 때 다섯 번 대량으로(약 2컵 분량) 피를 토했고, 거의 항상 타액이 섞여 있었네. 하지만 위장에 비하면 그나마 나은 편이었지. 아무것도 소화시키지 못했으니까. 매일 밤 내내, 그리고 낮의 대부분을 극도로 끔찍한 고통 속에 있었네. 위장이 부풀어 계속 배고픔을 느꼈는데, 피를 토하지 않도록 음식물을 조금 섭취하면 더 심해졌네. 그럼 또 정신이 최악으로 치달았지. ―온갖 절망으로. 그의 상상력과 기억은 모든 공포의 이미지를 표출하는데 너무 강해서 밤낮으로 그의 지성을 걱정한다네.[13]

이것이 결핵으로 죽는 것이다. 멋지지도 평온하지도 않다. 좋은 죽음 같은 건 없지만 이는 특히 거리가 멀다. 키츠의 죽음은 H. P. 러브크래프트(1890~1937. 미국의 소설가로 환상소설 및 괴기소설의 선구자로 꼽힌다―옮긴이)의 소설 속 한 장면 같다.

그렇다면 **너무나** 섬뜩하고 피비린내 나는 질병이 어떻게 해서 환자를 아름다운 천사로 만들어준다는 평판을 얻게 되었을까?

결핵은 일찍부터 매력과 결부지어졌다. 1세기의 의사 카파도키아의 아레타에우스는 환자의 전형적인 특징으로 "가느다란 코는 끝이 뾰족하고, 불그스름한 뺨이 튀어나왔으며, 옴팍 패인 눈이 반짝반짝 빛난다"고 묘사했다.[14] 확실히 비쩍 마른 체형에 눈이 크고 뺨이 발그레하다는 것은 흡사 오늘날의 슈퍼모델 같다.

결핵과 아름다움의 결합은 수천 년이나 지속되었다. 1726년, 앞서 언급한 『폐결핵에 관한 논문』에서 배리는 일반적인 결핵 환자의 신체적 특징을 다음과 같이 기술했다.

목이 길고, 어깨뼈가 날개처럼 돌출되어 있고, 좁은 흉곽이 눌려 있고, 얼굴이 맑으면서 발그레하고, 뺨과 입술이 가장 순수한 빨간색을 띠고, 눈두덩이 색이 짙어 산호처럼 보인다. 그리고 모든 혈관이 매우 가늘어 속이 거의 비친다. 이러한 사람들은 또한 쾌활한 정신이 두드러지는 경우가 많다.[15]

그리고 1833년에도 여전히 대니얼 휘트니는 결핵 환자를 "맑고 흰 피부, 빛나는 눈, 흰 치아, 연한 장밋빛 얼굴, 다혈질, 풍부한 감수성, 두꺼운 입술"로 알아볼 수 있다고 주장했다.[16]

이쯤에서 **결핵이 목을 길게 만들어주지 않는다**는 걸 지적해두자. 19세기가 되어서도 시인이자 의사인 토머스 러벌 베도스(1803~1849. 잉글랜드의 시인이자 의사로 그의 삶과 작품 전반에 죽음에 대한 집착이 묻어나 있다—옮긴이)는 결핵 환자의 길고 아름다운 목 이야기를 멈추지 않았다.[17] (의사가 아닌) 나도 결핵에 동반되는 다른 신체적 특징으로 극심한 체중 감소—생명 유지에 더 많은 에너지가 소비되기 때문에—와 발열에 의한 홍조를 들 수 있지만, 결핵 때문에 목이 길어진다거나 목이 길어서 결핵에 걸린다는 생각은 틀린 것이다. 결핵이 모딜리아니 그림의 모델로 만들어줄 거라 생각하면 오산이다.

또한 세균성 질환에 걸린다고 해서 더 똑똑해지거나 더 '쾌활한 정신'을 갖게 되는 것도 아님을 지적해둔다.

결핵 환자는 아름답고 눈부실 뿐만 아니라, 기독교 전통에 따르면 독실하고 착하기까지 하다. 그러한 믿음은 주로 풍만함이 온갖 세속적인 욕구와 결부된 데서 비롯된다. 결핵 환자처럼 뼈만 앙상하다면 내세에서 예수와 실컷 먹기 위해 현세에서 금욕하고 있다는 것이다.[18]

결핵 환자가 **끝내준다**—아름답고 속세를 초월해 있으며 꽤나 섹시하다—고 하지 않는 묘사는 찾는 데 애 좀 먹을 것이다. 섹시하다는 건, 5세기에 히포크라테스가 언급했듯이 결핵은 주로 18세에서 35세 사이의 젊은이에게 발병하는 경향이 있기 때문일 것이다.[19]

발병 연령과 간주된 매력으로부터, 17세기에는 결핵이 상사병 때문에 생기는 질병이라 생각되었다. 잉글랜드의 왕 찰스 2세의 주치의였던 기디언 하비는 결핵이 사랑과 연관되어 있다고 확신했다.『사랑의 결핵에 관하여*On Amorous Consumption*』에서 그는 이렇게 설명했다. "처녀가 갑자기 턱이 가늘어지고 눈이 움푹 들어간다면 분명히 사랑에 빠진 것이다."[20] 체중 감소, 식욕 감퇴, 그리고 눈의 광채는 짝사랑의 격정 때문에 나타날 수 있다. 이것들은 실제 결핵 환자에게만 나타나는 것은 아니다. 이론은 한발 더 나아갔다. 애정 결핍으로 인한 슬픔이 질병을 일으킨다면, 사랑으로 **치유**될 수 있다는 것이다. 이는 사실과 전혀 다르지만, 상사병으로 죽는다는 생각은 폐가 썩어 죽는다는 것보다 더 마음이 편하다. 하지만 불행히도 이러한 추론은 끔찍하고 치명적인 질병을 기쁘고 고상해 보이는 것으로 바꿔버린다.

18세기 후반에는 —그리고 19세기로 넘어가는 시기에는 분명히— 결핵에 걸리지 않은 여성들도 환자처럼 **보이고** 싶어 했다. 물론 유행하는 외모를 추구하려면 돈과 시간이 필요했다. 따라서 결핵에 관한 의학적 치료 및 정보는 '집안이 좋은' 청중을 직접 겨냥했다. 존 암스트롱은 『건강 유지의 기술*Art of Preserving Health*』(1744)에서 결핵에 관한 생각을 "태평스러운 사치를 위해 모인 그대들 고결한 영혼"을 향해 기술했다.[21] 19세기로의 전환기에 베도스는 "최근 들어 수요가 매우 커진, 가문 좋고 폐결핵 기질이 있는 인간을 증가시키는 데 크게 공헌한" 기숙학교에 대해 불평했다. 19세기의 의사 토머스 트로터도 한탄했다. "이 문제에 관해, 혈색 좋은 얼굴이 천박한 태생의 하층민을 가리킨다는 상류사회의 생각은 너무나 비정상적이고 비뚤어져 있다. 아름다움의 기준이 얼마나 잘못되었는가. 건강한 장밋빛 얼굴보다 병색 짙은 창백한 얼굴을 선호하다니!"[22] 당시 여성들은 온몸에 흰 분을 뒤집어썼다. 선탠으로 건강미와 아웃도어 정신을 과시하려는 생각은 20세기에 들어서서야 널리 퍼진 것이다.[23]

결핵에 관한 상류층의 이해는 모두 틀린 것이었다. 물론 결핵은 사회적 계급과 관계없이 누구든 감염될 수 있다. 1829년부터 1845년 사이, 미국 대서양 연안 대도시의 죄수 가운데 백인의 10~13퍼센트가 결핵으로 죽었다. 이는 흑인 죄수보다 훨씬 높은 비율이었다.[24] 또한 19세기의 과밀한 주거 환경은 결핵이 빈곤층에 만연하는 결과를 낳았다. 마르크스와 엥겔스가 결핵을 "자본의 필요조건"이라 칭할 정도였다.[25] 1815년, 의사 토머스 영은 결핵이 "너무 흔히 출현하여 유럽 거주민의 약 4분의 1이 조기에 사망한다"고 주장했다.[26] 실제로 1851년부터 1910년 사이에 잉글랜드와 웨일스에서만 약 400만 명이 결핵으로 죽었다고 여겨진다.[27]

오늘날에도 결핵이 죽어가는 귀족을 떠올리게 하는 것은 부유한 환자가 영위한 생활 방식 때문일 것이다. 기후가 온난한 지중해 지역은 "결핵 환자의 마지막 희망"임을 내세워 방문을 유치했다.[28] 해변 마을마다 그곳의 바닷물로 질병이 낫는다고 주장한 것 같다. 대

도시의 오페라 치료도 존재했다. 『하얀 역병: 결핵, 인간, 그리고 사회 *The White Plague: Tuberculosis, Man and Society*』에서 장 뒤보와 르네 뒤보는 이렇게 설명한다. "니스는 겨울마다 북부의 혹한에서 탈출해 죽음을 면해보려는 부유층이 가장 선호하는 회합 장소였다. 오페라하우스에서는 낭만주의 시대의 '달콤하게 속삭이는 결핵적인' 음악이 연주되어 밤마다 송장 같은 결핵 환자들로 넘쳐났다. 젊은 여성은 맵시 있게 차려입고 호화로운 보석을 걸쳤지만, 곱슬머리 아래 드러난 얼굴은 너무 창백해서 마치 '뼛가루'를 칠한 듯 보였다."[29] 보석! 드레스! 로맨틱한 음악! 아주 황홀하겠는 걸! 앙리 뮈르제의 소설 『보헤미아풍 삶의 정경 *Scènes de la Vie de Bohème*』(1851)에 등장하는 음악가가 "나도 검은 정장 입고 머리 기르고 폐 한쪽이 병들면 틀림없이 유명해질 텐데"라고 투덜거릴 만도 하다.

해변이나 오페라가 별로라면 토마스 만의 『마의 산 *Der Zauberberg*』(1924)에서 묘사된 것과 유사한 부유층 대상의 산속 요양원도 많이 있었다. 유복한 결핵 환자가 안정요법을 받으면서, 적어도 만의 묘사가 믿을 만하다면 엘리트의 지위를 크게 누릴 수 있는 곳이었다. 이러한 요양원의 인기는 고지에서 충분한 휴식을 취하면 결핵이 나을수 있다는, 처음에는 잘 받아들여지지 않았던 독일의 의사 헤르만 브레머의 설에서 비롯되었다. 요양원의 '손님'은 탁 트이고 통풍이 잘되는 베란다에서 쉬고 호화로운 식사를 하며(브레머와 동료들은 우유와 채소 이상의 것이 필요하다고 믿었다) 자연 속에서 산책했다. 산속 요양원으로는 성이 차지 않는다면, 시인 시드니 러니어가 제안한 것이 있다. 내가 본 것 중 가장 특이한데, 기후가 훌륭한 플로리다로 이사하여 악어 사냥을 하고 그 이빨을 1파운드당 4~10달러의 비싼 값

을 받고 팔라는 것이다. 농담이 아니었다.[30]

숨도 제대로 쉬기 어려울 때 전문 악어 사냥꾼이 되라는 건 죽기 아니면 까무러치기로 들린다. 러니어의 계획을 제외하면 '건강을 위해' 종일 자고, 보석 휘감고 오페라나 보러 가고, 니스나 알프스로 떠나고, 참 재미있을 것 같다. 천사처럼 아름답고/잘생겼고 섬세하다고 계속 들으면 훨씬 더 즐거울 테지. 이런 생활 방식에서 유일하게 무서운 점은 '고통스럽게 죽는다'는 것이다. 이는 항상 호도되었다. 베도스는 "궁정과 도시의 유령 같은 미인들에게 '교양 없이' 혹은 저속하게 건강한 것(즉 강건한 것)은 '저주'가 아니라고" 설득하는 힘겨운 싸움을 하고 있다고 말했다.[31]

부유함과 아름다움을 연관 지으면 결핵이 세균에 의해 발병한다는 사실을 잊기 쉽다. 세균은 뇌가 없다. 선택하지 않는다. 누구든지 마주치기만 하면 먹잇감으로 삼는다. 아름답든 추하든, 부유하든 가난하든, 현명하든 임기응변에 능하든. 어쩌면 책벌레는 아닐지도.

세균은 인간의 성격이나 수입을 따져가며 침투하지 않는다. 그러나 베도스는 결핵과 연관된 매력과 지위를 놓고 볼 때 여성은 더 세련되어 보이려고 일부러 결핵에 걸린다는 결론을 내렸다.

가엾게도 이처럼 병약한 신체를 이상화하고 숭배한 나머지 원래 건강했던 여성이 결핵에 걸리지 않았는데도 병약해진 경우가 있었다. 리지(엘리자베스) 시덜의 불행한 죽음은 결핵의 미화가 치명적인 결과를 가져온 사례다. 그녀는 시인이며 화가였지만 예술가의 모델이자 라파엘 전파前派 시기의 뮤즈로서 가장 유명했다. 존 에버렛 밀레이의 「오필리아Ophelia」와 단테 가브리엘 로세티의 「축복받은 베아트리체Beata Beatrix」 등의 회화에서 그녀를 알아볼 수 있을 것이다. 날

리지 시덜을 모델로 한 단테 가브리엘 로세티의 「축복받은 베아트리체」(1864).

씬한 몸매와 창백한 얼굴, 길고 붉은 머리카락, 그리고 결핵으로 죽어가는 듯한 외모로 알려져 있었다. 당시에는 결핵 환자라는 것이 통설이었다. 실제로 학자인 캐서린 번은 "시덜의 매력은 결핵을 앓고 있다는 인식과 분리될 수 없다"고 설명한다.[32]

그런데 사실 그녀는 결핵 환자가 아니었을 것이다. 현재로서는 거식증(연인 로세티에게 보낸 편지에 음식을 몇 주 동안 먹지 않았다고 썼다)과 심각한 아편 중독을 앓았을 가능성이 가장 크다.[33] 이상적으로는 —이상적으로!— 건강이 저속한 저주로 여겨지지 않고, 누군가에게 이런 말을 들었어야 했다. "리지야, 너 참 아파 보인다. 해결 방법을 좀 찾아보자. 몇 주나 계속 안 먹는 거랑 관계있을지도 몰라. 아편 중독이랑도. 우린 지금 빅토리아 시대에 살고 있으니 모든 게 끔찍하잖니. 엄마들은 젖먹이를 달래려고 아무 생각 없이 아편을 주지. 그래서 **아**

기들이 중독되는 거라고. 지금 다들 약을 얼마나 많이 하는지 진짜 심각해. 다들 약에 절어 있어. 그래도 리지야, 응? 그래도 좀."

우리라면 그렇게 말했을 것이다. 문제를 정면으로 대응하는 데 능숙하니까. 리지를 타임머신에 태워 미래로 데려가야 한다. 모델이나 보통 여성이 사회가 정의한 미의 기준에 들어맞도록 압박받아 섭식장애와 약물중독의 문제를 일으키지 않는 시대로 … 으음.

슬프지만 오늘날에도 여전히 자멸적인 행위로 몰리는 여성들이 있듯이, 사람들은 리지를 도우려 하지 않고 유행하는 깡마른 외모를 칭찬하기 바빴다. 화가 포드 매덕스 브라운은 그녀를 찾아가 열광하며 말했다. "시덜 양, 전보다 더 마르고 더 송장 같고 더 아름답고 더 기진맥진해졌네요."[34] (**송장 같다**는 말과 **아름답다**는 말이 너무나 쉽게 어우러졌다.)

캐서린 번은 『결핵과 빅토리아 시대 문학의 상상력*Tuberculosis and the Victorian Literary Imagination*』에 다음과 같이 기술했다. "(시덜의) 매력은 연약함에 있는 것 같다. 그녀가 특별했던 이유는 항상 죽음의 언저리를 맴도는 듯하고 이 세상 사람이 아닌 것처럼 보였기 때문이다."[35] 우울증에 약물중독에 아마도 거식증까지 있었던 가엾은 여성이었다.

엘리자베스 시덜은 아편 과다 복용으로 비참하게 죽었다. 자살이었는지도 모른다. 향년 32세였다.

다행히도 이상적인 아름다움은 변할 수 있다. 시간이 흐름에 따라 결핵과 환자의 삶에 대한 로맨틱한 묘사는 더 사실적인 서술로 대체되었다. 1877년, 톨스토이는 『안나 카레니나*Anna Karenina*』를 펴내며 결핵으로 죽어가는 사람의 모습을 팡틴이나 비올레타의 아름다운 이미지와는 전혀 다르게 보여줬다. 세번이 키츠의 죽음을 묘사한 것과 유사한데, 이는 톨스토이의 형제들이 1856년과 1860년에 실제 결핵으로 죽은 상황을 토대로 했기 때문인 것 같다.

(니콜라이의 남동생은) 죽음이 다가옴에 따라 신체적인 징후가 더욱 뚜렷이 나타나 한층 쇠약해지고 수척해지기야 하겠지만 여전히 이전과 거의 변함없는 상태일 거라 예상했었다. 자신이 사랑하는 형을 잃게 될 괴로움과 형의 죽음에 대한 공포가 단지 조금 더 커질 뿐 이전과 비슷하게 느껴질 거라 예상했었다. 그리고 이에 대해 마음의 준비를 하고 있었지만, 그가 본 것은 전혀 다른 것이었다.

좁고 지저분한 방은 페인트칠 된 벽이 침으로 더럽혀져 있고 얇은 칸막이 뒤로 옆방의 대화 소리가 들렸다. 불순물로 가득한 듯 숨 막히는 공기 속, 벽에서 떨어져 있는 침대 틀 위에 몸뚱이 하나가 누비이불에 덮인 채 누워 있었다. 한쪽 팔은 이불 위로 나와 있고 갈퀴 손잡이만큼 거대한 손목이 접합부부터 중간까지 매끈한 팔의 가늘고 기다란 뼈에 용케도 붙어 있었다. 베개 위의 머리는 옆을 향해 있었다. 땀에 젖은 관자놀이 위의 듬성한 머리털과 투명해 보이는 팽팽한 이마가 레빈의 시야에 들어왔다. … 아주 드물게, 아편의 효과로 끝없는 통증이 잠시나마 누그러질 때면 가슴속에 그 누구보다 강렬하게 담아둔 것을 잠결에 신음하듯 내뱉기도 했다. "아아, 그냥 이게 끝이었으면!" 혹은 "대체 언제 끝나는 거야?" 점점 더 극심해지는 고통은 그를 집어삼키고 죽을 채비를 시켰다. 어떤 자세를 취해도 아팠고, 통증이 느껴지지 않은 때는 단 한 순간도 없었으며, 팔다리든 몸통이든 어디 한 군데 통증과 고통을 유발하지 않는 부위는 없었다.[36]

결핵으로 인한 죽음을 끔찍하게 묘사한 톨스토이는 훌륭하다. 무섭게 느껴지면 멸치를 먹거나 해수욕을 하거나 사랑에 빠지면 해결되는 잔병이라고 생각하지 않게 된다.

19세기가 끝나갈 무렵, 질병 치료를 위해 "색다른 음식을 먹이고 휴가를 보내자"는 생각에 적어도 일부 사람들은 넌더리를 내고 있음이 분명해졌다. 자크 오펜바흐의 오페라 「호프만의 이야기Les Contes d'Hoffmann」(1881) 제2막에서는 서투른 의술로 사랑스러운 여주인공 안토니아를 죽게 만든 돌팔이 의사를 미라클이라는 캐릭터를 통해 조롱한다. 그 의사의 치료법이 부조리하다는 것을 객석의 많은 사람들이 인식했을 것이다.

결핵에 대한 이처럼 새로운 예술적 묘사는 아름다운 천사처럼 죽어가는 여성 이미지만큼 인기를 끌었을까? 아니, 그럴 리가 없지! 많은 사람들은 —질병으로 가득한 이 책을 "그래, 이거야!" 하며 집어든 당신은 아니겠지만— 인생의 섬뜩한 측면을 외면하려 한다. 보통 사람들은 즐거운 걸 읽고 편안함을 느끼고 고깔모자를 쓴 강아지 보는 걸 좋아한다.

다행히도 인생의 껄끄러운 현실을 일깨워주지 않을 수 없는 훌륭한 예술을 창조하는 사람들이 있다. 보통 그러한 이야기는 나쁜 소식을 매력적인 측면으로 교묘하게 상쇄한다. 니콜라이가 어떻게 죽는지 보고 싶어서 『안나 카레니나』를 읽는 사람은 아무도 없다. 기차가 싫어서다. 아니면 열정의 이야기를 견디는 것이 좋아서, 둘 중 하나다. 19세기 돌팔이 의사에 꽂혀서 「호프만의 이야기」를 보러 가는 사람은 아무도 없다. 대부분 음악과 의상 때문일 것이다. 그러나 톨스토이와 오펜바흐는 자신의 작품에 끔찍한 질병의 현실에 관한 계

결핵과 인플루엔자의 확산을 막기 위한
1920년대의 공중 보건 캠페인.

몽적인 메시지를 감쪽같이 투영
했다.

세상을 여실히 보여주는 작가
에게 축복 있기를.

1882년, 독일의 세균학자 로
베르트 코흐가 현미경과 (당시 최
첨단 기술이었던) 표본 염색을 이
용하여 결핵을 일으키는 간균桿
菌을 발견하자 결핵의 로맨틱한
매력은 더욱 사라졌다. 그는 또
한 결핵의 감염 경로를 밝혀냄으
로써 감정이 풍부하거나 부유하
거나 아름다워서 걸리는 것이 아님을 증명했다.[37]

미국의 작가 업턴 싱클레어는 사실주의로 알려진 작품에서 결핵
을 "태평스러운 사치를 위해 모인 그대들 고결한 영혼"이 아닌 노동
자 계급과 연결짓기 시작했다.[38] 오페라 「라보엠La Bohème」(1895)에서
도 결핵은 가난한 사람들과 연관지어졌다. 정확히는 가난한 예술가
이지만 가난함에는 변함없다. 사랑 및 화려한 삶과 밀접한 관계가 있
다고 그려지지도 않았다. 결핵에 걸린 아름다운 미미는 연인에게 버
림받는다. "사랑해 미미, 하지만 난 두려워."

결핵이 멋진 상류 계급 특유의 질병이 아니라 막대한 공중보건 문
제로 (옳게) 여겨짐에 따라 빅토리아 결핵 및 흉부질환 진료소 같
은 병원이 개업하기 시작했다. 프랑스는 '결핵과의 전쟁'을 선포하고
1886년에 위생심의회Conseil d'Hygiène et de Salubrite(공중 보건 향상

을 위해 19세기에 설치된 프랑스의 정부 기관—옮긴이)가 공공장소 침 뱉기 금지안을 가결했다. 1909년에 급진적인 새디어스 브라운은 자 신의 시에서 결핵을 "불길하고 역겹고 무시무시한" 질병으로 묘사했 다.[39] 백신요법이 경쟁적으로 개발되었고, 의학적 지식의 보급으로 결 핵이 매혹적이라는 생각은 희미해졌다.

1921년에는 지금도 사용되고 있는 BCG Bacille Calmette-Guérin 백 신이 개발되었다. 현재 전 세계적으로 약 1억 명의 아이에게 접종되 고 있다. 결핵이 여전히 만연해 있는 지역에서는 아이가 태어나면 백 신을 되도록 빨리 접종시킬 것이 권고된다. 결핵의 치료제로서는 10 종의 항생제가 미국식품의약국의 승인을 받았으며 6~9개월에 걸쳐 투여된다.[40]

다행스럽게도 현대인은 결핵이 멋진 은총이 아니라는 것을 알고 있다. 결핵에 걸린 여성을 보고 이렇게 생각하는 사람은 없다. **이런, 유령처럼 말라빠졌고 피를 토하고 있네. 빅토리아 양식의 신부로 맞 이하고 싶어.** 치명적인 질병을 적극적으로 미화하는 경향이 적어도 경미하게나마 약해졌다는 사실은 인류가 한 걸음 나아갔다는 증거 다. 결핵을 앓고 있는 사람들을 평소 잊고 지내는 부정적인 면도 있 다. 결핵은 여전히 주위에 있고 전염성이 강하며, 백신 하나 제조하 는 데 약 16센트 들고 3달러 13센트에 판매되고 있는데도 주변 국 가들에서 계속 맹위를 떨치고 있다(현재까지 한국의 결핵 발병률과 사 망률은 OECD 국가 중 단연 1위다—옮긴이).[41]

매년 전 세계적으로 수백만의 사람이 결핵으로 죽는다. —**완치될 수 있는데도.** 결핵은 살아생전에 박멸할 수 있는 질병이다. 우리는 현대인이니까! 우리는 결핵이 우호적이거나 멋지지 않으며 악어 사냥꾼이 될 좋은 구실은 더더욱 아니라는 것을 알고 있다. 전 인류의 적과 잘 싸우기 위한 두 가지 옵션이 있다. 톨스토이처럼 결핵으로 죽어가는 사람들의 비참한 모습을 위대한 예술로 그려내거나, 1달러 30센트(매년 130만 명이 결핵으로 죽기 때문)를 결핵과 싸우는 훌륭한 단체에 기부하는 것이다. 후자를 택하겠다면 굉장한 일을 하는 유엔 산하 결핵퇴치국제협력사업단Stop TB Partnership을 추천한다. 전자라면 와인이 글 쓰는 데 좋다고들 한다.

콜레라

검사 결과 열도 통증도 없었다.
죽고 싶다는 절박한 심정이 유일하게 확실한 감각이었다.
필요한 것은 사랑의 증상이 콜레라의 증상과 똑같다는 결론을
다시 한 번 확인시키는 … 예리한 질문뿐이었다.
– 가브리엘 가르시아 마르케스,
『콜레라 시대의 사랑(*El amor en los tiempos del cólera*)』

일단 무언가의 작동 원리를 알게 되었다고 믿어버린 사람을 그것이 아니라고 납득시키려면 정말이지 자연의 힘이 필요하다. 농담이 아니다. 한번 해보라. 이미 완전히 이해하고 있다고 믿는 어떤 사실이나 상황이나 과정에 관한 생각을 바꿀 수 있는지. 데이터를 원하는 만큼 이용하든, 도표를 그리든, 노래를 만들거나 빌어먹을 뮤지컬을 무대에 올리든 해서 말이다. 그들은 믿지 않을 것이다. 왜냐하면 초등학교 4학년 때 담임에게 뭔가 다른 걸 들었고, **이미 다 안다**고 확신하기 때문이다.

명왕성이 더 이상 행성이 아니라는 발표를 듣고 사람들이 얼마나 당황했는지 떠올려보라. 난 아직도 화가 난다. 우주에 관해 유일하게 확실히 아는 건 '행성의 순서(수금지화목토천해명)'였는데, 그 단 하나의 지식이 물거품이 된 것이다. 요즘 아이들은 어떤 연상기호를 쓰고 있을지. 명왕성이 강등될 만한 이유가 있다는 건 알고 있지만, 마음속으로는 닐 디그래스 타이슨(1958~ . 미국의 천체물리학자로 2000년

에 자신이 관장으로 있는 헤이든천체투영관의 태양계 행성 전시에서 명왕성을 제외하는 등 명왕성 행성 지위 박탈 '논란'의 중심에 있었다—옮긴이) 이 무어라 말했든 개의치 않는다(머릿속으로는 그가 옳다는 걸 알아도 마음속으로는 틀렸다고 느낀다).

그런 의미로, 가래톳페스트가 유행했을 때 모든 사람이 더럽고 악취 나는 공기 때문에 질병이 생겼다고 믿은 것을 상기해보자. 의사들은 클로브clove(정향나무의 꽃을 말린 것으로 약이나 향신료로 쓰인다—옮긴이)와 포푸리를 넣은 멋진 새 모양 가면을 쓰고는 예방 효과가 있다고 믿었다. 그리고 우리는 공기 중의 나쁜 냄새 때문이 아니라는 걸 알고 있기에 얼마나 그들을 비웃고 입을 모아 놀렸는지("멍청하군!") 떠올려보자. 그런데 질병이 악취에서 비롯된다는 믿음은 상상 이상으로 오래 지속되었다. 500년 이상이나. 1850년대까지 마치 죽은 물고기의 악취처럼 끈질기게 이어진 것이다. 1844년에 H. 부스 교수가 건축학 잡지 『빌더Builder』에 "정육점집 부인은 고기의 악취를 맡아 비만이 된다"고 주장할 정도였다.[1]

정육점집 부인에 대한 부당한 고정관념인 것 같다.

1846년, 사회개혁가 에드윈 채드윅(1800~1890. 잉글랜드 출신의 변호사이자 사회 개혁가로 영국의 공중위생 개혁에 공헌했다—옮긴이)은 영국 의회에서 다음과 같은 연설을 했다. "모든 냄새는 그것이 강렬하면 즉각적인 급성 질환이고, (그렇지 않더라도) 결국 몸을 쇠약하게 하며 다른 원인의 작용에 취약하게 만들기 때문에 결국 모든 냄새는 질병이라 할 수 있다."[2] 저 명성 높은 간호사 플로렌스 나이팅게일조차 홍역, 성홍열, 두창이 악취 때문에 발생한다고 믿었다.

이 이론은 몇몇 기이한 생각으로 이어졌다. 예컨대 채드윅은 에펠

탑처럼 높은 구조물의 꼭대기에서 좋은 냄새가 나는 깨끗한 공기를 모아 밑에 있는 사람들에게 "따뜻하고 신선한" 공기를 배분할 수 있다고 생각했다.[3] 채드윅이 어떤 기법을 구상했는지 궁금하다. 에펠탑 꼭대기에서부터 어떻게 공기를 효과적으로 수송할 작정이었는지 모르겠다. 바구니? 어쩌면 항아리였을지도. 항아리가 제일 나은 것 같다. 몇백 명을 에펠탑 꼭대기로 올려보내 항아리에 신선한 공기를 담아 지상으로 보내도록 한 뒤 빵 데우듯 가열하여 모두에게 나눠줄 생각이지 않았을까. 불가능해 보이지만, 에펠탑에 방문했을 때 떠올려보면 재밌겠다.

악취가 질병을 일으킨다는 신념이 런던에서는 긍정적인 면도 있었다. 오물로 가득한 거리와 가옥은 유독한 악취의 원천이었기 때문에 이를 청소하는 데 막대한 노력을 들이게 되었다. 먼저 "주택을, 다음으로 거리를, 마지막으로 강을 정화하"는 데 힘써야 한다는 채드윅의 말이 1849년 『타임스』에 인용되었다.[4] 1846년의 공해 제거 및 질병 예방법The Nuisances Removal and Diseases Prevention Act은 채드윅이 제안한 순서에 따라 진행되었다고 여겨진다.

위생을 향한 움직임은 질병과 싸우기 위한 한 단계의 진보이기도 하다. 19세기 중반의 런던은 초만원이었다. 인구 250만 명으로 당시 세계 최대의 도시였다(현재의 시카고와 거의 비슷한 면적이다). 한 통계에 따르면, 방 하나에 다섯 가족이 각각 자리를 잡고 살았다. 그들은 네 가족(네 모퉁이)까지는 괜찮았지만 방 한가운데에 하숙인을 두면서 문제가 생겼다고 주장했다. 심지어 집 안에서 가축까지 길렀다. "몇 사람이 닭을 좀 길렀다"는 이야기가 아니다. 다락방에 소가 있었다. 도르래로 올려져 우유가 나오지 않을 때까지 다락방에서 사육되었다(내게 그런 소가 있다면 버사 메이슨(『제인 에어*Jane Eyre*』에 등장하는 다락방의 미친 여자—옮긴이)이라 부르겠다). 한두 마리가 아닌 경우도 있었다. '외양간'이라 불린 곳에서는 무려 30마리나 있었을 가능성이 있다.[5] 원룸 아파트에서 개 27마리를 기른 남자도 있었다! 길가에 사는 어떤 여자는 고양이, 개, 토끼를 17마리 길렀다.

한편 도시의 폐기물 처리 시스템은 200년 동안 진전이 없었다. 상상이 되겠지만 원룸 아파트에서 진짜 목장을 경영하면 수많은 폐기물이 나왔다. 지하의 오물 구덩이에 인간과 동물의 분뇨를 처리했다. 『감염지도*The Ghost Map: The Story of London's Most Terrifying Epidemic and How It Changed Science, Cities, and the Modern World*』의 저자 스티븐 존슨에 따르면, "그들은 양동이를 그냥 거기에 던져놓고 어떻게든 사라지기를 바랐지만 당연히 사라질 리가 없었다."[6] 윽, 그야 당연하지. 그렇지만 런던을 가득 채운 대변은 경제에 도움이 되었다. '퓨어 파인더Pure Finder'가 거리를 돌아다니며 개똥을 모아 무두장이에게 팔면, 무두장이는 개똥을 가죽에 문질러 석회를 제거했다. 퓨어 파인더가 용케 돈을 번 건 기쁘지만, 그처럼 똥 범벅인 도시에 살고 싶은 사람은 아무도 없을 것이다.

질병은 '악취'에서 비롯되지는 않지만, 배설물과 고약한 냄새를 풍기는 것들에 접근하는 벌레나 유해동물로부터 옮기도 한다. 따라서 오물 구덩이를 청소하고 거리의 대변을 치우는 것은 보통 좋은 생각이다. 오물을 템스강에 쏟아버리지 **않을** 거라면.

모든 사람의 식수원인 템스강물이 지하에 있던 수십 년분의 분뇨로 가득 찼다. 1850년에 찰스 디킨스는 템스강을 묘사하며 통탄했다. "동식물의 찌꺼기는 말할 것도 없고 하수도의 검은 물질과 내장,

접착제, 비누, 그 밖의 메스꺼운 제품의 폐기물이 오로지 그 강에 버려졌다."[7] 1853년, 『빌더』의 한 기사에서 다음과 같이 언명되었다. "불어난 강물 … 현재 런던브리지 아래는 스틱스강(그리스신화에서 저승을 흐르는 증오의 강—옮긴이)의 시적 묘사만큼 심각하고 런던 부두는 아케론강(그리스신화에서 저승을 흐르는 슬픔과 고통의 강—옮긴이)만큼 검으며 … 토목 기사는 대체 어디에 있나? 산을 옮겨 바다에 다리를 놓아 강을 메울 수 있을 테니 … 템스강을 정화시켜 이 도시를 거주 가능하게 만들 수는 없나?"[8] 그런 강물을 마신다니 죽을 작정이 아니라면 정말이지 끔찍한 일이다.

특히 콜레라가 유행하고 있다면 더욱 그렇다. 실제로 공해 제거 및 질병 예방법은 주로 콜레라 문제에 대처하기 위한 것이었다. 하지만 콜레라는 당국이 생각했던 것처럼 공기 중 냄새를 통해 퍼지지 않는다. 감염된 사람의 대변을 섭취함으로써 전염되는 것이다. **난 그딴 취미 없어. 일단 그 생각 자체가 역겨워.** 이렇게 느낀다면 당신은 진화한 인간이다. 이런 생각은 대부분의 사람에게 너무 혐오스럽다. 공포영화 「휴먼 센티피드The Human Centipede」 3부작(2009~2015)은 "인간이 타인의 똥을 먹어야 한다면 어떻게 될까? 그것 참 불쾌한 걸!"이라는 전제를 깔고 있다(영화 내용을 말해버려 미안하지만, 아마 아카데미상 인터넷 동영상에서 베스트 클립을 보았을 것이다).

콜레라에 일부러 걸릴 사람은 거의 없겠지만 무심코 대변에 오염된 물을 마시면 아주 쉽게 감염된다. 치사량의 콜레라균이 들어 있어도 물이 탁해지지 않는다. **알지도 못한 채** 마셔버리면 콜레라균은 소장에 자리를 잡는다. 거기서 번식을 시작하고 콜레라톡신CTX이라 불리는 독소를 만들며 소장 벽을 덮는다. 자, 소장의 주된 역할은 신체를 수화水化된 상태로 유지하는 것이다. 즉 물을 흡수하여 신체의 다른 부위로 보낸다. 그러나 그 벽이 콜레라균으로 덮이면 오히려 물을 방출한다. 그 결과 '쌀뜨물변'이라 불리는 흰 플레이크 같은 묽은 설사를 일으킨다. 이 '쌀' 플레이크는 소장의 세포다. 물이 너무 많이 방출되어 몸무게의 30퍼센트나 줄어드는 경우도 있다. 며칠 만에 건강한 55킬로그램에서 치명적인 39킬로그램으로 감량된 사람도 있었다. 물이 없으면 먼저 덜 중요한 기관이 기능을 멈추고 이어서 심장이나 신장 같은 필수적인 기관이 작동하지 않게 된다. 특히 비극적인 것은 보통 뇌가 가장 마지막에 굴복하기 때문에 환자가 최후까지 고통을 느낀다는 것이다. 영국의 신문 『타임스』에 따르면, 단말마의 고통을 겪은 사람들은 "시체 안에 갇혀 공포에 떨며 밖을 내다보는 영혼"처럼 보인다고 한다.[9] 콜레라로 오염된 죽은 자의 쌀뜨물변은 강이나 근처 상수도(또는 공해 제거 및 질병 예방법에 반하여 여전히 오물 구덩이)로 방류되어 그 과정이 반복되었다.

위 단락이 너무 길다면, 그냥 한마디로 똥 싸고 죽었다. **참담한** 죽음이었고, 깨끗한 물을 손쉽게 구할 수 없는 나라에서는 여전히 진행 중인 일이다.

하지만 이러한 문자 그대로 똥투성이인 진창에 한 영웅이 등장했다. 존 스노John Snow라는 이름의 의사로, 「왕좌의 게임」의 캐릭터 존 스노Jon Snow처럼 아주 고지식했다. 모든 습관에 대해 독선적이고 열렬한 금주가였다. 괜찮다! 내가 아는 가장 뛰어난 사람들은 술을 마시지 않고 늘 일찍 일어나 마라톤을 한다. 그러나 스노는 왜 당신—바보—이 술을 마시면 안 되는지에 관해 아주 길고 무미건조한 연설문을 썼다. 조숙한 23살 때, "아무리 절제할지라도 술을 마시면 신체 건강에 해악이 된다는 것을 납득시키려 노력하는 것이 나의 의무라 생각한다. 취한 것의 흉측함을 그려내고, 수많은 음주가 초래하는 불행과 범죄를 묘사하고, 완전한 금주만이 그 모든 해악의 해결책임을 증명할 것을 내 동료들에게 맡기는 바다."[10] 저녁 자리에서 와인을 마실 때마다 그 연설을 했음에 틀림없다. 그는 또한 사람들이 술을 마시는 것은 호기심

존 스노.

이 "없고 마치 짐승처럼 변화하지 않기 때문이며 따라서 만일 이런 상태가 지속된다면 중국인처럼 몇 세대가 지나도 거의 진보하지 않을 것"이라고 주장했다.[11] "동물처럼 거의 진보하지 않을 것"이라고 하려던 게 아닌가 생각했지만 그게 아니었다! 그가 중국인을 싫어한 사실은 19세기 영국의 기준에서 보면 그리 드문 일은 아니었지만, 그렇다고 그를 **더** 좋아할 이유가 되지는 않는다. 아무튼 건강의 관점에서 물보다 술을 마시는 편이 더 나았던 아마도 역사상 유일한 시기였기 때문에 그의 열렬한 금주론은 아이러니컬하다.

이는 과장도 농담도 아니다. 일례로, 1854년 콜레라가 유행할 때 런던의 양조장에서 일하는 80명의 노동자 전원이 감염되지 않았다는 사실은 주목할 만하다. 사실 그 양조장에는 전용 우물이 있었지만, 소유주에 따르면 그들 대부분은 자신들이 만든 술만 마셨다.[12]

스노는 엄격한 채식주의자이기도 했다. 이 때문에 "주부들이 당황하고 요리사들이 충격 받고 아이들이 놀라"기도 했지만,[13] 엄격한 채식주의자라는 건 멋지지만―잘했다―, 그는 이에 관해서도 절대 입 다물지 않았다는 데 전 재산을 걸겠다. 환자를 대하는 태도가 나쁘고 사회생활이 거의 없었던 것으로도 알려져 있다. 비판적 기사를 하도 많이 내서 한번은 『랜싯』 편집자가 다음과 같이 썼다. "스노 씨는 남들이 만들어놓은 것을 비판만 하지 말고 뭔가 생산적인 일에 열중하는 게 좋겠습니다."[14] 스노의 지인이자 이후 그의 전기를 집필한 벤저민 워드 리처드슨은 다음과 같이 언급했다. "그는 와인도 증류주도 마시지 않았다. 은둔자처럼 살며 소박한 옷차림을 하고 사람과 어울리지 않았으며, 과학책, 실험, 간단한 운동이 삶의 낙이었다."[15]

참 즐겁게 살았네.

뭐, 그는 우리가 바라는 영웅은 아니었을지 모르지만 우리가 가진 영웅이었다. 셀러리 한 줄기와 탄산수로 대접하자.

비사교적이고 극히 비판적인 태도는 대개 스노에게 유리하게 작용하지 않았다. 그를 저녁 식사에 초대하는 것은 악몽이었을 것이다. ('함께 식사하고 싶은 사람은 누구?' 게임의 다른 버전으로 '함께 식사하고 **싫지 않은** 역사적 인물 셋은 누구?' 게임도 재밌겠다.) 그러나 스노의 고약한 성격은 말 그대로 자신들을 죽이는 이론을 주창하는 사람들과 생각을 달리하는 데 유용했다. 콜레라가 미아스마설이나 개인 간 전염에 의해 전파된다는 동업자들의 주장에 동조하기를 거부한 것은 매우 값진 일이었다.

스노는 1832년의 콜레라 유행에 대처한 적이 있기 때문에 그 파괴적인 영향을 잘 알고 있었다.[16] 그런데 함부르크에서 온 선원이 런던 최초의 사례임을 밝혀낸 것은 잉글랜드와 웨일스에서 5만 명의 사망자가 나온 1848년의 유행 때였다. 그 선원은 런던의 하숙집 방에서 죽었다. 다른 사람이 그 방에 묵었고 역시 콜레라에 걸려 죽었다. 19세기 미아스마설 지지자가 어떻게 생각했을지 알 것 같다. **정말로 놀라운 우연의 일치군! 지금 함부르크와 런던 양쪽 다 지독한 냄새를 풍기고 있겠지. 안됐구먼.** 의료 종사자들 모두가 동의했을 것이다. 그러나 스노는 특히 그 선원이 콜레라가 유행하는 함부르크에서 왔기 때문에 어떻게든 그에게서 전염되었을 것이라고 여겼다. 이는 사람 간 전염의 가능성을 시사하는 것일 수 있다. 하지만 그 선원은 다음 거주자가 입거했을 당시 이미 죽어 (그리고 옮겨져) 있었다. 이 두 사람을 진찰한 의사는 콜레라에 감염되지 않았다. 스노는 다른 근린 지역에서 온 의사들이 콜레라 환자를 진찰하러 오는 일이 잦았지만 그들은 감염되지 않았다는 사실에 주목했다. 다른 한편으로 가끔 온 동네 사람이 쓰러지는 일도 있었다.

스노는 사람들이 어떤 방식으로든 질병을 **섭취**함으로써 무엇인지 특정할 수는 없지만 '질병을 일으키는 물질' 때문에 감염된다고 결론지었다.

1849년에는 콜레라가 물을 매개로 전파된다고 확신했다. 그는 작은 집들이 연달아 있는 곳에 살았던 콜레라 환자 12명을 대상으로 연구를 진행했다. 옆 블록에 사는 ㅡ공기 중의 동일한 냄새에 분명히 노출되고 연구 대상의 주민과 어울렸던ㅡ 사람들은 아주 건강했다. 그는 연구 대상의 주민이 이용한 우물에 금이 가 있어 근처 하수도에 오염된 물이 공급되었다는 것을 발견했다. 옆 블록 주민은 다른 우물에서 물을 길어 썼다. 스노는 또한 런던 이스트엔드 지역에서는 지독한 냄새가 나는데도 템스강의 오염이 심한 유역에서 대부분의 물을 공급받는 런던 남부 지역에 비해 콜레라 환자 수가 훨씬 적다는 데 주목했다.[17]

우리의 영웅은 이러한 발견에 관한 논문을 냈는데, 그가 옳았음을 이미 알고 있는 사람이라면 전적으로 납득할 만한 것이다. 하지만 당시 사람들은 그의 이론을 전혀 믿지 않았다. 『런던 메디컬 가제트 *London Medical Gazette*』는 다음과 같이 평가했다. "특히 사람들은 아주 밀집된 곳에서 살았기 때문에 물과 관계없이 다른 원인들이 작용했을지도 모른다. … 여기서 언급된 사실은 개연성을 제기할 뿐, 저자의 견해를 뒷받침하는 어떤 증거도 제시하지 못한다."[18] 그 잡지에 따르면, 어떤 수원水源의 물이 "그때까지 콜레라가 발생하지 않은" 공동체에 공급되었을 때 "그 물을 사용한 모든 사람이 발병하고 사용하지 않은 사람은 감염되지 않은" 경우에 증거로서 유효하다는 것이다.[19]

그래서 존 스노는 그러한 사례를 발견할 수 있을 유행을 기다렸다. 그사이에 마취과학을 업으로 했고, 솜씨가 좋았다. ―빅토리아 여왕의 분만에 두 차례 참여했다. 아마 **졸고 있어서** 그리 능숙했을 것이다(생명을 구하려는 이 선한 사람에게 난 왜 이렇게 야박할까?).

1854년 8월 28일, 베이비 루이스(이 여자아이의 진짜 이름은 프랜시스였다)로 알려진 젖먹이가 콜레라에 감염되지 않았더라면, 콜레라의 성질에 관한 잘못된 가정은 영원히 지속되었을지도 모른다. 어떤 경로로 감염되었는지는 알 수 없다. 하지만 그 가족이 브로드 스트리트 40번지에 살았으며 런던 주민들 모두에게 불행하게도 그 집 앞 오물 구덩이에 소호Soho에서 가장 인기 있는 급수 펌프인 브로드 스트리트 펌프가 인접해 있었다는 것은 알려져 있었다. 이 펌프

한때 브로드윅(구 브로드) 스트리트 근처에 복원되었던 펌프 모형(현재는 실제 있었던 자리에 재설치되었다). 건너편에 술집 '존 스노'가 보인다.

는 수질이 좋기로 유명하여 근처에 살지 않는 사람들도 애용할 정도였다. 갓난아기가 콜레라에 걸리자 루이스 부인은 아기의 배설물을 구덩이에 던졌고, 이 때문에 펌프의 급수가 오염된 것이다.

그 펌프의 물은 거의 변색되지 않았지만, 콜레라균은 치명적인 작업을 개시하고 있었다. 9월 3일까지 인근 주민 74명이 죽고 수백 명이 빈사 상태였다.[20] 일주일 내에 전체 주민의 10퍼센트가 죽었고, 프랜시스의 아버지도 포함되어 있었다. 보통 콜레라가 유행하면 압도적으로 많은 사람들이 고통스럽게 죽지만, 진행 속도가 늘 이처럼 빠르지는 않다. 일반적으로 수백 명의 사람이 죽는 데 수개월 걸리지만, 이 경우에는 며칠밖에 필요하지 않았다.

스노는 그 지역에서 겨우 몇 블록 떨어진 곳에 살고 있었다. 소호의 거주자들이 다른 지역에 사는 친구네 집으로 피난 갔을 때, 스노는 고대하던 조사를 시작했다. 그는 다음과 같이 기술했다. "콜레라

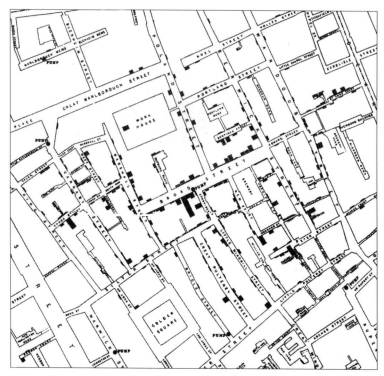

존 스노의 콜레라 감염 지도 일부. 해당 지역의 사망자 수가 검은 막대로 표시되어 있다.

가 침입한 상황과 규모를 파악하자마자 성황을 이루는 브로드 스트
리트 펌프의 물이 오염되었다고 의심했다."[21]

그런데 이론을 어떻게 증명할 것인가? 스노는 그 지역을 둘러보고
콜레라에 감염된 모든 사람의 습관에 대해 주민들에게 질문했다. 유
행 상황을 나타내는 지도를 작성했고, 그것을 통해 브로드 스트리트
펌프에 가까울수록 콜레라를 앓거나 죽은 사람이 더 많아진다는 것
을 알아냈다. 감염되지 않은 사람은 전용 우물이 있거나 어떤 이유
에서든 브로드 스트리트 펌프를 사용하지 않았다.

물론 모든 사례가 밝혀진 것은 아니었다. 몇몇 사람들은 그 펌프

의 물을 마셨는지 기억하지 못했지만, 그 펌프의 물로 만든 셔벗을 길거리에서 **분명** 사 먹었다. 어떤 여성은 브로드 스트리트 펌프에서 멀리 떨어진 햄스테드에 살았는데도 콜레라에 걸렸다. 함께 살던 조카딸도 마찬가지였다. 이는 스노의 이론에 모순되는 것처럼 보이지만, 사실 그 여성은 이전에 소호에 살았고 브로드 스트리트 펌프가 **최고**라고 믿고 있었다. 전에 살았던 지역에 대한 감상적인 작은 애착이 멋지다. 그 여성의 아들이 스노에게 설명한 바에 따르면, 그녀가 그 물을 너무나 좋아해서 자식들이 주기적으로 병에 담아 생필품과 함께 보냈다고 한다. 친절하고 상냥한 가족이 의도치 않게 살인을 저지르게 되다니 참 슬픈 일이다.

그러나 스노는 적어도 지적인 측면에서는 기뻐했을 것이다. 『런던 메디컬 가제트』가 콜레라의 물 매개 전염을 증명하기 위해 필요하다고 주장한 증거를 찾은 것이다! 이 사례에서 물은 말 그대로 "그때까지 콜레라가 발생하지 않은" 공동체에 옮겨져 "그 물을 사용한 모든 사람이 발병했다." 햄스테드 사례는 브로드 스트리트 펌프 주변의 역겨운 냄새로는 설명될 수 없었다.

9월 7일, 스노는 조사 결과를 지역 당국자에게 보고하고 브로드 스트리트 펌프의 손잡이를 없애달라고 간청했다. 그는 펌프 주변에서 발병률이 높다는 것과 펌프에서 멀리 떨어진 사람들도 그 물을 마시고 감염되었다는 것을 설명했다. 9월 8일, 브로드 스트리트 펌프의 손잡이는 제거되었다. 오늘날 이러한 돌파구는 전설이 되어 미국질병통제예방센터CDC 관계자가 의학적 수수께끼를 풀려고 할 때 "브로드 스트리트 펌프의 손잡이는 어디에 있나?"라는 농담까지 한다고 알려져 있다.[22]

콜레라의 위세가 꺾이자 사람들은 다른 이유를 찾기 시작했다. 9월 15일 자『타임스』는 소호 주변의 상황을 다음과 같이 보도했다.

도로에 (강력한 냄새 제거용) 석회가 끊임없이 뿌려져 있다. 석회 때문에 물웅덩이가 희뿌옇고 돌이 더럽혀져 있다. 석회수의 큰 비말이 수로에 흩뿌려져 있고 공기는 강하고 좋지 않은 냄새로 가득하다. 지역 당국은 매우 현명하게도 오염 지역의 모든 거리를 이 강력한 소독약으로 씻어내기로 결정했다. 그에 따라 매일 저녁 주기적으로 정화 작업이 이루어지고 있다.[23]

이는 … 콜레라가 진정된 것과 아무 관련이 없지만, 거리가 비위상하는 악취가 아닌 화학세정제의 냄새가 나게 되었기 때문에 미아스마설 신봉자들은 분명 만족했을 것이다.

한편『글로브*Globe*』는 콜레라의 감소에 대해 "날씨가 유리하게 바뀌었기 때문에 이 구역에서 무섭게 맹위를 떨치던 역병도 약해졌으며 최악의 상황은 지나갔다고 기대할 만하다"고 여겼다.[24] 아니, 이 또한 틀렸다. 그렇지만 사람들에게는 눈에 보이지 않는 물속의 무언가보다도 (직접 냄새를 맡고 경험할 수 있는) 악취 때문에 질병이 발생한다고 생각하는 편이 훨씬 쉬웠다.

1855년 3월, 스노는 가스를 제조하거나 뼈를 끓이는 업종 등의 산업을 규제하기 위한 공해 제거 및 질병 예방법의 개정과 관련하여 증언을 요청받았다. 그러한 산업은 대기 중에 역겨운 증기를 내뿜었다. 그래서 스노는 거북하기는 하지만 콜레라 발생과 관련이 없는 뼈 정제 산업의 권리를 지켜야 하는 독특한 입장에 놓이게 되었다. 증언을 통해 미아스마설을 타도할 기회가 주어진 것이다.

저는 전염병 특히 콜레라에, 그리고 일반적인 공중보건에 대단한 관심을 기울여왔고, 불쾌한 산업이라 불리는 것 대부분이 사실 전염병의 확산에 조력하지 않고 공중보건에 해롭지도 않다는 결론에 도달했습니다. 만일 공중보건에 유해하다면 그 산업에 종사하는 노동자에게는 극도로 유해하겠지만, 제가 아는 한 그렇지 않습니다. 그리고 기체 확산의 법칙에 따라, 실제 작업이 이루어지는 지점의 사람들에게 해롭지 않다면 그로부터 훨씬 떨어진 곳의 사람들에게도 해로울 리가 없습니다.[25]

이 논의에서 한 가지 흥미롭고 기묘하리만큼 특이한 측면은, 냄새가 질병을 일으키지 않는다면 아주 고약한 냄새를 맡고 구토하는 이유가 무엇이냐는 질문이었다. 실제 벤저민 홀(1802~1867. 웨일스 출신의 토목기사이자 정치가로 웨스트민스터 궁전의 '빅 벤'이 그의 이름에서 유래했다는 설이 있다―옮긴이) 보건국장은 스노에게 다음과 같이 물었다. "당신은 농도가 짙은 악취가 구토를 유발할 수 있지만 건강에 해롭지는 않다고 했습니다. 이 두 가지 주장을 어떻게 일치시킬 수 있습니까?"

오늘날에는 유독한 냄새가 코의 수용체에 작용하여 위험이 임박했다고 경고하는 것이라 생각된다.[26] 원시시대에 악취를 풍기는 지역은 대부분 포식자가 있는 곳이었다. 그곳을 벗어나도록 신체적 반응이 일어나는 것이다. 스노는 단지 이렇게 말했다. "일종의 공감일지도 모릅니다. 인간은 보통 상상력의 영향을 크게 받습니다." 하지만 중요한 것은 냄새가 계속 구토를 유발하지는 않는다는 것이다. "반복적으로 구토가 일어난다면 분명 건강에 해로울 것입니다. 끊임없이 부패물에 노출되어 소화기능이 저해되었다면 건강에 해롭다고 인정해야 하겠지만, 제가 아는 한 다음과 같은 유익한 산업이나 제품이 그런 영향을 미친 적은 없습니다."[27]

냄새가 너무 지독하여 구토를 참지 못했다면 그곳을 떠나야 할 것이다. 이 공청회에 출석한 사람들이 동떨어진 질문을 반복했다는 사실은 9·11 이후 뉴스캐스터들이 점점 더 기이한 시나리오를 상정하기 시작한 것을 떠올리게 한다. 존 스튜어트였다고 생각하는데, 당시 이렇게 말했다. "테러리스트가 도넛과 똑같은 폭탄을 가져와서 그것을 대통령이 먹어버리면 어떻게 될까요?" 뭐, 좋지 않을 것 같지만, 일어나지 않을 일이다. 마찬가지로 토할 정도로 악취가 나는 방에서 죽을 때까지 남아 있는 사람은 없다. "그렇다면 왜 냄새 때문에 토할까요? 그렇잖아요? 네?" 자신이 '알고 있는' 세계에 매달려 있으려고 당국자들이 필사적으로 몸부림치는 것처럼 느껴진다.

그들은 꽉 잡고 있었다. 흔들리지 않고 격노하는 자도 있었다. 『랜싯』 같은 의학 잡지는 특히나 신랄했다. 편집자가 스노에 관해 다음과 같이 썼다.

그렇다면 스노 씨의 견해는 왜 그리 특이한가? 그는 증거가 될 만한 사실을 제시했는가? 아니다! … 그러나 스노 씨는 콜레라 확산의 법칙이 더러운 물을 마시는 것임을 발견했다고 주장한다. 물론 그의 이론은 다른 모든 이론을 배척한다. 다른 이론들은 콜레라가 퍼지는 이유로 나쁜 배수 설비와 대기 중의 불순물을 꼽는다. 그러니까 스노 씨는 부패한 동식물에서 나오는 가스가 무해하다고 말하는 것이다! 이러한 논리는 이성을 충족시키지 않더라도 이론이 될 수는 있다. 그리고 우리 모두는 그 이론이 이성보다 훨씬 횡포하다는 것을 알고 있다. 사실 스노 씨가 모든 위생상의 진실을 끌어내는 우물은 하수구다. 그의 동굴 즉 거처는 시궁창이다. 아주 심하게 으스대다가 하수도 구멍으로 떨어져 두 번 다시 빠져나오지 못하고 있다.[28]

무엇보다 의학 잡지가 동료 의사를 "시궁창에 살고 있다!"고 단언한 것이 놀랍다. 당시 의학계는 활기와 공공연한 증오로 가득했던 것 같다. 또한 스노는 수많은 증거를 갖고 있었다. 그는 지도를 만들었다! 연구에 연구를 거듭했다! 오로지 콜레라의 원인에 관한 이론을 증명하기 위해 사실을 축적하고, 환자에게 클로로포름을 흡입시키고, 생야채를 먹으면서 일생을 보냈다. 그의 삶은 콜레라와의 싸움에 대한 집요한 헌신으로 정의되었다. 리처드슨은 말했다. "그가 희생과 리스크도 마다하지 않고 얼마나 노력했는지는 그를 잘 아는 사람만이 이해할 수 있다. 콜레라가 어디서 창궐하든 그 한복판에 그가 있었다."[29]

스노에게 유효한 증거가 없었다고 하는 건 사실무근이다. 나는 그와 함께 식사할 생각은 절대로 없지만, 그의 조사 연구는 흠잡을 데 없었다는 의견을 사수할 것이다.

하지만 반대자들은 끈질겼다. 공중보건 활동가 에드윈 채드윅과 보건국장 벤저민 홀이 스노의 추론을 맹렬히 비난했다. 스노는 홀에게 보낸 편지에서 이를 반박했다. "콜레라는 불쾌한 산업 때문에 발생하거나 퍼지지 않는다는 직접적인 증거가 충분히 있지만, 그러한 상황은 콜레라의 전염 양식의 예증으로서 제가 수집해온 사실들을 통해(서도) 명백히 확증됩니다. 어떤 현상에 대해 실제적이고 적절한 원인이 알려져 있을 때 추가적인 원인을 찾으려는 것은 합리적이지 않습니다."[30] 스노는 이미 질병의 **원인을 알려줬는데** 왜 다른 원인을 찾으려 하는지 이해할 수 없는 것이다.

스노의 이론에 회의적인 또 다른 비방자는 헨리 화이트헤드 목사였다. 소호 지역 성 누가 교회의 29세 부목사였던 그는 미아스마설을 신봉했고, "광범위한 조사를 통해 브로드 스트리트 펌프에 관한 스노의 가설이 허위라고 밝혀질 것"이라고 주장했다.[31]

의학 관련 온라인 논문의 댓글을 읽어본 적이 있다면(맙소사, 제발, 제발 읽지 말기를. 너무 화가 나서 머리가 폭발하면 뇌가 없어질 테니), 뻔뻔히 우김으로써 —어떤 주장이든— 자신의 의견이 증명되었다고 믿고, 자신이 그 저자-의사-과학자보다 똑똑하다는 것이 규명되었다며 의기양양하게 두 다리 쭉 뻗을 수 있다고 착각하는 인간이 많다는 걸 알 것이다.

그러나 화이트헤드 목사는 인터넷 '댓글러'는 아니었다. 굳은 신념과 더불어 윤리 의식을 갖춘 성직자였다. 그는 소호 지역에 사는 모든 사람을 꼼꼼하게 인터뷰했고, 네다섯 차례 재검토하기도 했다. 그 지역을 떠나 다른 곳에 입원한 사람과 그 지역에 방문하여 콜레라에 걸린 사람 전원을 고려하여 스노의 지도보다 훨씬 정교한 지도를 완성했다. 그리고 "천천히, 그리고 본의 아니게, (브로드 스트리트 펌프의) 물의 사용이 유행의 지속과 관계되어 있다"는 결론에 도달했다.[32] 그는 스노의 이론에 대해 군건한 전향자가 되어 죽을 때까지 책상 위에 스노의 초상화를 올려놓고 "어떤 직업에서도 최고의 작업은 '이루어져야 할 것'을 시끄럽게 요구하는 것이 아니라 영원불변의 법칙을 끈기 있게 연구함으로써 성취된다는 것을 항상 일깨워준다'고 기록해두었다.[33] 1855년 6월에는 자신의 연구 결과를 「브로드 스트리트의 특별 조사Special Investigation of Broad Street」라는 논문으로 발표했다. 그제야 중앙보건국의 의료위원회는 콜레라의 유행이 "9월 초순에 이어진 것은 어떤 방식으로든 브로드 스트리트 우물의 불순한 물을 사용한 데서 기인한다"고 결론지었다.[34] 위원들은 그러한 결론에 찬반양론이 팽팽했다.

회의론은 수년 동안 지속되었다. 1859년에도 『랜싯』은 유독한 냄새가 "질병의 발생과 악화에 가장 유효하고 위험한 영향"을 미친다는데 일말의 의심도 없다고 주장했다.[35] 하지만 1866년에 콜레라가 다시 유행했을 때 당국은 시민들에게 물을 끓여먹으라고 지시했다. 혹시나 존 스노가 옳았을지도 모르니까.

그 이후 런던에서 콜레라가 유행한 적은 없었다.

두 번 다시.

1866년, 지방자치회는 "스노 씨의 비범하고 예리한 관찰 덕분에 콜레라와 오염된 물 소비의 연관성이 명백하게 입증되었다"고 선언했다.[36]

애석하게도 존 스노는 자신의 이론이 공인된 것을 보지 못했다. 1858년에 뇌졸중으로 죽었다고 전해진다. 아닐지도! 사인이 뇌졸중이 아니라 과다 흡입이라는 소문도 있다. 늘 마취약을 흡입했다고 하는데, 열렬한 금주가치고는 진정 놀라운 습관이다.

같은 해에 폭염이 닥쳤는데 강, 그리고 주변 도시의 악취가 너무나 지독해서 '대악취사건the Great Stink'이라 불렸다. 그 여름, 끔찍한 냄새가 대기 중에 가득했는데도 콜레라를 비롯한 질병의 사망률이 급등하지 않았음이 판명되었다. 스노는 기뻐했을 것이다. 그가 미아스마설이 사라지는 걸 보지 못하고 죽은 것이 진심으로 슬프다.

『랜싯』에 실린 스노의 사망 기사에는 콜레라에 관한 연구 결과가 언급되지 않았다. "이 유명한 의사는 이달 16일 정오, 색빌 스트리트에 위치한 그의 자택에서 뇌졸중으로 사망했다. 클로로포름을 비롯한 마취약의 연구는 학계에서 높이 평가받았다."[37] 그러나 1866년에 같은 잡지는 다음과 같이 언명했다. "스노 씨의 연구는 현대 의학의 가장 유익한 성과 중 하나다. 그는 콜레라의 역사를 추적했다. 그에 따라 엄밀하게 유도된 결론 덕택에 우리는 그 질병과 맞서 싸울 수 있게 되었다. 그가 없었더라면 발생원이나 전염 경로 무엇 하나도 알 수 없어 완패했을 것이다. … 스노 씨는 사회의 은인이었고, 그가 베푼 은혜는 모든 이의 기억 속에 생생할 것이다."[38] 아주 좋다. 다만 이 칭찬 기사 옆의 1866년 유행에 관한 기사에서 **웬 놈**(알겠다, 지역보건 담당자 오턴)이 "콜레라를 발생시키는 데 물뿐만 아니라 지역적 공해도 상당한 역할을 한다고 믿을 만한 사실"이 있다고 주장했다.[39]

태양이 평평한 지구 주위를 돈다고 믿는 자는 늘 있기 마련이다.

오늘날 존 스노는 의학계의 전설이다. 그의 지루한 동료이자 전기 작가인 리처드슨은 스노의 『클로로포름과 기타 마취약에 관하여: 그 작용과 용법On Chloroform and Other Anaesthetics: Their Action and Administration』(1858)의 서문에서 나의 천박함을 일깨워준다. 그는 스노의 전기에 관해 다음과 같이 언급했다. "디테일은 빈약하겠지만, 어렴풋이 드러나려고 하는 그의 삶에 놀라움을 좋아하고 격정을 추구하고 로맨스를 탐하는 독자의 취향에 걸맞은 사건이 결여되어 있다는 것이 그리 중요하지는 않다. 그런 유의 전기는 흔하고, 훌륭한 사람은 드물다."[40]

그래요, 리처드슨 씨. 알겠다고요. 그런데도 스노를 기념하여 런던의 브로드 스트리트 펌프 터에 그의 이름을 딴 시설이 있다는 걸 알면 기뻐하시겠죠. **술집 말입니다.** 분명 그 주인은 스노의 인격에 대해 전혀 알지 못하거나 뛰어난 유머 감각을 갖고 있을 것이다.

존 스노를 진정으로 기리고 싶다면, 런던에 갈 기회가 있을 때 그 술집에 들어가서 그를 위해 건배하시라. 잔에는 대변이 섞이지 않은 깨끗한 냉수를 채워서. 그것이 스노가 바라는 것이리라.

나병

오늘날 가장 심각한 질병은
나병이나 결핵이 아니라
아무도 자신을 원치 않고 보살피지 않으며
단지 방치되고 있다고 느끼는 것이다.
– 테레사 수녀

질병의 유행에 관한 한 최고의 시나리오는 공동체가 힘을 합쳐 환자를 돕는 것이다. 다정하게 돌보고, 기금을 마련하고, 치료법이 발견되기까지 존엄하게 살 수 있도록 필요한 모든 일을 하는 것이다. 공동체가 하나가 되어 행동에 돌입하면 역병을 비교적 신속하게 극복할 수 있다.

거의 기대할 수 없지만.

하지만 다행히도 꼭 공동체 전체가 나설 필요는 없다. 종종 환자의 부양을 맡으려는 외부인이 등장한다. **음, 나도 그러고 싶지만 의사가 아니라서.** 이렇게 생각할지도 모르지만 의사일 필요는 없다! 질병연구에 도움이 되도록 밝은 색 티셔츠를 입고 다니는 집단이나 고상한 차림으로 기금 마련 행사를 주최하는 사람들이 떠오른다. 인상적인 차림은 아니었지만 19세기에 동정심과 인간애의 좋은 모범을 보여준 예가 있었다. 바로 몰로카이섬의 다미앵 신부(1840~1889) 이야기다.

다미앵 신부는 신앙에 인도되어 사제로서 몰로카이섬의 나환자들과 함께 살기를 선택했다. 실질적으로 또 정신적으로 그들을 도왔고, 그런 과정에서 그 자신도 나병에 걸렸다. 2009년, 교황 베네딕토 16세는 그를 시성諡聖하며 다음과 같이 말했다. "다미앵 신부는 스스로 몰로카이섬으로 가서 모두에게 버려진 나환자

다미앵 신부.

들을 위해 헌신했습니다. 그들이 앓던 질병에 자신을 내던진 것입니다. 그들과 함께 있으면 마음이 편안했습니다. 말씀의 종은 고난의 종이 되었고, 생애 마지막 4년 동안을 나환자로서 보냈습니다."[1] 다미앵의 시성과 관련하여 버락 오바마 대통령도 다음과 같이 발언했다. "전 세계 수백만 명이 질병으로, 특히 HIV/에이즈의 범유행으로 고통을 받고 있는 이 시대에 우리는 다미앵 신부의 해결책을 본보기로 삼아 환자를 치료하고 돌봐달라는 다급한 요청에 응해야 합니다."[2] 다미앵 신부는 HIV/에이즈 환자의 비공식적 수호성인이기 때문에 특히 오늘날에 적절한 발언이다. HIV와 에이즈 희생자를 위한 유일한 가톨릭 기념 예배당은 그에게 헌정되었다.[3]

다미앵 신부가 일생을 바쳐 싸운 나병은 엄청나게 무서운 질병이다. 유사 이래, 인류는 이를 매우 두려워해왔다. 성경에도 언급되어

있으며 주로 죄악과 결부되어 있다. 『레위기』 제13장 제45~46절에 다음과 같이 기술되어 있다. "나환자는 옷을 찢고 머리를 풀고 윗입술을 가리고 부정하다고, 부정하다고 울부짖을 것이다. 역병이 몸 안에 있는 동안은 늘 부정할 것이다. 그는 부정하니 진영 밖에서 혼자 살아야 할 것이다."[4]

주일학교에서 그렇게 가르치지만 이는 사실이 아니다. 나병은 영혼이나 육체가 빛나고 깨끗한지 여부와 아무 관련이 없다. 영혼과 관련 있는 질병은 **없다**. 나병은 나균*Mycobacterium leprae*에 의해 발병하는 세균성 질환이다. 노르웨이의 의사 게르하르 한센(1841~1912)이 1873년에 나균을 발견했기 때문에 현재는 흔히 한센병이라 불리기도 한다. 하지만 이 책에서 한센은 영웅으로 취급되지 않을 것이다. 그는 연구 과정에서 **한 여성을 본인에게 알리지 않고 완전히 진행된 나병에 감염시켰기** 때문에 나는 나병을 한센병이라 부르는 것을 거부한다(현재는 주로 '한센병'이라 불리고 '나병'이라는 명칭에는 '문둥병'과 더불어 차별의 의미가 담겨 있다는 주장도 있지만, 이 책에서는 저자의 의도에 따라 '나병'으로 표기한다—옮긴이).[5] 그는 그 여성에게 무엇을 할지 알리지 않은 것이 "그녀가 그 실험을 나와 똑같은 관점에서 바라볼 것이라 가정할" 수 없었기 때문이라고 주장했다.[6]

아니, 그렇지 않겠죠. 게르하르.

나균은 열린 상처나 콧속 점막을 통해 체내에 침입할 수 있다. 감염되기 쉬울 것 같지만, 다행히 대부분의 사람이 특별히 취약하지는 않다. 나환자와 지속적이고 밀접한 접촉을 해야만 감염될 수 있다.

나병은 두 가지 형태로 나타난다. **결핵형 나병**tuberculoid leprosy은 피부에 거친 비늘 모양의 병변이 생긴다. 면역세포가 세균을 분리하려고 몰려오는 세포 반응이 일어나기 때문이다. 그 반응은 감염된 영역의 신경으로 퍼져 신경 신호가 전달되는 것을 막기 때문에 그 부위의 감각이 상실된다. 이 유형의 나병은 자연히 치유되기도 하지만, 그렇지 않은 경우 더 진행되어 **나종형 나병**lepromatous leprosy으로 바뀐다. 이 경우에는 세균이 온몸으로 퍼져 얼굴과 몸에 열린 상처가 생긴다. 실명으로 이어지기도 한다.

나병의 가장 현저한 특징—많은 경우 최초로 나타나는 증상이다—은 촉각의 상실이다. 그리 심각하게 들리지 않지만, 잘못해서 깨진 유리를 밟았을 때 이를 모른다면 큰일이다. 화상을 입거나 요리할 때 손가락이 잘리거나 처치가 필요한 상처가 생겼을 때도 마찬가지다. 이처럼 심한 경우가 아니더라도 문제는 발생한다! 사지에 감각이 없다면 너무 꽉 끼는 신발 때문에 생긴 물집을 알아채지 못하고 계속 걷다가 감염될 수 있다.

이러한 상처로 인한 감염 때문에 나환자는 사라진 손가락, 손, 혹은 발과 관련지어졌다. 세균 자체 때문에 떨어지는 것이 아니다. 그러나 세균은 근육을 약화시켜 기형을 초래한다. 예컨대 나환자의 손은 보통 갈고리 모양이다. 손의 근육이 약해져서 손가락을 펼칠 수 없기 때문이다.

오늘날 나병은 역사상의 많은 역병과 마찬가지로 항생제로 치료할 수 있으며 세계보건기구에서 무료로 제공된다. 이 책을 사 읽을 만큼 원하는 대로 쓸 수 있는 자산이 있다면 걱정할 필요가 없는 질병이다. 하지만 과거의 사람들은 당연히 두려워했다. 증상이 아주 분명하기 때문에 감염되면 폐물로 취급받았다. 실제로 나환자와 절대 접촉하지 않는 것이 질병에 대처하는 최선의 방법이라고 생각한 자도 있었다.

1865년, 하와이 정부는 '나병 확산 방지법'을 제정했다. 섬의 일부—결국 몰로카이섬이 되었다—를 나환자들에게 따로 배정하는 것이었다. 무서운 부분은 다음과 같다.

보건국 및 그 요원은 나병을 퍼뜨릴 위험이 있다고 간주되는 모든 환자를 어딘가에 혹은 그 목적으로 제공된 장소에 가둘 권한을 부여받는다. … 하와이섬의 보안관과 보안관 대리, 그리고 경찰관은 그러한 장소에 구속될 자가 건강검진을 받도록 보건국 및 그 요원의 지시에 따라 해당자를 안전하게 수송하는 것을 돕고, 그 후 해당자를 치료나 격리를 위한 장소로 옮기는 것을 도와야 하며, 필요에 따라서는 보건국의 요원이 진행한다.[7]

한마디로, 나환자로 의심되는 자를 정부가 색출하여 강제로 격리시킨다는 것이다.

이 정책이 바람직하지 않고 용납되지 않는다고 생각할지 모르겠는데 당신만 그런 게 아니다. 잭 런던의 단편소설 「나환자 코올라우 Koolau the Leper」에서 나병을 앓는 주인공은 몰로카이섬에 가느니 싸우다 죽기를 택한다. 이야기는 다음과 같은 그의 말로 시작된다. "우리가 병들었다는 이유로 그들은 우리의 자유를 빼앗는다. 우리는 법을 지켜왔다. 어떤 잘못도 하지 않았다. 그런데도 그들은 우리를 감옥에 넣으려 한다. 몰로카이섬은 감옥이다."[8]

나라면 **감옥**이 아니라 **지옥**이라 했겠지만, 뭐라 칭하든 몰로카이섬의 상황은 끔찍했다. 정부는 나환자들이 토지를 경작하고 자급자

족하며 스스로 돌보길 바랐다. 사지가 온전하지 않은 사람들에게 그것이 얼마나 힘든 일인지 잊은 모양이다. 게다가 나환자들은 갑자기 사회에서 내쫓겼다는 데 낙담하고 있었다. 중병에 걸리거나 신체적 장애를 입어 가망이 거의 없을 때 가족과 친구로부터 격리된다면 당연히 잘 처신하리라 기대할 수 없다.

내가 그런 상황에 놓인다면 내 자신과 주위 환경의 일상적인 비참에서 벗어나기 위해 알코올에 심하게 의존하고 섹스를 수없이 해댈 것이다. 당신은 좀 더 나은 행동을 할지 모르지만, 많은 사람이 내게 공감할 것이다. 1913년, 선교사 조지프 더턴은 『가톨릭 백과사전 *Catholic Encyclopedia*』 제10권에 다음과 같이 썼다. "몰로카이섬에서 처음에는 일이 꽤 순조롭게 진행되었지만 얼마 후 추악한 정신이 생겨났다. 술에 취하고 음탕한 행위가 만연했다. 태평스럽고 온화한 사람들이 180도 변한 것 같았다."[9]

그 격리 지구에 간다는 것은 가슴이 찢어질 듯한 일종의 디스토피아에 떨어지는 것과 마찬가지였다. 『몰로카이섬의 나환자 사제: 다미앵 신부 이야기 *Leper Priest of Molokai: The Father Damien Story*』에서 리처드 스튜어트는 의료시설에 관해 다음과 같이 기술했다. "병원이라 불리는 곳에 명백히 결여된 것은 의사, 간호사, 그리고 의약품이었다. 나환자들은 흔한 질병에 걸려도 치료받지 못하여 제명을 다하지 못했다. … 물이 부족하여 상처를 씻고 목욕하는 것조차 여의치 않았다."[10] 몇몇 의사들은 환자를 만지지 않고 붕대를 지팡이로 들어올렸다. 나머지는 그냥 나환자 손에 닿는 곳에 약을 던져두고 모든 접촉을 거부했다.[11]

사람은 괴물 취급받으면 괴물처럼 행동한다. 더턴은 과장하지 않왔다. 그 섬은 범죄, 음주, 그리고 모든 종류의 악폐로 넘쳐났다. 다미앵은 "수많은 불행한 여성이 자신을 돌봐줄 친구를 구하기 위해 매춘부가 되어야 했다"고 보고했다. 성인 여성만의 운명은 아니었다. 어린이 매춘부도 아주 많았다.[12] 다미앵은 다음과 같이 덧붙였다. "그러한 여성과 아이들은 질병이 악화되어 쇠약해지면 그대로 버려졌다."[13] 그처럼 나환자들 사이에서조차 추방이 이루어졌다. 몰로카이섬에 가면 "아 올레 카나와이 마 케이아 와히A 'ole kanawai ma keia wahi"라는 말이 어김없이 들릴 것이다. '이곳에 법은 없다'는 뜻이다.[14] 감옥이 있었지만 —웃기게도— 아무도 법을 집행할 수 없었기 때문에 비어 있었다.[15]

인간의 보편적인 공포는 혼자 죽는 것이라 생각한다. 가능한 최고의 상황에서조차 죽는 것은 아주 긴 여행을 떠나는 것이고, 누구든지 주변의 좋은 사람들에게 배웅받을 자격이 있다. 다미앵이 도착하기 전의 몰로카이섬만큼 죽기에 외로운 장소는 상상할 수 없다. 몰로카이섬은 사제를 필요로 했다.

다미앵이 늘 독실한 것은 아니었고, 심지어 늘 '성인 다미앵'도 아니었다. 1840년, 벨기에 트레멀로Tremelo에서 요제프(예프) 드 뵈스테르라는 이름으로 태어났다. 그는 멋진 아이였다. 가족은 신앙심이 깊었고 어머니는 성인들의 삶에 관한 이야기를 즐겨 들려주었지만, 그처럼 독실한 가족도 말썽꾸러기 다미앵이 남의 마차를 훔쳐 타거나[16] 겨울에 얇은 얼음판 위에서 스케이트를 타는 것을 막지 못하고 속을 태워야 했다.[17] 그는 동물과 불우한 사람에게 친절했다. 한번은 집 부엌에서 햄을 훔쳐 거지에게 주었지만, 이 또한 가족을 속상하게 했다.[18] 이웃집 아픈 소의 간병을 도와 낫게 한 적도 있다.[19] 이에 관해서는 가족도 수긍했기를, 그리고 답례로 우유도 받았기를 바란다.

18세였던 1858년에는 종교 수행을 시작하려 했다. 입회 면접 자리에서 그는 북아메리카 원주민들 사이에서 선교사로 일하고 싶다는 포부를 밝혔다. 근사한 대답이었다. 당시 카우보이가 유행이었는데, 다미앵이 전통적인 카우보이와 인디언의 싸움에서 약한 쪽을 택한 것이 나는 기쁘다. 그러나 사제가 되고 싶은 이유로 "여행을 하며 새로운 문화를 경험하고 싶어요"라고 말할 생각은 아니었는지 의심스럽다(해외 교환학생에 지원할 때나 좋은 대답이다). 당초 그의 형 오귀스트(팡필 신부)가 사제가 되기 위해 공부했던 루뱅의 예수 마리아 성심 수도회에 지원했으나 떨어졌다. "태도와 몸가짐이 무례하고 라틴어 및 다른 언어에 대해 무지"하다는 이유로 부적합 판정을 받은 것이다.[20]

학부모를 안심시키기 위해 아인슈타인이 수학에서 낙제했다는 이야기가 자주 회자되는 걸 아는가? 아이가 수학 수업에서 D나 F를 받았어도 상대성이론을 생각해낼 가능성이 있다는 것이다. 포인트는 세 가지다.

1. 아인슈타인에 관한 그 이야기는 거짓말일 것이다. 그는 여러모로 훌륭한 학생이었다.

2. 엄마에게 그 이야기를 많이 들은 사람으로서, 보통 사람에게 필요한 수학은 20퍼센트 팁의 계산법뿐이라고 장담할 수 있다. 스마트폰 계산기를 써도 아무도 비웃지 않을 것이다.

3. 다미앵 신부의 이야기도 선교사가 되고 싶지만 자신이 선택한 신학교에서 퇴짜 맞은 사람에게 위로가 되기를 바란다.

형의 간청이 받아들여져 예프는 결국 성가대로서 수도회에 들어갔다. 성가대도 어쩌면, **아마도** 사제가 될 수 있었을 것이다. 하지만 수도원에 남아 일과를 돕고 틈틈이 성경을 공부하게 될 가능성이 높았을 것이다. 그거 참 좋은데! 정말 조용하고 절제되고 평화롭고 위압적이지 않은 생활. 틀림없이 정원 일도 많았을 것이고 요리, 독서, 가창도 했을 것이다. 솔직히 아주 이상적인 은퇴 생활이다. 모두가 그렇게 느끼지는 않겠지만. 수도회에서 성가대는 그리 똑똑하거나 카리스마적이지 않아서 사람들에게 신의 말씀을 전도하는 데 무리가 있어 보이는 착한 사람—성가대여 미안합니다—을 위한 자리로 여겨졌다.[21] 수도회에 들어간 예프는 무상으로 진료한 3세기의 의사 다미아노의 이름을 따 다미앵 수도사가 되었다.[22]

수도회 측에서 놀라워할 만큼(현대의 독자라면 놀라지 않겠지만) 다미앵은 모두의 예상을 넘어섰다. 형에게 라틴어를 배웠고, 하루에 4시간만 자는 불면의 엘리트였다는 것이 내 개인적인 이론이다. 새벽 2~3시부터 제단 앞에서 기도를 하고 다시 잠들지 않았다. 1년 내에 5년생의 라틴어 실력에 도달하여 문장을 즉각 번역할 수 있었다. 수도사들이 발견한 유일한 단점은 너무 많이 웃는다는 것이었다. 다미앵은 멋지고 유쾌했지만, 결국 수도원장은 그가 사제 훈련을 받아야 한다고 결정했다.[23]

1863년, 다미앵은 아직 훈련을 받고 있었지만, 형은 막 사제가 된 참이었다. 형 팡필의 첫 임무는 하와이에서 선교사로 일하는 것이었다. 그러나 출발 직전에 발진티푸스에 걸렸다. 낫기는 했지만 몸이 좋지 않아 긴 항해는 무리였다. 다미앵 수도사는 대신 가겠다고 부탁하며 가는 도중에 공부를 마칠 수 있다고 했다. 요청이 받아들여졌을 때, 아마도 형의 방에 난입하여 이렇게 소리치지 않았나 싶다. "야호! 야호! 형 대신 간다! 형 대신 간다!"[24]

수많은 전기 작가가 이 사건에 대해 보인 반응은 이렇다. "아, 팡필이 얼마나 기뻤을까." 그 작가들의 어린 시절이 어땠는지는 모르지만, 이는 수두에 걸려 누워 있는 형제자매의 방에 디즈니랜드 티켓을 들고 뛰어들어가 "나 어디 가게?"라고 고함치는 것과 **똑같다.** 그때 다미앵은 얼간이였지만, 그래도 그가 참 좋다. 비슷한 경험이 있다면, 그렇다고 성인에서 제외되지는 않는다는 걸 알아두시길.

그런데 팡필은 일이 잘 풀렸다. 수도회의 수련수사 즉 신참을 가르치게 된 것이다. 다미앵이 편지에 "품위가 올랐다"고 쓴 것처럼 고위직이었지만, 형이 자신과 함께 선교사가 되기를 바라고 있었다.

다미앵은 코할라의 성직자로 배정받아 "아픈 자를 방문하는 것이 매일의 주된 임무"라고 말했다.[25] 하와이에서 전도를 하면 "칼라우파파 감옥"[26] 즉 나환자 격리 지구 몰로카이섬에 관한 이야기가 들려왔을 것이다. 그곳의 나환자들은 이전부터 사제를 보내달라고 교회에 간청하고 있었다. 메그레 주교는 사제를 모아 이 문제를 논의했지만, 위험하고 매력 없는 임무를 자원할 사람이 있을 거라고는 거의 기대하지 않았다. 그런데 다미앵과 세 명의 사제가 매년 3개월씩 교대로 봉사할 수 있다고 생각했다. 1873년에 다미앵이 출발한 후에도 주교는 여전히 염려했으며, 다미앵이 "(그의) 신앙심이 지시하는 만큼" 머물러도 된다고 쓴 것은 유명하다.[27] 다미앵에게 빠져나갈 구멍을 주려는 것이었을 테다. 반면 다미앵은 이를 16년 동안의 몰라카이섬 체재 허가로 받아들인 것 같다.

다미앵이 떠나기 전, 주교는 나환자를 대하는 법을 설명했다. 스튜어트에 따르면, "나환자와 신체 접촉을 해서는 안 된다. … 나환자가 준비한 음식을 먹어서는 안 되고, 나환자의 집에서 잠을 자도 안 된다."[28] 주교는 특히 "절대 나환자를 만지거나 그들이 만지도록 허용해서는 안 된다"고 확신했다.[29] 게다가 환자가 파이프 담배를 권하면 거절해야 하고, 함께 앉아 식사를 하거나 환자가 사용했던 안장을 써서는 안 된다.[30] 거의 병자성사病者聖事(가톨릭교회의 7성사 중 하나로 질병으로 고통받는 신자가 받는다—옮긴이)를 하는 수준이었고, **그것**이 전부였다.

다미앵은 몰로카이섬에 상륙한 순간부터 주교의 지시에 따르지 않았다. 독실한 나환자가 그를 맞이하며 건넨 과일을 기꺼이 받았다. 그리고 아마 먹었을 것이다.[31]

그 후 얼마 안 되어 각 나환자의 집을 방문하기 시작했다. 그러던 중 상처가 방치되어 구더기로 뒤덮여버린 어린 소녀를 발견했다.[32] 다미앵은 손수 붕대를 갈아주었다.[33] 그는 소녀를 보자마자 죽음을 각오하지 않으면 몰로카이섬 사람들의 삶을 견딜 만하게 만들 수 없다고 깨닫지 않았나 생각된다. 아니, 섬에 발을 들여놓는 순간에 알았는지도 모르겠다. 당신도 나와 같은 생각이라면 좋겠지만, 나라면 그렇게 하지 못했을 것이라 100퍼센트 확신한다. 나의 인간애는 구더기가 우글거리는 상처를 처치해줄 정도까지는 아니다. 당신도 그렇겠지! 만일 이 책을 읽는 당신이 선교사라면 천국에의 패스트패스를 끊고 있을 거라 생각한다. 그리고 지금까지 욕설을 늘어놓아 대단히 죄송하다.

다미앵은 나환자에 대한 애정과 존중을 많은 글로 표현했다. 하지만 다음과 같이 쓰기도 했다. "가끔 무덤 속 시체처럼 구더기가 득시

글거리는 환자의 고해를 들을 때면 내 코를 막아야만 했다."[34] 그는 너무 선량하여 초인이 아닐까 여겨지기 때문에 그 또한 냄새와 구더기에 민감한 보통 사람임을 상기시키는 사건과 마주치면 안도감이 든다. 섬에서 외로움이나 두려움을 느낄 때마다 "예프야, 힘내. 필생의 일이잖니!"라며 자신을 채찍질했을 것이다.

다미앵이 성 필로메나 예배당에 도착한 직후에 예배가 시작되었다. 당시 예배당이 지저분했기 때문에 그는 몇 시간 동안 청소해야 했다.[35] 예배당 근처에 있던 판다누스 나무가 최초의 사제관으로 쓰였고, 바위는 식탁 대용이었다.[36] 접촉하는 나환자가 늘어남에 따라 그들을 독려하고 도움을 받으며 교회를 개선해나갔다. 그곳은 곧 종교뿐만 아니라 모든 활동의 중심지가 되었고, 공동체가 신도단으로 조직되었다. 교회 주변은 묘지로 활용하고 다미앵이 장례식을 주재했다. 이전에는 나환자의 시체가 아무런 의식 없이 버려졌기 때문에 배려 있는 진전으로서 환영받았다.[37] 많은 환자들은 성대가 약하여 노래가 의도대로 불러지지 않았지만 그래도 교회 성가대가 결성되었다. 오르간 연주자는 왼손이 없었지만 모든 음표를 연주할 수 있도록 팔에 나뭇조각을 달았다. 가끔 두 사람이 오르간을 연주하기도 했는데, 둘이 합치면 손가락 수가 충분하여 모든 건반을 누를 수 있었기 때문이다.[38]

이런 이야기는 암울하게 들릴지 모르지만, 오랫동안 버려졌다고 느낀 나환자들에게 다시 공동체에 소속된다는 것은 분명 신나는 일이었을 것이다. 객관적으로 말해서 나환자 악단이 심야 쇼 프로에 출연할 정도는 아니었지만, 중요한 건 그게 아니다. 나환자들은 그들의 삶이 두 번 다시 '정상'으로 돌아가지 않으리라는 걸 알고 있었다.

1870년대에 칼라와오 소녀 성가대와 함께 포즈를 취한 다미앵 신부.

그들이 정말로 바란 건, 병에 걸리기 전에 즐겼던 활동에 어떻게든 참여하여 잠시나마 평범했던 예전의 자신을 느껴보는 것이었을 테다. 아마도 그것이 질병을 앓는 모든 이의 바람일 것이다. 그래서 도보 경주에서 발가락 없는 환자가 출발선에 '발가락 끝을 대지' 못했을 때 절망이 아닌 웃음을 불러일으켰다. 다미앵이 나눠준 피리를 수가 모자란 손가락으로 연주할 때도 충분히 즐길 수 있었던 것이다.[39]

다미앵은 도보 경주에서 나쁜 농담을 하는 대신, 섬사람을 괴롭혀온 실제적인 공포를 제거하려고 애썼다. 물 부족 문제와 씨름하며 건강한 축에 속하는 나환자들과 함께 댐을 만들어 암벽을 타고 흘러내리는 빗물을 모았다. 그 물은 식수 및 의료용으로 사용했고, 다미앵과 비교적 튼튼한 환자들이 심은 토란, 고구마, 사탕수수 등의 농작물에 대기도 했다.[40]

위험 요소도 있었다. 『미국의사협회지』*Journal of the American Medical*

Association』에 따르면, "그가 나환자들의 편안한 생활을 위해 가혹한 육체노동을 불사하면서 빈번히 베이고 찔리고 긁혔기 때문에 감염의 위험성이 크게 증대되었다."[41] 하지만 다미앵은 별로 신경 쓰지 않은 것 같다. 1886년에 섬 주민의 90퍼센트가 농사를 짓게 되자 매우 기뻐했다.[42] 고아를 위해 기숙사와 부엌을 지었고, 1883년에는 44명의 아이를 돌보고 있었다. 그는 아이들, 특히 자신처럼 행실이 나쁜 아이들을 좋아했다. 다미앵의 고아원에서 자란 나환자 조지프 마누는 1930년대에 다음과 같이 회상했다. "나는 장난꾸러기여서 다미앵이 자주 내 귀를 잡아당기거나 나를 발로 차는 시늉을 했지만 곧바로 사탕을 주었다. 다른 아이들에게도 비슷하게 대했는데, 그 아이들은 나만큼 말썽을 부리지는 않았다. 그래서 다미앵은 나를 더 좋아했고, 오랫동안 나를 살아 있게 해주었다."[43]

조지프가 43명의 아이와의 경쟁 끝에 총애받는 입지를 굳히기는 했지만, 다미앵은 모든 고아에게 농사와 요리를 가르쳤으며 성인이 되었을 때 사랑을 하고 결혼을 하라고 격려했다.[44]

다미앵은 또한 그가 악덕이라고 간주한 행위를 근절하는 데 최선을 다했다. 나환자들은 경작한 고구마를 파는 데 더해 술도 빚을 수 있다는 것을 알아냈다. 아주 진취적인 생각이며, 그러한 술은 현재 브루클린에서 **비싸게** 팔 수 있다. 하지만 다미앵은 이러한 기획에 열의가 없었다. 그는 종종 지팡이로 무장하고 술꾼들이 모이는 지역― '광란의 우리'라 불렸다―으로 갔다. 지팡이로 손짓을 하고 사람들을 후려치고 술병을 깨뜨렸다. 그가 오는 것이 보이면 술꾼들은 냅다 도망쳤다.[45]

고결한 역사가들은 이런 행동을 선행에의 책무를 보여주는 아주 좋은 생각이라고 칭찬했다. 그러나 알코올의존증을 치료하는 방법으로서는 서툴렀던 것 같다. 중독 치료에는 '커다란 지팡이를 가진 사람에게 공격받는' 것뿐만 아니라 집단 상담 및 감정 공유가 필요하다고 생각한다. 하지만 선의로 한 행동이었다. 다미앵이 오늘날 살아 있었다면 빅북Big Book(수많은 알코올의존증 극복 수기가 담긴 『익명의 알코올중독자들Alcoholics Anonymous』의 별칭—옮긴이)을 읽고 보다 적절한 방법을 선택하여 알코올의존증에 대응했을 것이라 확신한다.

다미앵은 함께 맥주를 마실 만한 상대는 분명 아니었지만, 매일 나환자들과 어울려 저녁 식사를 했다. 함께 노래를 부르고 이야기를 나누고 차를 마셨으며 담뱃대도 공유했다. 식사 시간은 '밤과 낮 사이의 평화로운 시간'이라 불리게 되었다.[46]

여기서 담뱃대를 공유했다는 부분이 눈에 들어올 것이다.

나병은 쉽게 전염되지 않지만 다미앵은 나환자들과 완전히 섞여 살았기 때문에 실제로 감염되기 한참 전부터 그의 운명을 예상하고 있었을 것이다. 기본적인 예방책도 강구하지 않고 질병에 몸을 던지는 사람을 나는 대개 무모하고 어리석다고 생각한다. 그러나 … 아무도 붕대를 갈아주지 않아 구더기로 뒤덮인 어린 소녀가 있었다. 당신이라면 어떻게 했겠는가?

다미앵이 자신의 나병 감염을 알아차린 이야기 중 가장 흔한 것을 소개하겠다. 1884년의 어느 날, 밤과 낮 사이의 평화로운 시간에 자신을 위해, 아니 어쩌면 남을 위해 차를 끓이고 있었다. 차를 쏟았고, 찻물이 다리에 흘러내렸다. 델 정도로 뜨거운 물을 몸에 쏟은 적이 있는 사람이라면 날뛰고 욕하며 생수 제조회사를 고소하겠다고 위협하기 딱 좋은 시간이라는 걸 알겠지만, 다미앵은 아무것도 느끼지 못했다. 어리둥절해하며 발에 물을 더 쏟아보았다. 마찬가지였다. 그는 다음날 설교를 시작하면서 평소처럼 "나의 동료 신자들이여"라 하지 않고 그날부터 생을 마감할 때까지 "나의 동료 나환자들이여"라고 말했다. 나병에 걸려 틀림없이 무서웠을 것이다. 늘 원기 왕성하고 활동적이었기 때문에 더더욱 그렇다. 하지만 매일 주위를 둘러보며 그의 필생의 사업이 불러일으킨 좋은 것들만 바라보았기를 바란다.

1888년에 섬을 방문한 영국의 예술가 에드워드 클리퍼드는 다음과 같이 기술했다. "지옥만큼 무시무시할 것이라 예상하고 몰로카이섬에 갔지만, 쾌활한 사람들, 아름다운 풍경, 비교적 고통 없는 삶을 보고 크게 놀랐다. 그 불쌍한 사람들은 유별나게 행복해 보였다." 클리퍼드가 **어쩜** 그렇게 행복할 수 있냐고 나환자들에게 물으면, 그들은 잘 지내고 있다, 고맙다고 하며 이렇게 대답했다. "우리의 사제 덕분이죠. 집을 지어주시고 차, 비스킷, 설탕, 옷을 주셨거든요. 우리를 잘 돌봐주시니 더 이상 바랄 게 없어요."[47] 불과 1년 후, 다미앵은 죽었다.

다미앵은 마지막까지 건물을 짓고 친구를 돌보고 아이들을 위해 인형을 조각하며 활동적으로 살았다. 호놀룰루로 오라는 주교에게 다음과 같이 전했다. "나병에 걸려 갈 수 없습니다. 왼쪽 뺨과 귀에 징후가 나타났고, 눈썹이 빠지고 있습니다. 머지않아 아주 흉해지겠죠. 증상에는 의심의 여지가 없습니다만, 조용히 체념했고, 사랑하는 사람들에 둘러싸여 매우 행복합니다. 매일 진심으로 '당신의 뜻이 이루어지이다'라고 되뇌고 있습니다."[48] 주교는 결국 그를 설득하여 호놀룰루의 병원에서 치료받도록 했다. 그를 만난 수녀들은 이제 완전히 일그러져 흉측해진 그의 얼굴을 보고 충격을 받았다. 2주도 지나지 않아 다미앵은 다시 배를 타고 몰로카이섬으로 돌아갔다. 항해 중 선장이 다가와 와인 한잔 함께해도 되겠냐고 물었다(지팡이에 관해 듣지 못한 게 분명하다). 다미앵은 자신이 나환자이기 때문에 현명하지 못한 일이라고, 나환자와 함께 술을 마시면 안 되는 것이 상식이라고 설명했다. 선장은 알고 있지만 그래도 함께 마시고 싶다면서 자신이 만나본 사람 중 다미앵이 가장 용감하기 때문이라고 덧붙였다.[49]

다미앵은 1889년, 49번째 생일 직후에 세상을 떠났다. 임종 때 머리맡에 있던 주교에게 이런 말을 남기고서. "제가 신에게 조금이라도 신망을 얻었다면, 나환자 격리 지구의 모두를 위해 탄원할 것입니다." 그러자 주교는 "(다미앵의) 고결한 마음을 물려받을 수 있을지도 모르니" 다미앵의 외투를 가져도 되냐고 물었다. 다미앵은 웃고 눈을 굴리더니 "나병으로 가득해"서 안 된다고 답했다.[50]

다미앵을 추모하여 몰로카이섬에 건립된 동상 받침대에는 "친구를 위해 목숨을 바치는 것, 인간은 이보다 더 큰 사랑을 가질 수 없다"고 새겨져 있다.[51] 성인이라는 지위가 신이 우리를 사랑한다는 증거라고 생각하든 그저 동료를 사랑한 자에게 명예를 주는 방식이라고 생각하든, 다미앵은 성인이 될 자격이 있다.

다미앵이 널리 칭송되며 죽자마자 일부 성상파괴자—오늘날에는 시기심 많은 비열한 혐오자라 불린다—가 나타나 그를 폄하했다. 사람들은 유명 인사에 대해, 설령 세계 역사상 가장 완벽한 인물일지라도 항상 다른 의견을 갖기 마련이다. 장로교 목사 하이드는 다미앵이 **아마도 성교를 했을 추잡한 게으름뱅이**였다고 사람들에게 알리고 싶어 했다. 그는 1889년 10월 26일, 『시드니 장로교회*Sydney*

Presbyterian』에 보낸 편지에 다미앵에 관해 다음과 같이 썼다.

　　단순한 진실은, 그가 고집불통에 편협하고 음탕하고 추잡한 인간이라는 것입니다. 그는 몰로카이섬에 파견된 것이 아니라 멋대로 갔습니다. (나병에 걸리기 전에는) 나환자 거류지에 살지 않고 섬 전체를 자유롭게 나돌았으며(나환자에게 할당된 곳은 섬의 절반도 안 됩니다) 호놀룰루에 자주 방문했습니다. 섬의 개선과 발전은 그가 관여한 것이 아니라, 필요할 때, 그리고 수단이 제공될 때 보건국이 진행한 일입니다. 그는 여자와의 관계에서 순결하지 않았으며, 나병에 걸려 죽은 것도 그의 악덕과 부주의로 인한 것입니다.[52]

　　대부분 근거 없는 이야기로 보이지만, 설령 다미앵이 고집 세고 조심성이 없었다고 할지라도 나는 그의 편이다. 그러나 나는 대부분의 사람처럼 인간적인 악덕에 빠진 성인을 특히 좋아한다. 물론 하이드―그는 나병에 걸릴 것을 지나치게 두려워하여 중국인의 세탁소를 이용하고 나면 맛이 갔다[53]― 같은 인간은 그를 폄하하는 걸 그만두지 않았다. 작가인 로버트 루이스 스티븐슨이 다미앵의 선행을 긴 글로 옹호하자 하이드는 스티븐슨이 다른 다미앵 지지자처럼 그저 "방종한 괴짜이자 하찮은 인간이며 그의 의견 따위 일고의 가치도 없다"고 주장했다.[54] 스티븐슨은 "뭐, 인생이 그런 거지"라며 논쟁을 끝맺었다.

　　나 또한 방종한 괴짜일지도 모르지만, 이 책에서 다미앵 신부보다 더 영웅적인 인물은 없다고 생각한다. 그는 질병과 병자를 결코 혼동하지 않았다. 무수한 미래의 영웅들이 그를 롤모델로 삼았고, 특히 테레사 수녀는 1984년, 성의회聖議會(전 세계 가톨릭교회의 행정 사무를 담당하는 교황청의 행정 기구―옮긴이)에 그를 성인으로 추대할 수 있는지 문의했다. 당시 그가 아직 시성되지 않은 것은 기적을 행하지 않았기 때문이라고 한다. 테레사 수녀는 교황에게 보내는 서한에서 다미앵 신부가 두 가지 기적을 일으켰다고 주장했다. 첫째, "나환자들의 마음에서 공포를 없앰으로써 그들이 질병을 받아들이고 드러내고 약을 구하도록 했다. 그리고 나을 것이라는 희망을 탄생시켰다." 둘째, "관심을 늘리고 두려움을 줄이고 기꺼이 도움"으로써 몰로카이섬의 공동체를 기적적으로 변화시켰다.[55]

당신이 종교에 관해 어떻게 생각하든 ―그가 **그리스도의 발자취를 충실히 따랐다**고 평가하고 싶지 않으니까― 다미앵은 호의와 애정과 동정심이 공포보다, 심지어 죽음의 공포보다 더 강할 수 있다는 증거다. 좋은 일이다. 우리는 모두 죽을 것이므로. 그 누구도 죽음을 피할 수 없다. 아마도 그래서 우리는 살아 있는 동안 다미앵처럼 용감하게 밖으로 나가 더 나은 세상을 만들 수 있는 것이리라.

무엇에 관해서든 개인의 힘으로 글로벌한 관점을 변화시킬 수 있다. 다미앵의 중재 이전에 나환자는 인간으로 취급받지 못했다. 그가 사람들의 두려움을 낮추고 의욕을 높여 세상의 불행에 맞서 싸우도록 기적을 행했다는 테레사 수녀의 말씀이 과장되지 않았다고 생각한다.

이 장을 읽는 여러분이 나병에 걸릴 일은 아마 없을 것이다. 이러한 혜택은 다미앵에게 힘입은 바 크다. 그가 치유법을 발견한 것은 아니지만 ―'의사가 되는' 것이 모든 사람의 역할은 아니니까― 그의 용감한 행위는 사람들의 의식을 고취하고 나병을 연구하도록 북

돋웠다. 우리들 모두가 그가 남긴 유산에 부응하리라고는 기대할 수 없고 또 그럴 필요도 없다. 더 작은 규모로 자신의 건강을 해치지 않으면서 남을 도울 수 있는 방법이 얼마든지 있다. 하지만 다미앵은 질병과의 전쟁에 힘을 보태기 위해 굳이 천재나 뛰어난 과학자나 의사일 필요는 없다는 것을 상기시켜준다. 단지 주변 사람들에게 관심만 기울여도 되는 것이다.

장티푸스

전쟁은 모험이 아니다.
전쟁은 질병이다. 장티푸스처럼.
— 앙투안 드 생텍쥐페리

이 책에서 달리 얻을 게 없을지라도 질병에 걸린 사람들이 악인이
아니라는 것만은 알아두길 바란다. 그들은 몸이 안 좋다. 이는 몇 번
을 말해도 부족하다. 죄인이나 타락한 자 같은 수많은 부정적인 꼬
리표를 붙이지 말고 동정해야 한다. 질병이야말로 악인이므로 색출
해서 싸워야 한다. 질병과 병자를 분리해서 생각해야 품위 있고 인
정 많은 사람이 될 수 있다고 생각한다.

그러나 병자라고 해서 꼭 좋은 사람인 것은 아니다. 병자가 악행
에 빠지는 것처럼 보이는 경우도 있는데, 메리 맬런의 이야기만큼 재
미있는 예도 없다.

1907년, 메리 맬런은 미국에서 당시 아일랜드계 이민자로서 기대
할 수 있는 것보다 훨씬 잘 나가고 있었다. 10대 때 미국으로 건너왔
고, 37세에는 발군의 요리 솜씨 덕분에 뉴욕시 파크 애비뉴에 사는
상류층 가정에 고용되었다. 월 45달러 정도 벌었고, 현재 1,180달러
에 해당한다. 적어 보이지만 당시 요리사로서는 높은 월급이었다.[1]

이제 메리 맬런의 전문이 무엇인지 궁금해질 것이다. 특히 점심시간에 이 장을 읽고 있다면.

디저트다.

19세기 말에서 20세기 초의 부유층에게 디저트의 중심은 아이스크림이었다. 아그네스 마셜이 1885년과 1894년에 아이스크림에 관한 두 권의 요리책을 펴낸 이후 특히 인기를 끌었다.[2]

메리 맬런은 바닐라 아이스크림에 복숭아와 라즈베리 소스가 곁들어진 피치 멜바로 유명했다. 초콜릿이나 설탕이 뿌려지지 않은 아주 건강한 아이스크림선디(설탕에 조린 과일이나 초콜릿이나 시럽을 얹은 아이스크림—옮긴이)인 것 같다(잘게 뿌려진 토핑은 1930년대에 발명되었다). 1906년 여름은 복숭아가 풍작이었고, 『롱 아일랜더*Long Islander*』 신문은 "가장 크고 품질 좋은 복숭아가 이번 시즌에 등장했다"고 보도했다.[3] 따라서 메리에게는 자신의 명물을 상시 다량으로 만들 채비가 갖춰져 있었다.

모든 일은 잘될 것 같았다. 메리 맬런의 삶은 요리 실력 덕택에 미국에서 성공한 이민자의 멋진 이야기가 될 수 있었다. 홀마크 채널(미국의 케이블 텔레비전 채널—옮긴이)에서 각색되어 아이스크림의 날(7월 셋째 주 일요일)에 방영될 수도 있었다. 빅토리아/에드워드 시대 아이스크림의 클로즈업 화면이라니 상상만 해도 **즐겁다.**

메리와 그녀의 고용인, 그리고 홀마크의 프로듀서에게 불운하게도 그녀는 건강하지 않았다. 몸에 장티푸스를 일으키는 장티푸스균 *Salmonella typhii*이 바글거렸다.[4] 장티푸스균에 감염되면 대변이나 드물게는 소변에 세균이 함유된다. 즉 음식을 준비하기 전에 손을 철저히 씻지 않으면 음식을 먹는 사람에게 세균이 옮을 수 있다. 또한 장티푸스는 세균에 오염된 물을 통해서도 전염될 수 있다. 오염 수역에서 잡은 조개를 먹고 감염되기도 한다. 그 세기 전환기에 장티푸스에 걸려 치료받지 않으면 약 60퍼센트가 죽었다. 오늘날에는 항생제가 있어 치사율이 0에 가깝다.[5]

그런데도 장티푸스는 여전히 많은 개발도상국에 만연해 있으며, 미국질병통제예방센터는 해당 지역에 있을 때 "(물을) 끓이고 (음식을) 가열하고 (과일의) 껍질을 벗기고 여의치 않으면 먹지 말라"고 권고한다. 예방접종도 가능하다. 장티푸스 유행지로 여행할 때는 예방접종을 받아 당신의 취약하고 가련한 선진국형 면역계로 인해 극도의 고열(통상 약 40도로, 약 38도까지 올라가는 인플루엔자의 경우보다 높다), 두통, 근력저하, 설사를 겪지 않도록 해야 한다.

우리가 일상적으로 장티푸스 감염을 그리 걱정하지 않는 것처럼 당시의 부유층도 신경 쓰지 않았다. 특히 1901년의 공동주택법Tenement House Act 이전에 과밀하고 비위생적인 환경에 거주하던 도시 빈민층이 주로 걸리는 질병이었다.

하지만 부유층도 장티푸스균을 흘리는 사람이 만든 음식을 먹으면 감염될 수 있었다. 요리사는 음식물에 병원균을 **쉽게** 옮길 수 있다. 이후 한 연구자는 "손에 묻은 병원균을 털어 가족을 감염시키는 데 그만큼 좋은 방법도 없다"고 말했다.[6] 음식물이 가열되었다면 그리 나쁘지는 않을 것이다. 질병통제예방센터가 지적하듯이 세균은 가열하면 죽는다. 그러나 아이스크림처럼 날것이라면 병원균이 미끄러지듯 장으로 들어가 따뜻하고 축축한 환경에서 번성할 것이다. 하루 만에 세균 한 마리가 800만 마리로 증식할 수 있다. 작고 아름다운 시몽키sea monkey(애완용 바다 새우—옮긴이)처럼.

당신이라면 장티푸스에 걸린 것처럼 보이는 요리사를 고용하겠는가? 아닐 것이다. 죽고 싶은 소망이 있지 않다면야. 겉으로 봐도 병든 듯한 여성을 요리사로 고용할 사람은 없다. 애초에 병에 걸려 40도의 고열이 있는 여성은 음식을 준비할 수 없을 것이다. 누가 요리를 했는지 알고 그 사람이 병에 걸리지 않았다면 문제가 없다. 그런가?

천만의 말씀!

여기에 반전이 있다. 메리 맬런은 장티푸스의 무증상 보균자였던 것이다. 체내에 세균을 보유하고 남에게 옮길 수 있지만 그녀 자신은 아무런 증상도 겪지 않았다. 현실 세계에서 사악한 초능력을 손에 넣은 것과 같다.

그러나 메리는 자신이 질병을 퍼뜨리고 있다는 것을 알지 못했다. 주변의 많은 사람들이 장티푸스에 걸리는 것을 보고 적어도 자신은 아주 불행하지는 않다고 생각했을 것이다. 그녀는 가는 곳마다 질병의 흔적을 남겼다. 대략적인 직력은 다음과 같다.[7]

1900년 여름, 뉴욕주 머매러넥: 메리는 한 가정에서 3년 동안 일하며 1명만을 죽였다. 손님이었고, 방문 약 10일 후에 장티푸스에 걸렸다.

1901~1902년 겨울, 뉴욕시: 메리는 한 가정에 11개월 머물면서 세탁부 1명을 감염시켰다.

1902년 여름, 메인주 다크하버: J. 콜먼 드레이턴의 집에서 일했을 때, 9명(가족 4명, 사용인 5명) 중 7명이 감염되었고, 의사는 … 안내원 때문이라고 믿었다. 정말이다. 추리물에서 살인 용의자로 집사가 지목되는 것이 뻔하듯이.

1904년 여름, 뉴욕주 샌즈포인트: 사용인 4명이 감염되었다. 의사는 세탁부를 의심했다.

1906년 여름, 뉴욕주 오이스터베이: 찰스 헨리 워런의 집에서 11명 중 6명(가족 3명, 사용인 3명)이 감염되었다. 이때 사람들은 상수도 오염을 의심했고, 물탱크 청소부들의 장화 때문이라고 생각했다.

1906년 가을, 뉴욕주 턱시도파크: 메리가 조지 케슬러의 집에 방문한 직후 세탁부 1명이 감염되었다.

1907년 겨울, 뉴욕시: 파크 애비뉴 소재 월터 브라운의 집에서 일하기 시작했다. 2개월 후 하녀 1명이 장티푸스에 걸렸고, 이후 그 집 딸이 감염되어 죽었다.

메리는 총 22명을 감염시켰다. 22명의 감염이 역병인가? 물론 아니다! '추수감사절에 초대하기에는 아주 많은, 사실 너무 많은 사람'이거나 '한 학급의 적당한 학생 수' 정도다. 메리 맬런이 퍼뜨린 질병은 역병이라고 간주할 만큼 광범위하지 않았다. 실제로 오이스터베이 같은 부촌에서는 메리가 일했던 집과 연관된 사람 외에는 감염 사례가 없었던 것 같다.[8]

그렇다고 해서 장티푸스 자체가 역병이 아니라는 것은 아니다. 질병통제예방센터에 따르면, 지금도 전 세계적으로 매년 약 2150만 명이 감염되고 있다. 메리 및 그녀와 접촉한 사람들이 감염된 것은 흥미로운 한 사례일 뿐이다. 그럼에도 메리 맬런을 둘러싼 유행은 20세기 초의 사건 캐기와 타블로이드 저널리즘의 심각성이라는 더 큰 문제와 연관되어 있기 때문에 살펴볼 가치가 있다. 셜록 홈스 스타일의 조사와 자극적인 보도는 1900년대의 좋은 일거리였다. 장티푸스 균이 들어 있지 않은 아이스크림도.

이 경우 셜록 홈스를 자처한 것은 조지 A. 소퍼라는 이름의 위생

기사였다. 오이스터베이의 주택 소유자들—1906년 여름에 워런의 가족에게 집을 임대한—이 더 이상 임차인을 구하지 못할까봐 걱정하지 않았다면 그 유행에 관한 추적은 이루어지지 않았을지도 모른다. 따라서 질병의 원인을 밝혀내는 데 감염된 가족들보다 그들이 더 열심이었다. 오염되었을 가능성이 있는 모든 상수원을 검사했는데, 결과는 모두 음성이었다. 난처해진 그들은 과거 여러 차례 장티푸스 유행을 성공적으로 조사한 적 있는 소퍼를 고용했다.

소퍼는 **아주 건강한 요리사가 장티푸스 유행을 일으켰을 것**이라고는 바로 생각하지 못했다. 그러한 가능성은 당시 아무도 고려하지 않았기 때문이다. 처음에는 워런 집안사람들이 오염된 조개를 먹고 감염되었다고 추정했다. 오물이 가득한 지역에 텐트를 치고 살며 조개를 잡는 여성에게서 일상적으로 구입하고 있었던 것이다. 하지만 이내 깨달았다. "만일 유행이 조개 때문이라면 왜 이 집에서만 발병했는지 분명치 않다. 오이스터베이 주민들은 대합을 늘 즐겨 먹는다."[9]

보아 하니 롱아일랜드의 모든 사람이 오염된 조개를 먹은 것 같은데, 무시무시한 이야기다. 똥물 조개를 팔아 대박 난 그 텐트 여성 이외의 모두에게 말이다.

소퍼는 워런 집안의 첫 번째 감염자가 8월 27일에 나왔다는 것을 듣고, 그 직전에 가족에게 어떤 의미 있는 변화가 있었는지 찾기 시작했다. 그리고 3주 전인 8월 4일에 새로운 요리사 메리 맬런을 고용했다는 것을 알아냈다. 당연히 그녀를 심문하고 싶었지만 —아마도 오수에서 건진 조개보다 더 소름끼치는 음식을 내놓지 않았는지 확인하기 위해— 장티푸스 유행 3주 후에 이미 떠나고 없었다. 그녀의 직력을 조사해보니 일했던 곳마다 장티푸스의 발병률이 유별나게 높았다.

1907년 3월 초에는 새 고용주의 파크 애비뉴 주소지에서 그녀를 찾았다. 소퍼는 건강한 ―아주 팔팔한― 메리에게 장티푸스 검사를 위해 샘플을 달라고 요청했다. 사실 그 요청이 대단한 건 아니었다. 소변, 혈액, 대변에 세균이 있는지 확인만 하면 될 뿐, 대체로 현대의 정기검진보다 무해했을 것이다. 그러나 메리는 **거절**했다. 왜 해야만 하는가? 그녀는 아주 건강했고, 1907년의 의학계에서 무증상 보균자라는 개념은 거의 알려져 있지 않았다. 메리는 커다란 포크를 맹렬히 휘두르며 소퍼를 쫓아냈다. 그는 단념하지 않고 의사 동료와 함께 다시 찾아갔지만 역시 쫓겨났다.[10]

그래서 소퍼는 1907년 3월 11일, 메리에게 검사의 동의를 얻지 못했지만 "그 요리사가 장티푸스의 유력한 원인이며 공중보건의 위협"이라며 뉴욕주 보건국에 호소했다.[11] 이에 대해 보건국은 의사인 세라 조지핀 베이커를 조사관으로 보내 메리를 만나도록 했다. 베이커도 여성이라 일이 좀 더 잘 풀릴 거라 판단했던 것 같다. 또한 베이커는 장티푸스로 아버지와 형제를 잃고 나서 의사가 되기로 결심했기 때문에(그녀의 가족은 그러한 직업 선택이 "경솔하고 여자답지 않은 전대미문의 계획"이라며 항의했지만)[12] 타인을 장티푸스로부터 보호하는 것의 중요성을 메리에게 잘 전달할 수 있으리라 생각했는지도 모른다.

베이커가 찾아오자 메리는 다시 믿음직한 큰 포크로 그녀의 목을 찌르려고 했다. 베이커는 복도로 물러섰다. 이후 "메리가 말썽을 일으킬 것이라 의심할 만한 이유가 있다는 것을 나중에 알았지만 그때는 알지 못했다"고 회고했다.[13] 메리는 도망쳤다. 베이커는 경찰을 불러

집 안 수색을 요청했다. 그리고 메리를 벽장 안에서 찾아냈다. 다섯 시간이나 걸렸다는 걸 생각하면 그들 중 아이들보다 숨바꼭질을 잘 하는 사람은 없었다고 추정할 수 있다. 베이커에 따르면, 메리는 자 신의 위치가 발각되자 "나오면서 욕을 퍼붓고 공격했는데, 그 기세가 무시무시했다."[14]

그래야 메리지. 기백이 넘치는구먼!

경찰은 그녀를 진압하여 윌러드파커병원으로 데려갔다.[15] 베이커 는 "병원으로 가는 내내 그녀를 깔고 앉았다. 마치 화난 사자와 우리 에 갇힌 것 같았다"고 했다.[16] 또한 나중에 이렇게 말했다. "지금까지 가장 힘들게 번 돈은 보건국 직원으로서 메리 맬런을 방문했을 때 받은 월급 100달러였습니다."[17]

결국 메리는 병원에서 검사를 받았고, 대변에는 장티푸스균이 가 득했다. 혈액검사 결과도 양성이었다.[18]

보건국은 메리를 격리시키기 위해 뉴욕시 이스트강의 작은 섬인 노스브라더섬에 있는 리버사이드병원의 시설로 보냈다. 메리가 끌려 가면서 저항한 이유가 갑자기 분명해졌다. 이후 3년 동안 사실상 죄 수와 다름없었다. 그녀는 노스브라더섬에서 "나환자처럼" 취급받고 개 한 마리밖에 없는 고립된 집에서 살아야 했다고 주장했다.[19] 그녀 의 거주지는 "판잣집", "악취 나는 돼지우리", "외로운 작은 오두막" 등 으로 불렸다고 한다.[20] 무엇 하나 좋게 들리지 않는다. 그곳에 있는 동안 163개의 샘플을 제출했고, 그 가운데 4분의 3이 장티푸스 양 성으로 판정되었다.[21] 메리가 확실히 장티푸스균을 보유하고 있다는 사실은 검사관들로 하여금 그녀에 대한 취급이 정당하다고 느끼게 했을지 모르지만, 그녀의 불행을 달랠 수는 없었다. 메리는 이후 이

메리 맬런은 '장티푸스 메리'라는 오명을 입었다.

렇게 회상했다. "처음 여기에 왔을 때 난 너무 불안했고 비탄과 고통에 쓰러지기 직전이었다. 눈이 떨리기 시작했고, 왼쪽 눈꺼풀이 마비되어 움직이지 않았다. 그 상태가 6개월간 지속되었다."[22] 섬에 안과의사가 있었지만 한 번도 메리를 찾아가지 않았다. 그녀는 시간을 할애하여 소퍼와 베이커에게 편지를 써, 나가게 되면 죽여버리겠다고 위협했다. 이에 대해 베이커는 "그녀의 그런 감정을 탓할 수 없었다"고 했다.[23] 소퍼는 "그녀가 훌륭한 편지를 썼다"고 평가했다.[24]

1909년, 『뉴욕 아메리칸New York American』의 기자들이 그녀의 상황을 이야기하며 메리 맬런을 '장티푸스 메리'라 불렀다. 그리고 다음과 같이 썼다. "메리 맬런은 아마 평생 구속될 것이다. 하지만 그녀는 범죄를 저지르지 않았고, 부도덕하거나 사악한 행위로 기소된 적도, 법정에 세워지거나 금고형에 처해진 적도 없다."[25] **전적으로 옳다.** 메리는 재빨리 반응했다. 1909년 6월, 게재되는 일은 없었지만 『뉴욕

아메리칸』의 편집자에게 편지를 보내 불만을 털어놓았다. "보건국의 파크 씨에 대한 답신으로 저는 장티푸스 환자들과 함께 격리된 것이 아니라고 진술할 것입니다. 이 섬에 장티푸스 환자는 아무도 없습니다. 아프지도 않고 치료받을 필요도 없는데도 당국은 저를 섬에 던져놓고 구속하기만 하지 저를 위해 아무런 노력도 하지 않습니다."[26]

의사들은 그녀를 치료하려고 했나? 뭐, 약간은. 수많은 샘플을 채취한 것이 다가 아니라고 메리는 주장했다.

> (당국이) 그 의사에게 가서 말했습니다. "저 여자를 풀어줄 수는 없소. 그녀는 일했던 곳에서 모든 사람들에게 장티푸스를 옮겼고 수많은 사람들이 죽었소." 스터디퍼드 씨는 그 남자에게 말했습니다. "메리 맬런에게 가서 쓸개 제거수술을 받도록 구슬려보시오. 시내 최고의 외과의를 불러올 테니." 저는 말했습니다. "싫어요. 제 몸에 칼을 대지 못하게 할 겁니다. 제 쓸개에 아무 문제도 없으니까요." 윌슨 씨가 똑같은 질문을 했습니다. 역시 싫다고 했습니다. 그러자 그가 대답하길 "그래봤자 아무런 도움도 안 될 거요." 수간호사도 제게 수술을 받으라고 했습니다. 역시 싫다고 했더니 한마디 하더군요. "여기 있는 것보다 낫지 않겠어요?" 싫다고 했습니다.[27]

텔레비전 드라마 「더 닉The Knick」(2014~2015)을 본 적이 있다면, 특히 자신이 아주 건강하다고 생각하는 경우 1909년경의 의사에게 수술을 맡기는 걸 주저할 것이다. 메리는 계속해서 말했다. "저는 사실상 저속한 구경거리로 취급받았습니다. 인턴들까지 찾아와 이미 전 세계가 다 아는 사실을 물어댔죠. 결핵 환자들이 말합디다. '저기 유괴된 여자가 있구먼.' 파크 씨 때문에 시카고에서도 제 이야기가 등장합니다. 그 윌리엄 H. 파크 씨는 자신이 모욕당하고 신문에 실리고 자신이나 자신의 부인이 장티푸스 윌리엄 파크라 불리면 어떻게 생각할지 궁금하군요."[28]

여러 노력과 논의가 이루어졌지만, 메리가 다른 사람들에게 장티푸스를 감염시키는 것을 막을 방법은 거의 없었다. 쓸개를 제거하기만 하면 낫는다는 그 설? 그리 정확하지 않다. 1914년에 파크는 이렇게 결론지었다. "지금까지 약물요법이나 수술은 경미한 성과밖에 내지 못했다. … 쓸개 제거도 믿을 만하지 못하다."[29] 메리를 평생 격리시키는 것은 비현실적이라는 것이 적어도 파크 자신에 따르면 점점 더 분명해졌다. 그는 일찍이 1908년에 메리의 사례를 미국의사협회의 모임에서 논의하고 다음과 같이 발언했다.

격리한 채 세균학적 검사를 바탕으로 치료하는 시도는 … 실행 불가능하다고 여겨집니다. 이러한 사람들의 대변에 세균이 존재하지 않는 경우가 많고, 접촉을 통해서도 장티푸스가 발병하지 않는 수많은 사례가 분명히 존재하며, 그 많은 사람들을 평생 가둘 수 없다는 것을 고려하면, 격리는 완전히 불가능하다고 여길 수밖에 없습니다. 다만 앞서 언급한 요리사의 경우처럼 직접적인 예방 대책이 꼭 필요할 정도까지 위험이 증대되는 상황은 예외적입니다.[30]

파크는 일종의 "괴물이 우리들 사이에 숨어들어 상수도를 위협하고 있다"는 소감으로 연설을 매듭지었다. "그러므로 우리는 장티푸스가 발생했을 때뿐만 아니라 상시적으로도 음식과 물을 보호하는 등

예전처럼 더 일반적인 감염 방지책으로 눈을 돌려야 합니다. 규모와 상관없이 모든 공동체에 미지의 장티푸스균 보균자가 늘 존재할 수 있다는 것을 이제는 알았기 때문입니다."[31] 좀 덜 무섭게 표현할 수도 있었겠지만, 위생적이지 못할 때 물을 끓이는 것은 좋은 생각이다.

메리 맬런은 자신의 이야기가 유명해지자 소송을 걸기로 결심했다. 잘했어! 요리를 하지 않는 한 누구에게도 거의 해를 끼치지 않았기 때문에 구속은 부당해 보였다. 메리는 변호사를 선임했는데, 그녀의 이야기를 실은 『뉴욕 아메리칸』의 소유주 윌리엄 랜돌프 허스트에게 재정 지원을 받았다고 주장하는 사람도 있다. 그 신문에 따르면, 1909년 6월 20일에 그녀의 곤경에 관한 기사를 읽고 "의지할 가족도 친구도 없는 외로운 여성에게 동정심"을 갖게 된 "몇몇 뷰우한 welathy('부유한 wealthy'의 오자―옮긴이) 뉴욕 시민들"이 메리가 해방될 수 있도록 지원했다고 한다.[32] 사실일지도 모른다. 어쩌면 허스트가 정말 좋은 사람이었을지도. 아니면 메리의 최신 이야기를 실으면 신문이 잘 팔리니까 그녀와 가까운 관계를 유지하려는 속셈이었는지도 모른다.

그녀의 변호사 조지 프랜시스 오닐은 1909년 6월에 인신보호영장을 신청했다. 이 헌법상의 권리는 시민이 자신의 의사에 반해 구금되어 있을 때 그 상황에 대한 법적 판단의 권리를 보장하는 것이다. 메리의 소송은 뉴욕주 1심 법원에서 진행되었다. 이는 부당해 보이지 않는다. 메리의 권리가 박탈당한 것은 틀림없다. 납치되었다고 해도 과언이 아니다. 그리고 그동안 다른 무증상 보균자가 발견되었지만 구금되지 **않았다.** 심지어 메리는 장티푸스 음성으로 판정된 자신의 대변 샘플을 변호사에게 제출했다.

하지만 또한 당연하게도 많은 사람들은 메리 같은 보균자가 공중 보건에 끼칠 수 있는 위험을 염려했고, 그녀의 해방 문제는 당시 논란을 불러일으켰다. 그 때문에 『뉴욕 타임스』에 게재된 뉴 소트 스튜던트New Thought Student의 독자 편지처럼 아주 비꼬는 해결책이 등장했다.

한 불행한 여성에게 '장티푸스 메리'라는 꼬리표가 붙어야 한다면, 동료들을 보내주는 게 어떤가? 어느 불쾌한 섬에 격리 지구를 만들고 '엉클 샘의 용의자들'이라는 이름을 붙여 홍역 새미, 편도염 조지프, 성홍열 샐리, 볼거리 마틸다, 뇌수막염 매슈를 불러 모으자. 거기에 장티푸스 메리를 추가하고 모든 병원균 광신도들에게 살균 기도문을 외도록 하면 미국은 의학적 군주제 아래에서 성조기의 영광스러운 자유를 향유할 수 있다.[33]

하여튼 그렇게 엑스맨X-Men이 시작됐지.

아일랜드계 이민자(당시 소외된 집단의 구성원)가 자기 의사에 반해 구속된 사건을 두고 대중이 항의한 것에 놀라셨나? 과연, 나도 그렇다. 대중이 메리 편을 들 줄은 몰랐네. 이는 '일부의 안전'보다 '모두의 자유'를 참으로 중히 여긴 역사상의 한 예다.

대중의 지지에도 불구하고 소송의 최초 판결은 메리의 상황을 개선하는 것이 아니었다. 1909년 7월, 그녀는 너무 위험해서 대중과 어울려 살 수 없다고 판단되었다. 판사는 "원고 메리 말렌Mallen('맬런 Mallon'의 오자)은 … 이에 따라 뉴욕시 보건국에 구류된다"고 판결했다.[34]

하지만 그런 상황은 오래가지 못했다. 재판 직후 신문은 이 사건을 대대적으로 보도했는데, 주로 메리를 옹호하는 것이었다. 보건 당국자 찰스 채핀은 아마도 『보스턴 트랜스크립트*Boston Transcript*』에서 다음과 같이 말했다. "그녀를 사실상 구속하고 자유를 박탈하는 것은 곤란해 보인다. 왜냐하면 그녀는 이제 다수에 광범위하게 알려진 부류이기 때문이다." 그리고 이렇게 제안했다. "도시에든 시골에든 그녀가 해를 거의 끼치지 않을 수 있는 직업은 수없이 많다. … 일종의 의학적 보호관찰을 받으면서도 자유롭게 살 수 있는 직업은 얼마든지 있다."[35]

새 보건국장이 된 언스트 J. 레덜리도 채핀의 의견에 동의한 것 같다. 레덜리는 1910년에 메리를 풀어줬다. "자신이 조심해야 할 것을 충분히 배울 만큼 오래 갇혀 있었다"는 이유에서였다.[36]

메리가 노스브라더섬에 있는 동안 보건국이 그녀에게 취한 조치는 아래와 같다.

- 수많은 대변 샘플을 채취했다.
- 쓸개를 제거하도록 권했다.
- 약을 주었다.
- 개와 어울리고 살해 협박문을 쓰도록 허용했다.

보건국이 취하지 않은 조치는 아래와 같다.

- 새로운 직업 훈련을 시켰다.

아무래도 보건국은 노스브라더섬에서 그녀에게 위생상의 예방 조치나 새로운 직무기술을 가르쳐줄 생각이 없었던 것 같다. 정부 후원의 재교육 프로그램은 꼭 필요할 때 없다.

레덜리는 이러한 상황이 어떻게 흘러갈지 아마 눈치를 챘을 것이다. 메리의 해방과 관련하여 다음과 같이 생각했다. "그녀는 이제 뭘 하지? 훌륭한 요리사였고 구금되기 전까지는 안락하게 살았지만, 이제 뭘 할 수 있을지 정말 모르겠다."[37] 하지만 곧 이렇게 외치지 않았을까. "그래, 뭐든 찾아내겠지!" 그리고 휘파람을 불고 껄껄대며 어슬렁거렸을 것이다. "메리, 당신은 훌륭한 요리사야. 잊지 말라고!"

메리가 직무기술 교육을 받았어야 했다고 아무리 강조해도 지나치지 않다. 왜냐하면 독자 여러분도 짐작하시겠지만 메리가 요리를 계속했기 때문이다. 1912년 이후 그녀는 보건국에 보고하는 것을 그만두고, '미시즈 브라운'이라는 가명으로 일하기 시작했다. 1915년에는 면역계가 취약한 아기들이 많은 곳에 취직했다.

극악무도한 짓이다.

세라 조지핀 베이커는 웅변조로 기술했다. "뉴욕시 슬론조산원에 장티푸스가 발생하여 25명의 환자 중 2명이 죽었다. 그때 나는 이동 조사관이 아니었지만, 하루는 그곳에 방문하여 부엌으로 들어갔다. 아니나 다를까 메리가 조산원 부엌에서 생계를 유지하며 마치 죽음의 천사처럼 산모와 아기와 의사와 간호사에게 장티푸스균을 뿌려대고 있었다."[38]

메리는 또다시 노스브라더섬에 격리되었다. 이번에는 대중도 그리 동정하지 않았다. 소퍼는 주장했다. "아무리 멍청하고 정신이 박약할지라도 (그녀가 다시 요리사가 된 것을) 용서할 수 없다는 데 모든 사람이 동의할 것이다. 게다가 메리 맬런은 심신 모두 약하지 않다. 그녀는 훌륭한 요리사이고 여러모로 상당한 능력을 발휘해왔다."[39]

1915년 7월 11일, 『리치먼드 타임스디스패치*Richmond Times-Dispatch*』의 한 기사에서 "병원균의 원천인 사람들이 평생 질병과 죽음을 뿌려대는 ─그리고 그들을 어떻게 관리해야 하느냐는" 문제를 다뤘다.[40] 그 기사에는 요리사가 태연하게 프라이팬에 해골을 던져넣는 일러스트도 있었다. 존 B. 휴버 박사가 작성한 그 기사는 공포를 확산시키는 데 큰 기여를 했다. 가정의 요리사든 호텔, 식당, 선상의 접시닦이든 낙농업 종사자든 실로 거의 모든 사람이 장티푸스의 무증상 보균자일 수 있다고 주장한 것이다. 그러나 휴버는 아주 현명한 문장으로 글을 마무리했다. "장티푸스 보균자들이 타인의 건강과 삶을 위험에 빠뜨리지 않기 위해 취해야 할 간단한 예방 조치를 이해하고 준수하기만 한다면, 그들을 감금할 필요는 없을 것이다. 장티푸스 보균자들의 활동을 제한하여 음식이나 주변 환경이 오염되지 않도록 해야 한다. 요컨대 그들이 해야 할 일은 청결에 신경 쓰는 것이다."[41] 그는 이 문제가 "특히 타인이 먹을 음식을 준비하기 전에 … 손을 깨끗이 씻기"만 하면 해결될 수 있다고 믿었다.[42]

식당 화장실에 '종업원은 손을 씻어야 한다'는 문구가 왜 있는지 궁금한 적이 있었다면, 자, 답이 여기 있다. 그러한 문구는 아무도 당신을 '장티푸스 메리' 하지 않도록 하기 위한 것이다.

그러나 당시 사람들이 이해하지 못한 것이 있다. 메리가 아무리 손을 씻어도 감염을 막을 수 없었다는 것이다. 메리만큼 장티푸스균을 흘리고 다니는 사람이 손을 '깨끗이' 씻기 위해서는 60도의 물에서 30초간 비누로 닦아야 한다. 물이 그 정도로 뜨거우면 5초 만에

3도 화상을 입는다. 메리가 준비한 음식은 정말 아무것도 먹을 수 없었다.[43]

그래, 장갑을 꼈으면 괜찮았을지도. 이런 이야기를 듣고 불안해졌다면 치폴레(멕시칸 스타일 패스트푸드점─옮긴이)에서 부리토(토르티야에 야채와 고기를 넣고 말아 구워 먹는 멕시코 음식─옮긴이) 만드는 점원이 장갑을 끼고 있는지 살펴보라. 거의 예외 없이 착용하고 있고, 장티푸스균을 보유하고 있지도 않다.

메리 맬런이 유발한 불안감은 사람들이 그 근원을 잊었을 때조차 맴돌고 있다. 오늘날 타인이 조리한 음식을 먹고 장티푸스에 걸릴까 봐 두려워하는 사람은 거의 없다. 장티푸스가 정확히 무엇인지도 모를 것이다. 하지만 장갑을 끼지 않고 음식을 가공하거나 식당 종업원이 손을 씻지 않는다고 생각하면 움찔하는 사람이 여전히 많다.

100년 전 휴버의 제안이 모두 조용히 손을 씻고 청결을 유지하는 결과를 낳은 것은 아니다. 아주 건강해 보이는 사람이 그냥 일상적인 일을 하면서 치명적인 질병을 옮긴다는 생각은 타블로이드판의 **선정적인** 먹잇감이었다. 기자들은 기쁨에 들떠 있는 듯한 어조로 유행을 보도했다. 1920년 8월 22일, 『리치먼드 타임스디스패치』에는 긴 헤드라인의 기사가 실렸다. 「부유한 케이스 부인의 파티에 독을 푼 손님 미스터리 ─이 사교계에 죽음의 천사처럼 나타나서는 병원균을 퍼뜨려 39명의 여성을 중환자로 만들고 3명의 목숨을 앗아간 제2의 장티푸스 메리는 누구인가?」[44] 이 기사에는 아주 예쁜 모자 같은 걸 쓰고 있는 해골의 일러스트가 딸려 있었다.

이런 사건은 몇 년이나 계속되었다. 1924년, 무증상 보균자인 제빵사 앨폰스 코틸스가 "딸기팬케이크를 굽는 것이 적발되었다."[45] 1928

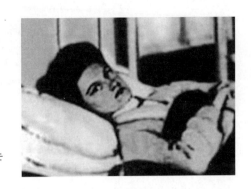

병동에 격리되어 침상에 누워 있는
메리 맬런.

년에는 제과사 프레더릭 뫼르슈가 아이스크림으로 28명을 감염시켰
다. 사람들은 한때 이들이 준비한 진미를 좋아했던 만큼 그들의 이
야기를 몹시 궁금해했다. 그렇지만 메리와는 달리 이들에게는 관대
한 처분이 내려져 코틸스는 집행유예를 선고받고 뫼르슈는 집에 있
는 것이 허용되었다.

　메리 맬런은 남은 평생을 노스브라더섬에 감금되었다. 리버사이드
병원에서 조수로 일하기 시작했다. 실험실에서 일하는 걸 즐긴 모양
이던데, 그런 기능을 진작에 익히지 못한 것이 유감이다. 그녀는 70
세인 1938년 11월 11일에 뇌졸중의 합병증으로 숨졌다.

　메리에 관해 베이커는 다음과 같이 기술했다.

　잠시나마 그녀를 알고 지내면서 그녀를 좋아하고 그녀의 관점을
존중하게 되었다. 결국 그녀는 인류에게 큰 도움이 되었다. 지금까지
많은 장티푸스 보균자가 발견되었지만, 그녀는 최초로 기록된 사례
였고 그 때문에 일생을 갇혀 지내야 했다. 오늘날 장티푸스 보균자들
은 타인의 음식을 준비하지 않겠다고 서약하면 대개 자유를 보장받
는다. 그리고 확인된 바에 따르면 그들은 약속을 지키고 있다. 메리가

우리를 믿지 못한 것은 그녀에게 비극이었다.[46]

이 유행에서 정부와 보균자들 양측은 현명하게, 그리고 배려 있게 행동하는 지점에 이르게 되었다. 적어도 베이커의 설명에 의하면 예외는 있었지만, 그러한 접근법은 **성공적**이었다. 물론 협력이 가능하려면 서로에 대한 상당한 신뢰가 필요하다. 당국이 보균자를 단지 질병의 운반계가 아닌 개개인으로 볼 것이라는 믿음이 있어야 한다. 또한 아프지 않은데도 당국으로부터 질병 판정을 받았을 때 그것이 거짓말이 아니라고 믿어야 한다. 마찬가지로 정부도 보균자가 일부러 시민에게 위해를 가하지 않을 것이라는 믿음이 있어야 한다. 이 모든 신뢰는 대단한 신념의 문제처럼 보이지만, 이뤄내지 못할 일은 아니다. 모든 사람이 최악의 인간이지만 않으면 된다.

스페인독감[*]

스페인이라는 꼬리표가 붙은 인플루엔자가
다가와 나를 굴복시켰다.
의사들조차 그 보잘것없는 질병을
내 몸에서 쫓아내지 못했다.
— 월트 메이슨

 이 책의 목적은 독자를 겁주려는 것이 아니다. 모든 양서와 마찬가지로, 앞으로 다섯 시간은 꼼짝없이 비행기에 앉아 있어야 하는데 통로 건너편에서 아기가 울부짖을 때 이를 잊을 수 있도록 하려는 것이다. 하지만 기진맥진한 부모에게 웃어주고 이어폰을 끼고 마음 단단히 먹으라고 할 수밖에 없으니 사과드린다. 약 100년 전인 1918년에 전 세계적으로 5천만 명이 스페인독감으로 죽었는데, 원인이 무엇인지, 어떻게 치료하고 박멸해야 하는지, 다시 유행할 것인지 여전히 알 수 없기 때문이다. 미안해요!

 에스파냐의 질병이 아니라는 건 알고 있다. 스페인독감은 캔자스 주 해스컬에서 발생한 미국의 역병이다. 이 20세기 최대의 역병을

---

[*] 정식 명칭은 '1918년 인플루엔자'이고, 흔히 별칭인 '스페인독감'으로 불린다. 이 책에서는 영어로 '스페인'이라 불리는 국가를 공식 명칭인 '에스파냐'라고 표기했지만, 이 별칭에 관해서는 '에스파냐독감'보다 훨씬 많이 쓰이고 있어 '스페인독감'으로 번역했다.

다른 국가(억측의 범위는 중국에서 영국까지 이른다) 탓으로 돌리려는 연구가 지금도 지속되고 있는 것은 중서부를 '독감 저장고'보다 '미국의 곡창지대'라 부르는 편이 훨씬 듣기 좋기 때문일 것이다.

제1세계는 스페인독감이 근본적으로 외래 질병이라 믿고 싶어 하지만, 1918년 3월 캔자스주 해스컬의 의사 로링 마이너가 주간지 『퍼블릭 헬스 리포트*Public Health Reports*』에 보고한 것이 유행의 최초 사례다. 마이너는 초겨울부터 환자 수십 명이 '중증의 인플루엔자'로 보이는 것에 걸려 죽자 충격을 받았다. 나이 들거나 기운 없는 환자도 아니었다. 매우 건강하고 인생의 전성기에 있는 자들이 죽은 것이다. 마이너는 연방 보건국에 그 특이한 발견을 설명했지만 아무런 도움도 받지 못했다. 『퍼블릭 헬스 리포트』에 게재되었는데도 그 유행은 심각하게 받아들여지지 않은 것 같다.[1]

이 기회에 말해두지만, 당신이 사는 지역의 건강한 젊은이들이 공기 중 바이러스에 감염되어 죽고 있다는 내용이 평판 좋은 의학 잡지에 실렸다면 그건 아주 나쁜 소식이다. **즉시** 마트에 가서 생필품을 비축하라. 어딘가 인적 드문 곳에 살 수 있다면 그곳으로 가라. 좀 바보 같거나 병적이라 느낄지도 모르지만 솔직히 말해서 결코 과잉반응이 아니다.

물론 당시에는 아무도 로링의 현명한 충고를 따르지 않았다. 대부분 독감을 겪고 살아남은 경험이 있기 때문에 무신경했는지도 모른다. 1900년대 초에 인플루엔자 유행에 관해 "하늘의 선물이다! 모두 걸렸지만 아무도 안 죽었다"고 말한 웃긴 의사도 있었다.[2] 심지어 지금도 스페인독감 운운하면 대부분 에스파냐에서 어떤 사람들이 너무 많이 토해서 1~2주 쉬어야 했나 보다 생각할 것이다. 확실히 독감은 불편하기는 하지만 그 때문에 죽는 경우는 별로 없기 때문이다.

하지만 이것은 그런 유의 독감이 아니었다. 마이너가 말한 질병은 주로 25세에서 45세 사이의 아주 건강한 사람들에게 매우 치명적인 것이었다.[3] 역사가인 앨프리드 크로스비 박사는 PBS의 텔레비전 시리즈 「미국의 경험American Experience」에서 이 현상에 관해 다음과 같이 설명했다. "그처럼 특별히 무서운 결과를 낳은 요인 중 하나는 모든 사람이 독감에 대해 선입견을 갖고 있었다는 겁니다. 그냥 고생스러운 감기라서 며칠 지나면 낫는다는 것이죠. 하지만 이건 마치 각목으로 얻어맞은 것처럼 끙끙 앓는 독감이었습니다. 폐렴으로 진행되고 검푸르게 변해 죽었습니다. 공포소설에나 나올 법한 독감이었죠."[4]

그러나 한 가지 좋은 점이 있다면 급속히 사라진다는 것이다. 해스컬은 비교적 고립된 마을이었다. 다른 시대였다면 ―지금 시대는 분명 사람들이 아무 생각 없이 캔자스에서 뉴욕으로 날아갈 테니 제외한다― 유행은 바로 거기서 멈췄을 것이다. 하지만 1918년에는 그 지역의 수많은 젊은이가 제1차 세계대전에 참전하기 위해 훈련소로 이동하고 있었다.[5]

역시 캔자스에 위치한 캠프 펀스턴(포트 라일리의 야영지였다)은 2만 6천 명의 군인을 수용하는 미국에서 두 번째로 큰 훈련소였다. 따라서 젊은이를 죽이는 치명적인 독감에 걸린 젊은이가 가기에는 두 번째로 최악인 장소였다. 특히 겨울에는 "막사와 텐트가 초만원"이라 군인들은 서로 딱 붙어 지냈다.[6] 3월 4일, 펀스턴에서 중증형 인플루엔자로 추정되는 것에 걸린 최초의 환자가 보고되었다. 그로부터 3주 동안 그 캠프에서 1,100명이 독감에 걸려 38명이 죽었다.[7]

충격적인 치사율은 아니지만, 건장한 20세가 독감으로 죽을 거라

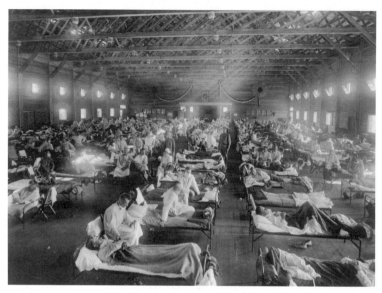
스페인독감이 유행하고 있을 때 캔자스주 캠프 펀스턴에 설치된 구급병원의 광경.

아무도 예상하지 못했다는 사실을 고려하면 꼭 그렇지도 않다. 크로스비 박사의 저서 『인류 최대의 재앙, 1918년 인플루엔자*America's Forgotten Pandemic: The Influenza of 1918*』에 따르면, 1917년에는 영유아와 60세 이상의 사망률이 가장 높았다. —감염자의 약 30~35퍼센트. (나이 드신 독자 분들이여 걱정 마시라. 당시 60세면 지금 90세에 해당한다.) 그 이외의 연령층은 10퍼센트도 안 되었다. 그래서 나이에 대한 사망률을 나타낸 그래프는 U자 모양이다. 반면 1918년의 인플루엔자 사망률을 나타낸 그래프는 개발새발 쓴 N자 모양이다. 감염된 영유아의 약 20퍼센트가 죽었고, 이어 10퍼센트 미만 수준으로 떨어졌다가 19세에서 급격히 상승하기 시작해 중년층에서 보통 수준으로 떨어졌다. 1918년에는 인플루엔자로 사망한 환자의 35퍼센트가 20대였다.

그 질병은 건강한 면역계를 과도하게 자극시켜 자신의 몸을 공격하게 만든 것으로 보인다. 의학 용어를 조금 더 써서 설명하면, 스페인독감은 **사이토카인 폭풍**cytokine storm이라 불리는 것을 촉발시켰다. 사이토카인 단백질은 체내에 감염이 발생했을 때 면역세포의 방출을 조절한다. 건강한 면역계는 이 작은 녀석들을 대량으로 갖고 있다. 사이토카인 폭풍이 일어나면 너무나 많은 면역세포가 감염 부위로 몰려들어 주변에 염증을 유발한다. 감염 부위가 폐라면 —스페인독감 같은 호흡기질환의 경우— 염증이 생긴 폐에 체액이 가득 고인다. 그럼 죽는 것이다.[8]

군인들을 죽이는 이상한 신종 질병이 발생했다면 다들 어디서든 읽고 알았을 거라 생각될 것이다. 최근 미국에서 에볼라출혈열 유행으로 총 두 명이 죽은 사건을 떠올려보라. 몇 개월이나 뉴스를 점령했다.

미국 한복판에서 이성애자인 젊은 백인 남성들의 목숨을 앗아간 질병이 간과되었다니 제정신이 아니다. (그 밖의 사람들을 공격하는 질병은 무시되어도 좋다는 말이 아니다. 단지 역사적으로 그래왔다는 것이다.) 100년 전의 신문기자들은 정말로 우둔했나? 아니다. 감옥에 가기 싫어서 보도하지 않은 것뿐이다.

1917년, 미국이 제1차 세계대전에 참전하자 사기 진작을 위한 법이 통과되었다. "미국 정부에 관한 불충하거나 모독적이거나 악의적이거나 독설적인 표현을 발언, 인쇄, 집필 혹은 출판하면" 20년 동안 수감될 수 있었다.[9] 헌법에 위배되는 것처럼 보이지만, 연방대법원이 받아들여 "사회에 명백하고 현존하는 위험이 될 만한" 것을 말해서는 안 된다는 판결을 내렸다(셴크 대對 미국연방정부). 따라서 북적이는 극장에서 "불이야!"라고 외치거나, 무서운 질병이 퍼지고 있지만 정부는 대책이 없다고 말해서는 안 된다.

위 두 경우의 차이점은 전자는 실제 존재하지 않는 화재를 상정한다는 것이다. 혼잡한 극장에 불길이 일었다면 "불이야!"라고 소리쳐야 한다. 크게. 무엇을 할지 결정할 수 있도록 사람들에게 알릴 필요가 있는 것이다. "불이야! 출구에 불이 켜져 있어요! 그쪽으로 가세요!"라고 외치면 훨씬 좋다(안내인이 되는 것이다). 마찬가지로 무서운 신종 질병이 온 나라를 휩쓸고 있을 때도 사람들에게 큰 소리로 알려야 하고, 그러한 위협의 대처법에 관한 유익한 생각을 덧붙이면 더욱 바람직하다.

그러나 미국의 기자들은 20년형의 위험을 무릅쓰고 싶지 않았다.

제1차 세계대전 중 영국의 언론은 훨씬 더 엄격한 검열을 받았다. 국토방위법Defense of the Realm Act에 따라 "폐하의 군대나 민간인 사이에 불만이나 공포를 일으킬 수 있는 것을 말이나 글로 퍼뜨려서는 안 된다"라고 공표되었다.[10] 영국에서 '저널리스트 반역자'는 처형될 수 있었다.

미국의 신문은 사실을 전달해야 했지만, 미국을 좋아 보이게 만드는 유쾌한 사실을 보도해야 했다. 오늘의 뉴스에 진저리를 내는 누군가가 **좋은** 소식만 보도하는 신문을 원한다고 말한다면, 이미 우드로 윌슨 대통령이 시도했다는 것을 상기시켜주자. 그 시도는 그리 잘되지 못했다. **냉전**Cold War이라는 말을 고안한 평론가 월터 리프먼은 미국에 유리한 기사만 발표하는 보도국의 신설을 대통령에게 권고했다. 리프먼은 국민 대부분을 '정신적으로 어린애 혹은 야만인'이라고 취급했기 때문이다. 윌슨은 리프먼의 메모를 받은 다음날 공보

위원회Committee on Public Information를 설치하여 조지 크릴을 위원장에 임명했다. 공보위원회는 곧바로 미국의 위대함에 관한 수많은 기사를 뿌려댔고, 신문사들은 이를 편집 없이 대대적으로 보도했다. 게재된 글이 반미주의라고 해석될 것을 두려워한 편집자의 입장에서도 지면을 메울 기사들이 저절로 생기니 기쁜 일이었다.[11]

리프먼은 국민을 어린애로 간주했지만, 꼬마들조차 독감의 상황을 알 수 있었다. 머지않아 교정에서 다음과 같은 노래가 들리기 시작했다.

작은 새를 길렀다네
그 이름은 엔자였지
창문을 열었더니
엔자가 날아들었네(인 플루 엔자in flew Enza)

스페인독감은 급속히 퍼졌다. 역학자 셜리 패닌은 다음과 같이 보고했다. "인플루엔자 환자 한 명이 사람이 가득한 방 앞에 서서 기침을 하면, 기침을 할 때마다 병원체가 포함된 무수한 입자가 공기 중으로 배출된다. 그 공기를 마신 모든 사람에게 병원체를 들이마실 위험이 있다. 감염자 한 명이 1만 명으로 불어나는 데 그리 오래 걸리지 않는다."[12]

그 질병은 군인들을 통해 전국에 있는 다른 부대로, 그리고 해외로 이동했다. 감염 후 24시간 내에 죽는 경우도 있었다. 그러나 적어도 미국 언론에 등장한 보도는 만사 오케이라고 주장했다. 유행하는 내내 —점점 더 터무니없어 보였지만— 거의 그런 식이었다.

그런데 에스파냐는 제1차 세계대전 중 중립국이었다. 즉 에스파냐 언론은 투옥되거나 매국노 딱지가 붙을 염려 없이 독감과 그에 따른 사망자 수의 증가를 보도할 수 있었다. 1918년 5월 22일, 에스파냐의 신문들은 많은 국민이 걸리고 있는 신종 질병에 관한 기사를 내보냈다. 5월에는 여러 축제가 있었는데, 관계자 전원이 질병에 걸리자 처음에는 식품 매개로 전염된다고 생각되었다. 놀랍게도 5월 28일까지 알폰소 국왕을 비롯하여 에스파냐인 800만 명이 감염되었다.[13]

7월에는 런던으로도 퍼져 첫 주에만 287명이 죽었다.[14] 그런데도 영국의 신문들은 단순히 "전쟁 피로라 불리는 일반적인 신경쇠약"이라고 주장했다.[15] 또한 에스파냐의 유행 상황에 대해서도 회의적이었다. 『영국 의학 저널*British Journal of Medicine*』은 인플루엔자에 관해 이렇게 보고했다. "5월에 에스파냐에서 특히 광범위하게 퍼진 것 같다. 당시 프랑스 언론이 에스파냐에서 800만 명이 감염되었다고 주장한 것은 곧이곧대로 믿을 수 없지만, 발병률이 높다는 것은 확실하다."[16] 보라, 800만이라는 숫자가 과장되었다고 한다. 우리가 그것을 알 방도는 없다. 하지만 전시에 사기를 높이려 하는 신문을 통째로 믿을 수 없다는 것은 잘 알고 있다. 영국군은 그 전쟁 피로, 혹은 나중에 "심한 재채기the Big Sneeze"[17]라 불리는 것을 전 세계에 옮겨 곧 인도와 북아프리카에서도 환자가 나오기 시작했다.[18]

가을이 되자 상황은 더욱 악화되었다. 존 M. 배리는 『지독한 인플루엔자*The Great Influenza*』에서 질병이 너무 많은 사람들 사이에 퍼졌기 때문에 "더 유능한 살인마"가 되었다고 표현했다. 1918년 가을은 보통 '2차 확산second wave'으로 간주된다.[19]

유행에 따른 사망자가 증가할수록 해외에 더 많은 미군이 필요해

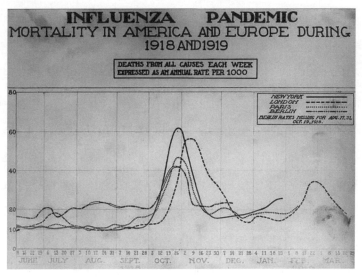

1918년 6월부터 1919년 3월까지 미국과 유럽의 주요 도시에 매주 발생한 환자 수를 인구 1천 명당 연간 사망률로 환산한 그래프. 1918년 10월과 11월에 정점을 찍고 있다.

졌다. 적어도 부분적으로는 몇몇 부대에서 최대 80퍼센트의 군인이 스페인독감으로 죽었기 때문이다. 전 미국의사협회 회장인 빅터 본 박사는 이렇게 말했다. "이 전염병은 마치 전쟁처럼 젊고 활발하고 튼튼한 성인의 목숨을 앗아간다. 건강한 남성은 빠르게 혹은 갑자기 회복되거나 아니면 죽을 가능성이 높았다."[20] 군인들은 수송선을 타고 유럽으로 이동했다. 그 혼잡한 환경에서 감염자는 질병을 타인에게 확실하게 옮겼다. 우드로 윌슨 대통령은 더 많은 젊은 군인─감염되면 죽을 가능성이 가장 큰 연령대의 군인─을 해외로 파병시키는 데 동의하면서(10월에 약 25만 명)[21] 보좌관에게 이렇게 말했다고 전해진다. "이 리머릭limerick(엄격한 압운 규칙을 가진 5행시─옮긴이) 들어봤나? '작은 새를 길렀다네, 그 이름은 엔자였지 … '"[22]

이를 듣고 우드로 윌슨이 괴물이라 생각되지 않는가? 3부작 영화

「헝거게임」(2012~2015)에서 도널드 서덜랜드가 맡은 역과 빼닮았기 때문이다. 스포일러가 되겠지만, 윌슨에게는 아무리 못해도 달만큼이나 큰 도덕적 결함이 있었다. 그는 미국에 사는 이민자가 "국민의 추악하고 불운한 요소"를 상징한다고 믿었다.[23] 그는 아프리카계 미국인이 백인과 같은 층에서 일해야 할 때 그들이 서로 섞이지 않도록 아프리카계 미국인을 말 그대로 우리에 가뒀다(그들 동료들이 분노했으며, 그중에는 몇십 년 동안 함께 일한 자도 있었다). 민권 운동가 W. E. B. 두보이스는 윌슨에게 그의 '인종차별은 굴욕적이지 않고 유익하다'는 신념과 특히 피부색이 다른 사람들을 함께 일하지 못하게 하려는 강제적인 시도와 관련해 편지를 쓰면서 이렇게 물었다. "지금까지 미국 시민의 어떤 집단도 이런 식으로 취급된 적이 없고 어떤 미국 대통령도 감히 그러한 처우를 제안한 적이 없다는 걸 알고 계신지요."[24] 윌슨 대통령도 리프먼처럼 모든 미국인은 평등하지 않다는 근본적인 믿음을 갖고 있었다. 그렇기에 모든 미국인이 이용할 수 있는 정보의 흐름을 통제하려는 생각이 구미에 딱 맞은 것이었다.

그런 이유로 윌슨은 좋은 사람이 아니었다. 군인의 배치에 관한 그의 판단이 정당하냐 아니냐는 ―고려할 만한 재밌는 이론적 상황처럼 보인다― 어떤 희생을 치르더라도 제1차 세계대전에서 승리하는 것이 가치가 있느냐 없느냐의 문제에 달려 있다. 이 프로젝트에 참여하는 자는 나중에 우드로 윌슨 자신도 스페인독감으로 여겨지는 질병에 걸려 베르사유조약의 평화협상에 충분히 관여하지 못한 탓에 독일에 과중한 책임이 부과되어 제2차 세계대전으로 이어졌다고 흔히 이야기된다는 점을 유념해야 한다.[25]

지금 윌슨을 어떻게 평가하든(역겹다) 우리는 100년 후의 관점에서 그의 행동을 바라본다는 이점을 갖고 있다. 그는 눈앞의 전쟁에 집중하고 있었다.

모두가 눈앞의 전쟁에 집중하고 있었다.

사기 진작을 위한 법이 없는 시대에 사는 우리에게 미국인이 제1차 세계대전을 얼마나 영예롭게 여겼는지 상상하는 것은 거의 불가능하다. 애국심이 매우 강했고, 젊은이들은 수송선에 올라타려고 아우성이었다. 독일군과 맞서 싸우는 데 대한 상찬이 문화 전반에 번져 있었다. 「저편에Over There」 같은 인기 유행가가 젊은이들을 이렇게 격려했다.

서둘러라, 지체 없이, 오늘 가라
아빠를 기쁘게 하는 아들이 되어라
애인에게 그리워하지 말라고 해라
전선에 있는 걸 자랑스러워하도록[26]

한편 여성들은 집에서 이런 노래를 불렀다.

쿵쿵쿵 군인들이 전진한다
문간에서 카이저(독일 황제)를 찾아낸다
레몬파이를 가져와 그의 눈을 짓누르면
이제 카이저는 없어지리라[27]

남성들의 노래가 나아 보인다. 저 레몬파이 노래는 마치 찰리 채플린과 과자에 사로잡힌 아이가 파시즘을 끝장낼 방법으로 떠올린 것 같다. 누군가를 파이로 때린다고 그냥 **사라지지** 않는다. 만일 그랬다면 어릿광대도 사라졌을 것이다.

젊은이들이 전쟁에 참가하는 데 열광적이었다고 해서 선상에서 독감으로 죽는 것까지 바라지는 않았을 것이다. 그러나 신문은 그들에게 알려줄 생각이 없었다. 정부도 마찬가지다. 당국은 모든 것이 순조로우니 군인과 국민은 걱정할 것 없다고 주장했다. 뉴욕주 보건국장 로열 코플랜드는 이렇게 말했다. "여러분은 미국 보병이 그 병에 걸렸다는 이야기를 들은 적이 없지 않습니까? 분명 없을 것이고 앞으로도 그럴 것입니다. … 우리 국민은 그 문제에 관해 걱정할 필요가 없습니다."[28]

꼭 들어봤어야 했다. 제1차 세계대전 중에 4만 명의 미군이 스페인독감으로 목숨을 잃었다. 이는 베트남전쟁의 미군 사망자 수보다 겨우 7천 명 적은 것이다. 본 박사는 다음과 같이 회고했다. "내 인생에서 가장 애석했던 것은 군부대에서 군인 수백 명의 죽음을 목격하고도 어찌할 도리가 없었을 때였다. 그때 나는 의학의 위대한 성취에 관해 두 번 다시 지껄이지 않기로, 그리고 이 문제에 관해 지독하게 무지했다는 것을 겸허히 받아들이기로 결심했다."[29]

전염병 유행을 은폐하기 위해 언론은 갈수록 더 노력해야 했다. 9월 26일, 『엘파소 헤럴드*El Paso Herald*』는 헤드라인에서 "인플루엔자 유행에 관한 악질적인 소문과 싸울 것"이라고 선언했다. 해군 군인들은 집에 편지를 보내 가족들에게 질병 확산 이야기는 걱정하지 말라고 전할 것을 지시받았다.[30]

한편 당시 미국에서 가장 크고 붐비는 도시 중 하나였던 필라델피아에서는 9월 초, 집결해 있는 해군 군인들 사이에 유행이 시작되었다. 9월 15일까지 600명의 군인이 입원했다. 해군 병원이 초만원이어서 환자들은 민간 병원으로 이송되어야 했고, 그곳을 기점으로 질병이 더 멀리 퍼져나갔다.

이는 당국이 사람들에게 외출하지 말도록 **엄중히** 권고하기에 좋은 기회였을 것이다. 또는 전염성이 강한 질병에 걸린 환자를 다른 질병을 앓는 환자가 있는 병원으로 이송하지 말도록. 이 상황에서 대대적인 은폐보다 더 나은 해결책은 몇 가지나 있을까?

많다.

그러나 필라델피아 당국은 대대적인 은폐 공작을 선택하고 위협을 계속 경시했다. 보건국은 몸을 따뜻하게 하고 발을 마른 상태로 유지하고 인파를 피하도록 권고했다. 실제의 위험을 강조했더라면 필라델피아 시민들은 인파를 피하라는 메시지를 무시하지 않았을 것이다. 분명 9월 28일의 자유차관Liberty Loan 퍼레이드에 수십만의 사람들이 몰려들지 않았을 것이다. 의사 하워드 앤더스―이 책에서 다루는 영웅들 중 한 사람으로서 부각되어야 하는 보건 전문가― 는 퍼레이드의 위험성을 써달라고 기자들에게 간청했다. 그는 이미 해군 의무감醫務監에게 편지를 보내 연방 당국에 "군인과 필라델피아 시민의 보호를 요구"하도록 부탁했지만 허사였다.[31] 그는 퍼레이드에 사람들이 모여들면 수천 명의 시민이 인플루엔자에 걸릴 것이라고 확신했고, 이는 옳았다. 그러나 모든 신문이 사기 저하를 바라지 않았기 때문에 ―그가 퍼레이드를 "대화재를 일으키기에 안성맞춤인 가연성 무리"라고 멋지게 표현해가며 질병 때문에 **필라델피아가 초토화**될 것이라는 걸 알렸지만― 그의 요청을 거부했다.[32]

저 신문들은 이 책에서 영웅이 될 수 없다. 영웅은 앤더스다. 이렇게 말할지도 모르겠다. "잠깐. 그가 시도는 했지만 성공하지는 못했잖아! 시도만으로는 아무 의미도 없어. 하거나 하지 않거나야. 시도만 하는 건 없다고!" 이렇게 답하겠다. "아니, 어리석군. 세상은 요다(영화 「스타워즈Star Wars」 시리즈의 등장인물로 주로 조언자로서의 역할이 부각된다—옮긴이)의 말발이 통하지 않아. 요다는 백팩에 붙어 있는 그냥 작은 괴물이라고. 물론 시도 자체에 의미가 있단다." 앤더스는 사람들에게 경고하려 했고, 이는 다른 누가 한 일보다 가치가 있었다. 침묵을 지키는 게 훨씬 편한 시대에 올바른 일을 한 것이다. 이건 내 책이니까 시도라도 한 그를 영웅이라 칭한다.

실패했지만.

퍼레이드가 즐거웠기를 바란다. 그 결과는 앤더스의 예측대로 참담했기 때문이다. 9월 말에 필라델피아 보건자선국장 윌머 크루센은 "현재 주민들 사이에 전염병이 돌고 있다"고 언급했다. 이러한 승인은 적절한 조치였다. 잘했어요, 크루센. 하지만 불행히도 그가 마침내 입을 열었을 때는 이미 하루에 수백 명이 죽어가고 있었다. 10월 1일, 필라델피아에서 117명이 스페인독감으로 죽었다. 그런데도 10월 6일에 『필라델피아 인콰이어러Philadelphia Inquirer』는 질병을 막을 최선의 방법에 관해 다음과 같이 발랄한 어조로 보도했다.

청결하게 살자.
인플루엔자 이야기는 꺼내지도 말고 …
걱정할 필요 없다.
질병 대신 유쾌한 일만 이야기하자.[33]

그 신문은 이어서 교회와 영화관 등 사람들이 붐비는 장소를 폐쇄하는 아주 기본적인 예방 조치에 대해 애통해했다.[34] 10월 6일에 이렇게 물었다. "당국을 대체 무얼 하려는가? 죽어라고 겁주기?"[35] 심드렁한 태도, 청결한 생활, 그리고 유쾌한 생각은 질병을 막지 못했다. 10월 10일에는 759명이 죽었다.[36]

그해 가을은 모두가 질병에 관해 알지만 아무도 심각하게 받아들이지 않은 듯한 이상한 시기였다. 캐서린 앤 포터의 단편 「창백한 말, 창백한 기수Pale Horse, Pale Rider」에 연극 평론가인 주인공이 휴가로 잠시 귀향한, 연애 상대인 군인을 맞이하는 장면이 나온다.

미랜더가 말했다. "이상하네. 어떻게 휴가를 연장했어?"

애덤이 말했다. "그냥 해주더라고. 아무 이유 없이. 아무튼 저쪽에서는 군인들이 파리처럼 죽어나가고 있어. 웃기는 신종 질병 때문에. 단번에 당해버린다고."

미랜더가 말했다. "중세에 돌았던 역병 같은데. 그럼 장례식도 많이 봤겠네?"

애덤이 말했다. "아니, 전혀. 뭐, 마음 단단히 먹고 안 걸리도록 해야지. … 멋진 일자리를 구했네. 어지러운 오락장 찾아다니며 글만 쓰면 되는 거잖아."

미랜더가 말했다. "맞아, 너무 어지러워서 표현이 안 되지만." 둘은 장의 행렬이 지나가는 동안 가만히 서서 조용히 바라보고만 있었다.[37]

사람들은 이처럼 죽음에 둘러싸여 있는데도 자신도 감염될 수 있다는 사실에 새삼 충격을 받은 것 같다. 포터의 작품에 등장하는 인물들처럼. 그리고 일상적인 업무를 쾌활하게 해나가는 데 집중했다. 스페인독감에 관한 빈약한 보건상의 주의사항 중 하나로 "어쩔 수 없이 기침이나 재채기를 할 때는 꼭 손수건이나 종이 냅킨이나 천 같은 걸 얼굴에 대라"고 설명하는 전단지가 나돌았다.**38 감기에 걸렸다면** 좋은 충고다. 전염성 강하고 치명적인 공기 매개 감염병과 싸우기에 손수건은 한심할 정도로 불충분하다. 아직도 『필라델피아 인콰이어러』는 10월 15일 자 헤드라인으로 다음과 같이 쾌활하게 공표했다. "과학적 간호로 유행병 멈추다. … 당국은 모든 상황 장악했다고 밝혀."**39** 그것은 사실이 아니었다. 간호사와 의사가 병원에서 숭고한 노력을 기울였지만 —수녀와 자원봉사자도 부단히 노력했다— 결코 유행병을 멈출 수 없었다. 입원이 필요한 모든 사람들을 대응하는 것조차 불가능했다.**40**

마차가 필라델피아의 거리를 누비며 보도에서 썩어가는 시체를 수거했다. 왜 갑자기 14세기로 돌아갔는지 의아해하는 것도 무리가 아니다. 판데믹pandemic(전염병이 전 세계적 규모로 유행하는 상태를 가리키며 범유행이라고도 한다—옮긴이)이 발생하면 으레 그렇듯이 관의 수요가 급증하여 가격도 급등했기 때문일 것이다. 사람들은 관을 훔치기 시작했다. 어린이 시체는 마카로니 상자에 틀어넣었다. 그렇다. 마카로니 상자는 지금보다 더 컸다. 그리고 정부는 분명히 장례 보조금을 지급하지 않았다. 우드로 윌슨은 마르쿠스 아우렐리우스만큼 현명하지 않았으니까.**41** 어찌어찌해서 관을 입수했을지라도 장의사가 시체를 만지려 하지 않았기 때문에 사랑하는 가족을 직접 묻어야만 했다. 매장이 가능할 정도로 건강한 가족이 있을 때의 이야기지만. 필라델피아 시민들은 현관에 서서 사제가 운전하는 시체 운반

자선 트럭이 시체를 수거하러 오기를 기다렸다. 시체로 가득 찬 개방형 트럭이 거리를 달리고 있었다.[42] 필라델피아에서 10월에만 1만 1천 명이 죽었기 때문에 트럭은 그달 내내 거리를 순회했다.[43]

시카고에서는 보건국장이 "질병보다 공포가 더 치명적"이기 때문에 "공동체의 사기 진작에 방해가 되는 일은 하지 않겠다"고 선언하여, 같은 달에 치사율이 15퍼센트에서 40퍼센트로 치솟았다.[44] 세상 모든 것을 무서워한다고 해도 그러한 공포의 살상률이 이보다 높을 수는 없다고 장담할 수 있다. 버펄로에서는 보건국장 대행이 "모든 의사가 인간의 한계를 넘을 만큼 혹사당하고 있기 때문에 고통 받고 죽어가는 환자가 의사를 여러 차례 호출하고 나서도 2~3일 기다리는 건 예사였다"고 말했다.[45] 의과대학 2학년생—의사가 되기 위한 적절한 훈련을 아직 마치지 않은—이 소집되어 환자를 돌보았다. 뉴욕시에서는 9월부터 10월까지 3만 736명이 사망했다.[46] 뉴욕의 장로교 병원에서 일했던 한 의사는 매일 아침 병동에 가보면 중환자실의 모든 환자가 죽어 있었다고 회상했다. **매일 아침.**[47]

이 유행병 사태를 헤쳐나간 의사와 자원봉사자, 그들도 모두 영웅이다. 그들 모두에게 대통령 훈장을 수여하지 않은 건 실수다.

결국 질병과 죽음에 효과적으로 맞서는 법을 분명히 안내하지도 않은 채 사기는 떨어졌다. 당시에는 위험하다는 명백한 증거를 감지한 사람들이 필요한 정보를 얻으려 해도, 아무런 문제가 없다는 메시지만 도처에 널려 있었다. 신문이 실상을 전달할 때조차 사람들은 출판된 것을 믿어도 되는지 확신할 수 없었다.

10월 —남북전쟁 등의 시기를 고려해도 미국 역사상 가장 많은 사람이 죽은 달— 한 달 동안 19만 5천 명이 스페인독감으로 목숨을 잃었다.[48] 집에 누군가와 함께 있을 때 "우리들 중 한 명은 죽을 거야!"라고 소리쳐보면 어느 정도인지 짐작할 수 있을 것이다. 가족들이 좋아할 거다. 이제 크루센이 "과장 보도 때문에 두려워하거나 당황하지 말라"고 뒤에서 절규하는 모습을 상상해보라.[49] 신문은 "겁먹지 말라"고 훈계했다. 이는 아이들의 작은 새 노래에 이어 이 장에서 두 번째로 무서운, 아마도 진부한 문구일 것이다.

사람들은 겁에 질렸다.

그리고 겁에 질린 사람처럼 행동하기 시작했다. '침 뱉기는 죽음이다'라는 문구의 현수막을 걸었고, 침을 뱉은 범인은 체포되기 시작했다.[50] 그것이 잘못된 것은 아니지만(독감에 걸렸을 때 사람들에게 침 뱉으면 안 된다) 신체 작용 때문에 체포한다고 해서 공포가 진정되거나 특별히 효과적인 것도 아니다. 안면 마스크의 착용이 공무원 및 인플루엔자 환자에게 의무화되었지만, 『워싱턴 타임스Washington Times』는 "마스크의 사용이 보급되리라 생각되지 않으며, 보건 당국은 그것이 예방책으로서 가치가 있는지 의구심을 품고 있다"고 주장했다.[51] 이 기사는 터키모자를 쓰고 칠면조를 뒤쫓고 있는 군인의 사진이 붙은, '곧 추수감사절이다!'라는 한발 앞선 외침에 가려져 눈에 띄지 않았다. 추수감사절은 한 달 넘게 남아 있었다.

머지않아 일반 시민들 사이에 마스크가 널리 보급되었지만, 불행히도 질병 대책에 특별히 효과가 없을 것이라는 당국의 예측이 옳았다.[52] 사람들은 구식 민간요법에 기대기 시작했다. 가래톳페스트의 시대에 그랬던 것처럼.[53] 어떤 상인은 하루에 팔린 퀴닌의 양이 지난 3년 동안 팔린 것보다 많았다고 주장했다. 말라리아 유행이었다면 아주 유용했을 텐데 말이다. 퀴닌 말고도[54] 아래와 같은 것들이 인

플루엔자 치료약으로 광고되
고 있었다.

스페인독감 유행 당시 시애틀에서 마스크를 쓰
지 않은 사람은 전차 탑승이 거부되었다.

- 하이오미Hyomei 오일
(유칼립톨, 알코올, 유동 파
라핀 등이 함유된 기름으로
살균 효과가 있어 호흡기 질
병 치료에 쓰였다―옮긴이)
을 사용하세요. 호흡기관을
살균력 있는 발삼balsam(나
무에서 분비되는 끈끈한 액
체로 강한 향이 나며 접착
제, 향료, 치료제 등으로 쓰인다―옮긴이)으로 씻어내세요.
- 인플루엔자 예방에 머니언의 포포Paw Paw 약(동종요법 제약사
로 알려진 제임스 머니언이 발효된 파파야주스로 만든 약―옮긴이).
- 인플루엔자에 걸렸다면 엘리Ely의 크림 밤balm(미국의 와이어
스화학에서 만든 바르는 코감기약―옮긴이). 콧물, 호흡곤란에 특효.[55]

(포포 약은 고양이 피부병에 써야 할 것 같다.)

미신적인 사람만이 수상쩍은 요법에 빠진 것은 아니었다. 의사들
은 술을 **더 많이** ―위스키, 하루 와인 반 병, 자기 전 포트와인 한
잔― 마시라고 권했다.[56] 그리고 처방전에 위스키를 써넣기 시작했
고, 필라델피아의 약국에서 구할 수 있었다.[57] 대부분의 경우 음주는
아무것도 해결할 수 없지만, 이 특수한 경우에는 **금주도** 아무 도움

이 안 되었기 때문에 ―도움되는 건 아무것도 없었다― 이해 못 할 반응도 아니다.

필라델피아에서 사람들이 모이는 인기 있는 장소는 폐쇄되었지만, 당국은 치안 대책이 아니라고 강조했다. 그러나 폐쇄의 이유에 관한 정보를 숨기는 것은 효력이 없었고 큰 혼란만 불러왔다. 예를 들어 당국은 특히 몸이 안 좋을 때 만원 전차에 올라타면 **절대** 안 된다고 말하는 대신, 전차의 승차 정원을 제한하기만 했다. 잉글랜드의 어떤 사람은 자신의 영화관이 특별한 통풍장치가 있기 때문에 안전하다고 주장했다. ―그리고 신뢰받았다. 그가 그런 장치를 갖고 있고 그것이 효과적이라고 믿었는지도 모르지만, 효과는 없었다.[58] 필라델피아에서는 술집이 맨 마지막에 폐쇄되었지만,[59] 런던의 사보이 호텔은 위스키와 럼으로 만든 새로운 칵테일 코프스 리바이버Corpse Reviver(숙취 해소를 위해 마시기도 하는데 시체도 부활시키는 효과가 있다고 농담조로 이야기된다―옮긴이)로 번창했다(전통적인 숙취 해소제와는 조금 다르지만, 죽어가는 기분을 덜 느끼게 해준다는 점에서는 둘 다 비슷하다).[60]

사람들은 종종 겁에 질리고 때로 술에 취하기도 하면서 각자도생하기 시작했다. 샌프란시스코에서는 어떤 보건 검사관이 마스크 착용을 거부한 남성에게 발포했고, 시카고에서는 한 남성이 가족의 목을 베며 "내 방식대로 치료할 거야!"라고 소리쳤다고 한다.[61] 런던에서도 이와 비슷하게 한 남성이 부인과 두 딸의 목을 베었는데, 자신이 감염된 사실을 알고 남겨질 가족이 불쌍하여 일을 저지른 것이었다.[62]

스페인독감은 14세기의 가래톳페스트 유행 때처럼 '역병'이라 불리게 되었다. 그럴 만하다. 600년의 세월이 흘렀는데도 여전한 대중의 혼란과 악몽 같은 상황은 무엇보다 흑사병을 연상시켰다. 미국적십자사의 내부 메모에는 "인플루엔자가 불러온 두려움과 혼란은 중세의 흑사병 공포와 유사하며 이미 전국 각지에 퍼져 있다"고 적혀 있었다.[63] 적십자사의 보고에 따르면, 켄터키주 농촌 지역에서는 사람들이 음식물을 구하러 밖으로 나가려 하지 않았기 때문에 아사자가 나오기 시작했다.

11월에는 사람들이 질병과 싸우기를 포기한 것 같았다. 다들 집에 틀어박혀 떨고만 있었다. 뉴욕에 유행이 시작되었을 때 인도주의자 간호사 릴리언 월드는 전염병과 싸우는 데 필요한 자금을 모으기 위해 "올트먼과 티퍼니의 5번 애비뉴' 상점의 계단에 서서 행인에게 말을 걸고 있는 품위와 견식을 갖춘 여성"을 발견했지만, 이제는 어디론가 가려고 하는 사람은 아무도 없었다.[64] 필라델피아의 긴급구호대 대장 엘리자베스 마틴은 다음과 같이 보고하며 분통을 터뜨렸다. "가만히 안주하고 있는 수백 명의 여성은 … (한때) 자비의 천사를 꿈꾸며 위대한 희생정신을 발휘할 수 있다는 원대한 자부심을 갖고 있었다. 이제 그들을 분발하게 만드는 것은 아무것도 없는 것 같다. 어떤 가족 전원이 감염되었는데 아무도 음식을 가져다주지 않아 아이들이 실제 굶주리고 있다는 이야기를 듣고도 치사율이 높으니 망설이고만 있다."[65] 빅터 본 박사는 이렇게 말했다. "만일 유행이 수학적으로 가속화된다면 문명은 지구상에서 사라질 것이다."[66] 하지만 기적적으로 유행은 멈췄다.

그 질병이 사망자 양산을 그만둔 이유는 정확히 알 수 없지만 — 다양한 설이 있다 — 그만둔 건 확실하다. 가장 보편적인 설은 그저 숙주를 너무 많이 죽였기 때문이라는 것이다.

기세가 누그러진 후, 그리고 전쟁이 끝난 후에야 사람들은 그것에 관해 쓰기 시작했다. 1918년 12월 28일, 『미국 의학 저널*American Journal of Medicine*』은 다음과 같이 표명했다.

1918년이 지나갔다. 인류 역사상 가장 잔혹한 전쟁이 종결된 중대한 한 해였다. 적어도 당분간은 인간에 의한 인간의 파괴가 끝났음을 기념하는 해, 불행히도 수없이 많은 인류의 목숨을 앗아간 가장 치명적인 전염병이 발생한 해였다. 4년 반 동안 의학은 인간을 포화 속으로 밀어넣고 그곳에 잡아두는 데 전념했다. 이제는 인류 최대의 적—전염병—과 맞서 싸우는 데 온 힘을 쏟아부어야 할 때다.[67]

그러나 별로 싸울 것도 없었다. 다음 겨울에 전보다 약해진 3차 확산이 왔지만, 그리고 1920년대 내내 주기적으로 유행했지만 가장 치명적인 시기는 지나 있었다.

스페인독감으로 인해 전 세계적으로 2500만 명에서 1억 명이 사망한 것으로 추정된다. 미국인만 약 67만 5천 명이 죽었다고 여겨진다. 4년 동안 지속된 남북전쟁 때의 사망자 수보다 많다.

오늘날 과학자들은 냉동된 사체에 보존되어 있던 바이러스를 이용하여 스페인독감을 재현하려는 역유전학reverse genetics 실험을 진행하고 있다. 질병이 다시 출현했을 때 저지할 수 있도록 백신이 개발되기를 바란다. 그렇지만 바이러스가 돌연변이를 일으키는 속도를 고려하면 매우 어려운 일이며 아직 성공한 바 없다.[68]

그 질병은 여전히 어딘가의 얼음 아래 잠복해 있을 것이고, 치료법은 존재하지 않는다.

다시 유행이 시작된다면 인류는 살아남을 만큼 행운이 따르지 않을지도 모른다. 하지만 우리는 적어도 어리석은 불성실함을 피할 수는 있다.

존 배리는 『지독한 인플루엔자』에서 다음과 같이 기술한다. "당국자는 대중의 신뢰를 유지해야 한다. 그 방법은 아무것도 왜곡하지 않고 숨기지 않고 누군가를 조종하려 하지 않는 것이다. … 리더십을 발휘해 어떤 공포든 그 존재를 구체화해야 한다. 그래야만 사람들이 공포를 이겨낼 수 있을 것이다."[69]

정부가 공중보건의 위기에 대처할 수 있는 더 좋은 방법들이 분명히 있다. 최소한 장례 보조금을 지급하여 자식을 마카로니 상자에 넣어 매장하는 일이 없도록 할 수 있다. 초기에 긴급구호팀을 조직하고 자원봉사자를 모집하는 것도 좋은 대책이 될 수 있다. 정부 지도자들은 모든 면에서 실패했지만, 우드로 윌슨이 아무리 형편없었어도 당시 다른 문제들을 떠안고 있었다는 것을 기꺼이 인정한다.

내가 가장 실망한 것은 저널리스트다. 알려야 할 것을 전하여 민중을 보호하는 것이 그들의 이상적인 임무이기 때문이다. 영화나 책을 보면 어느 시점에 기자가 "우리는 저널리스트다! 진실을 말한다!"라는 식으로 외치는 장면이 나온다. 이는 킴 카다시안(1980~ . 미국의 패션 디자이너, 모델, 방송인으로 이슈메이커로 유명하다―옮긴이)의 셀룰라이트를 보도하는 것처럼 어리석은 행동으로 이어지기도 한다. 하지만 가장 바람직하게는 예컨대 워터게이트나 성직자의 학대 스캔들에 관해 진실을 보도함으로써 저널리스트는 대중의 감시인 역할을 하게 된다. 그들은 자주 권력자의 의도에 맞서 일반 시민을 지킨다.

거짓말하는 것이 더 편할 때—정부가 거짓말할 것을 **바랄** 때—조차 진실을 이야기한다. 그것이 제4계급(신문·언론·기자를 지칭하는 말로 서구 봉건제의 성직자, 귀족, 평민 이외의 계급이라는 데서 유래했다— 옮긴이)의 가장 높은 덕목이다. 애석하게도 "전쟁의 첫 번째 희생자는 진실"이라는 상원의원 하이럼 존슨의 1917년 발언은 위의 사례에서 정확하게 입증되었다. 1918년에 스페인독감이 유행하는 동안 제4계급은 잘못된 의도 때문에 몰락했다.

언론이 유행 상황의 전개에 관해 더 잘 보도한다고 해서 인플루엔자바이러스를 저지할 수는 없었겠지만, 필라델피아의 단 한 신문에서라도 '퍼레이드 참가는 금물, 어리석은 퍼레이드 제발 취소해야'라는 헤드라인을 냈다면 수백 명은 목숨을 건졌을 것이다. "겁먹지 말라!"는 것보다 훨씬 나았을 것이다.

모든 게 잘되고 있다고 말한다고 해서 모든 게 잘되는 건 아니다.

이 몰락은 지난 일이다. 기자와 편집자에게는 이유가 있었다. 징역형은 농담이 아니다. 하지만 이러한 진실 전달의 실패로부터 배우는 것이 중요한 까닭은 제4계급이 다시는 몰락해서는 안 되기 때문이다. 다행히도 현재는 미국질병통제예방센터와 세계보건기구 같은 기관이 질병의 진행 상황을 추적하고 그 결과를 보고한다. 스페인독감과 유사한 유행이 발생할 경우에 훌륭한 정보원이 될 것이다. 바라건대 저널리스트도 필요한 정보를 대중과 공유할 것이다. 민중은 정보가 제대로 주어졌을 때 가장 강하다. 리프먼의 주장과 달리 우리는 현명하고 선량하며 힘을 합치면 더 강해진다. 다음 유행이 닥쳤을 때 이를 기억하고 있으면 큰 도움이 될 것이다.

기면성뇌염 *

가끔씩 눈동자의 커튼이 조용히
열린다. —그러면 하나의 형상이 들어가
사지의 긴장된 고요를 뚫고 내려간다.
그리고 심장에서 사라진다.
– 라이너 마리아 릴케, 「표범(Der Panther)」

아래 그래프는 유사 이래 의학 발전의 속도를 나타낸 것이다.

1900년까지 정말, 정말 천천히 발전하는 양상을 보여준다. 모든
전진과 퇴보에 대한 아주 정확하고 과학적인 묘사다. 마이크로소프
트 워드에서 선 긋는 법을 찾아보고 나서 이 선을 긋는 데 4분이나
걸렸으니 잠시 감상하길 바란다.

아래 그래프는 20세기의 의학적 진보를 나타낸다.

* 기면성뇌염(嗜眠性腦炎)은 '졸음뇌염'이라고도 한다. '수면병'이라 불리는 경우도 있
으나 이는 잘못된 병명이다.

당신은 말할 것이다. "우와! 참 정교하게도 그었구나. 분명 지난 100년 동안 급속한 발전을 이룩한 것 같네! 근데 더 가파른 선을 보고 싶군. 인간의 일생 안에 의학적 기법과 치료법이 훨씬 급속하게 발전했음을 보여주는 선을. 기간은 50년쯤으로. 제도사 양반, 다 그렸나. ─그런 일이 일어난 적이 있나?"

딱 들어맞는 사례가 있다! 바로 1916년부터 1920년대 후반까지 맹위를 떨친 기면성뇌염encephalitis lethargica이다. 「스페인독감」의 장을 다 읽어내고도 그리 무섭지 않았다면, 음, 좀 이상한 인간이지만, 그래도 기겁할지 모르니 각오하는 게 좋다. 기면성뇌염은 '100년도 채 안 되어 잊힌 무서운 불치병'이라는 점에서 스페인독감과 우열을 가리기 힘들다.

기면성뇌염이 만연한 1910~1920년대에 전 세계적으로 약 100만 명이 걸려 50만 명 이상이 죽었다.[1] 살아남은 사람은 대부분 자신의 몸 안에 갇혀버렸다. 간단하게 말해서 영국의 록 그룹 퀸의 노래 「겨울 이야기A Winter's Tale」처럼 인간 조각상으로 만드는 질병으로 볼 수 있다. 조금 더 임상적으로 말하자면, 1921년에 연방 보건국 직원 H. F. 스미스가 다음과 같이 설명했다.

유행성 증후군으로 대개의 경우 두통, 현기증, 시각장애, 안구마비(눈을 정상적으로 움직일 수 없음), 발화의 변화, 연하곤란嚥下困難(음식물을 삼키기 어려움), 현저한 무력증(쇠약해짐), 발열(대개 미열), 심한 변비, 요실금(방광 제어 상실), 가면처럼 무표정한 얼굴이 점진적으로 나타나고, 대부분의 증례에서 기면 상태가 서서히 진행되어 다소간 깊은 혼수상태에 빠진다.[2]

이 정의에는 감정이 전혀 드러나지 않고 한 문장에 너무 많은 증상이 들어 있어 질병의 공포가 실감나지 않는다.

콘스탄틴 폰 에코노모라는 이름의 젊은 과학자가 빈 소재 바그너야우레크 클리닉에서 일하고 있던 1917년으로 가보자. 그는 제1차 세계대전 때 공군에 복무했고, 빈 최초의 국제 파일럿 면허 취득자였다. 열기구와 비행

콘스탄틴 폰 에코노모.

기 조종하는 것을 좋아했다. 열기구가 취미였다는 것만으로도 엄청 멋진데, 과학 연구도 좋아하여 의학뿐만 아니라 공학 분야에서도 학위를 취득했다. 또한 독서가로, 특히 괴테의 『파우스트*Faust*』와 호메로스의 『오디세이아*Odysseia*』 같은 작품을 즐겨 읽었다. 그는 세계와 그것이 돌아가는 방식에 열렬한 **관심**을 갖고 있었다. 맙소사, 그는 또 남작이었고 그리스 왕자의 딸과 결혼했다. 그를 모델로 한, 『그레이의 50가지 그림자*Fifty Shades of Grey*』 같은 역사물이 없다는 게 이상할 정도다. 1917년, 그가 비행기 조종에서 정신의학으로 관심을 돌렸을 때, 그의 아내는 비행을 그리워하지 않을지 염려했다. 그러자 그는 말했다. "아니오. 그쪽 분야는 더 이상 새로운 게 없소."[3]

다행히 그 시기에는 정신적 상태에 관해 연구할 것이 아주 많았다. 프로이트가 『정신분석입문*Vorlesungen zur Einführung in die Psychoanalyse*』을 쓴 것도 같은 해였다. 어느 시기에 특정 질환을 연구하는 것을 '유행'이라 간주하는 것도 좀 이상하지만, 정신 질환의 연구가 유행한 적이 있었다면 바로 그 시기이며 빈이 그 무대였다.

폰 에코노모는 바그너야우레크 클리닉에서 모두 비슷한 증상을 앓고 있는 것처럼 보이는 일련의 환자들과 마주쳤다. 그들이 클리닉을 찾은 이유는 테이블에서 식사 중이거나 의사와 상담 중일 때처럼 부적절한 때 잠들어버려 남편이나 부인이나 자식이 걱정을 했기 때문이다. 폰 에코노모 앞에서 잠든 환자는 인사불성 상태에서 깨어날 수는 있었지만, 잠시 눈을 찡그리더니 다시 잠에 빠져들었다.[4]

"월요일 아침의 내 모습과 똑같네! 월요일은 진짜 싫어!"라고 소리치고 싶어졌다면,

1. 당신은 짐 데이비스 같다. 『가필드*Garfield*』(1978년에 시작된 짐 데이비스의 연재만화로 큰 인기를 끌며 애니메이션, 영화로도 제작되었다—옮긴이)의 성공을 축하한다.
2. 아니, 당신과 다르다. 음식을 씹다가 쓰러지지는 않을 테니까.

환자에게는 그 밖에도 다양한 증상이 있었다. 가끔 낮잠에 빠지는 정도의 증상이 아니었다. 어떤 환자는 음식물을 삼킬 수가 없어 콧구멍으로 역류시켰다. 왼쪽을 보지 못하는 환자, 얼굴의 움직임을 제어할 수 없는 환자, 집단에 둘러싸여 있다는 환각을 일으키는 환자도 있었다. 몇몇은 '강제 웃음'을 앓았다.[5] 모두 몹시 지쳐 보여서 폰 에코노모는 "수면병을 상대하고 있다"고 결론지었다.[6]

폰 에코노모를 폄하할 생각은 없지만, 그것을 생각해내는 데 괴테와 호메로스와 그 많은 학위가 다 필요한지 잘 모르겠다.

더 상세한 정보가 필요해진 그는 어머니와 상담했다. 그녀는 1890년대에 유럽의 여러 지역을 휩쓸며 '노나Nona' 혹은 '산송장'이라 불렸던 수면병에 관해 이야기해주었다. 1929년에 폰 에코노모는 "이제 노나와 기면성뇌염이 동일한 질병이라는 것을 어느 정도 확신할 수 있다"고 주장했다.[7]

병자를 '산송장'이라고 칭하는 것은 매우 우려스럽지만, 불행히도 폰 에코노모가 본 환자의 특징을 정확히 표현한 것 같다.

기면성뇌염에 걸렸다고 다 죽는 것은 아니었다. 폰 에코노모가 처음 연구한 11증례 가운데 네 명만이 사망했다. 분명 높은 비율은 아니다.[8] 그런데 몇 주에서 몇 달 후 많은 환자들이 회복한 것처럼 보였다. 폰 에코노모와 그들을 치료한 의사들, 그리고 분명 가족들도 기뻐했을 것이다!

기뻐하기에는 너무 일렀다.

회복한 환자들은 장기간, 때로는 몇 년이나 '정상'으로 보였지만, 영구히 회복하거나 다시 본래의 모습으로 돌아가는 일은 거의 없었다. 기면성뇌염에 걸린 아이들은 종종 성격이 —나쁜 쪽으로— 변했다. 보고서에 따르면, 늘 온순했던 아이들이 질병에서 '회복한' 후 몇 년이 지나 진정 무서운 성인으로 변해 있었다. 질병에 걸리기 전에는 예의 발랐던 아이들이 벽에 똥칠하게 된 경우도 있었다. 형제를 죽이거나 다른 아이를 강간하고 불구로 만들거나 다른 아이의 페니스를 물어뜯으려 한 아이들도 있었다. 1928년에는 자신의 치아를 전부 뽑고 양쪽 눈알을 빼낸 유명한 증례도 있었다. 한 의사는 "아이의 성격이 극적으로 변하면 본래의 모습은 영원히 '사라진다'"고 주장했다.[9] 더욱 비극적인 것은, 이들은 사이코패스와 달리 자신의 충동을 매우 무서워한다는 것이다. 심지어는 자신과 타인의 안전을 위해 가둬달라고 요청하거나 충동 제어가 거의 불가능한 것을 이해해달라고 의사에게 애원하기도 했다. 운이 좋으면 보호시설로 보내졌고, 운이 나쁘면 죽거나 감옥에서 평생을 보냈다.[10]

성인의 경우 기면성뇌염의 후유증은 서로 다르게 나타났다. 성인에게서 가장 흔한 만성적 증상은 뇌염후postencephalitic 파킨슨병의 발병이었다. 일단 회복한 것처럼 보인 후에 많은 환자들이 무반응 상태에 빠진 채 몇 년을 보냈고, 폰 에코노모는 그들을 '사화산死火山'이라 불렀다.[11] 한 환자가 그 상태를 이렇게 설명했다. "어떤 기분도 느껴지지 않았다. 아무것도 신경 쓰지 않게 되었다. 그 무엇도 내 마음을 움직이지 못했다. —부모님의 죽음조차도. 기쁘거나 슬픈 감정이 무엇인지 잊어버렸다. 그건 좋은 일도 나쁜 일도 아니었다. 아무것도 아니었다."[12] 움직이지도 반응하지도 못하여 자활이 불가능했기 때문에 많은 환자가 시설에 틀어박혀 수십 년 동안 지속적인 보살핌을 받아야 했다.

노나에 관한 폰 에코노모의 이론이 믿을 만하다면, 그 이전에도 기면성뇌염과 비슷한 질병이 유행한 적이 있었다. 그러나 20세기 이전에 그 상황을 과학 용어로 기록한 사람은 없었다. 『잠: 의학의 최대 수수께끼로 남은 망각된 유행병Asleep: The Forgotten Epidemic That Remains One of Medicine's Greatest Mysteries』의 저자 몰리 콜드웰 크로스비는 다양한 민담에서 폰 에코노모가 마주한 것과 유사한 질병의 발생을 엿볼 수 있다고 주장한다. 당신도 많이 알고 있을 것이다. 잠과 관련된 민담을 1분 이내에 얼마나 많이 댈 수 있는지 시작해보자.

1. 잠자는 숲속의 미녀

2. 백설공주

3. 립 밴 윙클Rip Van Winkle(미국의 작가 워싱턴 어빙의 단편소설로 주인공이 20년 동안 잠들었다가 깨어난다—옮긴이)

좋아, 세 편. 잘했어! 더 있냐고? 물론이지.

19세기 중반 독일에서 긴장성혼미에 빠진 사람들이 놀랄 만큼 주기적으로 나타났다는 보고도 있다. 이 보고는 에드거 앨런 포의 가장 유명한 두 단편 「어셔 집안의 몰락The Fall of the House of Usher」과 「생매장The Premature Burial」에 영감을 주었다.[13]

폰 에코노모는 새로운 과학적 방법을 이용하여 —현미경을 갖고 있었다!— 질병의 신체적 원인을 그 이전보다 훨씬 정확히 찾아냈다. 초기 논문에서는 환자들에게 위장장애가 없었음을 확인하고 식중독으로 인한 독소와 영양실조를 배제했다. 환자의 병력을 조사하여 독약에 노출된 적(예컨대 군인이 경험하는 독가스 합병증)이 없다는 것을 확인하고, 뇌척수액을 뽑아 인플루엔자에 걸리지 않은 것도 확인했다. 매독 검사도 음성으로 나왔다. 당시 빈에서는 소아마비가 유행하지 않았기 때문에 소아마비도 제외되었다. 그러나 폰 에코노모는 사망한 환자에게서 채취한, 뇌를 감싸는 막의 샘플에서 구상의 세균을 발견했다. 이후 원숭이의 뇌 조직에 그 세균을 주입하니 질병이 원숭이에게 전염되었기 때문에 그 샘플은 특히 중요한 것으로 판명되었다.[14]

그리고 —이것이 특별히 재미있다— 폰 에코노모는 환자의 뇌가 손상된 부위를 특정하여 그 부위 즉 시상하부가 수면을 조절한다

장르네 크뤼셰.

는 가설을 세웠다. 그 추정은 옳았다고 증명되었지만, 70년 후의 일이었다.[15]

그는 1917년 4월 27일에 논문을 발표했다. 타이밍이 아주 중요했는데, 바로 며칠 전에 장 르네 크뤼셰(1875~1959. 프랑스의 병리학자이자 소아과 의사로 틱, 근육긴장이상, 기면성뇌염 등을 연구했다—옮긴이)라는 과학자가 그 질병에 관한 논문을 낸 것이었다. 그 논문에서 크뤼셰는 자신이 치료한 군인들이 기면성뇌염과 유사한 질환을 앓았다고 보고했다. 그리고 폰 에코노모의 연구가 인정받고 있는 것이 **마음에 들지 않아서** 그 질병을 기면성뇌염 대신 '크뤼셰병'이라 부를 것을 제안했다. 이에 대해 폰 에코노모는 크뤼셰의 환자 40명 가운데 **한 명**만이 실제 기면성뇌염이고 나머지는 그냥 전시戰時에 도는 질병일 것이라고 반론했다.[16] 한때 그 질병은 빈에서는 폰 에코노모의 기면성뇌염, 프랑스에서는 크뤼셰병으로 알려졌다. 나는 크뤼셰에게 별 관심이 없다. 그는 열기구를 몰지 않았으니까. 기면성뇌염을 크뤼셰병이라 부르고 싶다면 그렇게 하라.

해외에서는 두 호칭 다 거의 쓰이지 않았다.

기면성뇌염에 관해 들어본 적이 없을지라도, 그리고 사람들을 혼수상태의 '산송장'이나 저주받은 아이로 만들어버리는 질병을 몰랐다는 데 놀라고 있을지라도, 유행하고 있을 때조차 많은 사람들이 몰랐으니까 그럴 만하다. 사망자 수가 많지 않아서가 아니다. 제1차 세계대전에 가려진 것이다(전쟁 당시 모든 것이 그랬다). 게다가 전쟁 말고도 같은 시기에 유행한 스페인독감에 관심이 쏠려 있었다. 그리고 주지하듯 스페인독감의 사망자 수는 충격적일 정도로 많았다.

이제 이런 생각이 들지도 모르겠다. **저 두 질병이 동시에 발생했으니 연관성이 있을지도 몰라. 기면성뇌염이 인플루엔자의 증상은 아닐까?** 머리가 좋으시군! 나도 그 가능성을 고려해봤지만 진전이 없었다. 아직도 그에 대한 논쟁이 있지만, 적어도 폰 에코노모는 연관성이 없다고 확신했다. 그의 환자들은 인플루엔자 음성 판정을 받았다. 기면성뇌염의 첫 증례가 연구된 것은 1916년으로, 인플루엔자 유행이 처음 보고된 1918년보다 앞선 일이었다. 게다가 폰 에코노모는 인플루엔자에 동반되는 고열, 근육통, 상기도上氣道 증상(기침, 재채기 등)이 기면성뇌염에는 나타나지 않았다고 기술했다.[17] 그런데도 연관된 질병에 관해 궁금하다면, 오늘날 기면성뇌염이 연쇄상구균과 관련 있다고 생각하는 과학자도 있으니 패혈성인두염에 걸렸을 때 고찰해보면 재밌을 것이다.

1918년에 런던에서 처음으로 기면성뇌염의 증례가 나타나자 빈에서의 유행을 거의 의식하지 않았던 임상의들은 당황했다. A. J. 홀 교수는 다음과 같이 기술했다.

그들은 자신들이 알고 있는 질병 가운데서 이 새로 발견된 유리 구두에 딱 들어맞는 발을 찾을 수 없었다. 그래서 말하자면 궁정 사회에 반입되지 않은 '미지'의 질병을 조사했다. 그중에서 당초 구두의 주인이 발견되었다고 여겨졌는데, 그 이름은 보툴리눔독소증botulism

이었다. 그녀의 발을 구두에 억지로 끼워 맞추려 눈물겨운 노력을 했지만 불가능하다고 밝혀져 포기했다. 보툴리눔독소증은 신데렐라가 아니었다.[18]

당연히 아니었다. 신데렐라는 기면성뇌염이었으니까. 처음에는 전혀 새로운 질병이라고 선언했던 의사들도[19] 정신을 차리고 다음과 같이 인정했다. "그 질병을 특정하고 기술하기 위해 폰 에코노모의 의견에 따라 우선권이 있고 임상적 특징을 잘 나타내는 기면성뇌염이라는 이름으로 부르기로 결정했다."[20]

사실 런던의 환자들이 보인 증상의 일부는 빈에서 최초로 확인된 것과 달랐다. 예를 들어 런던에서는 과잉운동성 발작이 나타나는 경우가 있었다. 한 소년은 엎드려 네 발로 펄쩍펄쩍 뛰었는데, 명백히 겁에 질려 있었고 자신의 행동을 전혀 제어할 수 없었다. 쉴 새 없이 말하는 환자도 있었다. 하지만 대부분은 폰 에코노모가 빈에서 관찰한 것과 동일한 무기력함 및 졸음 상태를 보였다. 그리고 아주 오싹하게도 많은 환자가 눈을 뜬 채로 잠들었다. 걷잡을 수 없이 뛰어대는 것보다 더 무섭다고는 할 수 없지만 실로 공포 영화에 출연하는 기분이다.

1918년, 잉글랜드에서 기면성뇌염의 538증례가 발생했다. 치사율은 50퍼센트까지 상승했다. 대부분 호흡기계의 마비로 인한 것이었다.[21] 그리고 참 무섭게도, 살아남은 환자 대부분이 원상태로 돌아가지 못했다고 현재 밝혀져 있다. 그들은 시설에서 생을 마쳐야 했다.

질병은 퍼져나갔다. 중국, 인도, 오스트레일리아, 스웨덴, 우루과이로 —**어디로든.** 뉴욕에서는 한 신경과 의사가 10대 소녀의 가족과

만났다. 소녀는 두 달 동안 계속 잠들어 있었고, 반응이라고는 지시를 받고 눈을 깜빡이거나 손을 쥐는 것이 고작이었다. 의사는 애석해하며 아무런 방법이 없다고 말했다. 그러자 소녀가 울기 시작했다.

다행스런 경우도 있었다. 1920년, 한 여성 환자가 3개월 이상 잠들어 있었다. 그녀가 음악을 아주 좋아하는 것을 알고 있던 남편은 연주가를 고용하여 머리맡에서 슈베르트를 들려주었다. 그러자 즉시 일어나 완전히 회복했다. 『런던 타임스_London Times_』에 따르면, "뉴욕 보건국의 기록상 기면성뇌염이 치유된 첫 사례"였다.[22] 실제 그랬을 수 있고 멋진 이야기지만, 슈베르트의 음악이 다른 사람에게는 소용없었다.

백신이 개발되기 시작했다. 유행성뇌염 환자였던 기업가 윌리엄 J. 매더슨이 기부하여 매더슨 유행성뇌염 연구위원회가 1927년에 발족했다. 연구를 이끈 조지핀 B. 닐은 영향력 있는 네 편의 논문을 쓰고 그 분야의 일인자가 되었다. 하지만 연구팀은 백신도 치료법도 발견하지 못했다. 닐은 "자연히 완화되거나 진행되는 속성 때문에 치료 효과를 입증하는 것이 얼마나 어려웠는지" 토로했다.[23] 그녀는 1955년 사망할 때까지 연구를 이어갔지만, 1942년에는 자금 부족으로 유행성뇌염 연구위원회 활동이 종료되었고, 비통한 마음으로 이를 모든 환자에게 보고했다.[24]

최초의 증례가 발견된 이후 26년이 지나서도 A. J. 홀이 한탄하며 한 말, 즉 "우리가 암흑 속에서 더듬고 있는 것이 다음 세대에는 선명하게 보일 것이다"라는 말은 여전히 유효한 것으로 여겨졌다.[25] 이 사무치는 감정은 모든 시대의 의학 연구자에게 반향을 일으킬 것이다.

그러나 … 이 장 처음에 나온 멋진 그래프를 기억하는가? 의학은 순식간에 변했다!

1918년의 인플루엔자 유행 같은 이야기가 무섭게 들리는 것은 과거에 사람들의 목숨을 앗아간 질병 대부분이 이제는 치료 가능하다는 안일한 생각에 젖어 있기 때문이다. 인플루엔자는 해당되지 않는다! 기면성뇌염도 마찬가지다. 하지만 기면성뇌염 환자에게는 다행스럽게도 20세기에 의학이 빠르게 진보하여 평생 동안 고통을 경감할 수 있게 되었다.

이 이야기를 듣고 숨이 멎지 않는다면, 매독 치료제가 500년 동안 환자의 얼굴에 코를 갖다 붙인 이후에나 등장했다는 것을 생각해보라. 20세기는(지금도) 질병이 발견되고, 애석하게도 치료할 수 없어 다음 세대로 넘겨지고, 50년 후 과학의 발전에 따라 근본적으로, 그리고 극적으로 다른 치료법이 등장하는 시대였다. 기면성뇌염의 유행 초기에 폰 에코노모가 현미경을 갖고 있었던 것은 정말 대단한 일이었다. 이후 화학과 의학의 발전 속도는 숨 막힐 정도였다.

기면성뇌염의 이야기는 올리버 색스의 업적과 밀접히 관계된다. 색스는 지금껏 지구 위를 걸었던 사람 중 가장 멋진 남자였다. 미안해요, 콘스탄틴 폰 에코노모. 제가 변덕이 좀 심해요.

올리버 색스는 신경학자이자 『아내를 모자로 착각한 남자*The Man Who Mistook His Wife for a Hat*』 같은 의학을 기반으로 하는 책들을 집필한 훌륭한 작가였다. 아직 읽지 않았다면 읽어보라! 지금 이 책을 읽고 있으니 이상한 질병에 관한 이야기도 분명 마음에 들 것이다. 그의 모든 저작을 통해 그가 인정 많고 머리 좋고 재미있는 사람이라는 인상을 받는데, 실제 그의 동료와 환자, 그리고 그를 알고 있는 모든 사람들의 공통된 의견이기도 하다.

논픽션 작품 『깨어남*Awakenings*』에서 그는 기면성뇌염을 오래 앓고 있는 환자를 어떻게 '깨웠는지' 이야기한다. '의학 관련 논픽션 쓰기' 게임에서 그를 이길 재간이 없으니 자리를 비켜주겠다. 그는 『깨어남』의 서문에서 1969년 초의 일에 관해 이렇게 설명한다.

이 '사화산'이 살아나 분출했다. 마운트카멜의 고요한 분위기가 싹 바뀌었다. ―우리 앞에서 일어나고 있는 것은, 오랫동안 사실상 죽었다고 여겨지고 또 자신도 그렇게 여긴 80명 이상의 환자가 일으킨 일종의 지각 변동, 폭발적인 '깨어남', '되살아남'이었다.[26]

색스는 그것을 "인생에서 가장 뜻깊고 놀라운 사건"이라 회상했다. 그는 결국 죽은 사람을 살린 것이다! 누가 색종이 조각 좀 가져와! 나사로(신약성경에 나오는 인물로 병으로 죽은 지 나흘 만에 예수에 의해 소생되었다고 전해진다―옮긴이)가 부활했으니 샴페인을 터뜨리자! 그가 샴페인 좋아하는 거 **알지?**

색스의 환자들이 기적적으로 깨어난 것은 1960년대까지 기면성뇌염이 의과대학에서 다뤄지지 않았다는 사실을 고려하면 잘 믿기지 않는다. 폰 에코노모는 이렇게 말한 적이 있기 때문에 격분했을 것이다. "한 가지 확실한 것은 기면성뇌염의 많은 형태를 편견 없이 관찰한 사람이라면 … 신경학적 및 심리학적 현상에 대한 관점을 틀림없이 대폭적으로 바꿔야 했을 것이다. … 기면성뇌염은 잊히지 않을 것이다."[27] 틀렸어요, 콘스탄틴. 사람들은 무섭거나 멍청하다고 느끼게 만드는 정보를 손에 쥐자마자 던져버리니까요.

따라서 베스 에이브러햄 불치병 환자의 집Beth Abraham Home for

the Incurables(그의 책에서는 마운트카멜로 개명되었다)에서 80명의 뇌염 후 증후군 환자를 본 색스는 상당히 놀랐을 것이다. 그는 이렇게 언급했다. "환자의 절반 정도가 병적인 '잠'에 빠져 거의 말도 없고 움직이지도 않았으며 전적으로 간호를 필요로 했다. 신체적 장애가 그만큼 심하지는 않은 나머지 환자는 덜 의존적이고 덜 고립되고 덜 우울했으며, 기본적으로 필요한 일은 스스로 해결하고 어느 정도 개인 생활과 사회적 활동을 할 수 있었다."[28]

그는 처음에는 환자에게 기본적인 자아감을 부여하기 위해 연락이 끊긴 친척을 찾아내고 설득하여 병문안을 오도록 했다. 환자와 친밀한 관계를 형성하기도 했다. 일부 환자가 당초 생각했던 것보다 반응을 더 잘 보인다는 것을 발견했다. 그러나 자극이 외부 세계에서 왔다고 여겨질 때만 반응했다.[29]

『깨어남』 원작의 영화 「사랑의 기적Awakenings」(1990)에 묘사되듯이 환자에게 공을 던지면 받을 수 있었다. 베스 에이브러햄의 환자들만 그런 것은 아니었다. 런던의 하일랜즈병원에서는 어떤 환자에게 공을 던지면 너무 활발하게 놀았기 때문에 직원들이 (유명한 헝가리 축구 선수의 이름을 따) 푸슈카시Puskás라는 별명을 붙였다. 다른 환자들은 도움을 받으면 걸을 수 있었지만, 불행히도 스스로 걷겠다는 의지는 없었다. 애석하게도 외부 세계에 대한 기본적인 반응만으로는 도저히 충실한 인생을 살아갈 수 없었다. 누가 던진 공을 받는 것과 '공놀이하고 싶다'며 공을 잡는 것은 큰 차이가 있는 것이다.[30]

색스의 동료 의사 대부분이 그 환자들을 만성질환이라 손을 쓸 수 없다고 치부했다. 어쨌든 색스가 시간을 들여 증상을 이해하고 환자들과 교류한 것은 훌륭하다. 잠깐 외쳐보자. "참 좋은 사람이야!"

그리고 L-도파dopa가 등장했다. 1969년, 색스는 베스 에이브러햄의 환자들에게 레보도파Levodopa 혹은 더 일반적으로 L-도파라 불리는 전도유망한 항파킨슨병 약물의 대량 투여를 시험하기 시작했다.

결과는 놀라웠다. 몇 년 동안 거의 반응이 없었던 환자들이 몸은 늙었지만 예전의 자신으로 돌아갔던 것이다. 1930년대까지 자동차 경주를 했던 남성은 더 이상 운전할 수 없었는데도 깨어난 후 자동차를 아주 사실적으로 그리기 시작했다. 색스는 이렇게 보고했다. "그가 그린 자동차는 정교하고 정확하고 신기한 매력이 있었다. 그림을 그리지 않을 때면 이야기하거나 글을 썼다. —자동차를 몰고 경주에 나갔던 20대의 '그리운 시절'에 관해."[31] 한 여성은 의사에게 진주만공격 같은 중대사의 날짜를 댈 수 있었는데도 깨어난 후에는 지금이 1926년이며 자신은 21세라고 믿었다. 색스에 따르면, 그녀는 "마치 거슈윈을 비롯한 당대 인물이 아직 살아 있는 것처럼, 20대 시절의 사건이 이제 막 일어난 것처럼 이야기했다. 그리고 한물간 몸짓과 말투를 사용했다. '플래퍼flapper(1920년대 서구에 등장한 자유분방한 젊은 여성층으로 기존의 사회적·성적 규범을 거부하고 재즈를 즐겨 들었다—옮긴이)'가 갑자기 부활한 것 같은 인상을 주었다."[32] 나이가 들면서 겪는 일을 당연히 경험하지 못했기 때문에 스물한 살을 넘긴 자신을 상상할 수 없었다.

색스는 나중에 이렇게 회상했다. "내가 … 많은 환자들과 마찬가지로 애석하게 생각하는 점은, 그들이 세계와의 많은 관계들을 그리 잃지 않았던 10년, 20년 전에 이것(L-도파)을 이용할 수 없었다는 것이다."[33] 그는 21세의 플래퍼가 가장 안타까운 환자 중 한 명이라고 했지만, 내가 보기에 그 파티걸 플래퍼는 옛날의 자신처럼 대체로 행복하게 살았을 것 같다.

이러한 현상이 영화로 제작된 것은 **당연**하다! 깨어나 보니 인생의 30~40년이 사라져 있었다면 얼마나 끔찍하겠는가. 하지만 그 사람들이 별안간 본래의 자신으로 돌아간다니 굉장한 일이다.

부정적인 면도 있었다. 환자들은 많은 세월을 잃은 데서 비롯된 심리적 장애뿐만 아니라 호흡기 발작 같은 신체적 부작용까지 겪었다. 그러나 그들에게는 자신의 생각, 기운, 버릇, 열정, 관심이 있었다. 오랜 세월 흐릿한 반쪽 삶을 보내고 난 후에 세상으로 복귀한 것은 그들에게 경이로운 일이었을 것이다.

그렇지만 비극적이게도 L-도파의 효과는 지속되지 않았다. 많은 환자가 틱(근육의 불수의적인 수축 때문에 신체 일부분을 반복적으로 움직이거나 이상한 소리를 내는 질환—옮긴이)으로 괴로워했다. 조증 행동을 보인 환자도 있었다. 색스가 회상한 한 환자는 "간호사와 키스를 주고받기를 좋아했다. 이후 성적 환상이 더 심해져 유곽을 차리고 싶어 했다."[34] 참 안 됐지만 「뻐꾸기 둥지 위로 날아간 새One Flew Over the Cuckoo's Nest」(1975)를 여러 번 봤기 때문에 그자의 방식을 높이 평가한다. 실험은 중단되었지만, 일부 환자에게는 생을 마칠 때까지 L-도파가 투여되었다. 그 약물은 오늘날에도 파킨슨병의 치료제로 사용되지만, 많은 환자가 4~6년 후 약효 소진wearing off 현상을 겪는다.[35]

색스의 환자들은 다시 이전 상태에 빠져 더 이상 깨어나지 못했다. 그렇다고 해서 잠시 동안 깨어난 것이 무의미하다고 할 수 있는가? 삶이라는 것이 영원히 지속될 때만 중요하다면 전 인류는 형편없는 상태에 있다. 한 환자는 L-도파 투여 전에는 등이 너무 굽어 항상 땅바닥을 쳐다볼 수밖에 없었지만, 깨어 있는 동안 지역의 공원으로 당일치기 여행을 갔다. 그녀는 돌아와서는 이렇게 말했다. "평생 잊지 못할 —너무나 평온한— 완벽한 하루였어요! 이런 날을 살 수 있다니 기쁘네요. 살아 있음을 느껴요. 20년 만에 진정으로 그렇게 느낍니다. 이게 L-도파의 효과라면 틀림없는 축복이에요!"[36] 또 어떤 환자는 깨어난 후에 이렇게 말했다. "모든 사람이 저만큼 기분이 좋다면 전쟁은 일어나지 않을 거예요."[37]

많은 사람들이 삶의 끝자락에서 하루만 더 좋은 날을 보낼 수 있다면 뭐든 하려 할 것이다. 이 모든 삶은 귀중해 보인다. 행복한 날을 하루라도 더 살게 해준 것을 실패라고 볼 수는 없다. 색스는 말했다. "그들은 환자일 뿐만 아니라 선생님이자 친구였다. 그들과 함께 보낸 세월은 내 인생에서 가장 의미 있는 나날이었다. 그들의 삶, 그들의 존재가 인간의 곤경과 생존을 상징하는 귀감으로서 사람들 마음속에 간직되고 이어지기를 바란다."[38]

기면성뇌염의 치료법은 여전히 없고, 그 발생과 이어지는 소멸은 여태껏 수수께끼로 남아 있다. 그러나 만일 50년 안에 어떤 질병을 연구하여 일시적이나마 회복시킬 약을 내놓을 수 있다면, 다음 50년 동안 우리가 무얼 할 수 있을지 상상해보라. 이 질병의 환자 이외에도 깨어나는 자들이 나올 것이다. 과학 연구에 전력을 기울이면, 바라건대 우리가 살아 있는 동안 많은 나사로들이 공원에서 이리저리 춤추는 걸 볼 수 있을 것이다.

전두엽절제술

전두엽절제술보다 내 앞의 공짜 술이 낫다.*

- 톰 웨이츠

앞 장에서 나의 뛰어난 그래프를 통해 배웠듯이, 20세기에는 의학이 놀라운 속도로 발전했다. 전체적으로 보면 굉장한 일이다. 인류에게 커다란 혜택이다. 하지만 새로운 의학이 환자의 안녕보다 자신의 명성을 중요시하는 카리스마적 선동가에게 휘둘린다면 부정적인 면이 있을 수 있다.

위험한 질병에 대해 치료법이 없는데도 있다고 주장하는 사기꾼은 늘 있어왔다(안토니누스역병 때 쓸모없는 부적을 팔아먹은 아보노테이코스의 알렉산드로스 등). 그들의 괘씸한 행위로 인해 환자들이 죽는 일이 잦았다. ―그들의 치료법이 듣지 않았다는 좋은 증거다. 그러나 과학이 진보하면서 돌팔이들은 질병을 막기 위한 부적 이상의 것을 내놓을 수 있게 되었다. 20세기의 의학 발전은 부도덕한 인간이 환자

---

* '전두엽절제술(prefrontal lobotomy)'과 '내 앞의 공짜 술(free bottle in front of me)'의 발음이 유사하다.

를 죽이지 않고도 돌이킬 수 없는 손상을 입힐 수 있는 지점까지 도달했다. 그들은 그러한 방법을 '성공'이라 불렀다. 그리고 사람들은 "아니, 그건 성공이 아냐"라고 말할 수 있을 만큼 경계하지도 충분히 인식하지도 않았다. '치료'가 도움은 커녕 해를 입히면 어떻게 되겠는가?

우리가 다룰 것은 전두엽절제술, 당신이 절대 받으려 하지 않을 가

안토니우 에가스 모니스.

장 무서운 처치다. 이것은 질병이 아니라 인간의 어리석음이 낳은 역병이지만, 월터 잭슨 프리먼 2세가 불러온 공포를 언급하지 않고서 치명적인 의학 호러물을 쓰는 건 불가능했다.

1935년, 인간을 대상으로 한 최초의 백질절단술 즉 전두엽절제술이 신경학자 안토니우 에가스 모니스(1874~1955. 포르투갈의 신경학자이자 정치가로 근대적 정신외과를 창시하고 전두엽절제술의 개발로 노벨 생리의학상을 수상했다—옮긴이)에 의해 실시되었다. 이 수술은 환자의 두개골에 구멍을 뚫고 뇌의 전두엽에 칼집을 내서 뇌의 나머지 부분과 단절시키는 것이다.[1]

모니스는 예일대학에서 침팬지에게 실시했던 유사한 수술에서 영감을 얻었다. PBS 텔레비전 시리즈 「미국의 경험」(2010)의 '전두엽절제술사' 에피소드에 따르면, "두 마리의 침팬지, 베키와 루시는 … 전두엽이 제거되면 간단한 문제를 풀 능력이 상실된다는 것을 보여주었다." 그러나 과학자들은 베키가 문제를 풀 수 없어도 좌절하지 않

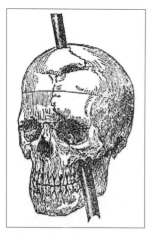

연구 논문에 묘사된 피니어스 게이지의 두개골. 워런해부학박물관에 실물이 전시되어 있다.

는다는 것을 알아챘다. 퍼즐을 푸는 침팬지로서의 자세에 전혀 신경 쓰지 않게 된 것이다. 그 수술을 집도한 칼라일 제이콥슨 박사는 베키가 마치 '행복 컬트(행복에 강박적으로 집착하고 숭배하는 집단을 일컫는 말―옮긴이)'에 들어가거나 "자신의 짐을 신에게 내려 놓은" 것처럼 보였다고 주장했다.[2] 루시는 그리 행복해 보이지는 않았지만, 아무도 관심을 갖지 않았다. 그러니까 … **루시를 사랑하지 않았다**((「왈가닥 루시 I love Lucy」라는 시트콤이 큰 인기를 끈―옮긴이) 1950년대에 크게 히트했을 만한 농담이다).

이러한 관찰에는 선례가 있었다. 원숙한 침팬지가 아니라 인간의 예다. 1840년대, 전두엽에 쇠막대기가 박히고도 살아남은 피니어스 게이지라는 남자가 있었다. 그는 신체적으로 회복했지만, 성격이 심하게 변하여 "지적 능력과 의사 표시의 면에서 어린아이" 같았다.[3] 이와 별도로 1871년에는 스코틀랜드의 신경학자 데이비드 페리어가 지적 능력은 전두엽에 갖춰져 있다는 것을 발견했다.

침팬지 실험의 포인트는 이랬어야 한다. "음, 흥미롭긴 한데 전두엽 가지고 장난치지는 말자. 어쨌든 하지 말자. 이 실험은 지적 능력과 문제 해결에 관한 암시일 뿐이야. 좋아, 모두 동의했지? 점심이나 같이하자고." 하지만 베키의 반응이 주목을 끌었다. 불안과 부정적인 감정의 저하가 현저했고 언뜻 보기에 아주 좋은 결과인 것 같았다.

모니스는 그러한 수술을 통해 정신장애인의 삶이 훨씬 나아질 거라 믿었다. '더 나은 삶'이 '덜 걱정하고 덜 불안해하는 것'이라면 그는 옳았다. 그렇지만 문제가 하나 있다. 걱정한다는 것은 유용한 일이다. 즐겁지 않고 밤에 잠들지 못할 수도 있지만, 그것은 곧 문제를 인식하고 해결할 능력이 있다는 뜻이다. 공감 능력이 있는 성숙한 인간이라는 뜻이다.

모니스는 걱정 없는 삶의 불이익을 고려하지 않았다.

최초의 전두엽절제술에서는 전두엽 부위의 두개골에 직접 약 3센티미터 깊이의 구멍을 2개 뚫었다. 그리고 전두엽에 알코올을 주입하여 신경의 연결 통로를 차단하려 했다. 에틸알코올은 효과가 충분하지 않다고 밝혀지자 모니스 팀은 루코톰leucotome(전두엽절제술을 비롯한 정신외과적 시술에 쓰이는 외과 도구로 두개골에 구멍을 뚫고 뇌 조직을 자르는 데 쓰인다—옮긴이)이라는 기구를 사용하여 전두엽을 철사로 자르기 시작했다. 손잡이 끝에 달린 철사 고리를 원형으로 회전시켜 신경섬유를 절단한 것이다. 한니발 렉터와 함께하는 소소한 만찬처럼 전두엽을 실제 제거하지는 않고 전두엽과 뇌의 나머지 부분을 단절시킨 것뿐이었다. 세심한 주의가 필요한 신경외과 수술이었지만, 한 시간 정도밖에 걸리지 않았다.

모니스와 달리 월터 잭슨 프리먼 2세는 내과 의사로, 신경외과 의사는 고사하고 외과 의사도 아니었다. 그는 신체의 어느 부위든 수술을 해서는 안 되었고, 뇌처럼 다루기 힘든 기관은 **특히나** 금물이었다. 하지만 그는 강행했다. 1937년, 동료인 제임스 와츠와 함께 이 수술의 첫 번째 버전을 미국 최초로 실시했다. 환자는 앨리스 해머트라는 이름의 60세 여성이었다. 그녀는 심한 우울증을 앓고 있었고

―자식 한 명을 잃고 언니 부부까지 동반자살로 죽었기 때문일 것이다― 자살을 생각하고 있었다. 프리먼에 따르면 그녀는 정말 재미없는 사람이었다. "불평의 달인이며 남편의 인생을 정말 비참하게 만들었다. … 남편이 몇 분 늦게 퇴근할까봐 걱정했고 마음에 안 드는 일이 있으면 소리를 질러댔다."[4] 심한 우울증은 예기치 않은 연속적인 죽음으로 상처를 입은 데 대한 타당하고 당연한 반응이라고 아무도 지적하지 않은 것 같다. 또한 시간을 지키는 건 좋은 일이다. 늦을 것 같으면 문자를 보내는 게 예의다.

수술 후, 해머트는 불안에서 해방되었다. 그렇긴 하지만 잡지를 획획 넘기거나 그림을 그리는 것밖에 할 수 없게 되었다. 그림에 단 제목은 철자가 틀렸다. 조리 있는 대화가 불가능했다. 결국 말하는 능력은 되찾았지만, 프리먼에 따르면 "집안일은 대부분 그녀의 남편과 가정부가 했다." 그러나 그녀는 수술 결과에 대해 만족했고, 걱정이 훨씬 줄었다고 느꼈다. 심지어 예전에 아주 성가셔 했던 지인들과도 즐거운 시간을 보낼 수 있었다. 프리먼은 "눈부신 결과"라고 자평했다.

나만 그런 건지도 모르지만, 성가신 사람들이 갑자기 마음에 든다니 도무지 눈부신 결과라 할 수 없다.

전두엽절제술의 가장 유명한 실패 사례는 아마도 로즈와 조지프 P. 케네디의 딸이자 존 F. 케네디 대통령의 여동생인 로즈메리 케네디일 것이다. 케네디 집안의 셋째 아이로 태어난 로즈메리는 매우 똑똑한 다른 형제자매들보다 항상 조금 뒤처져 있었다. 그러나 공정하게 말하면 우리 모두가 그 공부 엄청 잘하고 운동신경 엄청 뛰어나고 엄청 매력적인 케네디 일족의 **초인**들보다 조금 뒤처져 있었다.

로즈메리는 1918년 9월에 보스턴에서 태어났다. **당시 어떤 일이**

일어났는지 모두 알 거라 믿는다. 책을 순서대로 읽지 않는 독자를 위해 말하자면 —나처럼!— 인플루엔자 유행이 미국을 휩쓸고 있었다. 로즈의 출산이 임박했을 때 의사가 오기로 되어 있었지만, 봐야 할 인플루엔자 환자가 너무 많아 늦게 도착했다. 로즈는 케네디 집안의 보모가 의사가 올 때까지 다리를 꼬고 참고 있으라고 하자 그렇게 했다. 그래도 로즈메리가 막 나오려고 하자 보모는 **아기를 산도로 밀어 넣었다.**

이처럼 명백한 의료 과오로 인한 출생 때의 산소 결핍 때문에 뇌에 손상이 생긴 것 같다. 이후 측정한 로즈메리의 아이큐는 낮았다. 얼마나 낮았는지는 정확히 알 수 없지만, 아이큐가 65~90인 소녀를 받는 학교에 다녔다. 이는 불행한 삶을 의미하는가? 아니, 당연히 아니다! 포러스트 검프(동명의 소설(1986)과 영화(1994. 영화 제목은 「포레스트 검프」)의 주인공으로 등장하는 가공의 인물로 지능은 낮지만 열정적인 삶을 살았다—옮긴이)의 아이큐는 75였지만 **멋진** 삶을 살았다. 탁구도 하고 세계도 여행하고! 로즈메리는 근면하고 다정하고 가족에게 대단히 헌신적이었다. 아이들도 아주 잘 보살폈다. 이 모든 것은 즐겁고 충실한 삶의 증표로 여겨진다. 그러나 나이가 들어가고 다른 형제자매들이 더 신나 보이는 삶을 영위하기 시작함에 따라 로즈메리는 점점 성질을 부리게 되었다. 아들의 정계 진출을 계획하고 있던 아버지 조지프는 그녀가 혼전 성관계를 가져 임신하고 가문에 먹칠을 할까 두려웠다. 로즈메리가 23세였던 1941년, 그는 전두엽절제술을 통해 그녀의 예측 불가능한 행동을 치료하기로 결심했다. 미리 까발리자면 조지프 케네디는 악마였다.

로즈메리의 여동생 캐슬린(킥이라는 이름으로 알려져 있다)이 그 수

1931년 미국 매사추세츠주 하이애니스 포트에서 찍은 케네디 가족 사진. 앞줄 맨 오른쪽이 로즈메리다.

술에 관해 알아보던 중 전두엽절제술에 관해 연재하고 있던 기자에게 이런 이야기를 들었다. "걱정은 덜하게 되지만 인간으로선 끝장입니다. 끝장이라고요."[5] 『미국의사협회지』는 다음과 같이 평했다. "해당 뇌 부위의 기능을 실질적으로 파괴하는 수술을 통해 환자를 완전히 정상적인 상태로 되돌린다는 것은 터무니없는 소리다."[6]

이러한 정보를 듣고도 조지프 케네디는 단념하지 않았다. 그는 프리먼과 와츠에게 로즈메리의 전두엽절제술을 맡겼다. 그녀는 수술하는 동안 깨어 있는 상태로 「미국에 축복 있기를God Bless America」 같이 단순한 노래의 가사를 읊거나 각 달의 이름을 대야 했다. 제대로 말을 하지 못할 때까지 전두엽이 절단되었다.[7] 수술 후 그녀는 걷거나 말하지 못했다. 대소변을 참지 못했다. 형제자매 가운데 더 이상 찾아오지 않는 자도 있었다. 몇 년 동안 재활 훈련을 받아도 몇 마디 하는 게 고작이었다. 수술을 도운 간호사는 일을 완전히 그만두었다.[8] 그러나 당시에는 로즈메리에게 벌어진 일이나 그와 유사한 사례가 세간에 전혀 알려지지 않았다. 수술의 소름끼치는 결과에 관해 알리는 것은 케네디 집안에게도 프리먼과 와츠에게도 이득이 되지 못했다.

이러한 결과에도 프리먼은 그만두지 않았다. 놀랍게도 그가 혜택을 입으리라고 본 **모든 사람**에게 전두엽절제술을 실시하는 데 모니스의 기술은 효과적이지 않다고 생각하게 되었다. 프리먼과 와츠는 구멍을 뚫는 것이 환자에게 가장 성가신 부분이라고 여겼다. 그리고 이렇게 주장했다. "구멍을 뚫을 때 불안이 조금 더 뚜렷해지는 건, 아마도 두개골에 가해지는 압력과 갈리는 소리가 치아에 구멍을 내는 것만큼 혹은 그 이상으로 고통스럽기 때문일 것이다."[9] "그 이상으로" 겠지.

그래서 그들은 안와眼窩라고 불리는 눈구멍을 통해 얼음 깨는 송곳을 두개골에 삽입하는 경안와전두엽절제술transorbital lobotomy을 개발했다. 보통 수술 전에 환자를 전기충격요법으로 진압했다. 망치를 이용하여 송곳을 눈의 뒤편으로 통과시킨 후 거품기처럼 앞뒤로 움직여 시상thalamus(뇌의 운동신경을 제어하며 운동과 의식 같은 기본적인 기능에까지 영향을 미친다)과 전두엽(고도의 지적 능력을 관장한다)의 연결을 끊었다. 수술은 10분도 채 걸리지 않았고, 환자는 마치 치과에 간 것처럼 출혈이 멈추자마자 (대개 택시로) 집으로 보내졌다.[10]

프리먼은 분명 이 수술이 대수롭지 않아 보이길 바랐을 것이다. 언어도단이다. 대다수가 수술 후 자신이 누군지조차 기억하지 못한 채 택시에 태워졌다는 걸 명심하라. 무엇을 읽어도 나중에 그 내용을 떠올릴 수 없었다. 또 많은 환자가 성기를 만지작거렸다. 프리먼과 와츠는 자신들의 수술을 치과에 가는 것에 자주 비유했지만, 내 생각은 다르다. 치과는 끔찍하지만 돌아갈 때 내가 누군지 기억할 수는 있다. 치과에 가기 싫어했던 구내염 환자라는 걸.

1946년, 프리먼은 그의 새로운 경안와전두엽절제술을 샐리 엘런 이오네스코에게 실시했다. 그녀는 심한 우울증을 앓고 있어서 침대에 한번 누우면 며칠 동안 일어나지 못했다. 자살을 시도하고 자식한 명을 질식시켜 죽이려 했었다. 과연 삶의 질은 좋지 않아 보였다. 수술 후, 폭력성은 사라졌다. 나중에 인터뷰를 통해 이렇게 말했다. "(프리먼은) 훌륭한 사람입니다. 그것밖에 할 말이 없네요. … 다른 건 전혀 기억나지 않고 많이 피곤해요." 그러나 딸에 의하면, 그녀는 프리먼이 "지나치게 도를 넘지 않기를" 바랐다.[11]

수술을 받은 많은 사람들이 결과에 고통받지 않았다. 존 B. 다인스와 제임스 L. 포펜이 1949년 『미국의사협회지』에 기고한 논문 「만성 통증을 위한 전두엽절제술Lobotomy for Intractable Pain」에 따르면, 환자들은 수술을 받은 후 "정신적으로 우울했다는 것을 인정하지 않았고 결코 슬픔을 표출하거나 눈물을 흘리지 않았다."[12] 그러나 다인스와 포펜이 조사한 모든 환자가 수술 전에는 '정상'으로 분류되거나 간혹 '불안 상태'에 있었지만, 수술 후에는 '지적 장애'나 '이상행복감(내가 알기로는 '정신적으로 장애가 있지만 그것에 만족하는' 것)'으로 분류되었다. 우울감에 빠지지 않을 뿐만 아니라 "슬픔에 무관심하고 타인의 감정을 읽어낼 수 없는 듯 보였다."[13]

프리먼은 자신의 수술을 성공적이라고 평가하고 싶었지만, 환자의 주위 사람들은 결코 그렇게 보지 않았다. 그는 24세 조현병 환자의

'성공적' 수술에 관해 다음과 같이 보고했다. "과음을 제외하면 공격적인 나쁜 행동은 보이지 않는다. 법적으로 문제가 될 만한 수준의 악행을 저지르기 위해서는 어느 정도의 상상력과 감정적인 원동력이 필요해 보이지만, 이 환자에게는 그런 능력이 없다."[14] 좋아, 환자가 불법적인 행동을 하지 않은 건 인정하자. 하지만 "시간에 대한 감각을 완전히 잃어 하루에 4~6시간 손을 씻고도 더러운 옷을 입고 돌아다녔다"는 형제의 말을 고려하면, 그는 나쁜 짓을 할 시간이 없었던 것이다.[15]

프리먼이 전두엽절제술을 거듭할수록 수술의 해로움은 점점 더 명백해졌다. 그 자신도 인정했다. "모든 환자가 수술을 통해 무언가를, 어느 정도의 자발성을, 반짝임을, 개성을 잃는다."[16]

저 '반짝임'이란 무엇인가? 자신의 이야기를 들려줄 때의 당당함? "와인셀러로, 모리스! 욕조를 샴페인으로 채울 거야!"라고 고함칠 때의 피츠제럴드적인 눈의 번득임?

아니다. 저 '반짝임'은 '성숙한 지성'이다.

『디스커버_Discover_』 잡지는 그 상황을 더 분명히 보여준다. "그 수술은 충격적인 부작용이 있었다. 환자들은 흔히 성격이 크게 변하고 무감각해져 부적절한 사회적 행동의 경향을 보였고, 자신의 몸단장에 심취해 있었다. 요점을 벗어난 농담을 하고 위생 관념이 형편없었다."[17] 유아처럼 행동하는 일도 잦았다. 1953년에 수술을 받은 한 여성의 손녀에 따르면, 그 여성은 수술 후 "꼼짝 않는 바위처럼 행동해서 이상했다. 말도 안 되는 것을 이야기했다. 그리고 다른 어른이 말한 주제에 관해서는 절대 말하지 않았다. 그녀는 딱 어린애 같았다."[18] 프리먼은 유아기로의 회귀가 비참한 결과라고 여기지는 않은 것 같다. 1947년에 조현병 치료를 위해 집도한 환자에 관해 다음과 같이 보고했다.

> (수술 후 10일째) 로즈는 방긋 웃고 말수가 적은 환자로 느긋하고 만족스러워한다. 빈 커피포트로 커피를 따르고 또 따른다. 내 이름을 기억하지 못한다.
> (수술 후 18일째) 로즈는 집에 갈 수 있어 기뻐한다. 칭찬에 인색하고 신경질적이다.[19]

로즈는 20대 후반의 기혼 여성이었다. 가족들이 그녀의 상태를 보고 경악하자 프리먼은 그녀가 잘못을 저지르면 "옛날처럼 볼기짝을 철썩 치고 … 아이스크림 한 접시를 주고 화해할" 필요가 있을 거라고 제안했다.[20]

환자가 활기 넘치는 창작자였다면, 수술 후에는 창의력을 잃었다. 다인스와 포펜은 이렇게 설명했다.

> 일례로 발명가였던 어떤 환자는 전두엽절제술을 받은 후 이상행복감에 들떠 있었고, 뚜렷한 지적 장애나 기억장애가 나타나지는 않지만 창작 활동이나 문제의 구상화가 완전히 불가능했다. 집중할 수도 없고 미래의 계획을 세울 수도 없었다. 흥미를 잃었거나 한 번에 몇 분 이상 흥미를 유지하지 못하는 것 같았다.[21]

전두엽절제술로부터 얻을 수 있는 최상의 결과는 적어도 성격의 **일부**를 유지하는 것이었다. 나중에 프리먼의 아들은 이렇게 비웃었다. "성공적인 전두엽절제술이라니 말도 안 된다. 차라리 성공적인 자동차 사고 이야기를 하는 편이 낫다."[22]

1949년에 프리먼은 전국의 병원을 돌며 자신의 수술을 직접 해보였다. 전두엽절제차lobotomobile라고 이름 붙인 특별 주문 링컨 콘티넨털—악마가 타고 있는 아이스크림 트럭 같다—을 끌고. 그는 차에 휴대용 전기충격 장치, 기록용 녹음기, 수술 도구를 싣고 다녔다. 5주간 8개 주를 방문하여 수술을 111차례 실시했다.[23]

프리먼은 능숙한 쇼맨이었다. 동료 제임스 와츠는 그를 "카니발의 호객꾼"으로 묘사했다. 연극조의 기질은 복장에도 드러났다. 한번은 남성의 페니스를 고리 모양으로 잘라내고 가문을 새겨 몇 년 동안 목에 걸고 다녔다. 전두엽절제술을 실연하는 동안 목공용 망치를 양손으로 휘두르며 양쪽 눈구멍에 동시에 송곳을 박은 적도 있었다. 그의 수술을 지켜보던 한 사람은 이렇게 회상했다. "그는 우리를 올려다보며 미소를 지었다. 마치 서커스 공연을 보는 것 같았다. 양손을 동시에 앞뒤로 움직이며 양쪽 눈 뒤쪽으로 뇌를 똑같이 잘랐다. 너무나 쾌활하고 기분 좋아 보이고 '업' 되어 있어서 깜짝 놀랐다."[24]

워워, 의사가 저렇게 신중하지 못해서야 되겠나! 이렇게 생각했다면 맞는 말이다. 그것은 악몽의 카니발이었다. 몇 주 동안 여기저기 싸돌아다니며 수술을 수없이 해댄 사람은 기본적으로 모든 의료적 처치에 요구되는 만큼의 … 진지함을 결여했다고 볼 수 있다.

프리먼의 조수에 따르면, 어떤 환자가 겁을 먹고 전두엽절제술을 받지 않기로 결심했다. 프리먼은 그를 설득하려고 호텔로 찾아갔고, 진정시키기 위해 몇 볼트 먹일 작정으로 전기충격 장치를 지참했다. 환자는 **전두엽을 절제하기 위해 호텔 방에 나타난 남자로부터** 비명을 지르며 도망치기 시작했다. 지극히 온당한 반응이다. 그러나 프리먼은 포기하지 않았다. 조수는 이렇게 말했다. "그 환자는 … 바닥에 짓눌린 채 프리먼에게 전기충격을 받았다. 환자는 이미 의식을 잃었고, 주머니에 루코톰 세트가 있었기 때문에 바로 그 자리에서 경안와전두엽절제술을 실시하는 게 낫다고 판단한 프리먼은 그렇게 했다."[25] 소독되지 않은 호텔 방에서 반항하는 사람의 뇌를 자른 것이다. 바닥에 쓰러뜨린 채.

프리먼은 그가 "저 세균 쓰레기들"이라 부른 것을 염려하지 않았다.[26] 그처럼 교만하게 할 수 있을 만한 의학적 처치가 무엇이 있는지 생각해봤지만, 솔직히 나라면 무릎 까진 어린이에게 붕대를 감아줄 때도 훨씬 정성들여 했을 것이다.

이처럼 아주 무시무시한 단점이 있는데도 **사람들은 전두엽절제술을 받으려고 줄을 섰다.** 특히 두개골을 뚫지 않고 멋들어진 송곳으로 끝낼 수 있기 때문이었다. 프리먼이 이 수술을 얼마나 많이 했는지 알아보기 위해 그가 전국을 돌며 남긴 기록을 살펴보자.

6월 29일, 아칸소주 리틀록, 환자 4명
6월 30일, 텍사스주 러스크, 환자 10명
7월 1일, 텍사스주 테럴, 환자 7명
7월 2일, 텍사스주 위치토폴스, 환자 3명
7월 9일, 캘리포니아주 패튼, 환자 5명
7월 14일, 캘리포니아주 버클리, 환자 3명[27]

약 2주 동안 32건이다. 하루에 2건.

그럼 왜 그렇게 많은 사람들이 전두엽절제술을 원했을까?

그 수술이 인기를 끈 것은 당시 정신장애인을 도울 수 있는 치료가 매우 한정적이었기 때문이다. 은퇴한 신경외과 의사 제이슨 브라이스는 당시의 전두엽절제술 유행에 관해 설명하면서 이렇게 회상했다. "정신병원에 가보면 구속복, 병실 벽의 완충재가 보였고, 유감스럽게도 물리적 폭력에 시달리는 환자들도 있었다."[28] 환자를 치료할, 아니면 적어도 진정시킬 약물요법이 등장하기 이전에 정신병원은 환자와 때로는 난폭한 자를 가둬두는 역할밖에 하지 못했다. 당시 전기충격요법—현재도 심한 우울증 환자에게 쓰이는 경우가 있다—이 있었지만, 기억상실을 초래할 수 있었다. 메트라졸Metrazol(순환기계 및 호흡기계의 흥분제로 경련 요법에 쓰였으나 발작 등의 부작용 때문에 사용되지 않는다—옮긴이)은 극심한 발작을 일으켜 환자가 골절상을 입었고, 때로 척추나 턱이 부러지기도 했다. 인슐린 혼수 요법은 몇 주간이나 의식 불명에 빠뜨렸다. 이러한 치료법은 증상을 약간 완화시키는 사례도 있었지만, 의사가 기대할 만한 수준은 아니었다.

전두엽절제술을 집도한 의사들은 치료법이 절실한 나머지 그릇된 희망에 쉽게 빠져들었다. 절망적인 시기에 누가 그러지 않겠는가? 적어도 증상 완화의 가능성이 있다는 치료법이 갑자기 등장한 것이다. 영구적이고 빠르고 쉽다고 여겨지는 해결책이. 정말 치과 치료보다 어렵지 않았다!

1940년대 후반, 많은 미국인이 정신적 고통을 안고 있었다. 제2차 세계대전이 끝났고, 군인들이 민간 생활에 재적응하는 데 어려움을 겪고 있었다. **전쟁에 참가했던** 탓에 외상 후 스트레스 장애PTSD를 앓는 사람도 많았다. —지금도 많다. 그들의 증상을 나타내는 의학적 용어는 아직 없었지만, 각 재향군인 병원은 초만원이었다. 1955년의 국가연구평의회 National Research Council 연구에 따르면, 제2차 세계대전 동안 120만 명의 군인이 정신의학적 및 신경학적 문제로 입원한 바 있다.[29]

참고로 68만 명이 전투 중 부상으로 입원했다. 당시 특히 흔했던 치료는 군인에게 초고압의 온수와 냉수를 번갈아 뿌리는 것이었다. 일명 '스코틀랜드식 바늘 끼얹기 샤워'였다.[30] 불편한 온도의 물속으로 갑자기 던져진다고 해서 정말로 진정되거나 기운이 나는 일은 없다. 그냥 아무거나 무작위로 시도해보고 그중 하나라도 걸리면 다행이었다는 인상을 지울 수 없다.

암흑기가 아니라 20세기였다. 아인슈타인과 프랭크 시나트라가 돌아다니던.

1946년, 보훈부 장관 프랭크 하인스는 메모 한 장을 받았다. "약 6년 전 프랑스인 외과 의사 에가스 모니스가 뇌의 전두엽 수술에 관해 설명했다. … 그 수술은 염려, 불안, 우울, 충동, 그리고 현저한 감정적 요소에 대한 강박을 제거하는 데 효과가 있다고 밝혀졌다. … 환자가 신중하게 선택되면 한결같이 좋은 결과만 나왔다고 보고된다."[31]

자, ─그 메모의 가장 덜 중요한 문제이기는 하지만─ 에가스 모니스는 포르투갈인이었다. 프랑스인이 아니었다. 무엇보다 인터넷 검색이 보급되기 이전의 시대였으니까 **겨우** 사소한 실수였을 것이다. 나도 보통은 지적하지 않지만 이야기를 꺼내드는 이유는 모니스가 포르투갈 역사상 가장 포르투갈적인 사람이었기 때문이다. 그는 포르투갈에서 태어났고, 포르투갈에서 일했고, 포르투갈 국회의원이었고, 포르투갈 대사였고, 포르투갈 외무부 장관이었고, 1919년 파리

평화회의에 포르투갈 대표로 참가했고, 포르투갈에서 가장 큰 대학의 교수였고, 또한 포르투갈에서 죽었다. 전두엽절제술의 발명을 제외하고 그에 대해 알려져 있는 것을 하나 꼽으라면, 바로 포르투갈인이라는 것이다.

그렇기 때문에 이 메모를 쓴 사람이 누구였든 간에 전두엽절제술 게임의 플레이어들을 익히 아는 인물은 아니었다고 할 수 있다.

"한결같이 좋은 결과만 나왔다"는 문구가 더 거슬린다면, 당신은 숲을 볼 **줄 아는** 사람이다. 축하한다.

메모의 내용이 애매하고 그렇지 않은 부분은 틀렸는데도 프랭크 하인스는 그 수술을 승인했다. 1947년 4월 1일부터 1950년 9월 30일까지 1,464명의 재향군인이 재향군인 병원에서 보훈부 소속 의사에게 전두엽절제술을 받았다.[32]

전두엽절제술 유행의 희생자는 더 있었다. 정신질환을 앓는 여성은 대개 남편이나 아버지가 시설로 보냈고 —본인의 동의는 필요하지 않았다— 1960년대까지 의사는 환자에게 치료법과 위험성을 알릴 의무가 없었다. "난 보통 가족에게 아무 설명도 안 하고 (수술 후 눈 부위의 멍을 가리기 위해) 환자에게 선글라스나 씌우라고 했네."[33] 프리먼의 농담이다. 시설에 보내진 환자는 남성의 비율이 훨씬 높았는데도 전두엽절제술의 60~80퍼센트가 여성에게 실시된 것이었다.[34]

수술을 받으러 간 여성은 위험성이 실제보다 훨씬 낮을 거라 흔히 생각했다. 예컨대 프리먼의 환자 중 한 명은 수술 때문에 아름다운 머리카락을 잃을까봐 걱정했다. 그는 웬만하면 머리카락을 자르지 않겠다고 약속하고는 싹둑 잘라버렸다. 수술 후 자신이 대머리라는 "사실을 의식하지 못하고 남과 어울리거나 이야기하기" 때문에 프

리먼은 그녀의 허영심을 우습게 여겼다.[35]

농담하고는! 내가 아는 한 프리먼의 농담 하나하나는 어떻게 하면 누군가의 차원 높은 기능을 들키지 않고 떼어버릴 수 있느냐 하는 것이다. **우습지 않나?** 내가 가끔 무섭고 어두운 화제에 관해 농담을 하면 사람들이 빵 터져 안경알이 튀어나가지만 —아주 방을 가로질러 날아간다 — 미국의 남편들은 밴을 몰고 다니며 부인들의 뇌를 잘게 써는 이 남자를 너무 좋아하는 것 같다.

제멋대로 구는 아내나 딸을 저지하는 게 유리한 상황이 있다는 것은 『지난여름 갑자기*Suddenly, Last Summer*』(스포일러: 공정하게 말하자면 테너시 윌리엄스가 1958년에 쓴 이 희곡에 언급된 매우 구체적인 카니발리즘과 관련하여 전두엽절제술을 받은 사람은 단 한 명도 없다)를 본 사람이라면 알 것이다. 다인스와 포펜의 환자 리스트에는 일부 여성이 '폐경기'나 '히스테리'라고만 기재되어 있다. 역사가 케이트 클리퍼드 라슨은 이렇게 기술했다. "이후 프리먼은 잠재적 환자를 사회 '부적응자'라고 칭했다. 특히 여성은 전두엽절제술 환자의 최다수를 차지했다. 우울증이 있거나 양극성장애를 앓거나 당시 사회적·문화적으로 용인되는 범위를 넘어 성적으로 활발한 여성—전형적인 성욕을 드러내는 독신 여성도 포함된다—이 후보자로 간주되었다."[36] 만일 당신이 … 보다 질병 관련 책을 좋아하는 보통의 21세기 여성이라면, 음, 여성에게 전혀 해롭지 않은 책이 무엇인지 잘 모르겠지만—아마도 요리책? 영화배우가 요가를 권장하는 책? 아무튼 안다고 치고, 만일 당신이 전두엽절제술의 인기가 한창일 때 살고 있는 기혼 여성이었다면, 당신 남편은 그럴 마음만 있다면 당신을 시설에 보내 전두엽절제술을 받게 할 수 있었다. 나의 기혼 여성 독자들이여, 당연히 **당신** 남편 이야기가 아니다. 당신 남편은 정말 멋진 사람이라고 확신한다. 하지만 그래도, 그는 할 수 있었다.

당신 남편과 달리 프리먼은 전혀 멋지지 않았다. 전두엽절제술이 기적의 치료법이라는 데 한 치의 의심도 품지 않았고 계속해서 수술을 했다. 그는 맨 처음부터 언론을 다루는 데 선수였다. 일찍이 1937년, 『뉴욕 타임스』에 기사를 게재시켜 전두엽절제술에 관해 설명하면서 "아픈 영혼을 위한 수술"이라고 시적으로 표현했다. 그는 이렇게 말했다. "와츠와 나는 무슨 상을 받지도 않았는데 헤드라인을 장식했다. 그와 나는 공을 들여 기사를 따냈고 목이 잠기도록 말을 했다."[37] 또한 프리먼의 여섯 번째 수술 후에 실린 『워싱턴 이브닝 스타 *Washington Evening Star*』의 기사에서는 그 수술을 "우리 세대 가장 뛰어난 의학적 혁신 중 하나가 될 것"이라고 자평했다.[38] 그는 환자와 관련지어 놀라운 캐치프레이즈 즉 '그들을 집으로!'를 만들어냈고, 그것이 괴로워하는 가족의 마음속에 파고들었다.

이 기사들이 나간 후 프리먼은 전두엽절제술을 희망하는 많은 사람들에게서 연락을 받았다. 그는 "천식을 호소하며 뇌 수술로 가라앉힐 수 있는지 문의한 사람"이 있었다고 회상했다.[39] 이를 두고 **아하하, 그 양반 참 천식에다가 멍청하기까지 하다**고 생각할까 염려스럽다. 우선, 뭐, 그럴 수 있지만, 잘못은 프리먼에게 있다고 말하고 싶다. 전두엽절제술을 발명한 사람이 그것은 폐의 질환과 아무 관련이 없다는 것을 분명히 알 수 있도록 충분히 설명을 하지 못했다면, 위험한 방식으로 광고한 것과 다름없다. 프리먼은 전두엽절제술을 만병통치약으로 착각되게끔 만들었다.

내가 아는 한 프리먼은 그 천식 환자에게 수술을 실시하지 않았다. 놀라운 일이다. 그는 자신에게 편지를 보낸 사람들에게 자주 시술했기 때문이다. 1946년에는 이렇게 말했다. "정신과 의사들이 우리에게 환자를 보내주는 것을 기다리고만 있었다면 지금쯤 수술을 500건이 아니라 100건밖에 하지 못했을 것이다."[40] 프리먼이 열광적으로 전두엽절제술을 실시하지 않은 사람은 저 쌕쌕거리는 친구와 여배우 프랜시스 파머가 유일한 것 같다. (파머의 부모는 수술에 동의하지 않았다. 그런데도 그 영화배우가 수술을 받았다고 믿는 자들이 아직도 있다. 받지 않았다. 우리는 수술을 받은 사람들에 주목해야 한다. 아주 많으니까.)

프리먼은 전두엽절제술을 이용하여 '과식'에서 약물중독, 알코올의존증에 이르기까지 온갖 질병을 '치료'했다. 그의 15번째 환자는 알코올의존증이었다. 그는 전두엽절제술이 술에 대한 갈망을 억제할 것이라 확신했다. 그러나 효과가 없었다. 환자는 수술이 끝나자마자 달아나 술집으로 갔고, 이후 만취 상태로 프리먼에게 발견되었다. 1950년대에 프리먼은 심한 두통만을 앓고 있는 여성을 시술했다. 그녀의 딸 캐럴 노엘에 따르면, 그 수술은 환자의 정신연령을 어린아이 수준으로 떨어뜨렸다. 그녀는 어머니의 상태를 다음과 같이 설명했다.

그녀에게 걱정거리가 있었냐고요? 아뇨, 그렇지 않았습니다. 프리먼이 약속한 대로 그녀는 아무것도 걱정하지 않았죠. 그녀에게는 사회적 품위라는 개념이 없었거든요. … 유일한 표현 수단은 마을의 모든 핀볼 기계를 두드리는 것과 축제 때 병 안에 들어 있는 동전의 수를 세는 것이었습니다. 우리들이 가장 좋아하는 놀이 상대이자 가장 친한 친구였고, 그녀를 무척 사랑했어요. 하지만 엄마라고 부른 기억이 없네요. 어머니를 내 딸의 할머니로 여긴 적조차 없었고, 내 딸을 단 한 번도 그녀에게 데려가지 않았습니다. 자신의 손녀조차 볼 수 없었던 거죠.[41]

그녀가 자신의 손녀와 결코 만날 수 없으리란 걸 알았더라면 두통을 감내했을 것이라 생각한다(특히 타이레놀의 성분인 아세트아미노펜acetaminophen과 애드빌의 성분인 이부프로펜ibuprofen이 각각 1955년과 1974년에 발매된다는 걸 알았다면 더더욱).

한 가지 밝은 면이 있다. 전두엽절제술의 단점에 대한 프리먼의 무신경한 태도는 적어도 그의 동료 과학자들을 격분케 했다. 제임스 포펜은 1949년에 다음과 같이 기술했다. "장차 우리가 인기 있는 주간지를 통해 처음으로 알려지지 않기를 바란다. 그처럼 심각한 증상에 대처하는 수술은 철저히 시험되어야 하고, 권고되기 전에 어느 정도 증명되어야 한다. 미숙한 정보가 (늘 정확하지는 않은) 주간지로 퍼지게 되면 환자와 그 가족에게 헛된 희망과 그릇된 인상을 심어줄 우려가 있다."[42] 이 발언은 비교적 공손한 것이었다. 프리먼 혐오에 관한 이야기 중 내가 가장 좋아하는 것은 1948년에 어느 칵테일파티에서 그가 정신과 의사 해리 스택 설리번(1892~1949. 미국의 신프로이트학파 정신의학자로 대인관계에 기초한 정신의학이론을 창시했다—옮긴이)에게 다가가 "잘 지내시오, 해리?"라고 쾌활하게 말을 걸자 설리번이 격노하여 양 손바닥을 치켜들며 "당신은 왜 자꾸 사람을 짜증나게 하나?"라고 소리치고는 화가 풀리지 않은 채 친구 손에 이끌려 그 자리를 떴다는 것이다.[43] 내가 그 자리에 있었다면 설리번 씨와 나는 확고하고 지속적인 우정을 쌓았겠지만, 요점은 그게 아니다.

보훈국 정신의학교육부장이었던 플로렌스 파우더메이커는 1948년에 참고문헌 리스트를 작성하면서 이렇게 의심했다. "프리먼 씨는 전두엽절제술이 비행에서 목의 통증에 이르기까지 사실상 모든 것에 유용하다는 생각을 바꿀 의향을 보였나?"[44] 여성 의사가 이 치료법을 주저하는 모습을 보여 기쁘다. 한편 신경학자 (그리고 이후 미국 신경학협회American Neurological Association 회장) 루이스 폴록은 프리먼의 첫 번째 수술 직후에 전두엽절제술은 "수술이 아니라 불구로 만드는 것"이라고 단언했다.[45]

1950년에 소련은 전두엽절제술을 '인도주의 원칙에 어긋난다'며 금지했다.[46]

그럼 미국인은 모두 동의했는가? 아니, 그렇지도 않다. 소련이 싫어하는 것이라면 전부 좋아하고 보드카를 '자유의 위스키'라 부르는 것이 당연한 시대였다. 모니스가 그 수술의 선구적인 업적으로 1949년에 노벨상을 받은 직후였다. 같은 해 미국에서 5천 건의 전두엽절제술이 실시되었다.[47] 1930년대부터 1970년대까지 총 약 4만 건이 실시되었고, 그중 프리먼 혼자서만 3,500건을 담당했다.[48]

전두엽절제술의 인기가 쇠퇴하는 데는 인기가 상승할 때처럼 얼마 걸리지 않았다. 여론을 변화시키기 위해서는 프리먼이 옹호한 것만큼이나 열렬하게 전두엽절제술을 부정하는 집단이 필요했다. 다행히도 일찍이 1950년대 초에 저널리스트와 예술가들이 그 수술을 회의적으로 묘사하기 시작했다. 1951년에 저널리스트 어빙 월리스는 『새터데이 이브닝 포스트Saturday Evening Post』에 「최후 수단의 수술」이라는 제목의 기사를 썼다. 원래 제목은 '양심이 절단되다'였지만, 물의를 일으킬 염려가 크다고 판단되었다(월리스 컬렉션 『일요일의 신사

The Sunday Gentleman』에는 이 제목으로 실려 있다). 그 기사에서는 유달리 총명한 한 인물이 소개되었다. (아이큐가 150! 손에서 책을 놓지 않았다! 프린스턴대학에 다녔다! 다재다능했다!) 그러나 그는 심한 우울증을 앓고 있었다. 군에서 제대한 이후 신경쇠약을 일으켰고, 여러 정신의학적 치료법을 시도한 끝에 전두엽절제술을 받았다. 수술 후에는 이전보다 행복해졌지만, 월리스가 고발했듯이 ―기사 제목을 생각하면 놀랍지 않다― **양심이 절단되었다.** 월리스는 이렇게 기술했다. "전두엽절제술은 환자를 온순하고 둔하고 대개 쓸모없는 수벌로 변화시키며 기존의 능력을 빼앗고 경련 발작을 일으키게 한다. 에티켓에 무관심하게 만들고 공격적인 행실을 주입하며 통찰력을 손상시킨다. 그 수술은 신의 피조물에 함부로 손을 대는 것이라고, 한 인간의 근심을 잘라내면 그의 영혼과 양심까지 절단된다고 느끼는 사람들이 있다."**⁴⁹**

이 기사에 흥미와 두려움을 느낀 독자의 반응이 쇄도했다. 좋아. 잘했어요, 어빙 월리스. 프리먼은 이 기사를 **증오했다.** 자신의 이름이 빠지기를 원했고, 우스울 정도로 꼴사나운 행동이라고 생각하지만 월리스에게 러디어드 키플링의 시 「만약에If」를 인용한 편지를 보냈다. "만약에 네가 말한 진실이 바보들을 꾀기 위해/ 악당들에게 왜곡되는 걸 견딜 수 있다면 … (넌 대단한 사람이겠지)." 하지만 환자가 무엇보다 비양심적이게 될 수 있다는 것을 그도 뻔히 알고 있었다. 1945년, 의사 동료에게 보낸 편지에 예전 환자에 관해 이렇게 썼다. "자네의 설명은 그녀가 아주 들떠 있고 심술부리고 거만하고 비타협적이지만 실제 괴로움을 느끼지 않고 **양심을 분명히 결여한**(인용자의 강조) 아주 어린애 같은 인간이라는 것이군. … 책임감 있는 성인이 아니라 몸집만 큰 어린애로 보는 게 낫겠네."[50]

전두엽절제술의 악영향에 관해 쓴 예술가들도 있었다. 테너시 윌리엄스가 사랑했던 누나 로즈는 1943년에 그 수술을 받았는데, 이에 관해 『지난여름 갑자기』(1958)에는 명시적으로, 『유리 동물원*The Glass Menagerie*』(1944)에는 어렴풋이 드러나 있다. 『유리 동물원』에서 로즈의 분위기를 풍기는 등장인물은 가장 아끼는 유니콘 장식품이 깨어지자 웃으며 말했다. "수술을 받았다고 생각할래. 별나 보이지 않으려고 뿔을 없앤 거야! 이제 뿔 없는 다른 말들과 어울리며 편안하게 지낼 수 있겠지." 그리고 물론 켄 키지가 1962년에 출간한 『뻐꾸기 둥지 위로 날아간 새*One Flew Over the Cuckoo's Nest*』도 빼놓을 수 없다. '전두엽절제술도 그에 대한 동조도 끔찍하다'라는 부제가 붙어도 좋을 뻔했다.

이것이 '예술가들이 세계를 바꿀 수 있다'는 사례였길 바란다. 할 수 있다! 하고 있다! 예술을 계속하라! 이러한 묘사가 오늘날 우리가 전두엽절제술에 대해 갖는 공포심을 불어넣기는 했지만, 그 수술의 인기가 시들해진 주요 원인은 1955년에 등장한 토라진*Thorazine*이었다. 이 항정신병 치료제는 (조현병 환자 등) 일부 환자를 불가역적인 부작용 없이 진정시키고 억누를 수 있었다. 처음에는 '화학적 전두엽절제술'로서 시장에 나왔다.

그렇다고 포기할 프리먼이 아니었다. 1960년대에도 그는 수술을 계속했다. 때로는 열두 살짜리 아이에게도. 『나의 전두엽절제술*My Lobotomy*』에서 자신의 체험을 밝힌 하워드 덜리가 1960년에 수술을 받게 된 것은 계모가 이렇게 주장했기 때문이다. "걔는 가서 자라고 하면 말도 안 들으면서 나중에 잘만 자요. 자주 공상에 잠기는데 그에 대해 물어보면 '몰라' 한마디만 합디다. 밝은 대낮에도 방에 불을 켜놓고요."[51] 낮에 불을 켜는 것은 (1) 그리 나쁜 행위는 아니고, (2) 이렇게 달래면 아이의 태도도 바뀔 일이다. "어머나, 얘야, 밝이 훤할 때 불을 다 켜놓으면 안 되지. 전기요금 폭탄으로 다 죽일 셈이냐? 계속 그러면 외출 금지인 줄 알아라."

프리먼은 1967년에 한 환자에게 전두엽절제술을 **세 차례** 실시하고 죽게 만들어 결국 의사면허가 취소되었다. 1968년에도 여전히 그는 전두엽절제술이 다시 유행할 것이고 그 수술을 꺼리는 외과 의사는 "유망한 장래를 놓치고 있다"고 우겼다.[52] 같은 해, 그가 '1968년의 대수색'이라 부른 것을 시작했다. 1972년에 암으로 죽을 때까지 전국을 여행하며 예전 환자들을 방문한 것이다. 많은 환자들이 그를 만나 기뻐했고, 그는 환자들이 정말로 작은 아이인 것처럼 아버지 같은 태도를 취했다. 그들이 아이처럼 보인 것은 물론 그가 한 짓이었다.

그들의 가족은 그리 달가워하지 않았다. 1953년에 산후 우울증으로 수술을 받은 환자의 딸인 리베카 웰치는 덜리에게 "프리먼 씨는 마음속 어딘가에서 사람들을 정복하여 그들의 인격을 제거하고 싶어 했을 거라 개인적으로 생각한다"고 말했다.[53] 그에게 그런 사악한 의도가 있었는지의 여부와 관계없이 이는 미국 역사상 가장 암흑한 시기 중 하나였다. 수치심을 갖고 되돌아봐야 한다. 그 책임의 일부는 세기 중반에 확산된 순응주의에 대한 열의에 있다. 남과 다르고 별나 보이는 사람을 모두와 똑같이 만들 수만 있다면 개인의 전 인격은 얼마든지 희생될 수 있었다.

전두엽절제술에 의지한 사람들 중에는 질병의 치료법을 필사적으로 갈구한 자도, 인간의 나약함에 불과한 것을 앓고 있는 자도 있었다. '정상'이 아닌 모든 사람의 뇌를 자르고 다닌다면 그 일을 끝낸 시점에는 아무도 남아 있지 않으리라는 걸 잊은 듯하다. 카리스마적 선동가가 추대되고 신뢰받는 이유는 그가 매력적이기 때문이고, 또한 사실을 파헤치는 것뿐만 아니라 신중히 조사를 마친 따분한 의사의 말을 듣는 것이 힘들고 시간이 걸리기 때문이다.

무릇 그러한 행동은 반드시 피해야 한다.

하지만 보라, 전두엽절제술과 관련하여 힘이 되는 점이 한 가지— 정말 딱 한 가지— 있다. 바로 내가 만난 적 있는 모든 사람들이 그것을 두려워한다는 것이다. 무섭게 묘사된 예술작품이나 몇몇 불길한 농담 때문일지도 모른다. 그렇지만 이제 사람들이 '행복하지만 공허하다'는 생각에 대해 원초적 수준의 공포를 느낀다는 사실은 우리 인간을 존경스럽게 만든다.

척 팔라닉(1962~ . 미국의 소설가이자 저널리스트로, 기이한 수법으로 사회적 통념을 깨는 작품을 썼다—옮긴이)의 「좀비Zombies」라는 이야기가 있다. 가장 팔라닉다운 이야기라 할 수 있다(그의 작품을 읽어봤다면 이해할 것이다). 여기에 등장하는 10대들은 스스로에게 전두엽절제술을 실시한다. 그럼으로써 "카다시안 자매 300명과 볼드윈 형제 800명 전원의 동향을 파악할" 필요가 없고 대신 "과자와 「프래글 록 Fraggle Rock」의 재방송으로 짜릿한 기분을 느낄" 수 있기 때문이다. 척 팔라닉은 이게 몇 년도 이야기인지 분명 모르고 있다.

(내가 댈 수 있는 볼드윈은 아일랜드와 앨릭밖에 없다. 거짓말이다. 전원 댈 수 있다. 내 머리는 진정 쓸모없는 잡동사니로 가득한 밑 빠진 독이다.)

지금까지 내게 이 이야기를 전달받고 좋아한 사람은 아무도 없다.

다들 "무서워", "소름끼쳐", "아이고, 끔찍해라, 나한테 이런 거 왜 보냈어?"라는 반응을 보였고, 「프래글 록」 DVD **얼마**인지 알아?"라고 한 경우도 있었다(비싸대!). 아무도 그 이야기를 제대로 읽고 "젠, 그 10대들 잘 생각했는데?"라고 말하지 않았다.

사람들은 고차적인 사고 능력을 포기하는 대신 근심 없는 행복한 삶을 누리는 것을 수지맞는 장사로 여기지 않는 것 같다. 이를 더 깊이 읽어낸다면, 인간성에 관한 무언가 훌륭한 것이 잡힐 것이다. 우리는 단순히 행복한 삶보다 의미 있는 삶을 우선시한다. 무엇이든 충동에 따라 행동하고 성기를 만지작거리고 아무것도 걱정하지 않으면 행복해질 수 있다. ─베키와 무수한 열광적 환자들이 가입했을 '행복 컬트' 같다. 하지만 의미 있는 삶을 살고 싶다면, 타인을 보살피고 태어났을 때보다 조금 더 나은 세상을 남기고 떠나고 싶다면 전두엽이 필요할 것이다.

소아마비

가끔 모두가 옳은 일을 해서 인간성이 승리하기도 한다. 소아마비를 격파한 이야기는, 조너스 소크(1914~1995. 미국의 의학자로 효과적인 소아마비 백신을 최초로 개발했다—옮긴이)가 지독한 질병에 맞서 용감하게 싸웠다고 기억되기는 하지만 그에 관한 것만은 아니다. 서로 힘을 합치고 하나가 되어 진짜 적을 퇴치한 인간의 위대함에 관한 이야기이기도 하다. 이때 우리 모두는 마치 **군인**처럼 소아마비와 싸웠다. 이 이야기에 등장하는 많은 사람들이 너무나 훌륭하고 용감하기 때문에 1956년경 미국의 모두에게 키스를 하거나 무뚝뚝하지만 의미 있는 악수를 건네고 싶어질 것이다. 선택은 자유다.

소아마비 이야기는 이 책에서 내가 가장 좋아하는 부분이다.

이야기는 50년 동안 북아메리카를 공포에 떨게 한 질병에서 시작된다. 훌륭한 『소아마비: 미국의 이야기*Polio: An American Story*』에서 저자 데이비드 M. 오신스키(1944~ . 미국의 역사가로 뉴욕대학 의학대학원에서 인문의학(의료인문학) 연구를 이끌고 있으며 『소아마비: 미국의 이야기』로 퓰리처상을 수상했다—옮긴이)는 1940년대에 "소아마비만큼 주목을 끌고 공포심을 불러일으킨 질병은 없었다"고 설명한다. 그럴 만한 이유가 있었다. 소아마비는 느닷없이 들이닥쳤기 때문이다. 누가 걸리고 누가 면했는지 알 도리가 없었다. 죽은 자도 있고 평생 흔적이 남은 자도 있었다. 휠체어, 목발, 다리 보호구, 호흡장치, 변형된 사지 등 누가 봐도 알 수 있는 분명한 흔적이었다.[1] 그리고 흔한 질병이었다. 미국인 몇만 명이 소아마비에 걸렸다. 미국에서는 1890년대 후반에 처음 발생한 이후, 1916년에는 2만 7천 증례가 보고되었다. 이 질병은 늘 상존하는 위협이었다. 1949년에는 4만 증례가 존재했고, 1952년까지 5만 7,879건으로 증가했다.[2] 1952년의 전국 여론조사에서 '미국인이 가장 두려워하는 것'으로 소아마비가, 1위인 원자폭탄에 이어 2위에 올랐다.[3] 그토록 무서워했던 이유 중 하나는 주로 5세 미만의 유아가 감염되고 평생 마비된 채 살아야 하는 경우도 있었기 때문이다.[4]

소아마비는 처음에는 콜레라와 비슷해 보인다. 콜레라처럼 대변에서 발견되는 바이러스가 입을 통해 체내로 침입한다(콜레라의 병원체가 바이러스가 아닌 세균이라는 점에서는 다르다—옮긴이). 따라서 이것 역시 더러운 물을 매개로 전염되는 것이다. 이런 의문이 들 것이다. "잠깐. 20세기 미국에도 지하에 오물 구덩이가 있었고, 여과되지 않은 물을 마셨나?" 글쎄, 그렇지 않다. 그런 경우도 있었겠지만 대부분은 아니었다. 정말 큰 문제는 아이들이 호수, 물웅덩이, 그리고 구식 여과장치가 설치된 수영장에서 노는 것이었다(폴리오바이러스(소아마비의 병원체—옮긴이)를 불활성화시키는 염소는 1946년이 되어서야 수영장에서 사용되었다.).[5] 그와 같은 곳에서 오염된 물을 삼키면 소아마비에 감염될 **가능성**이 있다. 따라서 여름철이 소아마비 '성수기'였고, 많은 부모가 자식이 감염되지 않도록 물이 고여 있는 곳 근처에 가지 못하게 했다. 누군가가 물속에서 똥을 싸는 것이 꼴사나울 뿐만 아니라 **몸서리**가 처지는 데는 소아마비도 한몫했다. 그리고 소변 속의 질소로 인해 염소가 눈에 염증을 유발하는 물질로 변환되기 때문에 오줌을 싸서도 안 된다. 후자는 소아마비와 아무 관련이 없지만, 아무튼 수영장에서 그런 역겨운 행위로 남들에게 피해를 주지 말자.

당시 수영장이 분리되어 있던 것은 흑인이 폴리오바이러스 보균 가능성이 크다는 정신 나간 생각에서 비롯된 것인지 궁금했지만, 그렇지 않았다. 오히려 흑인은 소아마비에 걸리지 **않는다**는 몰상식한 고정관념이 존재했다. (걸린다.) 수영장 분리는 질병과는 관련 없는 **다른** 터무니없는 인종차별적 이유 때문이었다.

헤엄칠 때뿐만 아니라, 감염자가 화장실에 다녀오거나 아기에게 기저귀를 갈아준 후 손을 씻지 않고 음식을 준비하면 전염될 수 있었다. 바이러스가 몸속에 들어가면, 소화관을 따라 내려가 소장에서 번식하기 시작한다. 거기서 뇌줄기와 중추신경계를 공격할 잠재력을 갖추며, 공격을 받으면 근육 제어를 조절하는 신경세포가 파괴될 수 있다. 약 200분의 1의 확률로 프랭클린 델러노 루스벨트 대통령의 증례처럼 신경세포가 파괴된 후에 마비 증상이 온다. 마비는 보통 다리에 일어났다. 그렇기 때문에 이 질병은 휠체어나 다리 보호구와 결부되는 것이다. 재활 훈련을 통해 어느 정도 회복되는 경우도 있었다. 그러나 약 3분의 2의 환자가 영구적인 근력 저하를 겪었다.[6] 1994년의 영화 주인공 포러스트 검프 외에, 다리 보호구를 착용한 아이가 따돌림이 고통스러워서, 혹은 로빈 라이트가 연기한 인물과 사랑에 빠져서, 혹은 신의 가호 덕분에 마법에 걸린 듯 다시 뛸 수 있게 된 경우는 없었다.

연수성延髓性 소아마비라 불리는 더 무서운 증례에서는 뇌줄기가 손상되고 호흡근이 영향을 받는다. 1940년대에 그러한 환자는 보통 거대한 '철제 폐iron lungs' 안에 갇혔다. 머리만 밖으로 뺀 채 긴 통 모양의 기계 속에 완전히 들어가 있어야 했다. 이 '폐'는 환자가 자력으로 호흡할 수 있을 때까지 폐에 공기를 강제로 주입하고 배출시킴으로써 호흡을 조절하는 장치였다. 이 재활 치료는 몇 주나 걸리기도 했다.[7] 단 몇 분이라도 철제 폐 안에 들어가 있으면 폐소공포증으로 부들부들 떨릴 게 뻔하다. 분명 그 안에서 책도 못 읽을 거다. 아, 사소한 걱정 같은가? 관처럼 생긴 통에 꼼짝없이 갇혀 아무것도 하지 못한 채 몇 주 보내고 오면 생각이 달라질 것이다.

죽는다는 것도 매력적이지 못하다. 마비성 소아마비의 치사율은 5〜10퍼센트였다.

이것이 사람들이 맞서 싸운 적이다. 이제 승리자의 이야기를 해보자.

첫 번째 영웅은 프랭클린 델러노 루스벨트다. 제32대 미국 대통령이었던 그는 39세였던 1921년에 소아마비에 걸려 마비 증상이 나타났다. 소아마비가 어린 시절의 질병이라고 생각했던 사람은 놀랐을 것이다. 루스벨트는 다시 걸을 수 있기를 꿈꿨지만 짧은 거리밖에 걷지 못했고, 그마저도 양쪽 다리에 보호구를 장착해야만 가능했다. 1933년에 대통령이 되자 그 질병과도 연관지어지게 되었다. 이와 관련하여 그는 마비된 환자로 여겨지기를 절대 바라지 **않았**기 때문에 영웅적 면모를 떠안게 되었다. 그가 개인적으로 사용하던 휠체

1941년 2월 하이드파크에 있는 집에서 반려견 팔라를 안고 있는 루스벨트와 건물 관리인의 딸. 루스벨트가 휠체어에 탄 모습이 찍힌 희귀한 사진이다.

어에 타고 있는 사진을 거의 찾아볼 수 없을 것이다. 한편 그가 연설하는 영상을 보면 머리를 자주 까딱거리는데, 솔직히 오늘날의 기준으로는 기묘하게 보인다. 틱도 아니고 1930년대의 이상한 유행도 아니었다. 신체에 활력이 있다는 인상을 주려고 했던 것이다. 그의 노력은 이해할 만하다. 선거운동 기간에 『타임 Time』 등의 잡지에서 "이 후보자는 정신적으로는 대통령에 적임이지만 신체적으로는 아주 부적합하다"고 주장했기 때문이다.[8] 마치 미국 대통령의 주요 임무가 매일 마라톤을 하는 것인 양. 게다가 특히 대공황 시대에 많은 사람들이 마비는 일종의 도덕적 결함이며 "세상에 불구자를 위한 자리는 없다"고 여겼다.[9]

이런, 프랭클린 델러노 루스벨트여, 애석하게도 질병의 영향을 최소화하려는 당신의 노력은 수포로 돌아갔지만, 결국 수많은 소아마비 환자의 영웅이 되었죠.

루스벨트가 당선되자 소아마비 환자는 사회의 짐이라는 널리 퍼진 인식이 변하기 시작했다. 수백 명의 소아마비 생존자와 어린이 환자의 부모가 그에게 편지를 썼다. 자식에게 적절한 치료를 받게 하려고 노후 대비로 저축한 돈을 다 써버렸다는 가족도 있었다. 또 불구가 된 어린이는 예컨대 야구를 할 수 없어서 학교에서 괴롭힘을 당했다고 했다.

루스벨트는 모두에게 답장을 써서 그들이 "용감한 싸움"을 하고 있다며 격려하고 "대단한 용기와 결의"를 칭찬했다.[10] 그의 답장이 말뿐이라고 하는 사람(이름하여 이것만 빼면 훌륭한 데이비드 M. 오신스키)도 있는데, 그게 말이지. 그는 미국 대통령이었는데도 시간을 들여 어려움을 겪는 사람들에게 손을 내밀었지 뭐니. 놀라운 일이다. **이 뒤숭숭하고 넌더리나는 세상에서 인정은 아름다운 것이다.**

마비된 아들을 둔 어머니는 편지에 이렇게 썼다. "라디오에서 대통령님의 목소리를 들을 때마다, 신체장애인에 대한 대통령님의 태도―그들은 '쓸모없는 존재'가 아니라는―에 관해 읽을 때마다 저는 강해지고 용기를 되찾습니다. 대통령님의 삶은 어떤 의미에서 제 기도에 대한 응답입니다."[11]

루스벨트는 소아마비 생존자를 돕는 여러 자선사업을 지원했다. 웜스프링스재단을 설립하여 웜스프링스재활원Warm Springs Institute for Rehabilitation에 자금을 댔다. 그는 1926년에 조지아주 웜스프링스의 토지 약 147만 평을 매입하여 소아마비 후유증을 앓는 사람들을 위해 진정한 낙원을 조성했다. 재활원은 신체장애인이 이용할 수 있는 건물을 제공하고 약수로 목욕하는 시설을 마련했다. 소아마비의 전염 경로를 생각하면 목욕 시설이 큰 인기를 끌었다는 것이 놀

웜스프링스재활원의 본관인 조지아홀.

랍지만, 근력 저하가 심한 사람들에게는 수영이 훌륭한 운동이 된다고 입증되었다. 루스벨트는 소아마비에 걸린 직후에 웜스프링스에 머물렀고, 이후에도 평생 주기적으로 방문했다. 소아마비 희생자에게 그곳은 단순히 재활만을 위한 장소는 아니었다. 자신 역시 다른 사람들과 마찬가지로 인간이라는 것을 상기할 수 있는 장소였다. 장애인권운동가 어빙 졸라가 지적하듯이 많은 사람들이 그들을 "기-형적인, 불-편한, 불-능한, 무-질서한, 비-정상적인, 그리고 무엇보다 … 무-가치한" 존재라고 여긴 시대에 그것은 하나의 도전이었다.[12] 자살이 소아마비 희생자의 사망 원인 5위였다(미국인 전체로는 10위 정도였다).[13] 장래를 갑자기 빼앗겼다고 느꼈으니 놀랄 일도 아니다. 수많은 성인 환자가 보살핌을 받기 위해 어린 시절 살던 집으로 돌아가야만 했다.

1952년, 대학 첫 학기 때 소아마비에 걸려 마비가 온 휴 갤러거는 다시는 걸을 수 없다는 것을 알고 비탄에 빠졌다. 처음에는 "불구자들과 어울리는" 게 싫어서 웜스프링스에 갈 마음이 없었다.[14] 하지만 이를 극복했고, 나중에 이렇게 말했다. "웜스프링스는 사람들과 만나고 공동 활동에 참여하고 친구를 사귀고 데이트를 하고 사랑에 빠질 기회를 주었다. 보통의 사회 활동 전반이 웜스프링스에서 이루어졌고, 바깥세상과 크게 다를 바 없었다. … 웜스프링스는 내 인생 최고의 경험이었다."[15]

만일 루스벨트가 소아마비와의 싸움을 돕기 위해 웜스프링스의 토지를 매입하고 자금을 마련하는 데 그쳤더라도 그는 영웅이었을 것이다. 하지만 더 있다! 대통령 재임 기간 중 재활원의 자금이 거의 고갈되자 그는 자신의 생일에 자기 이름으로 대통령 주재 '생일 무도회'를 열도록 승인했다. 입장권 판매 수익의 일부를 웜스프링스에 기부하고 이후 소아마비 퇴치를 돕는 단체에도 보냈다. 첫 무도회는 1934년에 개최되었다. 공보 담당 칼 바이어가 행사를 기획하고 미국 각 도시의 신문사 편집자에게 공문을 보내 준비를 도와줄 인물을 물색해달라고 요청했다. 사교계 부인들은 그런 일을 **아주 좋아했다.** 정말 누구라도 그랬을 것이다. 지역 신문이 당신에게 접근하여 소아마비 어린이 자선 파티 준비에 참여해주길 대통령이 바라고 있다고 했다면, 당신은 참여했을 것이다. 아마 위원장을 맡았겠지. 모두가 좋아할 만한 고급 피자와 샴페인과 미니 컵케이크를 주문했을 것이다. 멋진 일이다. 파티를 열기에 얼마나 좋은 이유인가! 미국인들은 찬동했다. 1934년, '우리가 춤추면 그들이 걷는다'라는 슬로건 아래 미국 전역에서 6천 회의 생일 무도회가 열렸다.[16] 각 지역사회는 다른 지역에 질 수 없다는 결의를 보였다. 맨해튼의 월도프애스토리아호

텔에서 열린 무도회에는 약 8.5미터짜리 케이크와 사교계 데뷔 여성들 무리가 등장했지만, 내 생각에는 웜스프링스의 무도회가 최고였다. 거주자들이 휠체어에 탄 채 춤을 추고 나서 약 2.1미터짜리 케이크를 잘랐다. 루스벨트 대통령은 훗날 "기억하는 한 가장 행복한 생일이었다"고 회상했다.[17]

무도회는 1940년까지 계속 열렸지만, 공화당원이나 아마도 특대 케이크를 좋아하지 않는 사람들이 꼭 마음에 들어한 것은 아니었다. "루스벨트의 생일만 아니면 언제든 기꺼이 (소아마비 캠페인에) 기부하겠다"[18]는 것이 정적들의 일반적인 반응이었다. 1년에 364일 기부해왔다면 받아들여졌겠지만. 그래서 1938년에 루스벨트는 국립소아마비재단이라는 초당파 단체를 설립했다.

유망한 연구를 재정적으로 지원하고 환자에게 최고의 치료를 제공하는 것이 목적이었다. 소아마비의 치료법이 발견되기까지 미국인의 약 3분의 2가 재단의 모금 운동March of Dimes에 기부했고, 700만 명이 재단의 자원봉사자로 활동했다. **충격적인** 수다. 전쟁과 관련 없는 자원봉사로는 가장 많은 인원이었다.[19]

이 재단이 조너스 소크의 소아마비 백신 연구에 자금을 지원했다.

조너스 소크는 미국 역사상 가장 친근한 세속 성인으로 주로 기억되지만, 어려서는 뉴욕에서 자란 보통 아이였다. 그의 부모는 유대인 박해를 피해 러시아에서 미국으로 이주해왔고, 1914년에 뉴욕시에서 소크를 낳았다. 미국에 소아마비가 유행하기 불과 2년 전이었다. 1916년에는 뉴욕에서 2,343명이 소아마비로 죽었다. 소크는 당시 두 살배기였기 때문에 이 문제에 관심이 없었다. 두 살짜리의 관심사는 반죽을 먹을 수 있느냐 없느냐다. 그러나 소크의 어머니 도라는 소아마비의 유행을 크게 염려하여 아파트를 구석구석 청소하고 누구든지 집에 들어올 때는 신발을 벗게 했으며, 조너스를 다른 아이들로부터 격리했다. 소아마비의 공포가 인플루엔자의 위협 때와 마찬가지로 그의 양육에 영향을 미친 것은 분명하다. 스페인독감은 조너스가 네 살 때 유행했다. 그의 유년기는 질병의 공포에 의해 규정되었다.

그의 장래 희망이 의사였던 것도 어찌 보면 당연했다. 소크는 신동이었고, 열다섯 살때 뉴욕시립대학에 합격했다. 열아홉 살때는 뉴욕대학 의학대학원에서 공부했다. 그가 뉴욕대학을 선택한 가장 큰 이유는 유대인을 차별하지 않았기 때문이다. 예컨대 예일대학의 경우 유대인은 매해 다섯 명까지만 입학할 수 있었다(그나마 두 명만 받아들여진 아일랜드 가톨릭교도보다는 조금 나은 편이었다). 소크는 의학대학원을 **사랑했고** 탁월한 능력을 보였다. 이렇게 회상했다. "의학대학원에서 첫 해를 보내고 나서 1년 동안 생화학을 연구하고 가르칠 기회를 얻었다. 그해 말에는 원한다면 전공을 생화학으로 바꿔 박사학위를 취득하지 않겠냐는 제안을 받았지만 내게는 의학이 우선이었다. 이 모든 것이 인류에 공헌하고 싶다는 나의 야망 혹은 욕망과 이어져 있다고 믿었다."[20]

의학대학원에서의 마지막 해에 소크는 인플루엔자 백신을 개발하고 있던 그의 멘토 토머스 프랜시스를 만났다. 소크는 이 프로젝트에 엄청난 열의를 보였다. 프랜시스는 이후 이렇게 말했다. "소크 씨는 유대인이지만 사람들과 잘 지내는 매우 뛰어난 능력을 지녔다고 생각합니다."[21]

이야기의 많은 부분을 그가 유대인이라는 것과 연결시키는 것처럼 보일지도 모르지만, 그것은 그에게 상당한 영향을 미쳤다. 20세기 초에는 가래톳페스트 근절을 위해 유대인을 태워 죽이는 일은 없었지만, 여전히 반유대주의가 **극심**했고, 이는 독일만의 이야기가 아니었다. 루스벨트의 삶이 신체장애인에 대한 사회의 인식을 바꾸는 데 도움이 된 것처럼, 소크의 삶은 미국을 조금 더 관용적인 사회로 만드는 데 한 역할을 했다.

그러나 그의 유산에 흠이 없는 것은 아니다. 1942년, 프랜시스는 미시간대학 역학부의 학부장이 되었다. 그는 소크에게 자신의 연구실에서 일할 것을 요청했다. 당시 수많은 군인이 인플루엔자로 죽어갔고, 그들에게는 백신이 절실히 필요했기 때문이다. 숭고한 목표다. 하지만 불행히도 그것이 소크에게는 윤리적 판단의 커다란 과오로 이어졌다(백신 반대파의 웹사이트에서 그의 경력을 언급할 때 제일 먼저 나오는 이야기다). 소크는 시설에 갇혀 있는 정신질환자에게 그들의 동의 없이 실험 단계의 인플루엔자 백신을 주입하는 연구에 참가했다. 그들 대부분이 노쇠하여 자신의 증상을 제대로 설명할 수도 없었다. 너무나 어리석고 사악한 행위다. 이 때문에 조너스 소크가 싫어졌다고 해도 괜찮다! 현대의 어떤 윤리적 규범에 비춰보아도 그의 행위는 소름 끼치는 것이었다. **당시**의 기준으로도 논란이 되었다. 1940년대에 미국에서 정신장애인들이 얼마나 심한 취급을 받았는지 「전두엽절제술」의 장을 읽었다면 알 것이다. 이미 질병에 걸려 도움과 동정과 존중을 필요로 하는 사람들을 이용해먹다니 노할 일이다.

소크야 어찌 되든 상관없으니 다른 사람들의 이야기로 건너뛰고 싶다면, 그것도 괜찮다. 등장하는 사람은 많다! 곧바로 아이젠하워 이야기로 넘어가라! 그렇지만 소크가 평생 행한 좋은 일은 이 과오를 능가한다고 믿고 싶다.

내가 소크를 계속 좋아할 수 있는 것은 그의 인플루엔자 백신이 효과가 있었기 때문이다. 프랜시스와 소크는 1938년에 인플루엔자 백신을 개발했다. 다만 인플루엔자의 유형은 매년 달라지므로 그에 맞게 해마다 수정되었다. 그들은 운이 좋았다. 백신이 듣지 않고 환자들이 죽었다면 그들은 괴물로 남았을 것이다. 백신이 듣지 않고 "내가 듣는다고 하면 듣는 거야!"라고 소리쳤다면 그들은 월터 잭슨 프리먼 2세가 되었을 것이다.

증오하는 인간을 모욕할 때는 월터 잭슨 프리먼 2세를 마음껏 써먹으시라. 대부분 그가 누군지 찾아보겠지만, 내가 거기에 있다면 우리는 하이파이브도 하고 아주 즐거울 것이다.

소크는 인플루엔자 백신에 관한 업적으로 명성을 얻었고, 1947년에는 소아마비로 관심을 돌렸다. 국립소아마비재단이 자금을 댔고, 소크는 연구를 시작했다.

그는 죽은 바이러스의 백신을 연구하기 시작했다. 백신에는 (약독화된) 생백신live vaccine과 (불활성화된) 사백신killed vaccine이 있다. 모든 백신의 목적은 약화된 질병을 몸에 노출시켜 그와 맞서 싸울 항체를 생산하도록 하는 것이다. 일반적으로 백신은 면역계의 보조바퀴 같은 역할을 한다. 생백신은 약화된 바이러스를 몸에 노출시킨다. 옛날 사람들이 팔에 상처를 내고 두창 환자의 분비액이나 농포를 문질러 가벼운 두창에 걸린 것과 비슷하지만, 현재는 그 과정이 **훨씬** 더 안전해졌다. 오늘날에는 질병을 약화시키기 위해 환자의 농포를 갈아 쓰지 않고, 보통 동물—대개 닭—의 배아에서 바이러스를 증식시키는 방법을 이용한다. (인간의) 바이러스가 배아에서 몇 번 자라고 나면, 닭의 배아에서 아주 잘 증식하도록 적응한다. 하지만 그러는 동안 인간에게서 증식하는 법을 잊는다. 그래서 닭의 배아에서 증식한 바이러스를 인간의 환자에게 주입하는 것이다. 인간 체내에서 효과적으로 증식할 수 없는 약하고 한심한 바이러스이므로 쉽게 죽일 수 있다. 이제 면역계가 그 바이러스를 인식하고 죽이는 법을 익혔기 때문에 다시 강력한 바이러스가 침입해도 죽일 수 있게 된다. 생백신의 단점은, 극히 드문 경우이기는 하지만 닭의 배아에서 증식한 바이러스가 체내에서 더 치명적이거나 인간에게 불리한 형태로 돌연변이를 일으킬 수 있다는 것이다. 하지만 강조해두면, 돌연변이는 일어날 가능성이 통계학적으로 놀라울 만큼 무의미하며, 설령 일어났다고 해도 자폐증을 앓거나 백신 반대자들이 퍼뜨려대는 다른 부정적인 결과를 겪지 않을 것이다.

생백신도 효과적이지만, 소크는 사백신을 개발하려고 했다. 사백신은 바이러스를 완전히 불활성화시킨다. 바이러스를 극열이나 포름알데히드에 노출시키는 등 몇 가지 방법이 있다. 그러므로 일부 백신에는 극히 희석된 포름알데히드가 포함되어 있다. 포름알데히드를 대량 섭취하면 암으로 이어지기 때문에 무섭게 들릴지도 모른다. 그러나 포름알데히드는 체내에서 자연히 생성되어 물질대사에 도움을 주기도 한다. 백신에 들어 있는 양은 인간에게 위험한 양에 한참 못 미친다. 이런 이야기에 관심이 있다면, 참고로 백신보다 사과에 포함된 포름알데히드의 양이 더 많다(백신 1회분에는 최대 0.1밀리그램, 사과 1개에는 평균 6밀리그램 들어 있다).[22]

불활성화된 바이러스는 체내에서 전혀 복제할 수 없다. 그런데 놀랍게도 면역계는 이 불활성화된 바이러스를 위험으로 인식하고 그에 대해 반응하기 시작한다. 굉장하다! 단점은 바이러스에 맞서 그리 잘 싸우지 못하게 된다는 것이다. 생백신이 훨씬 약한 상대와 싸우며 훈련하는 것이라면, 사백신은 인형과 싸우며 훈련하는 것과 같다. 사백신은 생백신에 비해 면역력을 유지하는 기간이 짧기 때문에 적어도 처음에는 수년마다 추가 접종이 필요하다.

요컨대 생백신은 단번에 나은 효과를 내기 때문에 매년 추가 접종을 받을 수 없거나 받지 않는 지역에서는 이점이 된다. 사백신은 아주 조금 더 안전하지만 후속 조치가 필요하다.

소크가 사백신에 매달려 있을 때, 역시 소아마비 백신 개발을 위해 재단으로부터 자금 지원을 받아온 그의 라이벌 앨버트 세이빈은 생백신 개발을 추진하고 있었다. 그 둘은 앙숙이 되었고, 세이빈은 소크를 한낱 '부엌 화학자'라고 불렀다.[23]

그 둘이 경주하고 있었다면, 소크가 이겼다. 1953년 3월 26일, 소크는 CBS 라디오에 출연하여 "백신으로 생산된 항체의 양은 자연 감염 후에 만들어진 항체의 양과 비교해도 손색없다는 것이 밝혀졌다"고 발표했다. 그의 백신이 효과가 있다는 뜻이었다.[24]

미국인들은 소크의 발표를 들었다. 아, 그들은 듣고 있었다. 『피츠버그 선텔레그래프 *Pittsburgh Sun-Telegraph*』는 선언했다. "이것은 미국의 의학 연구만의 승리가 아니다. 이 연구를 가능케 한 모금 운동에 기부한 우리 모두의 승리이기도 하다. 우리가 낸 동전 한 닢 한 닢이 선의를 나누는 가슴 따뜻한 경험이라는 백만 퍼센트의 배당금을 만들어낸 것이다."[25]

이제 남은 일은 자원자에게 백신을 시험하는 것뿐이었다. 1954년에 전국적 규모로 이루어진 백신 시험에서 미국의 부모들은 자신의

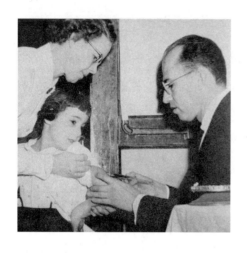

직접 백신을 접종하는 조너스 소크의 모습(1956).

아이들 180만 명을 피험자로 자원시켰다. 최종적으로 약 60만 명이 플라세보 백신과 실험용 소아마비 백신 중 하나를 접종받았다. 역대 미국에서 평시에 모인 자원봉사자들 중 최대 인원인 약 32만 5천 명의 성인이 모여 시험의 진행을 도왔다.[26] 『타임』은 이렇게 보도했다. "소크 씨의 실험실에서는 대규모의 시험에 필요한 수백 갤런의 백신 중 극히 일부밖에 생산할 수 없었다. 그래서 그가 무상으로 제공한 제조법에 따라 다섯 곳의 제약회사 즉 디트로이트의 파크 데이비스 Parke, Davis & Co., 인디애나폴리스의 피트먼무어 Pitman-Moore와 엘리 릴리 Eli Lilly & Co., 필라델피아의 와이어스 Wyeth Inc., 캘리포니아주 버클리의 커터 래버러토리스 Cutter Laboratories에서 생산되고 있다."[27] **무상**으로. 이는 인류 역사상 대단히 이타적인 순간이며, 마치 SF 시리즈에서 전 인류가 파충류로 변신하거나 외계인 지배자에게 잡아먹히기 전에 잠깐 존재했던 '유토피아'를 묘사한 부분 같다.

1955년 4월 12일, 『뉴욕 타임스』는 환희에 찬 대문자의 함성을 헤드라인으로 내보냈다. 「**소크 소아마비 백신 성공. 수백만 곧 접종. 시**

립학교 4월 25일 접종 개시」. 기사는 이렇게 공표했다. "불구로 만드는 소아마비에 맞설 효과적인 무기를 찾으려는 희망이 마침내 실현되었음을 세상에 알린다."[28]

예상했겠지만 이것은 소크에게 막대한 이익을 가져다줄 사건이었다. 같은 날 CBS의 기자 에드워드 R. 머로가 소크에게 백신의 특허를 취득할 것인지 (그리하여 백만장자가 될 것인지) 물었다. 머로가 특허의 소유자가 누구인지 묻자 소크는 잘 알려진 바대로 대답했다. "글쎄요, 민중이라고 해두죠. 특허는 없어요. 태양을 특허로 청구할 수 있나요?"[29]

그는 제조법을 공짜로 내주었다.

만일 특허를 취득했다면 특허법의 해석 방식에 따라 25억~70억 달러는 벌어들였을 것이다.[30] **그 돈으로 우탱 클랜**(1992년 결성된 미국의 힙합 그룹으로 세계적으로 큰 인기를 끌고 있다―옮긴이)**의 앨범을 몇 집이나 독점할 수 있었겠는지 상상할 수 있는가?** 그러니 인간은 다 이기적인 얼간이라는 냉소적인 생각이 들 때면, 조너스 소크가 전 세계의 어린이를 걷지 못하는 질병에서 지키기 위해 수십 억 달러를 단념했다는 것을 떠올리길 바란다.

폭탄선언: 나라면 특허를 취득하고 조금도 죄책감을 느끼지 않았을 것이다. 그 돈을 내게는 멋지지만 사실은 멍청한 짓을 하는 데 썼을 것이다. F. 스콧 피츠제럴드 테마파크를 설립하는 것처럼. 아마 다들 그랬을 거다. (왜 책 관련 테마파크는 없지? 아주 즐거울 텐데! 그저 생각일 뿐이다. 그냥 나라면 그렇게 했을 거라고.)

그러나 소크는 다름 아닌 미국인이야말로 그 백신의 진짜 소유자라고 이해한 것 같다. 어쨌든 그들이 춤추고 모금하고 자원봉사하여 만들어내지 않았는가? 국립소아마비재단과 피츠버그대학은 소크가 관심을 갖지 않았던 백신의 특허에 관해 조사했다. 현재 많은 사람들은 소크가 원했다고 한들 특허를 취득하지는 못했을 거라고 한다. 그에 선행하는 의료 기술이 포함되어 있었기 때문이다. 그렇지만 소아마비 백신은 대단한 기적이라고 여겨졌기 때문에 소크가 백악관을 불태워버렸어도 모두가 **괜찮다**고 했을 것이다. 자신이 구한 목숨들의 대가로 억만장자가 되었어도 그에게 이의를 제기하는 미국인은 거의 없었을 것이다. 오히려 실제 많은 사람들이 소크가 금전적 이익을 얻지 않은 것을 분개했고, 대통령에게 편지를 보내 정부가 소크에게 '거금' 그리고/혹은 '현금 다발'을 주라고 제안했다![31] 이는 사람들이 자신이 아닌 누군가가 막대한 수입을 올리기를 단호하게 바랐던 역사상 드문 사례다. 사실 솔크는 현금 다발을 받았다. 너무 많은 격려금을 받아서 실험실의 조수에 따르면, "한 통에는 지폐를, 다른 통에는 수표를, 또 다른 통에는 금속 주화를 넣었다."[32] 무상으로 받은 자동차는 모두 자선 단체에 기부했다.

그는 또한 돈으로는 살 수 없는 칭송을 얻었다. 전국의 출판물이 그를 찬양했고, 『뉴스 위크 *News Week*』의 한 기사는 소아마비 백신을 "조용한 젊은 남자의 위대한 승리"라고 표현했다. 영화제작사는 그의 이야기를 영화화하고 싶어 했지만, 소크는 자신이 죽을 때까지 기다리는 게 좋겠다고 제안했다.

드와이트 D. 아이젠하워 대통령은 1955년 4월 22일에 백악관 로즈가든에서 소크를 접견했다. 그때 아이젠하워는 소크의 백신을 "소련을 포함하여 지식을 환영하는 모든 국가"에 제공하기로 약속했다. (소련! 냉전 시대에!) 그는 소크를 "인류의 은인"이라고 언명했다.[33] 아이젠하워는 소크에게 특별한 표창장을 건네기에 앞서 그의 공적을 치하하며 이렇게 말했다.

앞으로 수많은 미국의 부모들과 조부모들이 매해 소아마비 유행의 극심한 공포에서 벗어날 것을, 그들이 사랑하는 사람이 침상에서 앓는 모습을 지켜보는 모든 고통에서 벗어날 것을 생각하면, 어떤 말씀으로도 저와 제가 아는 모든 사람들—1억 6400만 모든 미국인, 그리고 당신의 발견으로 은혜를 입을 세계의 모든 사람들—이 품고 있는 감사의 마음을 충분히 표현할 수 없다는 것을 밝혀야겠습니다. 제가 이 표창장을 당신에게 드릴 수 있어서 너무나, 너무나 기쁩니다.[34]

소크는 이에 대해 그것은 정말 공동의 역작이었다고 겸손하게 대답했다.

이제 백신이 생겼으니 다음 과제는 모두에게 백신을 배분하는 것이었다.

1955년 5월 21일, 아이젠하워 대통령은 소아마비 백신이 현재 선별 중이며 며칠 안으로 풀릴 것이라고 공표했다. 그리고 어린이를 대상으로 예방접종 프로그램을 실시할 것이라고 설명했다.

4월 12일부터 국립소아마비재단은 초등학교 1학년생과 2학년생, 그리고 지난해 실지 시험에 참가했던 3학년생에게 백신을 무료로 제공해왔습니다. (수백만의) 어린이들이 예방접종을 받았습니다. —그중에는 1학년생인 제 손자도 있었죠. 이 무료 예방접종 프로그램은 우리 아이들에게 백신을 챙겨주기 위한 첫 번째 방법입니다. 현재 다른 방법으로는 배포되고 있지 않습니다. …

비용 문제로 예방접종을 거부하는 어린이가 없도록 일부 주와 지자체에서는 모든 어린이를 대상으로 대규모의 무료 예방접종 프로그램을 운영할 것입니다. 그 밖의 주에서는 부모가 지불 능력이 없는 어린이에게만 병원, 학교, 그리고 취학 전 프로그램을 통해, 혹은 개업의를 통해 무료로 제공할 것입니다. 이러한 주에서는 백신 할당량의 일부가 일반적인 약품 유통 채널을 통해 우선하는 연령층의 어린이에게만 —가정의에게 접종받는 형태로— 사용될 것입니다.

각 주의 무료 예방접종 실시를 지원하기 위해 백신 구입비로 280만 달러를 책정할 법률을 제정하도록 의회에 권고했습니다. 이러한 법안은 현재 의회의 해당 위원회에서 검토 중이며 조속한 채택을 촉구하는 바입니다.[35]

유명한 전쟁 영웅인 공화당원 대통령이 국민에게 무상 의료를 제공하도록 필사적으로 촉구한 것은 주목할 만하다. 정치에 관해 논하는 걸 좋아하는가? 그렇다면 이 사실이 언젠가 도움이 될지도 모른다.

아이젠하워는 지역사회에 예방접종을 장려함으로써, 그리고 그 비용을 절감해주려고 함으로써 수백만 가정에 마음의 평안만을 가져다준 것이 아니었다. 그는 또한 국민의 집단면역을 강화시켰다. 일찍이 1900년에 『랜싯』에 등장한 집단면역이론은 소아마비 같은 질병의 유행은 "집단 안에서 감염되기 쉬운 개인의 임계수가 증가하기 때문에 발생하며, 감염되기 쉬운 개인의 수를 그 임계 밀도 아래로 유지시킴으로써 (즉 면역이 있는 자의 비율을 어느 임계값 이상으로 유지시킴으로써) 유행을 늦추거나 피할 수 있다"는 것을 전제로 한다.[36] 요컨대 대다수의 인구가 면역을 갖췄다면 자식의 예방접종을 거부하는 바보가 있을지라도 사회의 나머지 구성원이 접종을 받았기 때문에 그 아이가 홍역이나 볼거리나 소아마비에 걸리지 않으리라는 것이다.

이렇게 말하고 싶을지도 모르겠다. "제니퍼, 난 사람 죽이는 바보가 돼도 좋아. 어차피 질병에 걸릴 것 같지도 않은데 내 아이들에게 예방접종을 꼭 받게 해야 돼? 다들 아이의 건강에 신경 쓰고 예방접종을 마쳤으니 말이야." 음, 집단면역은 대부분 집단의 80~90퍼센트가 예방접종을 받았을 때만 기능한다. 홍역 같은 질병은 예방접종률이 95퍼센트가 되어야 한다. 따라서 상당수의 사람들이 요가 강사의 말을 듣고 아이에게 포도 한 송이를 통째로 먹이면 되니까 예방접종을 거부한다면, 면역력을 갖춘 사람의 수가 유효한 집단면역에 필요한 비율 아래로 떨어진다. 분명히 대부분의 사람들이 아이에게 예방접종을 받게 했을 테니 터무니없는 소리 같지, 응?

그런데 현재 짐바브웨는 1세 아이의 홍역 예방접종률(약 95퍼센트)이 미국보다 높다. 세계보건기구에 따르면, 다른 112개국도 미국보다 높다.[37] 미국은 홍역 예방접종률이 91퍼센트로 떨어졌으며, 역시 세계보건기구에 따르면 이 때문에 유행에 훨씬 취약해졌다. 이런 이유로, 예를 들면 2014년에 디즈니랜드에서 유행이 있었다. 이는 미국인들, 특히 면역부전이 있는 사람이나 너무 어려 예방접종을 받을 수 없는 갓난아기 등 질병에 취약한 사람들에게 매우 나쁜 소식이다.

예방접종을 거부하면 본인의 자식뿐만 아니라 보호를 필요로 하는 지역사회의 사람들까지 위험에 빠진다. 이는 의학 대신 별자리와 '좋은 느낌'으로 자식을 지키려는 사람들이 가진 상당히 부정적인 면이다. (솔직히 점성술은 참 재밌다.)

그 누구도 남들이 소아마비에 걸릴 위험에 처하는 것을 바라지 않는다. 아이젠하워도, 소크도, 오랜 세월 소아마비의 공포 속에서 살아온 사람들도. 대부분의 사람들이 즉시 예방접종을 받았다. 애석하게도 몇몇 불상사가 있었다. 캘리포니아주의 커터 래버러토리스에서 생산된 백신 두 묶음이 바이러스를 충분히 죽이지 못하여 어린이 10명이 목숨을 잃었다. 이는 소크의 잘못이 아니었다. 그의 백신은 효과가 있었다. 제조사의 책임이었다. (바이러스를 죽일 때 석면 필터가 아닌 유리 필터를 썼기 때문에 살아 있는 바이러스가 새어나왔다.) 이 사고는 백신에 대한 연방 규제의 강화로 이어졌고, "여과, 보관, 그리고 안전성 시험의 절차가 개선되었다."[38] 1955년에는 미국국립보건원이 고용한 백신 감독 담당자가 10명이었다. 1956년이 되자 150명으로 늘어났다. 현재 미국식품의약국은 250명을 채용하여 커터 래버러토리스 사고가 재발하지 않도록 모든 백신의 생산을 감독시키고 있다. 백신은 표기된 것이 정확히 들어 있는지 확인하기 위해 수만 번 테스트된다.[39]

후유. 안심이다.

소아마비는 전 세계에서 사실상 박멸되었다. 그래서 사람들은 … 소아마비에 관해 깡그리 잊었다. 이것이 질병에 대한 인간의 반응인 것 같다. 사람들은 어떤 질병에 더 이상 걸리지 않게 **되자마자** 그 존재를 망각한다. 이해할 만하다. 우리 모두가 세상에 바글거리는 모든 잠재적 질병을 생각하면, 그리고 우리가 매일 얼마나 무모하게 살고 있는지 알게 되면, 이 세상은 너무 무서워서 도무지 걸어 다닐 수조차 없는 곳으로 여겨질 것이다.

아니면 아이에게 예방접종을 받게 할 것이다.

1956년에 소크 백신의 임상시험을 감독한 바이러스 연구 주임 토머스 리버스는 이렇게 말했다. "현재 우리의 주된 과제는, 소크 백신에 문제가 있다는 것이 아니라 백신을 접종하지 않으려는 사람들에게 문제가 있다는 것입니다."[40] 사람들이 꼭 무관심하거나 어리석어서 그런 것은 아니었다. 그들의 문제는 주로 1년에 세 번 접종이 필요하고 그 후 수년에 걸쳐 매년 추가 접종을 받아야 한다는 사실에서 비롯되었다. 소아마비 백신의 가격을 감당할 만한 수준으로 낮추기 위한 노력이 있었지만, 병원에 가면 돈이 든다. 게다가 병원에서 멀리 떨어진 시골 지역에 사는 사람들은 여러 번 다닐 시간을 낼 수 없는 경우도 있었고, 특히 이미 심각해 보이지 않는 상황이었기 때문에 발길이 더욱 뜸해졌다.

1961년에는 앨버트 세이빈의 백신이 이용 가능해졌다. 미국의사협회는 솔크의 사백신 대신 세이빈의 생백신을 추천했다. 세이빈의 백신은 경구로 투약될 수 있었고 ―각설탕 안에 숨기기도 했다― 한 번 복용하면 면역이 지속되었다. 또 극히 드물게만(270만 분의 1의 확률) 소아마비를 일으킨다.[41] 그런데도 생산 비용이 더 낮은 이점이 있었다. 1963년에는 가장 많이 선택되는 백신이 되었고, 세이빈은 소아마비와의 싸움을 대표하는 새로운 얼굴이 되었지만, 소크만큼 사랑받지는 못했다.

그 후 얼마 지나지 않아 소크의 백신은 잊히게 되었다. 이 때문에 소크는 여생을 괴로워했다. 그는 세이빈의 백신을 **증오했다.** 두 과학자의 경쟁의식과 오랜 앙숙 관계에 관해서는 충분히 입증되었으며, 영화로 제작된다면 정말 좋은 작품이 될 것이다.

현재 소크의 백신은 주로 미국과 유럽에서 사용되고 세이빈의 백신은 개발도상국에서 더 널리 쓰이고 있다. 그들이 오늘날 두 백신이 모두 사용되고 있다는 것을 알았다면 자부심을 가졌겠지만, 서로를 정말 증오했기 때문에 너무 낙관할 수는 없다.

소크는 '인류에 공헌하는' 것을 멈추지 않았다. 1962년, 캘리포니아주 라호이아에 '과학의 대성당'이 될 것을 기대하며 소크연구소 Salk Institute for Biological Studies를 설립했다. 거기서 일하기 위한 경쟁이 너무 치열하여 소크는 "내가 설립하지 않았다면 나도 연구소의 일원이 되지 못했을 것"이라는 농담까지 남겼다.[42] 그는 1993년에 심부전으로 죽을 때까지 연구를 계속했다. 만년에는 에이즈 백신을 개발하는 데 열중했다. 그는 자신이 실패할 것이라고 많은 사람들이 예상하고 있다는 것을 알고 있었지만, 이렇게 단언했다. "실패 같은 건 없다. 너무 빨리 그만두면 그게 실패다."[43] 그는 에이즈 백신을 개발하지 못했다. 단지 죽음이 가로막았을 뿐이다. 그는 결코 포기하지 않았다. 그리고 인간의 근본적인 선량함을 끊임없이 믿었다. 1985년에 이렇게 말했다. "중요한 것은 첫째, 더불어 사는 법을 배우는 것, 둘째, 서로에게서 최선을 끌어내려고 노력하는 것이다. 최고에게서 최선을, 그리고 동일한 재능을 갖지 않은 자에게서 최선을 … 그 목적은 상대를 끌어내리는 것이 아니라 일으켜 세우는 것이다."[44]

살아가면서 때로는 우리가 화를 내거나, 아니면 다른 사람들이 화를 낸다. 우리가 바보이거나, 아니면 그들이 바보다. 우리의 동료를 추어올리고 모두에게서 최선을 끌어낸다는 것은 너무 큰 기대일지도 모른다. 하지만 우리는 해낸 적이 있었다. 힘을 합쳐 서로 도울 때 우리는 기적을 낳을 수 있다. 우리 모두가 소아마비를 치유해냈듯이.

에필로그

언제 다시 미국에 역병이 돌 것 같냐고 묻는 사람들이 있다. 나는 변함없이 이렇게 대답한다. "글쎄, 바로 얼마 전이었잖아." 수백만 명을 죽이는 판데믹의 가능성에 관해 마치 어쩐지 일어나지 않을 것처럼 이야기하는 사람들은 그것을 잊은 것 같다. 아마도 실제의 역병이 텔레비전 쇼에서 묘사하는 역병과 다르게 보였기 때문일 것이다. 최근에 역병이 발생했을 때 방호복을 입고 근처로 몰려와 사람들을 격리시키는 공무원의 모습은 보이지 않았다. 하지만 우리가 살펴보았듯이, 역병에 그렇게 대처하는 경우는 거의 없다. 사람들은 무엇보다 평소처럼 생활하고 싶어 한다. 역병이 발생했을 때조차.

그러나 에이즈라면 무섭다.

사실 에이즈 위기를 잘못 대처한 것에 대한 암운은 이 책 전체에 감돌고 있다.

에이즈에 관한 장은 쓰고 싶지 않았다. 이미 죽어서 스스로 말할 수 없는 사람들의 이야기를 들려주는 것이 나의 역할이라고 생각했기 때문이다. 당신이 1980년대의 에이즈 유행을 겪었는지도 모른다. 그렇지 않더라도 겪은 사람을 분명 알고 있을 것이다. 그 끔찍한 시대에 관해서는 그 사람이 나보다 훨씬 더 잘 이야기해줄 수 있으리라 확신한다.

그렇지만 에이즈에 대한 대처가 얼마나 잘못되었는지에 관해 조금이라도 언급하면서 이 책을 마쳐야겠다. 이 역병은 질병에 관한 역사의 교훈을 전부 잊으면 어떤 일이 일어나는지 여실히 보여주는 완벽한 사례라고 생각하기 때문이다.

몇 가지 교훈들을 다시 살펴보자.

안토니누스역병과 소아마비에서 끌어낼 수 있는 흥미로운 점은 유행하고 있을 때 강력한 지도자가 큰 영향을 미칠 수 있다는 것이다. 마르쿠스 아우렐리우스가 안토니누스역병에 신속히 대응했기 때문에, 그리고 일반 대중들의 비용 부담을 덜어주고 역병으로 섬멸된 군대의 일부를 재건했기 때문에 로마제국의 몰락을 적어도 일시적으로는 피할 수 있었다. 루스벨트가 소아마비 문제를 부각시켰을 때, 미국은 그의 지휘에 따라 그 질병을 퇴치하는 데 몰두했다. 아이젠하워는 역할이 그리 중요하지 않았는지도 모르지만, 아이들이 비용 때문에 소아마비 백신의 혜택을 누리지 못하는 일이 없도록, 그리고 백신이 전 세계와 공유되도록 노력한 점은 칭찬받아 마땅하다. 저들은 위기의 심각성을 인식하고 용감하게 질병과 정면으로 맞섰다. 질병을 무시하거나 미화하거나 질병에 걸린 사람들을 모욕하지 않았다. 그런다고 **문제가 해결되지 않으니까.** 질병이 더욱 만연하고 희생자가 늘어날 뿐이다. 질병은 심각하게 여겨지지 않을 때 **기뻐한다.**

로널드 레이건 정권의 인사들은 에이즈에 관한 것을 처음 듣고 나서 그 유행의 확산을 웃어넘겼다. 마크 조지프 스턴은 웹진 『슬레이트*Slate*』에서 이 악명 높은 에피소드에 관해 다음과 같이 묘사했다.

1982년 10월 15일, 백악관의 언론 브리핑에서 레스터 킨솔빙 기자가 공보비서 래리 스피크스에게 에이즈라 불리는, 게이 사회에서 맹위를 떨치고 있는 소름끼치는 신종 질병에 관해 물었다.

스피크스가 되물었다. "에이즈가 무엇이죠?"

킨솔빙이 대답했다. "'게이 역병'으로 알려져 있어요."

모두가 웃었다.

스피크스가 말했다. "전 안 걸렸는데, 당신은 걸렸나요?"

좌중에서 다시 웃음이 터졌다. 스피크스는 킨솔빙의 질문을 계속 빈정거리며 피해갔고, 킨솔빙 자신이 그 질병을 알고 있으니 게이일지도 모른다고 농담했다. 그 공보비서는 결국 백악관에서는 레이건을 포함해서 아무도 그 유행을 알고 있지 않다고 인정했다.

"여기에 개인적으로 경험한 사람은 없네요." 스피크스가 지껄이자 좌중은 포복절도했다.[1]

정권 인사들은 크게 웃고 난 후 적어도 공적으로는 에이즈를 무시했다. 레이건 대통령은 그 질병에 관해 일언반구도 없었다. 1985년 9월 17일까지는. 기자가 그 질병의 무서운 확산에 관해 묻자 레이건은 대답했다.

올해 1억 달러의 예산을 편성했습니다. 내년은 1억 2600만 달러가 될 것이고요. 즉 최우선 사항입니다. 그 심각성과 해결책 마련의 필요성에 관해서는 의문의 여지가 없습니다.

질문: 대통령님, 이어서 질문을 드리자면요. 이에 관해 말했던 정부 기관의 그 과학자는 국립암연구소에 있습니다. 그는 정부의 프로그램과 제안하신 증액이 현 단계에서는 계획을 추진하고 문제를 해결하는 데 턱없이 부족하다고 합니다.

대통령: 예산의 제약도 있는데 제 생각에 연간 연구비 1억 2600만 달러면 중요한 공헌인 것 같네요.[2]

실제로 레이건은 1986년에 에이즈 예산을 11퍼센트나 삭감했다. 9500만 달러에서 8550만 달러로 줄어들었다.[3]

대통령은 1987년에야 대대적인 공개 연설을 했는데, 이미 2만 849명의 미국인이 에이즈로 목숨을 잃은 후였다. 1981년에 '게이 남성의 건강 위기Gay Men's Health Crisis'가 설립되었다. 1985년에 「언 얼리 프로스트An Early Frost」가 텔레비전에 방영되었다. 역시 1985년에 「더 노멀 하트The Normal Heart」가 뉴욕의 퍼블릭극장에서 초연되었다. 같은 해, 배우 록 허드슨이 (에이즈로) 죽었다. 1986년에 의무감이 콘돔 사용을 지지하는 보고서를 제출했다. **레이건은 무엇을 기다렸나?**

에이즈에 관한 의학적 진보가 촉진될 수 있었을지는 모르겠다. 그러나 내가 분명히 아는 건 지도자는 질병의 유행에 대중이 **대응**하는 방식을 바꿀 수 있다는 것이다. 레이건은 '위대한 소통가'라 불렸다. 그는 가장 카리스마적인 대통령 중 한 명이었다. 대중에게 **사랑받았고**, 동성애자들과 개인적으로 가깝게 지냈다. 처음부터 이렇게 말한 지도자가 있었다면 어떻게 되었을지 상상해보라. "미국인은 다른 미국인이 인생의 황금기에 역병으로 쓰러지는 것을 보고만 있지는 않습니다. 그들이 누구이든 어떤 삶을 살고 있든 관계없습니다. 우리는 용감하며 힘을 합쳐 이 무서운 질병과 싸울 것입니다."

나는 항상 역사의 대본을 다시 쓰려고 한다. 좋아하는 텔레비전 쇼의 실망스러운 에피소드를 머릿속으로 재구성하듯이. 하지만 아무것도 바꾸지 못했다는 것을 인정한다.

더 동정적이고 자비로운 반응이 에이즈 유행의 확산을 막을 수는 없었겠지만, 분명 비웃는 것보다는 나았을 것이다.

1987년, 유명한 보수주의자 윌리엄 F. 버클리 주니어(1925~2008. 미국의 언론인이자 작가로 잡지 『내셔널 리뷰*National Review*』를 창간하고 보수주의 운동에 큰 영향을 미쳤다―옮긴이)는 에이즈 환자 전원이 "바늘 공동 사용자를 보호하기 위해 팔뚝 위쪽에, 다른 동성애자의 희생을 방지하기 위해 엉덩이에 문신을 새겨야" 한다고 제안했다.[4]

이러한 입장은 캘리포니아주 하원의원 윌리엄 대너마이어(1929~2019. 미국의 보수주의적 정치가로 성소수자 권리의 반대자로 잘 알려져 있다―옮긴이)의 발언에 비하면 아무것도 아니었다. 그는 에이즈 환자 전원을 식별할 수 있다면 "그들을 지구상에서 없애버릴 것"이라고 했다.[5] 1992년 아칸소주 상원의원이자 이후 주지사가 된 마이크 허커비(1955~ . 미국의 보수주의적 정치가이자 목사로 낙태, 동성애 등에 반대한다―옮긴이)는 그보다 아주 조금 더 온건한 견해를 피력했다. "진성 역병 보균자가 일반 대중으로부터 격리되지 않은 건 문명사상 처음 있는 일입니다. … 그 역병 보균자를 격리하는 조치를 취해야 합니다."[6] 우리는 이 자를 대선 후보로 여기고 있고, 그는 기본적으로 에이즈 환자 전원을 모아 섬으로 보내야 한다고 말했다.

내가 끊임없이 폭넓게 읽고 있는 문명사와 일치하지 않는 '문명사'를 누군가가 아무 생각 없이 들먹일 때마다 그들이 좋아하는 책을 조사하여 그런 정보를 대체 어디서 얻고 있는지 알고 싶어진다. 대부분의 경우 그들이 가장 좋아하는 책은 '크리스마스, 총, 고결' 같은 제목을 달고 있다.

허커비의 주장은 정확하지 않다. 이 책을 읽어서 알겠지만, 역병 보균자가 강제로 격리되지 않은 것은 그때가 처음이 아니다. 그가 나환자를 염두에 둔 것 같지만, 그 경우 **격리는 좋은 조치가 아니었다.** 그건 재앙이었다. 몰로카이섬의 악몽 같은 상황은 질서와 안녕을 가져오기 위해 다미앵 신부처럼 드물게 연민과 용기를 갖춘 사람을 필요로 했다. 그리고 그 질병은 특히 전염성이 강한 것도 아니었다.

한편 전염성이 강한 결핵의 보균자는 재미와 돈벌이를 위해 오페라를 보러 가거나 악어 사냥에 나섰다. 역사적으로 격리는 주로 부와 권력과 사회적 영향력이 없는 자들에게 이루어진 것이다.

에이즈가 유행하는 동안 환자가 아닌 사람들—현대의 다미앵 신부들—이 힘을 합쳐 에이즈를 위한 연방 예산의 증액을 요구했을 때, 허커비는 이렇게 불평했다. "엘리자베스 테일러와 … 마돈나 등 에이즈 예산의 증액을 요구하는 갑부 연예인에게 사재를 털어 에이즈 연구를 위한 자금을 대도록 하는 대안도 요청할 수 있다."[7] 테일러의 1억 5천만 달러 상당 주얼리 컬렉션의 경매 수익금 대부분이 실제로 에이즈 연구에 쓰였다는 것은 주목할 가치가 있다.[8] 결국 1986년 정부 예산만큼의 금액을 기부한 것이다. 그렇지만 엘리자베스 테일러처럼 후하고 모든 면에서 근사한 인물일지라도 한 여성에게 국가적 건강 위기의 대처를 의존하는 것은 비현실적이다.

물론 정부의 대표자와 부유한 연예인만이 질병에 맞서 싸울 때 영향을 줄 수 있는 것은 아니다. 나환자를 돌본 다미앵 신부나 존 스노의 콜레라 연구를 지지한 헨리 화이트헤드 목사를 보면 성직자들도 영향을 미칠 수 있음을 알 수 있다. 그들은 다른 누구보다도 괴로워하는 자의 고통을 완화하는 데 헌신하기 때문에 당연해 보일지도 모른다. 하지만 에이즈 위기 때 보수적인 종파는, 동성애자는 지옥에서 불타야 하며 그 질병은 신이 내린 형벌이라고 주장했다. 인기 있는 목사 빌리 그레이엄(1918~2018. 미국의 목사이자 전도사로 전 세계에 영향을 미쳤고 한국과 북한에도 방문한 바 있다―옮긴이)은 청중 앞에서 숙고했다. "에이즈는 신의 심판인가? 단언할 수는 없지만, 그렇다고 생각한다."[9]

기쁘게도 그레이엄은 결국 이 발언을 사죄했다. 전염병과 싸우기 위해 "우리는 성경에 따라 그들의 목을 베어야 한다"고 발언한 리노(미국 네바다주 북서쪽에 있는 도시―옮긴이) 제일침례교회 목사 월터 알렉산더는 사죄하지 않았다.[10] 1989년에 가톨릭 주교들은 에이즈의 확산을 방지할 콘돔의 사용에 **강력히** 반대했다.[11] 이 입장은 명백히 어리석고 치명적이다.

친절하고 인정 많고 기독교도답게 행동한 종교 단체도 있었다고 확신한다. 인류를 돕고 싶어서 종교에 이끌린 목사와 신부와 다른 사람들의 이야기를 듣고 싶다. 많은 사람들이 이 재앙과의 싸움에 도움을 주었음에 틀림없다. 확신한다. 그러나 그들은 "지옥에서 불타라, 호모 놈들"이라는 당시의 구호에 가려져 있다. 나는 신이 편협한 신일 수 있다고 생각한다. 신을 만나본 적은 없다. 하지만 만일 신이 그자들이 만들어낸 것만큼 잔인하다면, 16세기의 그 쿠바인처럼 차라리 지옥에서 악마와 함께 있는 걸 택하겠다.

에이즈를 둘러싼 낙인은 매독에 필적했다. 매독 환자와는 한방을 쓰기는커녕 악수조차 하기 싫다고 말한 소설 속 등장인물을 떠올려보라. 마찬가지로 사람들은 에이즈 환자와 접촉할까봐 두려워했다. 감염 경로에 관한 정보를 얻기까지 굉장히 오랜 시간이 걸렸기 때문일 것이다. 1986년에도 레이건은 에이즈에 걸린 아이들을 학교에 보내도 되는지 확실히 알 수 없었다.

가족조차 에이즈 환자를 저버리는 경우가 있었다. 에이즈로 죽어가는 수천 명의 환자를 돌본 루스 코커 버크스(1959~ . 에이즈가 유행할 때 버려진 환자들을 돌보고 시신을 자기 가족의 묘지에 묻었다고 알려져 있으며 '묘지의 천사'라고도 불린다—옮긴이)는 『아칸소 타임스*The Arkansas Times*』에서 수많은 가족이 유행 초기에 아이들을 버렸다고 회상했다. 그녀는 한 환자의 어머니에게 전화를 걸었지만 그쪽에서 끊어버린 일을 떠올렸다.

버크스는 말했다. "다시 전화를 걸었어요. '또 끊어버리면 당신 아들의 부고를 지역 신문에 내고 사인도 언급할 겁니다'라고 말했더니 끊지 않더군요."

그 여성은 아들이 범죄자였다고 말했다. 아들에게 어떤 문제가 있는지 몰랐지만 신경 쓰지 않았다. 그녀에게는 이미 죽은 자식과 다름없었기 때문에 (그를 보러) 오려고 하지도 않았다. 그가 죽으면 시신도 넘겨받지 않겠다고 했다. 버크스는 저주의 말을 이후 10년 동안 몇 번이고 들어야 했다. 틀림없는 천벌, 입 딱 벌린 지옥 불, 성경 말씀에 따른 포기. 버크스는 자신이 수년간 보살핀 에이즈 환자는 1천 명이 넘는다고 추정했다. 그 가운데 사랑하는 혈육에게 등을 돌리지 않은 가족은 한 줌밖에 되지 않는다고 말했다.

버크스는 전화를 끊고, 죽어가는 환자에게 뭐라고 말해야 할지 고민했다. 그녀는 말했다. "그의 방으로 돌아갔어요. 안으로 들어가니 '아, 엄마, 오실 줄 알았어요' 그가 이렇게 말하고는 한쪽 손을 내밀더라고요. 그리고 내가 왜 그랬지? 그의 손을 잡고 말했죠. '내가 왔단다, 애야. 여기 있단다.'"[12]

이러한 부모의 포기는 가래톳페스트로 죽어가는 아이의 절규를 떠오르게 한다. "아빠, 날 왜 버렸어? 나 잊었어? 엄마, 어디로 갔어? 어제는 잘해줬으면서 오늘은 왜 그래? 나 엄마 젖도 먹고 아홉 달 동안 엄마 뱃속에 있었잖아." 그러나 적어도 당시의 부모들은 자식을 버리는 것이 옳다고 생각하지는 않았다.

에이즈 환자가 살아남게 된 것은, 크럼턴 씨가 매독 환자를 위해 '코 없는 사람들의 모임'을 결성한 것처럼 '게이남성의 건강 위기'와 '액트업ACT UP'을 비롯한 단체를 조직하여 그들의 살 권리를 위해 투쟁했기 때문이다. 그들은 서로 도왔다. 항의했다. 소리를 높였다. 사람들을 몹시 불편하게 만들었다.

잘했다.

미국의 유례없는 증오와 어리석음의 시대를 살아남기 위해 투쟁한 단체의 리더들을 기리기 위해 동상을 세워야 한다.

에이즈 위기에 대한 형편없는 대처를 생각하면, 관계자들의 어깨를 움켜잡고 흔들며 이렇게 말하고 싶어진다. "과거에 역병이 발생했을 때마다 어떤 대처가 유효했고 무효했는지 알려주는 글을 왜 읽지 않았지? 대체 왜 관심을 갖지 않는 거야? 이미 저질렀던 바보 같은 짓을 되풀이하지 마! 무엇이 효과가 있고 무엇이 효과가 없는지 우리는 알고 있다고! 현명해져라. 제발, 제발 말이지. 현명해져라. 다정해져라. 다정해지고 현명해져라. 제발 부탁이니까."

인간의 쉽게 잊는 태도는 특히 생사에 관한 중대한 문제에서는 답답하기 그지없다. 그러한 역사를 살펴보면 때때로 이런 생각이 든다. **인간은 똑같은 멍청한 과오를 매번 반복할 것이다. 그리고 그런 과오 때문에 인간이 파멸할 날이 올 것이다.**

그러면 슬프고 화가 나고 다음에 무슨 일이 일어날지 무섭다.

그러나 이번에는 소아마비가 거의 박멸된 것에 대해 생각해본다. 아니면 페니실린의 존재를. 그리고 우리는 언제나 진보하고 있음을 상기한다. 때로는 우리의 바람보다 느리고 평탄치 않을 때도 있지만 꾸준히 나아가고 있음을. 또한 아무리 혹독한 상황에서도 인간은 어떻게든 버티고 살아남았다는 것을 떠올린다.

깊은 환멸을 느낄 때마다 슈테판 츠바이크(1881~1942. 오스트리아의 유대인 작가로 시, 극, 소설 등 여러 장르의 작품을 발표하고 세계적인 명성을 얻었다─옮긴이)의 『어제의 세계 *Die Welt von Gestern*』(1942)에서 좋아하는 구절을 꺼내본다. 츠바이크는 나치를 피해 망명 생활을 하면서 이런 글을 남겼다. "우리가 오늘날 반쯤 눈이 멀고 심란하고 기진맥진한 상태에서 길을 더듬고 있는 공포의 심연 속에서도, 내 유년 시절의 오래된 별자리를 다시금 올려다보며 언젠가 이 퇴보도 앞으로, 그리고 위로 나아가는 진보의 영원한 리듬 속 하나의 막간에 불과할 것이라고 스스로 위로한다."[13] 실책은 우리가 더 강해지고 현명해지고 나아지는 과정에서 나타나는 간헐적인 퇴보일 뿐이라고 믿을 수밖에 없다. 우리는 나아지고 있다. 모든 면에서. 질병과 싸우는 것도 그 '모든 것'에 포함되어 있다.

질병을 있는 그대로 —전 인류의 적으로서— 보게 될 날이 오리라 믿는다. 죄인 취급 받는 사람들, 가난하거나 남들과 다른 성적 지향을 가진 사람들, '우리와 같지 않기' 때문에 '당연한 응보를 받았다'고 우리가 멋대로 단정한 사람들의 적으로서가 아니라. 질병은 우리 모두와 교전 중이다. 질병은 꼬리표 따위 신경 쓰지 않으므로 우리가 꼬리표를 붙여도 의미가 없다.

우리는 더 배려하게 될 것이라 믿는다. 더 현명하게 싸울 것이라 믿는다. 마음속 가장 깊은 곳에서 우리는 이웃에 대해 비열하거나 증오에 차 있거나 잔혹하지 않으리라 믿는다. 우리는 다정하고 현명하고 용감하다고 믿는다. 그러한 본능에 따르는 한, 그리고 공포에 굴복하여 남에게 책임지우지 않는 한, 우리는 질병과 질병에 붙은 낙인을 이겨낼 수 있다. 서로가 아니라 역병과 맞서 싸울 때, 우리는 단지 질병을 물리치는 데 그치지 않고 그 과정에서 인간성을 지켜낼 수 있을 것이다.

앞으로, 그리고 위로 나아가자.

미 주

안토니누스역병

1. Walter Scheidel, "Marriage, Families, and Survival in the Roman Imperial Army: Demographic Aspects," Princeton/Stanford Working Papers in Classics, Stanford University, 2005, https://www.princeton. edu/~pswpc/pdfs/scheidel/110509.pdf.

2. Kathryn Hinds, *Everyday Life in the Roman Empire* (New York: Cavendish Square, 2009), p. 114.

3. Oliver J. Thatcher, *The Library of Original Sources*, vol. 4, *Early Mediaeval Age* (1901); Honolulu: University Press of the Pacific, 2004 재간행) p. 168.

4. "Germanic Peoples," *Encyclopedia Britannica*, http://www.britannica. com/topic/Germanic-peoples.

5. John George Sheppard, *The Fall of Rome and the Rise of the New Nationalities: A Series of Lectures on the Connections Between Ancient and Modern History* (1892), University of Toronto, Robarts Library archives, p. 173, https://archive.org/details/fallofromeriseof00shepuoft.

6. Frank McLynn, *Marcus Aurelius: A Life* (Cambridge, MA: Da Capo Press, 2009), p. 459 (『철인 황제 마르쿠스 아우렐리우스』, 조윤정 옮김, 다른 세상, 2011, 621쪽).

7. Dideri Raoult and Michael Drancourt, eds., *Paleomicrobiology: Past Human Infections* (Berlin: Springer Verlag, 2008), p. 11.

8. Thucydides, *History of the Peloponnesian War*, translated by Richard Crawley (New York: Dutton, 1910), p. 132 (『펠로폰네소스 전쟁사』, 천병희 옮김, 숲, 2011, 180쪽).

9. Raoult, *Paleomicrobiology*, p. 11.

10. 같은 책, p. 10.

11. McLynn, *Marcus Aurelius*, p. 467 (『철인 황제 마르쿠스 아우렐리우스』, 629쪽).

12. Marcus Aurelius, *The Meditations of Marcus Aurelius Antoninus*, edited

by A. S. L. Farquharson (Oxford: Oxford University Press (Oxford World's Classics), 2008), p. 10 (『명상록』, 천병희 옮김, 숲, 2005, 32쪽).

13. Brigitte Maire, ed., *"Greek" and "Roman" in Latin Medical Texts: Studies in Cultural Change and Exchange in Ancient Medicine* (Leiden: Brill, 2014), p. 235.

14. William Byron Forbush, ed. *Foxe's Book of Martyrs: A History of the Lives, Sufferings and Triumphant Deaths of the Early Christian and Protestant Martyrs* (Philadelphia: John C. Winston, 1926), "The Fourth Persecution" (『순교자 열전』, 홍병룡·최상도 옮김, 포이에마, 2014, 「마르쿠스 아우렐리우스 안토니우스 치하의 네 번째 박해」 항목).

15. Anthony R. Birley, *Marcus Aurelius: A Biography* (New York: Routledge, 2000), p. 159.

16. Arthur Edward Romilly Boak, *A History of Rome to 565 AD* (New York: Macmillan, 1921), Kindle edition, p. 299.

17. Marcus Tullius Cicero, *The Orations of Marcus Tullius Cicero*, translated by C. D. Yonge (1851), University of Toronto, Robarts Library archives, p. 162.

18. McLynn, *Marcus Aurelius*, p. 349 (『철인 황제 마르쿠스 아우렐리우스』, 410쪽).

19. Barthold Georg Niebuhr, *Lectures on the History of Rome: From the First Punic War to the Death of Constantine,* Volume 3 (1844), e-source courtesy of Getty Research Institute, p. 253, https://archive.org/details/historyofrome01nieb.

20. George Childs Kohn, ed., *Encyclopedia of Plague and Pestilence: From Ancient Times to the Present*, 3rd ed. (New York: Facts on File, 2008), p. 10.

21. Niebuhr, *Lectures on the History of Rome, Volume 3*, p. 251.

22. Cassius Dio, *Roman History*, Loeb Classical Library (Cambridge, MA: Harvard University Press, 1911), p. 73.

23. 같은 책.

가래톳페스트

1. John Aberth, *From the Brink of the Apocalypse: Confronting Famine, War,*

Plague and Death in the Later Middle Ages (London: Routledge, 2001), p. 112; Robert S. Gottfried, *The Black Death: Natural and Human Disaster in Medieval Europe* (New York: Free Press, 1983), p. 115.

2. Terry Deary, *Horrible History: The Measly Middle Ages* (New York: Scholastic, 2015), p. 36.

3. "Newcomers Facts," National Geographic Channel, October 25, 2013, http://channel.nationalgeographic.com/meltdown/articles/newcomers-facts/.

4. Gottfried, *The Black Death*, p. 135.

5. Aberth, *From the Brink of the Apocalypse*, p. 121.

6. "Myths About Onion," National Onion Association website, http://www.onions-usa.org/faqs/onion-flu-cut-myths.

7. Aberth, *From the Brink of the Apocalypse*, p. 116; Stuart A. Kallen, *Prophecies and Soothsayers* (*The Mysterious & Unknown*), (San Diego: Reference Point Press, 2011), p. 40.

8. John Kelly, *The Great Mortality* (New York: Harper Collins, 2005). Kindle edition. Kindle location 3791 (『흑사병시대의 재구성』, 이종인 옮김, 소소, 2006, 347쪽).

9. Giovanni Boccaccio, *The Decameron*, translated by John Payne (New York: Walter J. Black, 2007), Project Gutenberg, e-book, https://www.gutenberg.org/files/23700/23700-h/23700-h.htm, p. 2 (『데카메론 1』, 박상진 옮김, 민음사, 2012, 23쪽).

10. 같은 책 (『데카메론 1』, 23쪽).

11. Louise Chipley Slavicek, *Great Historic Disasters: The Black Death* (New York: Chelsea House, 2008), p. 62.

12. Kelly, *The Great Mortality*, Kindle location 2975 (『흑사병시대의 재구성』, 276쪽).

13. 같은 책, Kindle location 1832 (『흑사병시대의 재구성』, 177쪽).

14. 같은 책, Kindle location 1835 (『흑사병시대의 재구성』, 177쪽).

15. 같은 책, Kindle location 1826 (『흑사병시대의 재구성』, 179쪽).

16. Slavicek, *Great Historic Disasters*, p. 51.

17. Boccaccio, *The Decameron*, p. 17 (『데카메론 1』, 37~38쪽).

18. "Medieval British History in Honor of Barbara Hannawalt," *History: The Journal of the Historical Association*, 96, no. 324 (September 9, 2011): 281, http://onlinelibrary.wiley.com/doi/10.1111/j.1468-229X.2011.00531_2.x/abstract.

19. 같은 책.

20. Kelly, *The Great Mortality*, Kindle location 2981-2983 (『흑사병시대의 재구성』, 277쪽).

21. Slavicek, *Great Historic Disasters*, p. 51.

22. Francis Gasquet, *The Black Death of 1348 and 1349* (London: George Bell and Sons, 1908), p. 33.

23. Terry Haydn and Christine Counsell, eds. *History, ICT and Learning in the Secondary School* (London: Routledge, 2003), p. 247.

24. James Leasor, *The Plague and the Fire* (Thirsk: House of Stratus, 2001), p. 112.

25. 같은 책.

26. Ronald Hans Pahl, *Creative Ways to Teach the Mysteries of History*, Vol. 1 (Lanham, MD: Rowman and Littlefield Education, 2005), p. 40.

27. Ian Wilson, *Nostradamus: The Man Behind the Prophecies* (New York: St. Martin's Press, 2002), p. 45.

28. "Nostradamus Biography," the Biography.com website, http://www.biography.com/people/nostradamus-9425407#studies.

29. Boccaccio, "Day: The First," paragraph 3 (『데카메론 1』, 24쪽).

30. "Nostradamus," *Encyclopedia of World Biography*, http://www.notablebiographies.com/Ni-Pe/Nostradamus.html.

31. Diane Bailey, *The Plague (Epidemics and Society)* (New York: Rosen, 2010), p. 6; Kallen, *Prophecies and Soothsayers*, p. 45; Scarlett Ross, *Nostradamus for Dummies* (Hoboken, NJ: Wiley, 2005), p. 47.

32. Kallen, *Prophecies and Soothsayers*, p. 40; Russell Roberts, *The Life and Times of Nostradamus*, (Hockessin, IN: Mitchell Lane, 2008), p. 22.

33. Kallen, *Prophecies and Soothsayers*, p. 40; Ross, *Nostradamus for Dummies*, p. 47.

34. Wilson, *Nostradamus*, p. 80.

35. "Plague—Fact Sheet No. 267," World Health Organization media website, November 2014, http://www.who.int/mediacentre/factsheets/fs267/en/.

36. "Rat-Shit-Covered Physicians Baffled by Spread of Black Plague," Onion, December 15, 2009, http://www.theonion.com/article/rat-shit-covered-physicians-baffled-by-spread-of-b-2876.

37. Kelly, *The Great Mortality*, Kindle location 1775 (『흑사병시대의 재구성』, 172쪽).

무도광

1. John Waller, *Dancing Plague, The Strange True Story of an Extraordinary Illness* (Naperville, IL: 2009), p. 25.
2. 같은 책.
3. E. Louis Backman, *Religious Dances*, translated by E. Classen (Alton, UK: Dance Book, 2009), p. 25.
4. Paracelsus, *Essential Theoretical Writings*, edited by Wouter J. Hanegraaff, translated by Andrew Weeks (Leiden: Brill, 2008), p. 779, http://selfdefinition.org/magic/Paracelsus-Essential-Theoretical-Writings.pdf.
5. 같은 책.
6. Waller, *The Dancing Plague*, p. 17.
7. Scott Mendelson, "Conversion Disorder and Mass Hysteria," *Huffpost Healthy Living*, February 2, 2012, http://www.huffingtonpost.com/scott-mendelson-md/mass-hysteria_b_1239012.html.
8. Fred K. Berger, "Conversion Disorder," Medline Plus, October 31, 2014, https://www.nlm.nih.gov/medlineplus/ency/article/000954.htm.
9. Heinrich Kramer and James (Jacob) Sprenger, *Malleus Maleficarum* (1486), translated by Montague Summers, 1928, Digireads.com, 2009, pp. 36, 54 (『말레우스 말레피카룸 마녀를 심판하는 망치』, 이재필 옮김, 우물이있는집, 2016, 22, 107, 109쪽).
10. 같은 책, p. 36 (『말레우스 말레피카룸 마녀를 심판하는 망치』, 22쪽).
11. Waller, *The Dancing Plague*, p. 107.
12. 같은 책.

13. John C. Waller, "In a Spin: The Mysterious Dancing Epidemic of 1518," *Science Direct*, September 2008, http://www.sciencedirect.com/science/article/pii/S0160932708000379.

14. John Waller, "In A Spin, the Mysterious Dancing Epidemic of 1518," Department of History, Michigan State University, East Grand River, East Lansing, MI, July 7, 2008.

15. Waller, *The Dancing Plague*, p. 21.

16. Waller, "In a Spin," http://www.sciencedirect.com/science/article/pii/S0160932708000379.

17. Waller, *The Dancing Plague*, p. 133.

18. 같은 책.

19. "St. Vitus Dance," BBC Radio 3, September 7, 2012, http://www.bbc.co.uk/programmes/b018h8kv.

20. Waller, *The Dancing Plague*, p. 146.

21. H. C. Erik Midelfort, *A History of Madness in Sixteenth-Century Germany* (Stanford: Stanford University Press, 1999), p. 35.

22. 같은 책.

23. 같은 책, p. 36.

24. Waller, *The Dancing Plague*, p. 176.

25. 같은 책, p. 180.

26. Lee Siegel, "Cambodians' Vision Loss Linked to War Trauma," *Los Angeles Times*, October 15, 1989, http://articles.latimes.com/1989-10-15/news/mn-232_1_vision-loss.

27. Simone Sebastian, "Examining 1962's 'Laughter Epidemic,'" *Chicago Tribune*, July 29, 2003, http://articles.chicagotribune.com/2003-07-29/features/0307290281_1_laughing-40th-anniversary-village.

28. "Contagious Laughter," WYNC RadioLab, Season 4, Episode 1, http://www.radiolab.org/story/91595-contagious-laughter/.

29. Waller, *The Dancing Plague*, p. 227.

30. Susan Dominus, "What Happened to the Girls in Le Roy," *New York Times Magazine*, March 7, 2012, http://www.nytimes.com/2012/03/11/magazine/teenage-girls-twitching-le-roy.html.

31. 같은 글.
32. 같은 글.

두창

1. Jared M. Diamond, *Guns, Germs and Steel: The Fates of Human Societies* (New York: Norton, 1997), p. 70 (『총, 균, 쇠』, 김진준 옮김, 문학사상사, 2005, 93쪽).

2. Kim MacQuarrie, *The Last Days of the Incas* (New York: Simon and Schuster, 2007), p. 111 (『잉카 최후의 날』, 최유나 옮김, 옥당, 2010, 178쪽).

3. Michael Wood, *Conquistadors*, BBC Digital, 2015, https://books.google.com/books?id=xKqFCAAAQBAJ&pg=PA90&lpg=PA90&dq=%22Cort%C3%A9s+stared+at+him+for+a+moment+and+then+patted+him+on+the+head.%22&source=bl&ots=eTKqshNJKf&sig=gtnbajA3wRSChgmOFWsJgRTdGPc&hl=en&sa=X&ved=0CCYQ6AEwAWoVChMIivn7vODlxgIV1FmICh3E5QPM#v=onepage&q=smallpox&f=false, p. 122 (『태양의 제국, 잉카의 마지막 운명』, 장석봉·이민아 옮김, 랜덤하우스코리아, 2005, 170쪽).

4. Christopher Buckley, *But Enough About You* (New York: Simon and Schuster, 2014), p. 101.

5. John Campbell, *An Account of the Spanish Settlements in America* (1762), Hathi Trust Digital Library, http://catalog.hathitrust.org/Record/008394522, p. 30.

6. Diamond, *Guns, Germs and Steel*, p. 75 (『총, 균, 쇠』, 101쪽).

7. 같은 책, p. 71 (『총, 균, 쇠』, 96쪽).

8. Charles C. Mann, "1491," *Atlantic*, March 2002, http://www.theatlantic.com/magazine/archive/2002/03/1491/302445/.

9. Heather Pringle, "Lofty Ambitions of the Inca," *National Geographic*, April 2011, http://ngm.nationalgeographic.com/2011/04/inca-empire/pringle-text/1.

10. Wood, *Conquistadors*, p. 144 (『태양의 제국, 잉카의 마지막 운명』, 193쪽).

11. Liesl Clark, "The Sacrificial Ceremony," NOVA, November 24, 1998, http://www.pbs.org/wgbh/nova/ancient/sacrificial-ceremony.html.

12. Paul Jongko, "10 Ancient Cultures That Practiced Ritual Human Sacrifice," TopTenz website, July 29, 2014, http://www.toptenz.net/10-ancient-cultures-practiced-ritual-human-sacrifice.php.

13. Wood, *Conquistadors*, p. 80 (『태양의 제국, 잉카의 마지막 운명』, 110쪽).

14. 같은 책, p. 82 (『태양의 제국, 잉카의 마지막 운명』, 110~111쪽).

15. Robert I. Rotberg, ed., *Health and Disease in Human History, A Journal of Interdisciplinary History Reader* (Cambridge, MA: MIT Press, 1953), p. 198.

16. "The Story of . . . Smallpox—and Other Deadly Eurasian Germs," from *Guns, Germs and Steel*, PBS.org, http://www.pbs.org/gunsgermssteel/variables/smallpox.html.

17. Hanne Jakobsen, "The Epidemic That Was Wiped Out," *ScienceNordic*, April 14, 2012, http://sciencenordic.com/epidemic-was-wiped-out.

18. Gerald N. Grob, *The Deadly Truth: A History of Disease in America* (Cambridge, MA: Harvard University Press, 2005), p. 31.

19. Noble David Cook, *Born to Die: Disease and New World Conquest, 1492–1650* (Cambridge: Cambridge University Press, 1998), p. 66.

20. Rotberg, *Health and Diseases*, p. 198.

21. Wood, *Conquistadors*, p. 127 (『태양의 제국, 잉카의 마지막 운명』, 172쪽).

22. "The Conquest of the Incas: Francisco Pizarro," PBS.org, http://www.pbs.org/conquistadors/pizarro/pizarro_flat.html.

23. Wood, *Conquistadors*, p. 122 (『태양의 제국, 잉카의 마지막 운명』, 170쪽).

24. Heather Whipps, "How Smallpox Changed the World," *livescience*, June 23, 2008, http://www.livescience.com/7509-smallpox-changed-world.html.

25. Jared Diamond, "Episode One: Out of Eden: Transcript," *Guns, Germs and Steel*, http://www.pbs.org/gunsgermssteel/show/transcript1.html.

26. C. P. Gross and K. A. Sepkowitz, "The Myth of the Medical Breakthrough: Smallpox, Vaccination, and Jenner Reconsidered," *International Journal of Infectious Diseases*, July 1998, https://www.researchgate.net/publication/13454451_Gross_CP_Sepkowitz_KAThe_myth_of_the_medical_breakthrough_smallpox_vaccination_and_Jenner_

reconsidered_Int_J_Infect_Dis_354-60.

27. Richard Gordon, *The Alarming History of Medicine* (New York: St. Martin's Griffin, 1993), p. 101.

28. Cook, *Born to Die*, p. 67.

29. David M. Turner and Kevin Stagg, *Social Histories of Disability and Deformity: Bodies, Images and Experiences* (Abingdon, UK: Routledge, 2006), p. 52.

30. John Bell, *Bell's British Theatre, Consisting of the Most Esteemed English Plays*, Vol. 17 (1780), Google digital from the library of Harvard University, https://archive.org/details/bellsbritishthe19bellgoog, p. 33.

31. Lady Mary Wortley Montagu, "Lady Mary Wortley Montagu on Small Pox in Turkey (Letter)," annotated by Lynda Payne, *Children and Youth in History*, Item #157, https://chnm.gmu.edu/cyh/primary-sources/157.

32. 같은 글.

33. William Osler, "Man's Redemption of Man," *American Magazine*, April 1911 to November 2010, digitized by Google, https://books.google. com/books?id=I-EvAAAAMAAJ&pg=PA251&lpg=PA251&dq=Here+I +would+like+to+say+a+word+or+two+upon+one+of+the+most+terr ible+of+all+acute+infections,+the+one+of+which+we+first+learned +the+control+through+the+work+of+Jenner+A+great+deal+of+litera ture+has+been+distributed&source=bl&ots=ijHGbb6zsT&sig=FbS0 JbRnrwol-CKqaOtdRLKxSYeg&hl=en&sa=X&ved=0ahUKEwjoqqH ooavMAhWHtYMKHU6yB3UQ6AEIHTAA#v=onepage&q=Here%20 I%20would%20like%20to%20say%20a%20word%20or%20two%20- upon%20one%20of%20the%20most%20terrible%20of%20all%20 acute%20infections%2C%20the%20one%20of%20which%20we%20 first%20learned%20the%20control%20through%20the%20work%20 of%20Jenner.%20A%20great%20deal%20of%20literature%20has%20 been%20distributed&f=false.

34. Brian Deer, "MMR Doctor Given Legal Aid Thousands," *Sunday Times*, December 31, 2006, http://briandeer.com/mmr/st-dec-2006.htm.

35. Brian Deer, "Exposed: Andrew Wakefield and the MMR-Autism

Fraud," briandeer.com, http://briandeer.com/mmr/lancet-summary.
htm.

36. Sarah Boseley, "Lancet Retracts 'Utterly False' MMR Paper," *Guardian*,
February 2, 2010, http://www.theguardian.com/society/2010/feb/02/
lancet-retracts-mmr-paper.

37. "Measles," Media Center—Fact Sheet, World Health Organization,
March 2016, http://www.who.int/mediacentre/factsheets/fs286/en/.

매독

1. Monica-Maria Stapelberg, *Through the Darkness: Glimpses into the History
of Western Medicine* (UK: Crux, 2016), p. 74.

2. Abraham Hertz and Emanuel Lincoln, *The Hidden Lincoln: From the
Letters and Papers of William H. Herndon* (New York: Viking Press,
1938), p. 259.

3. Philip Weiss, "Beethoven's Hair Tells All!" *New York Times Magazine*,
November 29, 1998, http://www.nytimes.com/1998/11/29/magazine/
beethoven-s-hair-tells-all.html?pagewanted=all.

4. "Diseases and Conditions: Syphilis," Mayo Clinic, January 2, 2014,
http://www.mayoclinic.org/diseases-conditions/syphilis/basics/
symptoms/con-20021862.

5. Deborah Hayden, *Pox: Genius, Madness and the Mysteries of Syphilis* (New
York: Basic Books, 2003), p. 179.

6. C. G. Jung, *Nietzsche's Zarathustra: Notes of the Seminar Given in 1934-
1939*, 2 vols., edited by James L. Jarrett (Princeton: Princeton
University Press, 2012), e-book, location 609.

7. Hayden, *Pox*, p. 177.

8. Walter Stewart, *Nietzsche: My Sister and I: A Critical Study* (Bloomington,
IN: Xlibris, 2007), p. 91.

9. Hayden, *Pox*, p. 177.

10. 같은 책, p. 178.

11. 같은 책, p. 151.

12. Upton Sinclair, *Damaged Goods* (Philadelphia: John C. Winston, 1913),

p. 67.

13. Vickram Chahal, "The Evolution of Nasal Reconstruction: The Origins of Plastic Surgery," Proceedings of the 10th Annual History of Medicine Days, University of Calgary, Calgary, Alberta, March 23-24, 2001, http://www.ucalgary.ca/uofc/Others/HOM/Dayspapers2001.pdf.

14. Stapelberg, *Through the Darkness*, p. 178.

15. William Eamon, *The Professor of Secrets: Mystery, Medicine and Alchemy in Renaissance Italy* (Washington: National Geographic Society, 2010), p. 96.

16. 같은 책.

17. John Frith, "Syphilis: Its Early History and Treatment until Penicillin and the Debate on Its Origins," *Journal of Military and Veterans' Health*, Nov. 2012, http://jmvh.org/article/syphilis-its-early-history-and-treatment-until-penicillin-and-the-debate-on-its-origins/.

18. Lois N. Magner, *A History of Medicine* (New York: Marcel Dekker, 1992), p. 191.

19. Lawrence I. Conrad Michael Neve, Vivian Nutton, Roy Porter, and Andrew Wear, *The Western Medical Tradition: 800 BC to AD 1800* (Cambridge: Cambridge University Press, 1995), p. 308.

20. Kayla Jo Blackmon, "Public Power, Private Matters: The American Social Hygiene Association and the Policing of Sexual Health in the Progressive Era," thesis, University of Montana, Missoula, MT, May 2014, p. 30, http://etd.lib.umt.edu/theses/available/etd-06262014-081201/unrestricted/publicpowerprivatemattersblackmanthesisuploadad.pdf.

21. Angela Serratore, "Lady Colin: The Victorian Not-Quite-Divorcee Who Scandalized London," Jezebel.com, November 11, 2014, http://jezebel.com/lady-colin-the-victorian-not-quite-divorcee-who-scanda-1650034397.

22. Anne Jordan, *Love Well the Hour: The Life of Lady Colin Campbell (1857-1911)* (Leicester: Matador, 2010), p. 92.

23. Serratore, "Lady Colin."

24. *Blackwood's Edinburgh Magazine*, April 1818 (Ann Arbor: University of Michigan Library, 2009), p. 554. https://books.google.com/books?id=res7 AQAAMAAJ&pg=PA554&lpg=PA554&dq=No+Nose+club+edinburgh+ma gazine&source=bl&ots=W4wo-3O32h&sig=uIMQaVaBbfUR2jhEGvRsl_ GWZZ4&hl=en&sa=X&ved=0ahUKEwijzYSmx57MAhVG3mMKHRQ9Ak EQ6AEIMjAD#v=onepage&q=No%20Nose%20club%20edinburgh%20 magazine&f=false.

25. 같은 책, p. 555.

26. 같은 책.

결핵

1. "What Is Tuberculosis?" National Institute of Allergy and Infectious Diseases, March 6, 2009, http://www.niaid.nih.gov/topics/tuberculosis/ understanding/whatistb/Pages/default.aspx.

2. Henrietta Elizabeth Marshall, *Uncle Tom's Cabin Told to the Children*, from the Told to the Children series, edited by Louey Chisholm (New York: Dutton, 1904), http://utc.iath.virginia.edu/childrn/cbjackhp.html, p. 84.

3. Edgar Allan Poe, *Great Short Works of Edgar Allan Poe*, edited by G. R. Thompson (New York: Harper Collins, 1970), p. 95.

4. Victor Hugo, *The Works of Victor Hugo, One Volume Edition* (New York: Collier, 1928), p. 270 (『레 미제라블 1』, 정기수 옮김, 민음사, 2012, 494쪽).

5. Helen Bynum, *Spitting Blood: The History of Tuberculosis* (Oxford: Oxford University Press, 2012), p. 93.

6. René Dubos and Jean Dubos, *The White Plague: Tuberculosis, Man and Society* (Boston: Little, Brown, 1996), p. 22.

7. John Cordy Jeaffreson, *The Real Lord Byron: New Views of the Poet's Life*, Vol. 2. (1883; Ann Arbor: University of Michigan Library, Hard press, 2012 재간행), p. 259.

8. Dubos and Dubos, *The White Plague*, p. 9.

9. James Clark, *Medical Notes on Climate, Diseases, Hospitals, and Medical Schools, in France, Italy and Switzerland* (1820; Cambridge: Cambridge

University Press, 2013 재간행), p. 94.

10. Nicholas Roe, *John Keats: A New Life* (New Haven, CT: Yale University Press, 2012), p. 389.

11. Daniel H. Whitney, *The Family Physician and Guide to Health, Together with the History, Causes, Symptoms and Treatment of the Asiatic Cholera, a Glossary Explaining the Most Difficult Words That Occur in Medical Science, and a Copious Index, to Which Is Added an Appendix* (1833), U.S. National Library of Medicine site, https://archive.org/details/2577008R.nlm.nih.gov, p. 62.

12. Clark Lawlor, *Consumption and Literature: The Making of the Romantic Disease* (New York: Palgrave Macmillan, 2007), p. 45.

13. John Keats, *The Letters of John Keats: Volume 2*, edited by Hyder Edward Rollins (Cambridge, MA: Harvard University Press, 1958), p. 364.

14. Lawlor, *Consumption and Literature*, p. 17.

15. 같은 책.

16. Whitney, *The Family Physician*, p. 60.

17. Lawlor, *Consumption and Literature*, p. 157.

18. 같은 책, p. 50.

19. John Frith, "History of Tuberculosis: Part 1—Phthisis, Consumption and the White Plague," *Journal of Military and Veterans' Health*, http://jmvh.org/article/history-of-tuberculosis-part-1-phthisis-consumption-and-the-white-plague/.

20. Lawlor, *Consumption and Literature*, p. 21.

21. 같은 책, p. 50.

22. 같은 책, p. 153.

23. Dubos and Dubos, *The White Plague*, p. 52.

24. 같은 책, p. 9.

25. Bynum, *Spitting Blood*, p. 112.

26. Dubos and Dubos, *The White Plague*, p. 7.

27. Bynum, *Spitting Blood*, p. 111.

28. Dubos and Dubos, *The White Plague*, p. 17.

29. 같은 책, p. 18.

30. 같은 책, p. 24.

31. Lawlor, *Consumption and Literature*, p. 43.

32. Katherine Byrne, *Tuberculosis and the Victorian Literary Imagination* (Cambridge: Cambridge University Press, 2011), p. 100.

33. Lucinda Hawksley, *Lizzie Siddal: The Tragedy of a Pre-Raphaelite Supermodel* (New York: Walker, 2004), p. 985.

34. Byrne, *Tuberculosis*, p. 100.

35. 같은 책, p. 101.

36. Leo Tolstoy, *Anna Karenina*, Christian Classics Ethereal Library. Read online at http://www.ccel.org/ccel/tolstoy/karenina, section vi, p. xvii (『안나 카레니나 2』, 연진희 옮김, 민음사, 2009, 535, 559쪽).

37. Byrne, *Tuberculosis*, p. 101.

38. Lawlor, *Consumption and Literature*, p. 188.

39. 같은 책, p. 198.

40. "Tuberculosis," Centers for Disease Control and Prevention, December 9, 2011, http://www.cdc.gov/tb/topic/treatment/.

41. "International Drug Price Indicator Guide—Vaccine, Bcg," Management Sciences for Health, 2014, http://erc.msh.org/dmpguide/resultsdetail.cfm?language=english&code=BCG00A&s_year=2014&year=2014&str=&desc=Vaccine%2C%20BCG&pack=new&frm=POWDER&rte=INJ&class_code2=19%2E3%2E&supplement=&class_name=%2819%2E3%2E%29Vaccines%3Cbr%3E.

콜레라

1. Stephen Halliday, "Death and Miasma in Victorian London: An Obstinate Belief," *British Medical Journal*, October 23, 2001, http://www.bmj.com/content/323/7327/1469.

2. 같은 글.

3. 같은 글.

4. 같은 글.

5. Steven Johnson, *The Ghost Map: The Story of London's Most Terrifying Epidemic—and How It Changed Cities, Science and the Modern World* (New

York: Penguin, 2006), p. 29 (『감염지도』, 김명남 옮김, 김영사, 2008, 42쪽).

6. Steven Johnson, "How the 'Ghost Map' Helped End a Killer Disease," TEDsalon, November 2006, https://www.ted.com/talks/steven_johnson_tours_the_ghost_map?language=en#t-59501.

7. Charles Dickens, "The Troubled Water Question," *Household Words, a Weekly Journal*, April 13, 1850, https://books.google.com/books?id=M PNAAQAAMAAJ&pg=PA53&lpg=PA53&dq=charles+dickens+trouble d+water+question&source=bl&ots=aVNLBwQOCh&sig=oAGlhCUH9 fzUJik8llHyOxoCjSI&hl=en&sa=X&ved=0ahUKEwiho5uK8OHLAhW BbiYKHV5iChkQ6AEILTAD#v=onepage&q=charles%20dickens%20 troubled%20water%20question&f=false.

8. Stephen Halliday, *The Great Stink of London: Sir Joseph Bazalgette and the Cleansing of the Victorian Metropolis* (Gloucestershire: History Press, 2001), p. 39.

9. Johnson, *The Ghost Map*, Kindle location 3539 (『감염지도』, 50쪽).

10. John Snow, "John Snow's Teetotal Address," Spring 1836, from the *British Temperance Advocate*, 1888, UCLA Department of Epidemiology, School of Public Health, http://www.ph.ucla.edu/epi/snow/teetotal. html.

11. 같은 글.

12. Kathleen Tuthill, "John Snow and the Broad Street Pump," *Cricket*, November 2003, UCLA Department of Epidemiology, School of Public Health, http://www.ph.ucla.edu/epi/snow/snowcricketarticle. html.

13. John Snow, "On Chloroform and Other Anaesthetics: Their Action and Administration," 1858, Wood Library Museum, http://www. woodlibrarymuseum.org/ebooks/item/643/snow,-john.-on-chloroform-and-other-anaesthetics,-their-action-and-administration-(with-a-memoir-of-the-author,-by-benjamin-w.-richardson).

14. Johnson, *The Ghost Map*, Kindle location 59 (『감염지도』, 79쪽).

15. Sandra Hempel, "John Snow," *Lancet*, 381, no. 9874 (April 13, 2013), http://www.thelancet.com/journals/lancet/article/PIIS0140-

6736(13)60830-2/fulltext?elsca1=TW.

16. Danny Dorling, *Unequal Health: The Scandal of Our Times* (Bristol: Policy Press, 2013).

17. Johnson, *The Ghost Map*, Kindle location 70 (『감염지도』, 93쪽).

18. John Snow, "On the Mode of Communication of Cholera," pamphlet (1849), reviewed in the *London Medical Gazette*, September 14, 1849, John Snow Archive and Research Companion, http://johnsnow.matrix.msu.edu/work.php?id=15-78-28.

19. 같은 글.

20. Johnson, *The Ghost Map*, Kindle location 56 (『감염지도』, 75쪽).

21. Tuthill, "John Snow."

22. Peter Vinten-Johansen Howard Brody, Nigel Paneth, Stephen Rachman, and Michael Rip, *Cholera, Chloroform, and the Science of Medicine: A Life of John Snow* (Oxford: Oxford University Press, 2003).

23. "Reverend Henry Whitehead," UCLA Department of Epidemiology, School of Public Health, http://www.ph.ucla.edu/epi/snow/whitehead.html.

24. Johnson, *The Ghost Map*, Kindle location 148 (『감염지도』, 187쪽).

25. "Snow's Testimony," UCLA Department of Epidemiology, School of Public Health, http://www.ph.ucla.edu/epi/snow/snows_testimony.html.

26. Reuters. "Why Bad Smells Make You Gag," ABC Science, March 5, 2008, http://www.abc.net.au/science/articles/2008/03/05/2180489.htm.

27. "Snow's Testimony."

28. 같은 글.

29. Johnson, *The Ghost Map*, Kindle location 183 (『감염지도』, 181쪽).

30. John Snow, "Letter to the Right Honourable Sir Benjamin Hall, Bart., President of the General Board of Health," July 12, 1855, original pamphlet courtesy of the Historical Library, Yale University Medical School, the John Snow Archive and Research Companion, http://johnsnow.matrix.msu.edu/work.php?id=15-78-5A.

31. Dorling, *Unequal Health*, p. 24.

32. "Reverend Henry Whitehead."

33. 같은 글.

34. 같은 글.

35. Hempel, "John Snow."

36. Vinten-Johansen et al., *Cholera, Chloroform, and the Science of Medicine*, p. 395.

37. Hempel, "John Snow."

38. "Retrospect of Cholera in the East of London," *Lancet* 2 (September 29, 1866), https://books.google.com/books?id=SxxAAAAAcAAJ&pg=PA1317&lpg=PA1317&dq=The+Lancet+london+Cholera+in+the+east+of+london++September+29+1866&source=bl&ots=Z-bAnpDI5s&sig=ZgL-RBf3WznA2gzwsbgZAzmuQBlE&hl=en&sa=X&ved=0ahUKEwimtf-Ik-LLAhUDKCYKHQQ5DwUQ6AEIHDAA#v=onepage&q=The%20Lancet%20london%20Cholera%20in%20the%20east%20of%2-0london%20%20September%2029%201866&f=false.

39. 같은 글.

40. Snow, "On Chloroform and Other Anaesthetics."

나병

1. "St. Damien of Molokai," Catholic Online, http://www.catholic.org/saints/saint.php?saint_id=2817.

2. Stephen Brown, "Pope Canonizes Leper Saint Damien, Hailed by Obama," edited by David Stamp, Reuters, October 11, 2009, http://www.reuters.com/article/2009/10/11/us-pope-saints-idUSTRE59A0YW20091011.

3. "St. Damien of Molokai."

4. *King James Bible* (New York: American Bible Society: 1999; New York: Bartleby.com, 2000).

5. Kate Yandell, "The Leprosy Bacillus, circa 1873," *The Scientist*, October 1, 2013, http://www.the-scientist.com/?articles.view/articleNo/37619/title/The-Leprosy-Bacillus—circa-1873/.

6. K. Blom, "Armauer Hansen and Human Leprosy Transmission:

Medical Ethics and Legal Rights," 1973, U.S. National Library of Medicine, http://www.ncbi.nlm.nih.gov/pubmed/4592244.

7. "An Act to Prevent the Spread of Leprosy, 1865," January 1865, National Park Service, http://www.nps.gov/kala/learn/historyculture/1865.htm.

8. Jack London, *Tales of the Pacific* (London: Penguin, 1989), p. 173.

9. Joseph Dutton, "Molokai," *The Catholic Encyclopedia: An International Work of Reference on the Constitution, Doctrine, Discipline, and History of the Catholic Church*, Vol. 10 (New York: Encyclopedia Press, January 1, 1913), p. 445.

10. Richard Stewart,, *Leper Priest of Molokai: The Father Damien Story* (Honolulu: University of Hawaii Press, 2000), p. 81.

11. "Damien the Leper," Franciscans of St. Anthony's Guild, 1974, Eternal World Television Network, https://www.ewtn.com/library/MARY/DAMIEN.HTM. (Originally published in 1974 by the Franciscans of St. Anthony's Guild, Patterson, New Jersey.)

12. Gavan Daws, *Holy Man: Father Damien of Molokai* (Honolulu: University of Hawaii Press, 1989), p. 113.

13. "Appendix M: Special Report from Rev. J. Damien, Catholic Priest at Kalawao, March 1886," Report of the Board of Health, https://books.google.com/books?id=C7JNAAAAMAAJ&pg=PR110&lpg=PR110&dq=Special+report+J.+Damien+1886&source=bl&ots=R1-cZ_SXPp&sig=M1DwLciA7V1IR-D-fKmCsPaen7I&hl=en&sa=X&ved=0ahUKEwj0-fvLsuLLAhWBLyYKHdSjArUQ6AEIKDAE#v=onepage&q=Special%20report%20J. %20Damien%201886&f=false.

14. Daws, *Holy Man*, p. 73.

15. Stewart, *Leper Priest of Molokai*, p. 80.

16. John Farrow, *Damien the Leper: A Life of Magnificent Courage, Devotion & Spirit* (New York: Image Book (Doubleday), 1954), p. 20.

17. Stewart, *Leper Priest of Molokai*, p. 17.

18. 같은 책, p. 22.

19. Jan de Volder, *The Spirit of Father Damien: The Leper Priest: a Saint for Our Time* (San Francisco: Ignatius Press, 2010), p. 3.

20. Stewart, *Leper Priest of Molokai*, p. 22.

21. 같은 책, p. 23.

22. Farrow, *Damien the Leper*, p. 34.

23. Stewart, *Leper Priest of Molokai*, p. 27.

24. 같은 책, p. 36.

25. 같은 책, p. 86.

26. 같은 책, p. 80.

27. Vincent J. O'Malley, *Saints of North America* (Huntington, IN: Our Sunday Visitor, 2004), p. 200.

28. Stewart, *Leper Priest of Molokai*, p. 90.

29. 같은 책.

30. Hilde Eynikel, *Molokai: The Story of Father Damien* (St. Paul's/Alba House, 1999), p. 75.

31. Farrow, *Damien the Leper*, p. 123.

32. "Damien the Leper."

33. O'Malley, *Saints of North America*, p. 201.

34. Daws, *Holy Man*, p. 84.

35. Farrow, *Damien the Leper*, p. 123.

36. "Damien the Leper."

37. 같은 글.

38. Daws, *Holy Man*, p. 116.

39. 같은 책, pp. 115~116.

40. Stewart, *Leper Priest of Molokai*, p. 100.

41. Nicholas Senn, "Father Damien, the Leper Hero," *Journal of the American Medical Association*, August 27, 1904, https://books.google.com/books?pg=PA605&lpg=PA607&sig=mJi_mLzilMWH9Ac7pkeCYkwZxXg&ei=c6KySpScI9GklAe3y4H5Dg&ct=result&id=e-sBAAAAYAAJ&ots=LaTpBrjyQJ#v=onepage&q&f=false pp. 301~311.

42. Volder, *The Spirit of Father Damien*, p. 72.

43. 같은 책, p. 74.

44. Daws, *Holy Man*, p. 113.

45. 같은 책, p. 112.

46. Farrow, *Damien the Leper*, p. 172.

47. "Damien the Leper."

48. Farrow, *Damien the Leper*, p. 192.

49. 같은 책, p. 200.

50. 같은 책, p. 233.

51. 같은 책, p. 237.

52. Tony Gould, *A Disease Apart: Leprosy in the Modern World* (New York: St. Martin's Press, 2005), p. 143.

53. 같은 책, p. 144.

54. 같은 책, p. 198.

55. Volder, *The Spirit of Father Damien*, p. 198.

장티푸스

1. Susan Campbell Bartoletti, *Terrible Typhoid Mary: A True Story of the Deadliest Cook in America* (New York: Houghton Mifflin Harcourt, 2015), p. 15 (『위험한 요리사 메리』, 곽명단 옮김, 돌베개, 2018, 14쪽).

2. Dr. Annie Gray, "How to Make Ice Cream the Victorian Way," English Heritage website, http://www.english-heritage.org.uk/visit/pick-of-season/how-to-make-victorian-ice-cream/.

3. Bartoletti, *Terrible Typhoid Mary*, p. 23 (『위험한 요리사 메리』, 23쪽).

4. Donald G. McNeil Jr., "Bacteria Study Offers Clues to Typhoid Mary Mystery," *New York Times*. August 26, 2013, http://www.nytimes.com/2013/08/27/health/bacteria-study-offers-clues-to-typhoid-mary-mystery.html?_r=0.

5. Mary Lowth, "Typhoid and Paratyphoid Fever," Patient website, February 25, 2015, http://patient.info/doctor/typhoid-and-paratyphoid-fever-pro.

6. Bartoletti, *Terrible Typhoid Mary*, p. 43 (『위험한 요리사 메리』, 45~46쪽).

7. George A. Soper, "The Work of a Chronic Typhoid Germ Distributor," 1907, Primary Sources: Workshops in American History, https://www.learner.org/workshops/primarysources/disease/docs/soper2.html.

8. 같은 글.

9. 같은 글.

10. Judith Walzer Leavitt, *Typhoid Mary: Captive to the Public's Health* (Boston: Beacon Press, 1996), pp. 40~41.

11. Soper, "The Work of a Chronic Typhoid Germ Distributor."

12. Antonia Petrash, *More Than Petticoats: Remarkable New York Women* (TwoDot, 2001), p. 121.

13. S. Josephine Baker, *Fighting for Life* (1939; New York: New York Times Review of Books, 2013 재간행), p. 73.

14. 같은 책, p. 75.

15. Leavitt, *Typhoid Mary*, p. 9.

16. Petrash, *More Than Petticoats*, p. 118.

17. Bartoletti, *Terrible Typhoid Mary*, p. 84 (『위험한 요리사 메리』, 93쪽).

18. Soper, "The Work of a Chronic Typhoid Germ Distributor."

19. "Typhoid Mary Wants Liberty," Richmond Planet, July 10, 1909, Chronicling America: Historic American Newspapers, Library of Congress, http://chroniclingamerica.loc.gov/lccn/sn84025841/1909-07-10/ed-1/seq-7/#date1=1836&sort=relevance&rows=20&words=MARY+TYPHOID&searchType=basic&sequence=0&index=0&state=&date2=1922&proxtext=typhoid+mary&y=0&x=0&dateFilterType=yearRange&page=2.

20. Leavitt, *Typhoid Mary*, p. 94.

21. 같은 책, p. 32.

22. Mary Mallon, "In Her Own Words," NOVA, http://www.pbs.org/wgbh/nova/typhoid/letter.html.

23. Baker, *Fighting for Life*, p. 76.

24. Leavitt, *Typhoid Mary*, p. 128.

25. Bartoletti, *Terrible Typhoid Mary*, p. 108 (『위험한 요리사 메리』, 134~136쪽).

26. Mallon, "In Her Own Words."

27. 같은 글.

28. 같은 글.

29. Leavitt, *Typhoid Mary*, p. 56.

30. William H. Park, "Typhoid Bacilli Carriers," 1908, Primary Sources:

Workshops in American History, https://www.learner.org/ workshops/primarysources/disease/docs/park2.html.

31. 같은 글.

32. Bartoletti, *Terrible Typhoid Mary*, p. 119 (『위험한 요리사 메리』, 137쪽).

33. Leavitt, *Typhoid Mary*, p. 104.

34. 같은 책, p. 55.

35. 같은 책, p. 117.

36. 같은 책, p. 87.

37. Bartoletti, *Terrible Typhoid Mary*, p. 121 (『위험한 요리사 메리』, 149쪽).

38. Baker, *Fighting for Life*, p. 76.

39. Leavitt, *Typhoid Mary*, p. 135.

40. John B. Huber, "'Microbe Carriers'—the Newly Discovered," *Richmond Times Dispatch*, July 11, 1915, Chronicling America: Historic American Newspapers, Library of Congress, http://chroniclingamerica.loc.gov/ lccn/sn83045389/1915-07-11/ed-1/seq-42/#date1=1915&index=0&r ows=20&words=typhoid+Typhoid&searchType=basic&sequence=0 &state=&date2=1915&proxtext=typhoid&y=0&x=0&dateFilterType= yearRange&page=1.

41. 같은 글.

42. 같은 글.

43. Bartoletti, *Terrible Typhoid Mary*, p. 43 (『위험한 요리사 메리』, 46~47쪽).

44. "Mystery of the Poison Guest at Wealthy Mrs. Case's Party," *Richmond Times-Dispatch*, August 22, 1920, Chronicling America: Historic American Newspapers, Library of Congress, http:// chroniclingamerica.loc.gov/lccn/sn83045389/1920-08-22/ed-1/seq- 51/#date1=1907&index=3&rows=20&words=Mary+Typhoid+typhoid& searchType=basic&sequence=0&state=&date2=1922&proxtext=typho id+mary+&y=12&x=1&dateFilterType=yearRange&page=1.

45. Bartoletti, *Terrible Typhoid Mary*, p. 150 (『위험한 요리사 메리』, 171쪽).

46. Baker, *Fighting for Life*, p. 76.

스페인독감

1. John M. Barry, *The Great Influenza: The Story of the Deadliest Pandemic in History* (New York: Penguin, 2004), pp. 104~108.

2. Alfred W. Crosby, *America's Forgotten Pandemic: The Influenza of 1918* (Cambridge: Cambridge University Press, 2003), Kindle location, p. 452 (『인류 최대의 재앙, 1918년 인플루엔자』, 김서형 옮김, 서해문집, 2010, 35~36쪽).

3. Barry, *The Great Influenza*, p. 239.

4. "Influenza 1918," a complete transcript of the program, *American Experience*, PBS.org, http://www.pbs.org/wgbh/americanexperience/features/transcript/influenza-transcript/.

5. Barry, *The Great Influenza*, p. 109.

6. 같은 책, p. 109.

7. 같은 책, p. 110.

8. Jeffrey Greene and Karen Moline, *The Bird Flu Pandemic: Can It Happen? Will It Happen? How to Protect Your Family If It Does* (New York: St. Martin's Press, 2006), p. 41.

9. Board of Global Health, Institute of Medicine of the National Academies, "The Threat of Pandemic Influenza: Are We Ready?" workshop overview, National Center for Biotechnology Information, 2005, http://www.ncbi.nlm.nih.gov/books/NBK22148/.

10. Roy Greenslade, "First World War: How State and Press Kept Truth off the Front Page," *Guardian*, July 27, 2014, http://www.theguardian.com/media/2014/jul/27/first-world-war-state-press-reporting.

11. Barry, *The Great Influenza*, p. 140.

12. "Influenza 1918."

13. Antoni Trilla, Guillem Trilla, and Carolyn Daer, "The 1918 'Spanish Flu' in Spain," *Oxford Journals, Clinical Infectious Diseases* 47, no. 5 (2008), http://cid.oxfordjournals.org/content/47/5/668.full.

14. Barry, *The Great Influenza*, p. 170.

15. Crosby, *America's Forgotten Pandemic*, p. 27 (『인류 최대의 재앙, 1918년 인플루엔자』, 42쪽).

16. Trilla et al., "The 1918 'Spanish Flu' in Spain."

17. Juliet Nicholson, "The War Was Over but Spanish Flu Would Kill Millions More," *Telegraph*, November 11, 2009, http://www.telegraph. co.uk/news/health/6542203/The-war-was-over-but-Spanish-Flu-would-kill-millions-more.html#disqus_thread.

18. Crosby, *America's Forgotten Pandemic*, p. 34 (『인류 최대의 재앙, 1918년 인 플루엔자』, 44쪽).

19. Barry, *The Great Influenza*, p. 168.

20. "Influenza 1918."

21. Christine M. Kreiser, "1918 Spanish Influenza Outbreak: The Enemy Within," HistoryNet website, October 27, 2006, http://www. historynet.com/1918-spanish-influenza-outbreak-the-enemy-within.htm.

22. "Influenza 1918."

23. Randy Dotinga, "5 Surprising Facts about Woodrow Wilson and Racism," *Christian Science Monitor*, December 14, 2013, http://www. csmonitor.com/Books/chapter-and-verse/2015/1214/5-surprising-facts-about-Woodrow-Wilson-and-racism.

24. Randy Barnett, "The Volokh Conspiracy: Expunging Woodrow Wilson from Official Places of Honor," *Washington Post*, June 25, 2015, https://www.washingtonpost.com/news/volokh-conspiracy/wp/2015/06/25/expunging-woodrow-wilson-from-official-places-of-honor/.

25. "Woodrow Wilson," *The Great Pandemic—The United States in 1918–1919*, United States Department of Health and Human Services, http://www.flu.gov/pandemic/history/1918/biographies/wilson/.

26. "Over There," a song by George M. Cohan, Wikipedia, https://en.wikipedia.org/wiki/Over_There.

27. "Influenza 1918."

28. Crosby, *America's Forgotten Pandemic*, p. 35 (『인류 최대의 재앙, 1918년 인 플루엔자』, 46쪽).

29. "Influenza 1918."

30. Tom Ewing, "Influenza in the News: Using Newspapers to Understand a Public Health Crisis," National Digital Newspaper—Program Awardee Conference, September 26, 2012, http://www.flu1918.lib.vt.edu/wp-content/uploads/2012/11/NDNP_Ewing_Influenza_25Sept2012.pdf.

31. Barry, *The Great Influenza*, p. 209.

32. 같은 책, p. 215.

33. Kreiser, "1918 Spanish Influenza Outbreak."

34. "The Flu of 1918," *Pennsylvania Gazette*, October 28, 1998, http://www.upenn.edu/gazette/1198/lynch2.html.

35. 같은 글.

36. Greene and Moline, *The Bird Flu Pandemic*, p. 23.

37. Katherine Anne Porter, *Pale Horse, Pale Rider: Three Short Novels* (New York: Harcourt Brace & Company, 1939; 1990 재간행), p. 158.

38. Barry, *The Great Influenza*, p. 210.

39. "Scientific Nursing Halting Epidemic," *Philadelphia Inquirer*, October 15, 1918, from the Influenza Encyclopedia, University of Michigan Library, http://quod.lib.umich.edu/f/flu/3990flu.0007.993/1.

40. Barry, *The Great Influenza*, p. 239.

41. Charles Hardy, "'Please Let Me Put Him in a Macaroni Box'—the Spanish influenza of 1918 in Philadelphia," WHYY-FM radio program *The influenza Pandemic of 1918*, Philadelphia, 1984, History Matters, http://historymatters.gmu.edu/d/13/.

42. Barry, *The Great Influenza*, p. 333.

43. "Influenza 1918."

44. 같은 글.

45. "The Great Pandemic—New York," United States Department of Health and Human Services, http://www.flu.gov/pandemic/history/1918/your_state/northeast/newyork/.

46. 같은 글.

47. Barry, *The Great Influenza*, p. 340.

48. "Influenza 1918."

49. Barry, *The Great Influenza*, p. 252.

50. 같은 책, p. 251.

51. Ewing, "Influenza in the News: Using Newspapers to Understand a Public Health Crisis."

52. Barry, *The Great Influenza*, p. 189.

53. Greene and Moline, *The Bird Flu Pandemic*, p. 40.

54. Nicholson, "The War Was Over."

55. "The Flu of 1918."

56. Nicholson, "The War Was Over."

57. "The Flu of 1918."

58. Nicholson, "The War Was Over."

59. Barry, *The Great Influenza*, p. 228.

60. Nicholson, "The War Was Over."

61. "Influenza 1918."

62. Nicholson, "The War Was Over."

63. Board of Global Health, Institute of Medicine of the National Academies, *The Threat of Pandemic Influenza: Are We Ready?* workshop summary edited by Stacey L. Knobler, Alison Mack, Adel Mahmoud, and Stanley M. Lemon (Washington: National Academies Press, 2005), http://www.ncbi.nlm.nih.gov/books/NBK22156/.

64. "The Great Pandemic—New York."

65. Barry, *The Great Influenza*, p. 338.

66. "Influenza 1918."

67. James T. Willerson, "The Great Enemy—Infectious Disease," edited by S. Ward Casscells and Mohammad Madjid, Texas Heart Institute Journal, 2004, http://www.ncbi.nlm.nih.gov/pmc/articles/PMC387424/.

68. Steve Connor, "American Scientists Controversially Recreate Deadly Spanish Flu," *Independent*, June 11, 2014, http://www.independent.co.uk/news/science/american-scientists-controversially-recreate-deadly-spanish-flu-virus-9529707.html.

69. Barry, *The Great Influenza*, p. 469.

기면성뇌염

1. Joel A. Vilensky, "Sleeping Princes and Princesses: The Encephalitis Lethargica Epidemic of the 1920s and a Contemporary Evaluation of the Disease," presentation slides, 2008, http://slideplayer.com/slide/3899891/.

2. Joel A. Vilensky, *Encephalitis Lethargica: During and After the Epidemic* (Oxford: Oxford University Press, 2011), Kindle location 336.

3. Molly Caldwell Crosby, *Asleep: The Forgotten Epidemic that Remains One of Medicine's Greatest Mysteries* (New York: Berkley Books, 2010), Kindle location 7.

4. 같은 책.

5. Vilensky, *Encephalitis Lethargica*, Kindle location 368.

6. Crosby, *Asleep*, Kindle location 6.

7. Vilensky, *Encephalitis Lethargica*, Kindle location 563–564.

8. 같은 책, Kindle location 368.

9. Crosby, *Asleep*, Kindle location 94.

10. 같은 책, Kindle location 85.

11. Oliver Sacks, *Awakenings* (New York: Vintage Books, 1999), p. 18 (『깨어남』, 이민아 옮김, 알마, 2012, 21쪽).

12. 같은 책, p. 111 (『깨어남』, 127쪽).

13. Crosby, *Asleep*, Kindle location 13.

14. Vilensky, *Encephalitis Lethargica*, Kindle location 3815.

15. Crosby, *Asleep*, Kindle location 9.

16. Vilensky, *Encephalitis Lethargica*, Kindle location 550.

17. Ann H. Reid, Sherman McCall, James M. Henry, and Jeffrey K. Taubenberger, "Experimenting on the Past: The Enigma of von Economo's Encephalitis Lethargica," *Journal of Neuropathology and Experimental Neurology*, July 2001, http://jnen.oxfordjournals.org/content/60/7/663.

18. Vilensky, *Encephalitis Lethargica*, Kindle location 3839–3842.

19. Crosby, *Asleep*, Kindle location 11.

20. Vilensky, *Encephalitis Lethargica*, Kindle location 582–583.

21. Crosby, *Asleep*, Kindle location 13.

22. 같은 책, Kindle location 60.

23. Vilensky, *Encephalitis Lethargica*, Kindle location 3911-3913.

24. Crosby, *Asleep*, Kindle location 140.

25. 같은 책, Kindle location 15.

26. Sacks, *Awakenings*, p. 18 (『깨어남』, 21쪽).

27. Crosby, *Asleep*, Kindle location 145.

28. Sacks, *Awakenings*, p. 62 (『깨어남』, 69쪽).

29. 같은 책, p. 44 (『깨어남』, 49쪽).

30. 같은 책, pp. 40, 44, 62 (『깨어남』, 45, 50, 70쪽).

31. 같은 책, p. 129 (『깨어남』, 143쪽).

32. 같은 책 (『깨어남』, 144쪽).

33. Sue Carswell, "Oliver Sacks," *People*, February 11, 1991, http://www.people.com/people/archive/article/0,20114432,00.html.

34. 같은 글.

35. "Parkinson Disease," *New York Times Health Guide*, September 16, 2013, http://www.nytimes.com/health/guides/disease/parkinsons-disease/levadopa-(l-dopa).html.

36. Sacks, *Awakenings*, p. 80 (『깨어남』, 101쪽).

37. Carswell, "Oliver Sacks."

38. Sacks, *Awakenings*, p. 31 (『깨어남』, 39쪽).

전두엽절제술

1. Howard Dully and Charles Fleming, *My Lobotomy* (New York: Three Rivers Press, 2008), p. 78.

2. "Introduction: The Lobotomist," *America Experience*, PBS, http://www.pbs.org/wgbh/americanexperience/features/introduction/lobotomist-introduction/.

3. John M. Harlow, "Recovery from the Passage of an Iron Bar Through the Head," Publications of the Massachusetts Medical Society, 1868, Wikisource, https://en.wikisource.org/wiki/Recovery_from_the_passage_of_an_iron_bar_through_the_head.

4. Jack El-Hai, *The Lobotomist: A Maverick Medical Genius and His Tragic Quest to Rid the World of Mental Illness* (Hoboken: J Wiley, 2005), Kindle location 116.

5. Kate Clifford Larson, *Rosemary: The Hidden Kennedy Daughter* (New York: Houghton Mifflin Harcourt, 2015), p. 172.

6. John B. Dynes, and James L. Poppen, "Lobotomy for Intractable Pain," *Journal of the American Medical Association* 140, no. 1 (May 7, 1949), http://jama.jamanetwork.com/article.aspx?articleid=304291.

7. Larson, *Rosemary*, p. 180.

8. 같은 책.

9. Glenn Frankel, "D.C. Neurosurgeon Pioneered 'operation Icepick' Technique," *Washington Post,* April 7, 1980.

10. Dully and Fleming, *My Lobotomy*, p. 85.

11. "My Lobotomy," *All Things Considered*, SoundPortraits Productions, November 16, 2005, http://soundportraits.org/on-air/my_lobotomy/transcript.php.

12. Dynes and Poppen, "Lobotomy for Intractable Pain."

13. 같은 글.

14. Ward Harkavy, "The Scary Days When Thousands Were Lobotomized on Long Island," *Village Voice*, October 26, 1999, http://www.villagevoice.com/long-island-voice/the-scary-days-when-thousands-were-lobotomized-on-long-island-7155435.

15. 같은 글.

16. "Moniz Develops Lobotomy for Mental Illness, 1935," People and Discoveries, ETV Education, 1998 PBS.org, http://www.pbs.org/wgbh/aso/databank/entries/dh35lo.html.

17. Frank T. Vertosick Jr., "Lobotomy's Back," *Discover*, October 1997, http://discovermagazine.com/1997/oct/lobotomysback1240.

18. Eric Weiner, "Nobel Panel Urged to Rescind Prize for Lobotomies," NPR.org. August 10, 2005, http://www.npr.org/templates/story/story.php?storyId=4794007.

19. Mical Raz, *Lobotomy Letters: The Making of American Psychosurgery*, edited

by Theodore M. Brown, Rochester Studies in Medical History series (Rochester: University of Rochester Press, 2015), p. 113.

20. 같은 책.

21. Dynes and Poppen, "Lobotomy for Intractable Pain."

22. "Introduction: The Lobotomist."

23. Dully and Fleming, *My Lobotomy*, p. 85.

24. El-Hai, *The Lobotomist*, Kindle location 3363-3364.

25. Piya Kochar and Dave Isay, "My Lobotomy: Howard Dully's Story," edited by Gary Corvino, Sound Portraits Productions, NPR.org, November 16, 2005, http://www.npr.org/2005/11/16/5014080/my-lobotomy-howard-dullys-journey.

26. Dully and Fleming, *My Lobotomy*, p. 86.

27. 같은 책, p. 85.

28. Hugh Levinson, "The Strange and Curious History of Lobotomy," *Magazine, BBC News*, November 8, 2011, http://www.bbc.com/news/magazine-15629160.

29. Michael M. Phillips, "The Lobotomy File, Part Two: One Doctor's Legacy," a *Wall Street Journal* special project, 2013, http://projects.wsj.com/lobotomyfiles/?ch=two.

30. 같은 글.

31. 같은 글.

32. 같은 글.

33. Dully and Fleming, *My Lobotomy*, p. 86.

34. Larson, *Rosemary*, p. 178.

35. 같은 책, p. 180.

36. 같은 책, p. 178.

37. El-Hai, *The Lobotomist*, Kindle location 1695-1696.

38. 같은 책, Kindle location 1582.

39. 같은 책, Kindle location 3202-3203.

40. 같은 책, Kindle location 3206-3207.

41. Kochar and Isay, "My Lobotomy."

42. El-Hai, *The Lobotomist*, Kindle location 3209-3211.

43. 같은 책, Kindle location 3213.

44. Phillips, "The Lobotomy File, Part Two."

45. Jack D. Pressman, *Last Resort: Psychosurgery and the Limits of Medicine*, edited by Charles Rosenberg and Colin James, Cambridge History of Medicine series (Cambridge: Cambridge University Press, 2002), p. 82.

46. Tony Long, "Nov. 12, 1935: You Should (Not) Have a Lobotomy," *WIRED*, November 12, 2010, http://www.wired.com/2010/11/1112first-lobotomy/.

47. "Moniz Develops Lobotomy for Mental Illness, 1935."

48. El-Hai, *The Lobotomist*, Kindle location 189.

49. 같은 책, Kindle location 3222–3223.

50. Raz, *Lobotomy Letters*, pp. 108~109.

51. Dully and Fleming, *My Lobotomy*, p. 77.

52. El- Hai, *The Lobotomist*, Kindle location 3995.

53. Kochar and Isay, "My Lobotomy."

소아마비

1. David M. Oshinsky, *Polio: An American Story* (Oxford: Oxford University Press, 2005), p. 5.

2. Sheila Llanas, *Jonas Salk: Medical Innovator and Polio Vaccine Developer* (Edina, MN: ABDO, 2013), p. 8.

3. Paul A. Offit, *The Cutter Incident: How America's First Polio Vaccine Led to the Growing Vaccine Crisis* (New Haven, CT: Yale University Press, 2005), Kindle location 386.

4. Oshinsky, *Polio*, p. 4.

5. "Deadly Diseases: Polio," ETV Education, PBS.org, 2005, http://www.pbs.org/wgbh/rxforsurvival/series/diseases/polio.html.

6. "Polio: What You Need to Know," myDr website, January 12, 2011, http://www.mydr.com.au/kids-teens-health/polio-what-you-need-to-know.

7. "Polio and Prevention," Global Polio Eradication Initiative, http://www.polioeradication.org/polioandprevention.aspx, pp. 4~9.

8. Oshinsky, *Polio*, p. 44.

9. 같은 책, p. 46.

10. 같은 책, p. 47.

11. 같은 책, p. 45.

12. Daniel J. Wilson, *Living with Polio: The Epidemic and Its Survivors* (Chicago: University of Chicago Press, 2005), p. 119.

13. N. M. Nielsen, K. Rostgaard, K. Juel, D. Askgaard, and P. Aaby, "Long-term Mortality after Poliomyelitis," U.S. National Library of Medicine, May 2003, PubMed.com, http://www.ncbi.nlm.nih.gov/pubmed/12859038.

14. Wilson, *Living with Polio*, p. 120.

15. 같은 책.

16. Oshinsky, *Polio*, p. 49.

17. 같은 책, p. 51.

18. 같은 책, p. 52.

19. 같은 책, p. 188.

20. Llanas, *Jonas Salk*, p. 16.

21. Oshinsky, *Polio*, p. 101.

22. Ian Musgrave, "'Toxins' in Vaccines: A Potentially Deadly Misunderstanding," *The Conversation*, November 28, 2012, http://theconversation.com/toxins-in-vaccines-a-potentially-deadly-misunderstanding-11010.

23. Oshinsky, *Polio*, p. 228.

24. 같은 책, p. 171.

25. 같은 책, p. 172.

26. Thompson, "The Salk Polio Vaccine."

27. "Medicine: Closing in on Polio," *Time*, March 29, 1954, http://content.time.com/time/subscriber/article/0,33009,819686-4,00.html.

28. William Lawrence, "Sacks Polio Vaccine Proves Success; Millions Will Be Immunized Soon; City Schools Begin Shots", April 25, *The New York Times*, April 13, 1955, http://timemachine.nytimes.com/timemachine/1955/04/13/issue.html.

29. Oshinsky, *Polio*, p. 211.

30. Amar Prabhu, "How Much Money Did Jonas Salk Potentially Forfeit by Not Patenting the Polio Vaccine?" *Forbes*, August 9, 2012, http://www.forbes.com/sites/quora/2012/08/09/how-much-money-did-jonas-salk-potentially-forfeit-by-not-patenting-the-polio-vaccine/#1e35e3941c2d.

31. Oshinsky, *Polio*, p. 215.

32. 같은 책, p. 214.

33. 같은 책, p. 216.

34. Dwight D. Eisenhower, "Citation Presented to Dr. Jonas E. Salk and Accompanying Remarks," American Presidency Project, April 22, 1955, http://www.presidency.ucsb.edu/ws/?pid=10457.

35. 같은 책.

36. Stanley Plotkin, "'Herd Immunity': A Rough Guide," *Oxford Journals: Clinical Infectious Diseases* 52, no. 7 (2011), http://cid.oxfordjournals.org/content/52/7/911.full.

37. "Measles (MCV)—Data by Country," Global Health Observatory data repository, World Health Organization, http://apps.who.int/gho/data/node.main.A826?_ga=1.149767604.366030890.1401971125.

38. Paul A. Offit, *The Cutter Incident: How America's First Polio Vaccine Led to the Growing Vaccine Crisis* (New Haven, CT: Yale University Press, 2005), Kindle location 178.

39. 같은 책, Kindle location 2075.

40. Oshinsky, *Polio*, p. 255.

41. "Oral Polio Vaccine," the Global Polio Eradication Initiative, http://www.polioeradication.org/Polioandprevention/Thevaccines/Oralpoliovaccine(OPV).aspx.

42. "People and Discoveries—Jonas Salk," A Science Odyssey, PBS.org, 2010, http://www.pbs.org/wgbh/aso/databank/entries/bmsalk.html.

43. Sheryl Stolberg, "Jonas Salk, Whose Vaccine Conquered Polio, Dies at 80," *Los Angeles Times*, June 24, 1995, http://articles.latimes.com/1995-06-24/news/mn-16682_1_first-polio-vaccine.

44. Richard D. Heffner, "Man Evolving . . . an Interview with Jonas Salk,"

Open Mind, May 11, 1985, http://www.thirteen.org/openmind-archive/ science/man-evolving/.

에필로그

1. Mark Joseph Stern, "Listen to Reagan's Press Secretary Laugh About Gay People Dying of AIDS," *Slate*, December 1, 2015, http://www. slate.com/blogs/outward/2015/12/01/reagan_press_secretary_ laughs_about_gay_people_dying_of_aids.html.

2. Ronald Reagan, "The President's News Conference: September 17, 1985," https://reaganlibrary.archives.gov/archives/speeches/1985/91785c.htm.

3. Hank Plante, "Reagan's Legacy," HIV Info—Hot Topics—from the Experts, San Francisco AIDS Foundation, 2011, http://sfaf.org/ hiv-info/hot-topics/from-the-experts/2011-02-reagans-legacy. html?referrer=https://www.google.com.

4. William F. Buckley Jr. "Crucial Steps in Combating the Aids Epidemic; Identify All the Carriers," *New York Times*, op-ed, March 18, 1986, https://www.nytimes.com/books/00/07/16/specials/buckley-aids. html.

5. William Martin, *With God on Our Side: The Rise of the Religious Right in America* (New York: Broadway Books, 1996), p. 248.

6. "Huckabee Wanted AIDS Patients Isolated," *Los Angeles Times*, December 9, 2007, http://articles.latimes.com/2007/dec/09/nation/na-huckabee9.

7. "Mike Huckabee Advocated Isolation of AIDS Patients in 1992 Senate Race," Fox News, December 8, 2007, http://www.foxnews.com/ story/2007/12/08/mike-huckabee-advocated-isolation-aids-patients-in-12-senate-race.html.

8. Catherine Shoard, "Elizabeth Taylor 'Worth up to 1Bn' at Time of Death," *Guardian*, March 29, 2011, http://www.theguardian.com/ film/2011/mar/29/elizabeth-taylor-worth-1bn-death.

9. David Aikman, *Billy Graham: His Life and Influence* (Nashville: Thomas Nelson, 2007), p. 261.

10. John Morrison, *Mathilde Krim and the Story of AIDS* (New York: Chelsea House, 2004), Kindle edition, excerpt, p. 57, https://books.google.com/books?id=K-ZU35x2JaoC&pg=PA54&lpg=PA54&dq=How+much+did+government+spend+investigating+tylenol&source=bl&ots=MYVv0GgLiT&sig=aGgVsBpQN6ItG971z4EFlEjqaQ8&hl=en&sa=X&ved=0ahUKEwjBlLmwxrTMAhVDdj4KHQFKB00Q6AEILDAC#v=onepage&q=How%20much%20did%20government%20spend%20investigating%20tylenol&f=false.

11. "Catholics, Condoms and AIDS," *New York Times*, October 20, 1989, http://www.nytimes.com/1989/10/20/opinion/catholics-condoms-and-aids.html.

12. David Koon, "Ruth Coker Burks, the Cemetery Angel," *Arkansas Times*, January 8, 2015.

13. Stefan Zweig, *The World of Yesterday* (1943; Lexington, MA: Plunkett Lake Press, 2011 재간행), p. 5 (『어제의 세계』, 곽복록 옮김, 지식공작소, 2014, 9쪽).

참고문헌

안토니누스역병

Birley, Anthony R. *Marcus Aurelius: A Biography*. New York: Routledge, 2000.

Boak, Arthur Edward Romilly. *A History of Rome to 565 AD*. New York: Macmillan, 1921. Kindle edition.

Cicero, Marcus Tullius. *The Orations of Marcus Tullius Cicero*. Translated by C. D. Young. 1851. University of Toronto, Robarts Library archives.

D'Aulaire, Edgar Parin, and Ingri D'Aulaire. *D'Aulaires' Book of Greek Myths*. New York: Delacorte Press, 1962 (『그리스 신화』, 최영미 옮김, 시공주니어, 1999).

Dio, Cassius. *Roman History*. Loeb Classical Library. Cambridge, MA: Harvard University Press, 1911.

Fears, J. Rufus. "The Plague Under Marcus Aurelius and the Decline and Fall of the Roman Empire." *Infectious Disease Clinics* 18, no. 1 (March 2004). http://www.id.theclinics.com/article/S0891-5520(03)00089-8/abstract.

Forbush, William Byron, ed. *Fox's Book of Martyrs: A History of the Lives, Sufferings and Triumphant Deaths of the Early Christian and Protestant Martyrs*. Philadelphia: John C. Winston, 1926 (『순교자 열전』, 홍병룡·최상도 옮김, 포이에마, 2014).

"Germanic Peoples." *Encyclopedia Britannica*. http://www.britannica.com/topic/Germanic-peoples.

Gibbon, Edward. *The History of the Decline and Fall of the Roman Empire*. New York: Dutton, 1910 (『로마제국 쇠망사』 1~6, 송은주 옮김, 민음사, 2010).

Grant, Michael. *The Antonines: The Roman Empire in Transition*. London: Routledge, 1994.

Hinds, Kathryn. *Everyday Life in the Roman Empire*. New York: Cavendish

Square, 2009.

Kohn, George Childs, ed. *Encyclopedia of Plague and Pestilence: From Ancient Times to the Present.* 3rd ed. New York: Facts on File, 2008.

Maire, Brigitte, ed. *"Greek" and "Roman" in Latin Medical Texts: Studies in Cultural Change and Exchange in Ancient Medicine.* Leiden: Brill, 2014.

Marcus Aurelius. *The Meditations of Marcus Aurelius Antoninus.* Edited by A. S. L. Farquharson. Oxford: Oxford University Press (Oxford World's Classics), 2008 (『명상록』, 천병희 옮김, 숲, 2005).

"Marcus Aurelius Biography." Biography.com. http://www.biography.com/people/marcus-aurelius-9192657#challenges-to-his-authority.

Mattern, Susan P. *Galen and the Rhetoric of Healing.* Baltimore: Johns Hopkins University Press, 2008.

McLynn, Frank. *Marcus Aurelius: A Life.* Cambridge, MA: Da Capo Press, 2009.

Niebuhr, Barthold Georg. *Lectures on the History of Rome: From the First Punic War to the Death of Constantine.* 1844. E-source courtesy of Getty Research Institute. https://archive.org/details/historyofrome01nieb.

Phang, Sara Elise. *The Marriage of Roman Soldiers (13 B.C.–A.D. 235): Law and Family in the Imperial Army.* New York: Trustees of Columbia University, 2001.

Raoult, Didier, and Michel Drancourt, eds. *Paleomicrobiology: Past Human Infections.* Berlin: Springer-Verlag, 2008.

"Roman Freedmen." Quatr.us. 2016. http://www.historyforkids.org/learn/romans/people/freedmen.htm#.

Scheidel, Walter. "Marriage, Families, and Survival in the Roman Imperial Army: Demographic Aspects." Prince ton/Stanford Working Papers in Classics, Stanford University, 2005. https://www.princeton.edu/~pswpc/pdfs/scheidel/110509.pdf.

Sheppard, John George. *The Fall of Rome and the Rise of the New Nationalities: A Series of Lectures on the Connections Between Ancient and Modern History.* New York: Routledge, 1892. University of Toronto, Robarts Library archives, https://archive.org/details/fallofromeriseof00shepuoft.

Tacitus. *Complete Works of Tacitus*. New York: McGraw-Hill, 1964.

Thatcher, Oliver J., ed. *The Library of Original Sources. Vol. 4, Early Mediaeval Age*. 1901. Honolulu: University Press of the Pacific, 2004 재간행.

Thucydides. *History of the Peloponnesian War*. Translated by Richard Crawley. New York: Dutton, 1910 (『펠로폰네소스 전쟁사』, 천병희 옮김, 숲, 2011).

Vesalius, Andreas. *On the Fabric of the Human Body*. Translated by W. F. Richardson and J. B. Carman. San Francisco: Norman, 1998–2009.

가래톳페스트

Aberth, John. *From the Brink of the Apocalypse: Confronting Famine, War, Plague and Death in the Later Middle Ages*. London: Routledge, 2001.

Alden, Henry Mills, ed. "The Great Epidemics." *Harper's New Monthly Magazine*, June to November 1856. Internet Archive 2013. https://archive.org/details/harpersnew13harper.

Bailey, Diane. *The Plague (Epidemics and Society)*. New York: Rosen, 2010.

Benedictow, Ole. J. "The Black Death: The Greatest Catastrophe Ever." *History Today* 55, no. 3 (March 2005). http://www.historytoday.com/ole-j-benedictow/black-death-greatest-catastrophe-ever.

"Black Death." History website. http://www.history.com/topics/black-death.

"The Black Death." BBC Bitesize Key Stage 3 website. http://www.bbc.co.uk/bitesize/ks3/history/middle_ages/the_black_death/revision/5/.

"The Black Death." In SlideShare, July 15, 2008. http://www.slideshare.net/guest13e41f/black-death-514058.

Boccaccio, Giovanni. *The Decameron*. Translated by John Payne. New York: Walter J. Black, 2007 (『데카메론』 1~3, 박상진 옮김, 민음사, 2012). Project Gutenberg e-Book. https://www.gutenberg.org/files/23700/23700-h/23700-h.htm.

Cantor, Norman F. *In The Wake of the Plague*. New York: HarperCollins, 2003.

Deary, Terry. *Horrible History: The Measly Middle Age.* Scholastic, 2015.

"The Flagellants' Attempt to Repel the Black Death, 1349." EyeWitness to History.com. 2010. http://www.eyewitnesstohistory.com/flagellants. htm.

Gottfried, Robert S. *The Black Death: Natural and Human Disaster in Medieval Europe.* New York: Free Press, 1983.

Haydn, Terry, and Christine Counsell, eds. *History, ICT and Learning in the Secondary School.* London: Routledge, 2003.

Kallen, Stuart A. *Prophecies and Soothsayers (The Mysterious & Unknown).* San Diego: Reference Point Press, 2011.

Kelly, John. *The Great Mortality.* New York: HarperCollins, 2005. Kindle edition (『흑사병시대의 재구성, 이종인 옮김, 소소, 2006』).

Leasor, James. *The Plague and the Fire.* Thirsk: House of Stratus, 2001.

Mitchell, Linda E., Katherine L. French, and Douglas L. Biggs, eds. "The Ties that Bind: Essays in Medieval British History in Honor of Barbara Hannawalt." *History: The Journal of the Historical Association,* 96, no. 324 (September 9, 2011). http://onlinelibrary.wiley.com/doi/10.1111/j.1468-229X.2011.00531_2.x/abstract.

"Myths About Onion." National Onion Association website. http://www.onions-usa.org/faqs/onion-flu-cut-myths.

"Newcomers Facts." National Geographic Channel, October 25, 2013. http://channel.nationalgeographic.com/meltdown/articles/newcomers-facts/.

"Nostradamus." *Encyclopedia of World Biography.* http://www.notable biographies.com/Ni-Pe/Nostradamus.html.

"Nostradamus Biography." Biography.com. http://www.biography.com/people/nostradamus-9425407#studies.

"Nostradamus Was the Most Famous Plague Doctor During Black Death Years." Pravda Report, pravda.ru website, February 9, 2009. http://english.pravda.ru/science/earth/09-02-2009/107080-nostradamus_black_death-0/.

Pahl, Ronald Hans. *Creative Ways to Teach the Mysteries of History.* Vol. 1.

Lanham, MD: Rowman and Littlefield Education, 2005.

"Petrarch on the Plague." The Decameron Web, a project of the Italian Studies Department's Virtual Humanities Lab at Brown University, February18, 2010. http://www.brown.edu/Departments/Italian_Studies/dweb/plague/perspectives/petrarca.php.

"Plague—Fact Sheet No. 267." World Health Organization media website, November 2014. http://www.who.int/mediacentre/factsheets/fs267/en/.

"Rat-Shit-Covered Physicians Baffled by Spread of Black Plague." *Onion*, December 15, 2009. http://www.theonion.com/article/rat-shit-covered-physicians-baffled-by-spread-of-b-2876.

Roberts, Russell. *The Life and Times of Nostradamus*. Hockessin, DE: Mitchell Lane, 2008.

Ross, Scarlett. *Nostradamus for Dummies*. Hoboken, NJ: Wiley, 2005.

Slavicek, Louise Chipley. *Great Historic Disasters: The Black Death*. New York: Chelsea House, 2008.

Trendacosta, Katherine. "The 'Science' Behind Today's Plague Doctor Costume." iO9blog. October 19, 2015. http://io9.gizmodo.com/the-science-behind-todays-plague-doctor-costume-1737404375.

Wilson, Ian. *Nostradamus: The Man Behind the Prophecies*. New York: St. Martin's Press, 2002.

무도광

Backman, E. Louis. *Religious Dances*. Translated by E. Classen. Alton, Dance Books, 2009.

Berger, Fred K. "Conversion Disorder." Medline Plus. October 31, 2014. https://www.nlm.nih.gov/medlineplus/ency/article/000954.htm.

"Cases of Mass Hysteria Throughout History." Onlineviralnews.com. September 18, 2015. http://onlineviralnews.com/cases-of-mass-hysteria-throughout-history/.

"Contagious Laughter." WYNC RadioLab. Season 4, episode 1. http://www.radiolab.org/story/91595-contagious-laughter/.

Dominus, Susan, "What Happened to the Girls in Le Roy." *New York Times Magazine*. March 7, 2012. http://www.nytimes.com/2012/03/11/magazine/teenage-girls-twitching-le-roy.html.

Kramer, Heinrich, and James (Jacob) Sprenger. *Malleus Maleficarum*. 1486 (『말레우스 말레피카룸 마녀를 심판하는 망치』, 이재필 옮김, 우물이있는집, 2016). Translated by Montague Summers in 1928. Digireads.com. 2009.

Mendelson, Scott. "Conversion Disorder and Mass Hysteria." *Huffpost Healthy Living*, February 2, 2012. http://www.huffingtonpost.com/scott-mendelson-md/mass-hysteria_b_1239012.html.

Midelfort, H. C. Erik. *A History of Madness in Sixteenth-Century Germany*. Stanford: Stanford University Press, 1999.

Paracelsus. *Essential Theoretical Writings*. Edited by Wouter J. Hanegraaff. Translated by Andrew Weeks. Leiden: Brill, 2008. http://self definition.org/magic/Paracelsus-Essential-Theoretical-Writings.pdf.

Sebastian, Simone. "Examining 1962's 'Laughter Epidemic.'" *Chicago Tribune*, July 29, 2003. http://articles.chicagotribune.com/2003-07-29/features/0307290281_1_laughing-40th-anniversary-village.

Siegel, Lee. "Cambodians' Vision Loss Linked to War Trauma." *Los Angeles Times*, October 15, 1989. http://articles.latimes.com/1989-10-15/news/mn-232_1_vision-loss.

"St. Vitus' Dance." BBC Radio 3. September 7, 2012. http://www.bbc.co.uk/programmes/b018h8kv.

Waller, John. *The Dancing Plague: The Strange, True Story of an Extraordinary Illness*. Naperville, IL: Sourcebooks, 2009.

―――. "In a Spin: The Mysterious Dancing Epidemic of 1518." *Science Direct*, September 2008. http://www.sciencedirect.com/science/article/pii/S0160932708000379.

두창

Bell, John. *Bell's British Theatre, Consisting of the Most Esteemed English Plays*. Vol. 17. 1780. Google digital from the library of Harvard University.

https://archive.org/details/bellsbritishthe19bellgoog.

Bingham, Jane. *The Inca Empire.* Chicago: Reed Elsevier, 2007.

Boseley, Sarah. "Lancet Retracts 'Utterly False' MMR Paper." *Guardian,* February 2, 2010. http://www.theguardian.com/society/2010/feb/02/lancet-retracts-mmr-paper.

Buckley, Christopher. *But Enough About You.* New York: Simon and Schuster, 2014.

Campbell, John. "An Account of the Spanish Settlements in America." 1762. Hathi Trust Digital Library. http://catalog.hathitrust.org/Record/008394522.

Clark, Liesl. "The Sacrificial Ceremony." NOVA. November 24, 1998. http://www.pbs.org/wgbh/nova/ancient/sacrificial-ceremony.html.

"The Conquest of the Incas—Francisco Pizarro." PBS.org. http://www.pbs.org/conquistadors/pizarro/pizarro_flat.html.

Cook, Noble David. *Born to Die: Disease and New World Conquest, 1492-1650.* Cambridge: Cambridge University Press, 1998.

Deer, Brian. "Exposed: Andrew Wakefield and the MMR-Autism Fraud." briandeer.com. http://briandeer.com/mmr/lancet-summary.htm.

──────. "MMR Doctor Given Legal Aid Thousands." *Sunday Times,* December 31, 2006. http://briandeer.com/mmr/st-dec-2006.htm.

Diamond, Jared M. *Guns, Germs and Steel: The Fates of Human Societies.* New York: Norton, 1997 (『총, 균, 쇠』, 김진준 옮김, 문학사상사, 2005).

──────. "Episode One: Out of Eden—Transcript." *Guns, Germs and Steel.* ETV Education, PBS.org. 2016 http://www.pbs.org/gunsgermssteel/show/transcript1.html.

"The Fall of the Aztecs—December 1520: Siege, Starvation & Smallpox." PBS.org. http://www.pbs.org/conquistadors/cortes/cortes_h00.html.

"Frequently Asked Questions about Smallpox Vaccine." Centers of Disease Control and Prevention. http://www.bt.cdc.gov/agent/smallpox/vaccination/faq.asp.

Gordon, Richard. *The Alarming History of Medicine.* New York: St. Martin's Griffin, 1993.

Grob, Gerald N. *The Deadly Truth: A History of Disease in America.* Cambridge, MA: Harvard University Press, 2005.

Gross, C. P., and K. A. Sepkowitz. "The Myth of the Medical Break through: Smallpox, Vaccination, and Jenner Reconsidered." *International Journal of Infectious Diseases,* July 1998. https://www.researchgate.net/publication/13454451_Gross_CP_Sepkowitz_KAThe_myth_of_the_medical_break_through_smallpox_vaccination_and_Jenner_reconsidered_Int_J_Infect_Dis_354-60.

Grundy, Isobel. *Lady Mary Wortley Montagu: Comet of the Enlightenment.* Oxford: Oxford University Press, 1999.

Halsall, Paul. "Modern History Sourcebook: Lady Mary Wortley Montagu (1689-1762): Smallpox Vaccination in Turkey." Fordham University, July 1998. http://legacy.fordham.edu/halsall/mod/montagu-smallpox.asp.

"Human Sacrifice and Cannibalism in the Aztec People." Michigan State University, Rise of Civilization course, April 21, 2013. http://anthropology.msu.edu/anp363-ss13/2013/04/21/human-sacrifice-and-cannibalism-in-the-aztec-people/.

Jakobsen, Hanne. "The Epidemic That Was Wiped Out." ScienceNordic, April 14, 2012. http://sciencenordic.com/epidemic-was-wiped-out.

Jongko, Paul. "10 Ancient Cultures That Practiced Ritual Human Sacrifice." TopTenz website: July 29, 2014. http://www.toptenz.net/10-ancient-cultures-practiced-ritual-human-sacrifice.php-.

Kramer, Samantha. "Aztec Human Sacrifice." Michigan State University, Great Discoveries in Archaeology course, April 25, 2013. http://anthropology.msu.edu/anp264-ss13/2013/04/25/aztec-human-sacrifice/.

MacQuarrie, Kim. *The Last Days of the Incas.* New York: Simon and Schuster, 2007 (『잉카 최후의 날』, 최유나 옮김, 옥당, 2010).

Mann, Charles C. "1491." *Atlantic,* March 2002. http://www.theatlantic.com/magazine/archive/2002/03/1491/302445/.

"Measles." Media Center—Fact Sheet. World Health Organization. March

2016. http://www.who.int/mediacentre/factsheets/fs286/en/.

Montagu, Lady Mary Wortley. "Lady Mary Wortley Montagu on Small Pox in Turkey (Letter)." Annotated by Lynda Payne. Children and Youth in History. Item #157. https://chnm.gmu.edu/cyh/primary-sources/157.

Oldstone, Michael B. A. *Viruses, Plagues and History*. Oxford: Oxford University Press, 1998. The *New York Times* on the Web—Books. https://www.nytimes.com/books/first/o/oldstone-viruses.html.

Osler, William. "Man's Redemption of Man." *American Magazine*, November 2010 to April 1911. Digitized by Google. https://books.google.com/books?id=I-EvAAAAMAAJ&pg=PA251&lpg=PA251&dq=Here+I+would+like+to+say+a+word+or+two+upon+one+of+the+most+terrible+of+all+acute+infections,+the+one+of+which+we+first+learned+the+control+through+the+work+of+Jenner.+A+great+deal+of+literature+has+been+distributed&source=bl&ots=ijHGbb6zsT&sig=FbS0JbRnrwolCKqaOt-dRLKxSYeg&hl=en&sa=X&ved=0ahUKEwjoqqHooavMAhWHtYMKHU6yB3UQ6AEIHTAA#v=onepage&q=Here%20I%20would%20like%20to%20say%20a%20word%20or%20two%20upon%20one%20of%20the%20most%20terrible%20of%20all%20acute%20infections%2C%20the%20one%20of%20which%20we%20first%20learned%20the%20control%20through%20the%20work%20of%20Jenner.%20A%20great%20deal%20of%20literature%20has%20been%20distributed&f=false.

Pringle, Heather. "Lofty Ambitions of the Inca." *National Geographic*, April 2011. http://ngm.nationalgeographic.com/2011/04/inca-empire/pringle-text/1.

Riedel, Stefan. "Edward Jenner and the History of Smallpox and Vaccination." Baylor University Medical Center Proceedings, January 2005. http://www.ncbi.nlm.nih.gov/pmc/articles/PMC1200696/.

Rotberg, Robert I., ed. *Health and Disease in Human History*. A Journal of Interdisciplinary History Reader. Cambridge, MA: MIT Press, 1953.

Salcamayhua, Don Juan. "An Account of the Antiquities of Peru." Sacred-

Texts.com. http://www.sacred-texts.com/nam/inca/rly/rly2.htm.

Shuttleton, David E. *Smallpox and the Literary Imagination, 1660-1820.* Cambridge: Cambridge University Press, 2007.

Stevenson, Mark. "Brutality of Aztecs, Mayas Corroborated." *Los Angeles Times,* January 23, 2005. http://articles.latimes.com/2005/jan/23/news/adfg-sacrifice23.

"The Story of . . . Smallpox—and Other Deadly Eurasian Germs." From Guns, *Germs and Steel.* PBS.org. http://www.pbs.org/gunsgermssteel/variables/smallpox.html.

"Timeline of Germ Warfare." ABC News. http://abcnews.go.com/Nightline/story?id=128610.

"Variolation." Project Gutenberg Self-Publishing Press. http://self.gutenberg.org/articles/variolation.

Viegas, Jennifer. "Aztecs: Cannibalism Confirmed?" *Tribe,* January 28, 2005. http://history-geeks-get-chicks.tribe.net/thread/a46bf658-ce68-4840-93a6-c10f66302485.

Whipps, Heather. "How Smallpox Changed the World." Livescience website. June 23, 2008. http://www.livescience.com/7509-smallpox-changed-world.html.

Wood, Michael. *Conquistadors.* BBC Digital. 2015 (『태양의 제국, 잉카의 마지막 운명』, 장석봉·이민아 옮김, 랜덤하우스코리아, 2005). https://books.google.com/books?id=xKqFCAAAQBAJ&pg=PA90&lpg=PA90&dq=%22Cort%C3%A9s+stared+at+him+for+a+moment+and+then+patted+him+on+the+head.%22&source=bl&ots=eTKqshNJKf&sig=gtnbajA3wRSChgmOFWsJgRTdGPc&hl=en&sa=X&ved=0CCYQ6AEwAWoVChMIivn7vODlxgIV1FmICh3E5QPM#v=onepage&q=smallpox&f=false.

매독

Blackmon, Kayla Jo. "Public Power, Private Matters: The American Social Hygiene Association and the Policing of Sexual Health in the Progressive Era." Thesis, University of Montana, Missoula, MT. May 2014. http://etd.lib.umt.edu/theses/available/etd-06262014-081201/

unrestricted/publicpowerprivatemattersblackmanthesisupload.pdf.

Blackwood's Edinburgh Magazine, April 1818. Ann Arbor: University of Michigan Library, 2009. https://books.google.com/books?id=res7AQAA MAAJ&pg=PA554&lpg=PA554&dq=No+Nose+club+edinburgh+magazi ne&source=bl&ots=W4wo-3O32h&sig=uIMQaVaBbfUR2jhEGvRsl_GW ZZ4&hl=en&sa=X&ved=0ahUKEwijzYSmx57MAhVG3mMKHRQ9AkE Q6AEIMjAD#v=onepage&q=No%20Nose%20club%20edinburgh%20 magazine&f=false.

Chahal, Vickram. "The Evolution of Nasal Reconstruction: The Origins of Plastic Surgery." Proceedings of the 10th Annual History of Medicine Days. University of Calgary, Calgary, Alberta, March 23-24, 2001. http://www.ucalgary.ca/uofc/Others/HOM/ Dayspapers2001.pdf.

Conrad, Lawrence I., Michael Neve, Vivian Nutton, Roy Porter, and Andrew Wear. *The Western Medical Tradition: 800 BC to AD 1800*. Cambridge: Cambridge University Press, 1995.

"Diseases and Conditions: Syphilis." Mayo Clinic. January 2, 2014. http://www.mayoclinic.org/diseases-conditions/syphilis/basics/ symptoms/con-20021862.

Eamon, William. *The Professor of Secrets: Mystery, Medicine and Alchemy in Renaissance Italy*. Washington: National Geographic Society, 2010.

Fitzharris, Lindsey. "Renaissance Rhinoplasty: The 16th-Century Nose Job." The Chirurgeon's Apprentice website. September 4, 2013. http://thechirurgeonsapprentice.com/2013/09/04/renaissance-rhinoplasty-the-16th-century-nose-job/#f1.

Frith, John. "Syphilis—Its Early History and Treatment until Penicillin and the Debate on Its Origins." *Journal of Military and Veterans' Health* 20, no. 4 (November 2012). http://jmvh.org/article/syphilis-its-early-history-and-treatment-until-penicillin-and-the-debate-on-its-origins/.

Hayden, Deborah. *Pox: Genius, Madness and the Mysteries of Syphilis*. New York: Basic Books, 2003.

Hertz, Abraham, and Emanuel Lincoln. *The Hidden Lincoln: From the Letters and Papers of William H. Herndon.* New York: Viking Press, 1938.

Jordan, Anne. *Love Well the Hour: The Life of Lady Colin Campbell, 1857-1911.* Leicester: Matador, 2010.

Jung, C. G. *Nietzsche's Zarathustra: Notes of the Seminar given in 1934-1939.* 2 vols. Edited by James L, Jarrett. Princeton: Princeton University Press, 2012. E-book.

Magner, Lois N. *A History of Medicine.* New York: Marcel Dekker, 1992.

Matthews, Robert. "'Madness' of Nietzsche Was Cancer Not Syphilis." *Telegraph*, May 4, 2003. http://www.telegraph.co.uk/education/3313279/Madness-of-Nietzsche-was-cancer-not-syphilis.html.

"Nasal Reconstruction Using a Paramedian Forehead Flap." Wikipedia. July 22, 2014. http://en.wikipedia.org/wiki/Nasal_reconstruction_using_a_paramedian_forehead_flap#cite_note-2.

Rotunda, A. M., and R. G. Bennett. "The Forehead Flap for Nasal Reconstruction: How We Do It." Skin Therapy Letter.com. March 2006. http://www.skintherapyletter.com/2006/11.2/2.html.

Serratore, Angela. "Lady Colin: The Victorian Not-Quite-Divorcee Who Scandalized London." Jezebel.com. November 11, 2014. http://jezebel.com/lady-colin-the-victorian-not-quite-divorcee-who-scanda-1650034397.

Sinclair, Upton. *Damaged Goods*: John C. Winston Company, 1913.

Stapelberg, Monica-Maria. *Through the Darkness: Glimpses into the History of Western Medicine.* UK: Crux, 2016.

Stewart, Walter. *Nietzsche: My Sister and I: A Critical Study.* Xlibris, 2007.

Weiss, Philip. "Beethoven's Hair Tells All!" *New York Times Magazine*, November 29, 1998. http://www.nytimes.com/1998/11/29/magazine/beethoven-s-hair-tells-all.html?pagewanted=all.

결핵

Brown, Sue. *Joseph Severn, A Life: The Rewards of Friendship.* Oxford: Oxford

University Press, 2009.

Bynum, Helen. *Spitting Blood: The History of Tuberculosis.* Oxford: Oxford University Press, 2012.

Byrne, Katherine. *Tuberculosis and the Victorian Literary Imagination.* Cambridge: Cambridge University Press, 2011.

Clark, James. *Medical Notes on Climate, Diseases, Hospitals, and Medical Schools, in France, Italy and Switzerland.* 1820, Cambridge: Cambridge University Press, 2013 재간행.

Dubos, Rene, and Jean Dubos. *The White Plague: Tuberculosis, Man and Society.* Boston: Little, Brown, 1996.

Frith, John. "History of Tuberculosis: Part 1—Phthisis, Consumption and the White Plague." *Journal of Military and Veterans' Health* 22, no. 2 (November 2012). http://jmvh.org/article/history-of-tuberculosis-part-1-phthisis-consumption-and-the-white-plague/.

Hawksley, Lucinda. *Lizzie Siddal: The Tragedy of a Pre-Raphaelite Supermodel.* New York: Walker, 2004.

Hugo, Victor. *The Works of Victor Hugo, One Volume Edition.* New York: Collier, 1928 (『레 미제라블』 1~5, 정기수 옮김, 민음사, 2012).

"International Drug Price Indicator Guide— Vaccine, Bcg." Management Sciences for Health. 2014. http://erc.msh.org/dmpguide/resultsdetail.cfm?language=english&code=BCG00A&s_year=2014&year=2014&str=&desc=Vaccine%2C%20BCG&pack=new&frm=POWDER&rte=INJ&class_code2=19%2E3%2E&supplement=&class_name=%2819%2E3%2E%29Vaccines%3Cbr%3E.

Jeaffreson, John Cordy. *The Real Lord Byron: New Views of the Poet's Life.* Vol. 2. Ann Arbor: University of Michigan Library, 1883 (2012 재간행).

Keats, John. *The Letters of John Keats: Volume 2.* Edited by Hyder Edward Rollins. Cambridge, MA: Harvard University Press, 1958.

Lawlor, Clark. *Consumption and Literature: The Making of the Romantic Disease.* New York: Palgrave Macmillan, 2007.

Marshall, Henrietta Elizabeth. *Uncle Tom's Cabin Told to the Children.* From the Told to the Children series, edited by Louey Chisholm. New

York: Dutton, 1904. http://utc.iath.virginia.edu/childrn/cbjackhp.
html.

McLean, Hugh. *In Quest of Tolstoy*. Boston: Academic Studies Press, 2010.

Poe, Edgar Allan. *Great Short Works of Edgar Allan Poe*. Edited by G. R.
Thompson. New York: Harper Collins, 1970 (『모르그 가의 살인』, 권진
아 옮김, 시공사, 2018).

Risse, Guenter B. *New Medical Challenges During the Scottish Enlightenment*.
Leiden: Brill, 2005.

Roe, Nicholas. *John Keats: A New Life*. New Haven, CT: Yale University
Press, 2012.

"Tuberculosis." Centers for Disease Control and Prevention. December 9,
2011. http://www.cdc.gov/tb/topic/treatment/.

"What Is Tuberculosis?" National Institute of Allergy and Infectious
Diseases. March 6, 2009. http://www.niaid.nih.gov/topics/
tuberculosis/understanding/whatistb/Pages/default.aspx.

Whitney, Daniel H. *The Family Physician and Guide to Health, Together with
the History, Causes, Symptoms and Treatment of the Asiatic Cholera, a
Glossary Explaining the Most Difficult Words That Occur in Medical Science,
and a Copious Index, to Which Is Added an Appendix*. 1833. U.S. National
Library of Medicine website. https://archive.org/details/2577008R.
nlm.nih.gov.

콜레라

Dickens, Charles. "The Troubled Water Question." *House hold Words, a
Weekly Journal*, April 13, 1850. https://books.google.com/books?id
=MPNAAQAAMAAJ&pg=PA53&lpg=PA53&dq=charles+dickens+tro
ubled+water+question&source=bl&ots=aVNLBwQOCh&sig=oAGl
hCUH9fzUJik8llHyOxoCjSI&hl=en&sa=X&ved=0ahUKEwiho5uK8
OHLAhWBbiYKHV5iChkQ6AEILTAD#v=onepage&q=charles%20
dickens%20troubled%20water%20question&f=false.

Dorling, Danny. *Unequal Health: The Scandal of Our Times*. Bristol: Policy
Press, 2013.

Halliday, Stephen. "Death and Miasma in Victorian London: An Obstinate Belief." *British Medical Journal*, October 23, 2001. http://www.bmj.com/content/323/7327/1469.

―――. *The Great Stink of London: Sir Joseph Bazalgette and the Cleansing of the Victorian Metropolis*. Gloucestershire: History Press, 2001.

Hempel, Sandra. "John Snow." *Lancet* 381, no. 9874 (April 13, 2013). http://www.thelancet.com/journals/lancet/article/PIIS0140-6736(13)60830-2/fulltext?elsca1=TW.

Johnson, Steven. *The Ghost Map: The Story of London's Most Terrifying Epidemic―and How It Changed Cities, Science and the Modern World*. New York: Penguin, 2006 (『감염지도』, 김명남 옮김, 김영사, 2008). Kindle edition.

―――. "How the 'Ghost Map' Helped End a Killer Disease." TEDsalon. November 2006. https://www.ted.com/talks/steven_johnson_tours_the_ghost_map?language=en#t-59501.

"Retrospect of Cholera in the East of London." *Lancet*, 2 (September 29, 1866). https://books.google.com/books?id=SxxAAAAAcAAJ&pg=PA1317&lpg=PA1317&dq=The+Lancet+london+Cholera+in+the+east+of+london++September+29+1866&source=bl&ots=Z-bAnpDI5s&sig=ZgLRBf3WznA2gzwsbgZAzmuQBlE&hl=en&sa=X&ved=0ahUKEwimtf-Ik-LLAhUDKCYKHQQ5DwUQ6AEIHDAA#v=onepage&q=The%20Lancet%20london%20Cholera%20in%20the%20east%20of%2-0london%20%20September%2029%201866&f=false.

Reuters. "Why Bad Smells Make You Gag." ABC Science. March 5, 2008. http://www.abc.net.au/science/articles/2008/03/05/2180489.htm.

"Reverend Henry Whitehead." UCLA Department of Epidemiology, School of Public Health. http://www.ph.ucla.edu/epi/snow/whitehead.html.

Snow, John. "John Snow's Teetotal Address." Spring 1836. From the British Temperance Advocate, 1888. UCLA Department of Epidemiology, School of Public Health. http://www.ph.ucla.edu/epi/snow/teetotal.html.

————. "Letter to the Right Honourable Sir Benjamin Hall, Bart., President of the General Board of Health." July 12, 1855. Original pamphlet courtesy of the Historical Library, Yale University Medical School. The John Snow Archive and Research Companion. http://johnsnow. matrix.msu.edu/work.php?id=15-78-5A.

————. "On Chloroform and Other Anaesthetics: Their Action and Administration." January 1, 1858. The Wood Library Museum. http://www.woodlibrarymuseum.org/ebooks/item/643/snow,-john.-on-chloroform-and-other-anaesthetics,-their-action-and-administration-(with-a-memoir-of-the-author,-by-benjamin-w.-richardson).

————. "On the Mode of Communication of Cholera." Pamphlet. 1849. Reviewed in the *London Medical Gazette* 44 (September 14, 1849). The John Snow Archive and Research Companion. http://johnsnow. matrix.msu.edu/work.php?id=15-78-28.

"Snow's Testimony." UCLA Department of Epidemiology, School of Public Health. http://www.ph.ucla.edu/epi/snow/snows_testimony. html.

Tuthill, Kathleen. "John Snow and the Broad Street Pump." *Cricket*, November 2003. UCLA Department of Epidemiology, School of Public Health. http://www.ph.ucla.edu/epi/snow/snowcricketarticle. html.

Vinten-Johansen, Peter, Howard Brody, Nigel Paneth, Stephen Rachman, and Michael Rip. *Cholera, Chloroform, and the Science of Medicine: A Life of John Snow.* Oxford: Oxford University Press, 2003.

나병

"An Act to Prevent the Spread of Leprosy, 1865." January 1865. National Park Service. http://www.nps.gov/kala/learn/historyculture/1865. htm.

"Appendix M: Special Report from Rev. J. Damien, Catholic Priest at Kalawao, March 1886." Report of the Board of Health. https://

books.google.com/books?id=C7JNAAAAMAAJ&pg=PR110&lpg=P
R110&dq=Special+report+J.+Damien+1886&source=bl&ots=R1-cZ_
SXPp&sig=M1DwLciA7V1IR-D-fKmCsPaen7I&hl=en&sa=X&ved=0ahUKE
wj0-fvLsuLLAhWBLyYKHdSjArUQ6AEIKDAE#v=onepage&q=Special%20
report%20J.%20Damien%201886&f=false.

Blom, K. "Armauer Hansen and Human Leprosy Transmission. Medical
Ethics and Legal Rights." 1973. U.S. National Library of Medicine.
http://www.ncbi.nlm.nih.gov/pubmed/4592244.

Brown, Stephen. "Pope Canonizes Leper Saint Damien, Hailed by Obama."
Edited by David Stamp. Reuters, October 11, 2009. http://www.reuters.
com/article/2009/10/11/us-pope-saints-idUSTRE59A0YW20091011.

"Damien the Leper." Franciscans of St. Anthony's Guild. 1974. Eternal
World Television Network. https://www.ewtn.com/library/MARY/
DAMIEN.HTM.

Daws, Gavan. *Holy Man: Father Damien of Molokai.* Honolulu: University of
Hawaii Press, 1989.

Eynikel, Hilde. *Molokai: The Story of Father Damien.* St. Paul's/Alba House,
1999.

Farrow, John. *Damien the Leper: A Life of Magnificent Courage, Devotion &
Spirit.* New York: Image Book (Doubleday), 1954.

Gould, Tony. *A Disease Apart: Leprosy in the Modern World.* New York: St.
Martin's Press, 2005.

O'Malley, Vincent J. *Saints of North America.* Huntington, IN: Our Sunday
Visitor, 2004.

"St. Damien of Molokai." Catholic Online. http://www.catholic.org/saints/
saint.php?saint_id=2817.

"Salmonella." Foodborne Illness website. http://www.foodborneillness.
com/salmonella_food_poisoning/.

Senn, Nicholas. "Father Damien, the Leper Hero." *Journal of the American
Medical Association,* August 27, 1904. https://books.google.com/book
s?pg=PA605&lpg=PA607&sig=mJi_mLzilMWH9Ac7pkeCYkwZxXg&ei
=c6KySpScI9GklAe3y4H5Dg&ct=result&id=e-sBAAAAYAAJ&ots=LaT

pBrjyQJ#v=onepage&q&f=false.

Stevenson, Robert Louis. "Father Damien—an Open Letter to the Reverend Dr. Hyde of Honolulu," February 25, 1890. http://www. fullbooks.com/Father-Damien.html.

―――. "The Letters of Robert Louis Stevenson―Volume 2, Letter to James Payn, June 13, 1889." Free Books. http://robert-louis-stevenson.classic-literature.co.uk/the-letters-of-robert-louis-stevenson-volume-2/ebook-page-60.as.

Stewart, Richard. *Leper Priest of Molokai: The Father Damien Story.* Honolulu: University of Hawaii Press, 2000.

Volder, Jan de. *The Spirit of Father Damien: The Leper Priest—a Saint for Our Time.* San Francisco: Ignatius Press, 2010.

Yandell, Kate. "The Leprosy Bacillus, circa 1873." *The Scientist,* October 1, 2013. http://www.the-scientist.com/?articles.view/articleNo/37619/title/The-Leprosy-Bacillus―circa-1873/.

장티푸스

Baker, S. Josephine. *Fighting for Life.* 1939. New York: New York Times Review of Books, 2013 재간행.

Bartoletti, Susan Campbell. *Terrible Typhoid Mary: A True Story of the Deadliest Cook in America.* New York: Houghton Mifflin Harcourt, 2015 (『위험한 요리사 메리』, 곽명단 옮김, 돌베개, 2018).

Gray, Dr. Annie. "How to Make Ice Cream the Victorian Way." English Heritage website. http://www.english-heritage.org.uk/visit/pick-of-season/how-to-make-victorian-ice-cream/.

Huber, John B. "'Microbe Carriers'—the Newly Discovered." *Richmond Times-Dispatch,* July 11, 1915. Chronicling America: Historic American Newspapers. Library of Congress. http://chroniclingamerica.loc.gov/lccn/sn83045389/1915-07-11/ed-1/seq-42/#date1=1915&index=0&rows=20&words=typhoid+Typhoid&searchType=basic&sequence=0&state=&date2=1915&proxtext=typhoid&y=0&x=0&dateFilterType=yearRange&page=1.

Leavitt, Judith Walzer. *Typhoid Mary: Captive to the Public's Health.* Boston: Beacon Press, 1996.

Lowth, Mary. "Typhoid and Paratyphoid Fever." Patient website. February 25, 2015. http://patient.info/doctor/typhoid-and-paratyphoid-fever-pro.

Mallon, Mary. "In Her Own Words." 2014, NOVA. http://www.pbs.org/wgbh/nova/typhoid/letter.html.

McNeil, Donald G., Jr. "Bacteria Study Offers Clues to Typhoid Mary Mystery." *New York Times*, August 26, 2013. http://www.nytimes.com/2013/08/27/health/bacteria-study-offers-clues-to-typhoid-mary-mystery.html?_r=0.

"Mystery of the Poison Guest at Wealthy Mrs. Case's Party." *Richmond Times-Dispatch*, August 22, 1920. Chronicling America: Historic American Newspapers. Library of Congress. http://chroniclingamerica.loc.gov/lccn/sn83045389/1920-08-22/ed-1/seq-51/#date1=1907&index=3&rows=20&words=Mary+Typhoid+typhoid&searchType=basic&sequence=0&state=&date2=1922&proxtext=typhoid+mary+&y=12&x=1&dateFilterType=yearRange&page=1.

Park, William H. "Typhoid Bacilli Carriers." 1908. Primary Sources: Workshops in American History. https://www.learner.org/workshops/primarysources/disease/docs/park2.html.

Petrash, Antonia. *More Than Petticoats: Remarkable New York Women.* Guilford; CT: TwoDot, 2001.

Sawyer, Wilbur A. "How a Dish of Baked Spaghetti Gave 93 Eaters Typhoid Fever." *Richmond Times-Dispatch*, July 11, 1915. Chronicling America: Historic American Newspapers. Library of Congress. http://chroniclingamerica.loc.gov/lccn/sn83045389/1915-07-11/ed-1/seq-43/.

Soper, George A. "The Work of a Chronic Typhoid Germ Distributor." 1907. Primary Sources: Workshops in American History. https://www.learner.org/workshops/primarysources/disease/docs/soper2.html.

"Thrives on Typhoid." *Washington Herald*, April 7, 1907. Chronicling America: Historic American Newspapers. Library of Congress. http://chroniclingamerica.loc.gov/lccn/sn83045433/1907-04-07/ ed-1/seq-12/.

"Typhoid Mary Wants Liberty." *Richmond Planet*, July 10, 1909. Chronicling America: Historic American Newspapers. Library of Congress. http://chroniclingamerica.loc.gov/lccn/sn84025841/1909-07- 10/ed-1/seq-7/#date1=1836&sort=relevance&rows=20&word s=MARY+TYPHOID&searchType=basic&sequence=0&index =0&state=&date2=1922&proxtext=typhoid+mary&y=0&x=0 &dateFilterType=yearRange&page=2.

스페인독감

Barnett, Randy. "The Volokh Conspiracy: Expunging Woodrow Wilson from Official Places of Honor." *Washington Post*, June 25, 2015. https://www.washingtonpost.com/news/volokh-conspiracy/ wp/2015/06/25/expunging-woodrow-wilson-from-official-places- of-honor/.

Barry, John M. *The Great Influenza: The Story of the Deadliest Pandemic in History.* New York: Penguin, 2004.

Board of Global Health, Institute of Medicine of the National Academies. "The Threat of Pandemic Influenza: Are We Ready?" Workshop overview. National Center for Biotechnology Information. 2005. http://www.ncbi.nlm.nih.gov/books/NBK22148/.

―――. *The Threat of Pandemic Influenza: Are We Ready?.* Workshop summary edited by Stacey L. Knobler, Alison Mack, Adel Mahmoud, Stanley M. Lemon. Washington: National Academies Press, 2005. http://www. ncbi.nlm.nih.gov/books/NBK22156/.

Connor, Steve. "American Scientists Controversially Recreate Deadly Spanish Flu." *Independent*, June 11, 2014. http://www.independent. co.uk/news/science/american-scientists-controversially-recreate- deadly-spanish-flu-virus-9529707.html.

Crosby, Alfred W. *America's Forgotten Pandemic: The Influenza of 1918.* Cambridge: Cambridge University Press, 2003. Kindle edition (『인류 최대의 재앙, 1918년 인플루엔자』, 김서형 옮김, 서해문집).

Dotinga, Randy. "5 Surprising Facts about Woodrow Wilson and Racism." *Christian Science Monitor,* December 14, 2013. http://www.csmonitor. com/Books/chapter-and-verse/2015/1214/5-surprising-facts-about-Woodrow-Wilson-and-racism.

Ewing, Tom. "Influenza in the News: Using Newspapers to Understand a Public Health Crisis." National Digital Newspaper—Program Awardee Conference, September 26, 2012. http://www.flu1918.lib.vt.edu/wp-content/uploads/2012/11/NDNP_Ewing_Influenza_25Sept2012.pdf.

"The Flu of 1918." *Pennsylvania Gazette,* October 28, 1998. http://www. upenn.edu/gazette/1198/lynch2.html.

"The Great Pandemic—New York." United States Department of Health and Human Services. http://www.flu.gov/pandemic/history/1918/ your_state/northeast/newyork/.

Greene, Jeffrey, and Karen Moline. *The Bird Flu Pandemic: Can It Happen? Will It Happen? How to Protect Your Family If It Does.* New York: St. Martin's Press, 2006.

Greenslade, Roy. "First World War: How State and Press Kept Truth off the Front Page." *Guardian,* July 27, 2014. http://www.theguardian. com/media/2014/jul/27/first-world-war-state-press-reporting.

Hardy, Charles. "'Please Let Me Put Him in a Macaroni Box'—the Spanish Influenza of 1918 in Philadelphia." WHYY- FM radio program *The Influenza Pandemic of 1918.* Philadelphia, 1984. History Matters website. http://historymatters.gmu.edu/d/13/.

"Influenza 1918." A complete transcript of the program. *American Experience.* PBS.org. 1998. http://www.pbs.org/wgbh/americanexperience/ features/transcript/influenza-transcript/.

Kolata, Gina. *The Story of the Great Influenza Pandemic of 1918 and the Search for the Virus That Caused It.* New York: Touchstone, 1999 (『독감』, 안정 희 옮김, 사이언스북스, 2003).

Kreiser, Christine M. "1918 Spanish Influenza Outbreak: The Enemy Within." HistoryNet website. October 27, 2006. http://www.historynet.com/1918-spanish-influenza-outbreak-the-enemy-within.htm.

Nicholson, Juliet. "The War Was Over but Spanish Flu Would Kill Millions More." *Telegraph*, November 11, 2009. http://www.telegraph.co.uk/news/health/6542203/The-war-was-over-but-Spanish-Flu-would-kill-millions-more.html#disqus_thread.

"Over There." A song by George M. Cohan. Wikipedia. https://en.wikipedia.org/wiki/Over_There.

Porter, Katharine Anne. *Pale Horse, Pale Rider: Three Short Novels*. New York: Harcourt Brace, 1967.

"Scientific Nursing Halting Epidemic." *Philadelphia Inquirer*, October 15, 1918. From the Influenza Encyclopedia, University of Michigan Library. http://quod.lib.umich.edu/f/flu/3990flu.0007.993/1.

"Spanish Influenza in North America, 1918–1919." Harvard University Library: Contagion—Historical Views of Diseases and Epidemics. http://ocp.hul.harvard.edu/contagion/influenza.html.

Trilla, Antoni, Guillem Trilla, and Carolyn Daer. "The 1918 'Spanish Flu' in Spain." *Oxford Journals, Clinical Infectious Diseases* 47, no. 5 (2008). http://cid.oxfordjournals.org/content/47/5/668.full.

Willerson, James T. "The Great Enemy—Infectious Disease." Edited by S. Ward Casscells and Mohammad Madjid. *Texas Heart Institute Journal*, 2004. http://www.ncbi.nlm.nih.gov/pmc/articles/PMC387424/.

"Woodrow Wilson." The Great Pandemic—The United States in 1918–1919. United States Department of Health and Human Services. http://www.flu.gov/pandemic/history/1918/biographies/wilson/.

기면성뇌염

Carswell, Sue. "Oliver Sacks." *People*, February 11, 1991. http://www.people.com/people/archive/article/0,20114432,00.html.

Crosby, Molly Caldwell. *Asleep: The Forgotten Epidemic That Remains One of Medicine's Greatest Mysteries*. New York: Berkley Books, 2010. Kindle edition.

Golden, Tim. "Bronx Doctor Has Best-Seller, Hit Movie and No Job." *New York Times*, February 16, 1991. http://www.nytimes.com/1991/02/16/nyregion/bronx-doctor-has-best-seller-hit-movie-and-no-job.html?pagewanted=all.

"Mystery of the Forgotten Plague." BBC News. July 27, 2004. http://news.bbc.co.uk/2/hi/health/3930727.stm.

"Parkinson Disease." *New York Times Health Guide*. September 16, 2013. http://www.nytimes.com/health/guides/disease/parkinsons-disease/levadopa-(l-dopa).html.

Reid, Ann H., Sherman McCall, James M. Henry, and Jeffrey K. Taubenberger. "Experimenting on the Past: The Enigma of von Economo's Encephalitis Lethargica." *Journal of Neuropathology and Experimental Neurology*, July 2001. http://jnen.oxfordjournals.org/content/60/7/663.

Sacks, Oliver. *Awakenings*. New York: Vintage Books, 1999 (『깨어남』, 이민아 옮김, 알마, 2012).

Vilensky, Joel A. *Encephalitis Lethargica: During and After the Epidemic*. Oxford: Oxford University Press, 2011. Kindle edition.

Vilensky, Joel A. "Sleeping Princes and Princesses: The Encephalitis Lethargica Epidemic of the 1920s and a Contemporary Evaluation of the Disease." Presentation Slides. 2008. http://slideplayer.com/slide/3899891/.

Vilensky, Joel A. "The 'Spanish Flu' Epidemic of 1918 & Encephalitis Lethargica." The Sophie Cameron Trust, Bath, England. http://www.thesophiecamerontrust.org.uk/research-epedemic.htm.

Vincent, Angela. "Encephalitis Lethargica: Part of a Spectrum of Post-streptococcal Autoimmune Diseases?" *Brain: A Journal of Neurology*, December 16, 2003. http://brain.oxfordjournals.org/content/127/1/2.

전두엽절제술

Beam, Alex. *Gracefully Insane: The Rise and Fall of America's Premier Mental Hospital.* New York: Public Affairs, 2009.

Borden, Audrey. *The History of Gay People in Alcoholics Anonymous: From the Beginning.* New York: Routledge, 2013.

Dully, Howard, and Charles Fleming. *My Lobotomy.* New York: Three Rivers Press, 2008.

Dynes, John B., and James L. Poppen. "Lobotomy for Intractable Pain." *Journal of the American Medical Association* 140, no. 1 (May 7, 1949). http://jama.jamanetwork.com/article.aspx?articleid=304291.

El-Hai, Jack. *The Lobotomist: A Maverick Medical Genius and His Tragic Quest to Rid the World of Mental Illness.* Hoboken, NJ: J. Wiley, 2005. Kindle edition.

Harkavy, Ward. "The Scary Days When Thousands Were Lobotomized on Long Island." *Village Voice,* October 26, 1999. http://www.villagevoice. com/long-island-voice/the-scary-days-when-thousands-were-lobotomized-on-long-island-7155435.

Harlow, John M. "Recovery from the Passage of an Iron Bar through the Head." Publications of the Massachusetts Medical Society, 1868. Wikisource. https://en.wikisource.org/wiki/Recovery_from_the_passage_of_an_iron_bar_through_the_head.

"Introduction: The Lobotomist." *American Experience.* PBS. http://www.pbs. org/wgbh/americanexperience/features/introduction/lobotomist-introduction/.

Kessler, Ronald. *The Sins of the Father: Joseph P. Kennedy and the Dynasty He Founded.* New York: Grand Central, 1996.

Kochar, Piya, and Dave Isay. "My Lobotomy: Howard Dully's Story." Edited by Gary Corvino. Sound Portraits Productions. NPR.org. November 16, 2005. http://www.npr.org/2005/11/16/5014080/my-lobotomy-howard-dullys-journey.

Larson, Kate Clifford. *Rosemary: The Hidden Kennedy Daughter.* New York: Houghton Mifflin Harcourt, 2015.

Levinson, Hugh. "The Strange and Curious History of Lobotomy." Magazine, BBC News, November 8, 2011. http://www.bbc.com/news/magazine-15629160.

"Lobotomy." PsychologistWorld.com. http://www.psychologistworld.com/biological/lobotomy.php.

Long, Tony. "Nov. 12, 1935: You Should (Not) Have a Lobotomy." WIRED, November 12, 2010. http://www.wired.com/2010/11/1112first-lobotomy/.

McGrath, Charles. "A Lobotomy That He Says Didn't Touch His Soul." *New York Times*, November 16, 2005. http://www.nytimes.com/2005/11/16/arts/a-lobotomy-that-he-says-didnt-touch-his-soul.html.

"Moniz Develops Lobotomy for Mental Illness, 1935." People and Discoveries. ETV Education, PBS.org. http://www.pbs.org/wgbh/aso/databank/entries/dh35lo.html.

"My Lobotomy." *All Things Considered*. SoundPortraits Productions, November 16, 2005. http://soundportraits.org/on-air/my_lobotomy/transcript.php.

Phillips, Michael M. "The Lobotomy File, Part Two: One Doctor's Legacy." A *Wall Street Journal* special project. 2013. http://projects.wsj.com/lobotomyfiles/?ch=two.

Pressman, Jack D. *Last Resort: Psychosurgery and the Limits of Medicine*. Edited by Charles Rosenberg and Colin James. Cambridge History of Medicine series. Cambridge: Cambridge University Press, 2002.

Raz, Mical. *Lobotomy Letters: The Making of American Psychosurgery*. Edited by Theodore M. Brown. Rochester Studies in Medical History series. Rochester, NY: University of Rochester Press, 2015.

Scull, Andrew T., ed. *Cultural Sociology of Mental Illness: An A-to-Z Guide*. Thousand Oaks, CA: Sage, 2014.

Vertosick, Frank T., Jr. "Lobotomy's Back." *Discover*, October 1997. http://discovermagazine.com/1997/oct/lobotomysback1240.

Weiner, Eric. "Nobel Panel Urged to Rescind Prize for Lobotomies." NPR.

org. August 10, 2005. http://www.npr.org/templates/story/story.php?storyId=4794007.

소아마비

Castillo, Merrysha. "Jonas Salk." The Exercise of Leadership. Wagner College, New York. http://faculty.wagner.edu/lori-weintrob/jonas-salk/.

"Deadly Diseases: Polio." ETV Education, PBS.org. http://www.pbs.org/wgbh/rxforsurvival/series/diseases/polio.html.

"Double Party Held at Warm Springs." *New York Times*, January 30, 1934. http://query.nytimes.com/gst/abstract.html?res=9B01EED91E3DE23ABC4950DFB766838F629EDE.

Eisenhower, Dwight D. "Citation Presented to Dr. Jonas E. Salk and Accompanying Remarks." The American Presidency Project. April 22, 1955. http://www.presidency.ucsb.edu/ws/?pid=10457.

Heffner, Richard D. "Man Evolving . . . an Interview with Jonas Salk." *Open Mind*, May 11, 1985. http://www.thirteen.org/openmind-archive/science/man-evolving/.

Llanas, Sheila. *Jonas Salk: Medical Innovator and Polio Vaccine Developer.* Edina, MN: ABDO, 2013.

Loving, Sarah. "Herd Immunity (Community Immunity)." University of Oxford, Vaccine Knowledge Project. http://www.ovg.ox.ac.uk/herd-immunity.

"Measles (MCV)—Data by Country." Global Health Observatory data repository. World Health Organization. http://apps.who.int/gho/data/node.main.A826?_ga=1.149767604.366030890.1401971125.

"Medicine: Closing In on Polio." *Time*, March 29, 1954. http://content.time.com/time/subscriber/article/0,33009,819686-4,00.html.

Musgrave, Ian. "'Toxins' in Vaccines: A Potentially Deadly Misunderstanding." *The Conversation*, November 28, 2012. http://theconversation.com/toxins-in-vaccines-a-potentially-deadly-misunderstanding-11010.

Nielsen, N. M., K. Rostgaard, K. Juel, D. Askgaard, and P. Aaby. "Long-term

Mortality after Poliomyelitis." U.S. National Library of Medicine. May 2003. PubMed.com. http://www.ncbi.nlm.nih.gov/pubmed/12859038.

Offit, Paul A. *The Cutter Incident: How America's First Polio Vaccine Led to the Growing Vaccine Crisis.* New Haven, CT: Yale University Press, 2005. Kindle edition.

"Oral Polio Vaccine." The Global Polio Eradication Initiative. http://www.polioeradication.org/Polioandprevention/Thevaccines/Oralpoliovaccine(OPV).aspx.

Oshinsky, David M. *Polio: An American Story.* Oxford: Oxford University Press, 2005.

"People and Discoveries—Jonas Salk." A Science Odyssey. PBS.org. http://www.pbs.org/wgbh/aso/databank/entries/bmsalk.html.

Plotkin, Stanley. "'Herd Immunity': A Rough Guide." *Oxford Journals: Clinical Infectious Diseases* 52, no. 7 (2011). http://cid.oxfordjournals.org/content/52/7/911.full.

"Polio and Prevention." The Global Polio Eradication Initiative. http://www.polioeradication.org/polioandprevention.aspx.

"Polio: What You Need to Know." myDr website. January 12, 2011. http://www.mydr.com.au/kids-teens-health/polio-what-you-need-to-know.

"Poliomyelitis." Fact Sheet No. 114. World Health Organization. October 2015. http://www.who.int/mediacentre/factsheets/fs114/en/.

Prabhu, Amar. "How Much Money Did Jonas Salk Potentially Forfeit by Not Patenting the Polio Vaccine?" *Forbes*, August 9, 2012. http://www.forbes.com/sites/quora/2012/08/09/how-much-money-did-jonas-salk-potentially-forfeit-by-not-patenting-the-polio-vaccine/#1e35e3941c2d.

Stolberg, Sheryl. "Jonas Salk, Whose Vaccine Conquered Polio, Dies at 80." *Los Angeles Times*, June 24, 1995. http://articles.latimes.com/1995-06-24/news/mn-16682_1_first-polio-vaccine.

Thompson, Dennis. "The Salk Polio Vaccine: Greatest Public Health Experiment in History." CBS News, December 2, 2014. http://www.

cbsnews.com/news/the-salk-polio-vaccine-greatest-public-health-experiment-in-history/.

Wilson, Daniel J. *Living with Polio: The Epidemic and Its Survivors.* Chicago: University of Chicago Press, 2005.

에필로그

Aikman, David. *Billy Graham: His Life and Influence.* Nashville: Thomas Nelson, 2007.

Buckley, William F., Jr. "Crucial Steps in Combating the Aids Epidemic; Identify All the Carriers." *New York Times*, op-ed, March 18, 1986. https://www.nytimes.com/books/00/07/16/specials/buckley-aids.html.

"Catholics, Condoms and AIDS." *New York Times*, October 20, 1989. http://www.nytimes.com/1989/10/20/opinion/catholics-condoms-and-aids.html.

"Huckabee Wanted AIDS Patients Isolated." *Los Angeles Times*, December 9, 2007. http://articles.latimes.com/2007/dec/09/nation/na-huckabee9.

Martin, William. *With God on Our Side: The Rise of the Religious Right in America.* New York: Broadway Books, 1996.

"Mike Huckabee Advocated Isolation of AIDS Patients in 1992 Senate Race." Fox News. December 8, 2007. http://www.foxnews.com/story/2007/12/08/mike-huckabee-advocated-isolation-aids-patients-in-12-senate-race.html.

Morrison, John. *Mathilde Krim and the Story of AIDS.* New York: Chelsea House, 2004. Kindle edition. Excerpt. https://books.google.com/books?id=K-ZU35x2JaoC&pg=PA54&lpg=PA54&dq=How+much+did+government+spend+investigating+tylenol&source=bl&ots=MYVv0GgLiT&sig=aGgVsBpQN6ItG971z4EFlEjqaQ8&hl=en&sa=X&ved=0ahUKEwjBlLmwxrTMAhVDdj4KHQFKB00Q6AEILDAC#v=onepage&q=How%20much%20did%20government%20spend%20investigating%20tylenol&f=false.

Plante, Hank. "Reagan's Legacy." HIV Info—Hot Topics—from the

Experts. San Francisco AIDS Foundation. 2011. http://sfaf.org/
hiv-info/hot-topics/from-the-experts/2011-02-reagans-legacy.
html?referrer=https://www.google.com/.

Reagan, Ronald. "The President's News Conference—September 17, 1985."
https://reaganlibrary.archives.gov/archives/speeches/1985/91785c.htm.

Shoard, Catherine. "Elizabeth Taylor 'Worth up to 1Bn' at Time of
Death." *Guardian*, March 29, 2011. http://www.theguardian.com/
film/2011/mar/29/elizabeth-taylor-worth-1bn-death.

Stern, Mark Joseph. "Listen to Reagan's Press Secretary Laugh About Gay
People Dying of AIDS." *Slate*, December 1, 2015. http://www.slate.
com/blogs/outward/2015/12/01/reagan_press_secretary_laughs_
about_gay_people_dying_of_aids.html.

Zweig, Stefan. *The World of Yesterday*. Lexington, MA: Plunkett Lake Press,
2011 (『어제의 세계』, 곽복록 옮김, 지식공작소, 2014).

감사의 글

책을 쓰면서 감사의 글만큼 어려운 부분도 없었습니다. 내게 자신감을 심어주신 거의 모든 분들의 격려가 이 책이 나오는 데 불가결했기 때문입니다. 따라서 이 책을 그 모든 분들께 바칩니다. 그중에서도 특히 ….

멋진 에이전트 니콜 토틀롯 씨. 당신이 안 계셨다면 제가 뭘 하고 있었을지. 기껏해야 인터넷에 떠도는 고양이 리스트나 작성했겠죠. 거기서 구해주셔서 감사합니다.

훌륭한 첫 번째 편집자 앨리슨 애들러 씨. 저술 과정 내내 매우 친절하게 안내해주셨습니다.

두 번째 편집자 캐럴라인 잰캔 씨. 이 책에 관한 끝없는 질문을 처리해주셨습니다.

놀라운 편집자 케리 컬런 씨. 저의 한없는 트집을 끈기 있게 들어주셨습니다.

맥밀런출판사 관계자 분들 ―빈둥거리다가 무언가 배우고 배운 걸

이야기로 풀어내는 비즈니스 모델이 있다는 게 여전히 기묘하지만, 정말 잘되었으면 좋겠습니다. 딱 저를 위한 거예요.

무도병과 기면성뇌염을 제안해주신 아이리스 스마일스 씨. 감사합니다. 그리고 당신의 책 『무직자를 위한 연애 팁*Dating Tips for the Unemployed*』은 만인의 필독서가 되어야 해요.

세스 포지스 씨. 끝없이 샘솟는 아이디어에 감탄했습니다.

헬스벨스Hell's Belles 여러분. 덕분에 항상 웃습니다.

니샤 아터 큐라텍과 티머시 큐라텍 씨. 사진과 우정에 감사드립니다.

아티클클럽Article Club의 여성 분들. 고함치며 아이디어를 낼 공간을 내주셨습니다.

리아 보일 씨. 이 질병들을 과학적으로 이해할 수 있도록 참을성 있게 도와주셨습니다.

세라 매슬린 니어 씨. 제 모든 책의 대모가 되어주셨습니다.

피터 펠드 씨. 뉴욕에 처음 와서 일자리 구하는 데 도움 주셨습니다.

크리스 부시 씨. 제가 누구보다 먼저 책을 쓸 거라 믿어주셨습니다.

아빠. 어린 시절 데이브 배리와 멜 브룩스의 텔레비전 프로를 계속 따라 하셔서 어떤 농담이든 잘하시는 줄 알았습니다.

엄마. 제 엔드노트(논문이나 저서를 집필할 때 문헌 관리를 위해 쓰는 소프트웨어—옮긴이) 지우셨죠. 이보다 더 큰 사랑이 없나니.

대니얼. 이상적인 첫 번째 독자이자 이상적인 배우자. 제가 어쩜 이리 운이 좋았는지 매일 경탄합니다.

기품 높으신 엘리자베스 비엘로스카 씨. 당신의 도움이 없었다면 대니얼과 저는 미아가 되었을 겁니다.

그토록 우아한 장례식을 치르신 리처드 가족 분들.

그리고 세라 리처드 씨. 이 세상 너머의 용들과 잘 지내고 있길 바랍니다. 우리와 다시 만날 때까지.

옮긴이의 글

　인류는 유사 이래 끊임없이 크고 작은 전염병에 시달려왔다. 수많은 인명이 희생되어 공동체와 사회질서가 무너지기도 했지만, 그러한 과정에서 문명을 발달시키며 전염병에 대한 대처 능력을 키웠다. 전염병 또한 마음껏 맹위를 떨치면서도 점점 거세지는 인류의 반격에 타격을 입으며 성장했다. 이처럼 전염병과 인류는 단순히 병원체와 숙주라는 생물학적 관계를 넘어 서로 문화 또는 생태 수준의 흥망성쇠를 간섭하는 문명사적 관계를 맺어온 것이다.

　과거 전 세계적으로 유행하며 막대한 피해를 일으킨 가래톳페스트(흑사병), 두창(천연두), 결핵, 콜레라, 스페인독감 등의 위력을 우리는 어렴풋이나마 알고 있다. 무시무시하지만 이미 오래전의 박제된 역사일 뿐, 21세기를 살고 있는 우리와는 관계없는 일이라고 생각될지도 모르겠다. 확실히 인류는 그 어느 때보다 뛰어난 지식과 기술을 바탕으로 고도의 문명을 구축했다. 하지만 오히려 그렇기 때문에 더욱더 전염병의 위험에 직면해 있다고 할 수 있다.

인구가 폭발적으로 증가하여 감염의 위험이 커졌고, 항공산업의 발달로 고속·대량의 이동이 가능해져 확산의 위험이 증대되었다. 지구 온난화는 병원체 폭증의 위험을, 공장식 밀집 축산은 병원체 변이의 위험을, 무분별한 개발은 미지 병원체 접촉의 위험을 높였다. 게다가 세계 곳곳에서 권위주의 부패 정권이 횡행하고 전쟁, 내전, 분쟁 등의 충돌이 끊이지 않아 해당 지역의 기본적인 위생 및 방역 체계가 붕괴되고 있다.

이러한 현실을 고려하면 호시탐탐 창궐의 기회를 노리는 전염병으로서는 지금이야말로 절호의 시기가 아닐 수 없다. 세계보건기구 WHO가 천명했듯이 바야흐로 '전염병의 시대'가 도래한 것이다. 실제로 두창을 제외한 기존의 전염병이 사라지지 않은 상황에서 20세기 후반부터 에볼라출혈열, 후천성면역결핍증후군(에이즈AIDS), 중증급성호흡기증후군(사스SARS), 중동호흡기증후군(메르스MERS) 등 겪어보지 못한 신종 전염병이 속속 출현하고 그 빈도 또한 잦아지고 있다. 그리고 공교롭게도 이 책의 출간을 눈앞에 둔 현재, 아직 정체를 알 수 없는 코로나바이러스감염증-19COVID-19가 급속도로 퍼지고 있어 한국을 비롯한 각국이 방역과 치료에 총력전을 펼치고 있다.

이 가운데 1980년대에 등장한 에이즈는 지금까지 무려 3천만~4천만 명의 사망자를 냈다. 그런데 전문가들은 대규모의 역병이 또다시 닥칠 것이라고 경고해왔다. 첨단 의학의 힘으로 맞서면 되지 않을까? 의학은 분명 눈부신 발전을 거듭하고 있지만, 전염병, 특히 파괴적인 바이러스성 전염병의 확산을 저지하기에는 아직 한참 역부족이라는 것을 우리는 지금 뼈저리게 느끼고 있다. 판데믹의 조짐을 보이는 코로나바이러스감염증-19가 앞으로 얼마나 더 유행하고 어느 정도의 인명 피해를 초래할지 섣불리 판단할 수는 없시만, '대감염시대'의 서막을 올리는 사건임은 분명해 보인다. 그렇다면 이러한 재앙에 우리는 어떻게 대처해야 하는가? 이 책은 바로 이 물음에 대한 해결책을 제시한다.

무엇보다 과거로부터 배워야 한다고 말이다. 인류는 오랜 세월에 걸친 풍부한 경험을 통해 전염병이 돌 때 효과적으로 맞서고 피해를 최소한으로 줄일 수 있는 방법을 모색하고 축적해왔다. 다만 그 지혜는 그냥 주어지는 것이 아니다. 역사와 부단히 소통함으로써만 강력한 무기로서 쥘 수 있는 것이다. 다른 질병과 달리 갑자기 나타나 순식간에 퍼지는 전염병은 극심한 공포심을 불러일으켜 판단을 흐리게 만들 공산이 크기 때문에 과거의 교훈이 더욱 절실하다.

이 책은 지도자의 리더십, 정부 당국의 대처, 언론의 역할이 전염병과의 전쟁에서 승패를 좌우할 만큼 막중하며, 개개인의 인식과 행동도 그것들 못지않게 중요하다는 것을 보여준다. 그리고 시민과 학계와 정부가 협력했을 때 최상의 결과가 도출된다는 것을 강조한다. 2015년, 한국의 메르스 유행 때의 총체적 난국을 떠올려보면 쉽게 수긍할 수 있을 것이다. 그 정도의 국가적 대혼란이 불과 몇 년 전의 일이었음을 생각하면 새삼 등골이 오싹해진다. 또한 작금의 상황에서 감염자 수가 돌연 폭증한 원인을 따져보면 어느 한쪽의 실책만으로도 돌이킬 수 없는 사태에 빠진다는 것을 우리는 목격하고 있다.

이런, 아주 심각하고 엄숙하고 장황한 (그래서 따분한) 잔소리로 가득하겠군. 이렇게 생각하고 고개를 절레절레 흔들며 서점에서 모처럼 집어든 책을 내려놓으려던 참이었다면, 잠시만 기다려주길 바란다. 알고 보면 이 책 정말 재밌으니까. 한밤중에 읽고 번역하면서 깔깔 웃다가도 눈물이 핑 돈 적이 또 있었을까. 만화책도 아닌 역사책, 그것도 무려 역병에 관한 책인데 말이다. 이러한 흡인력은 비슷한 주제를 다루는 많은 저작들과 차별되는 강점이다.

유머 코드가 적재적소에 포진해 있고, 냉소적이고 비꼬는 말투는 통쾌하기까지 하다. 때로는 다정하고 때로는 단호하게, 트렌디하면서도 진중하게 전개되는 이야기는 에세이로서도 손색없다. 누구나 카페 등지에서 부담 없이 읽기 시작하면 어느덧 전염병과 인류의 장대한 사투가 눈앞에 펼쳐져 있을 것이다. 저자는 어둡고 절망적인 역사를 밝고 희망적인 이야기로 풀어나가는 재주가 있다. 그리고 의학사 전문가는 아니지만 정확한 근거에 바탕을 두고 있다.

이 책의 독특한 점은 「전두엽절제술」의 장이 포함되어 있다는 것이다. 주지하듯이 전두엽절제술은 그 자체가 전염병이 아니라 마치 전염병처럼 널리, 어쩌면 전염병보다 더 악랄하게 자행된 '정신외과'적 수술 기법이다. 인위적인 의학적 비극도 되풀이하지 말자는 뜻에서 생명의료윤리에 관한 큰 시사점을 던져주기 때문에 의의가 있다고 할 수 있다. 또한 「에필로그」에 에이즈가 언급되어 있으므로 '세계사를 바꾼 전염병 13가지'라는 제목이 틀린 것만도 아니다.

이 책은 세계사적 사건을 다루고는 있지만 기본적으로 서양사의 범주에 속하며 특히 미국의 사정을 중심으로 기술되어 있다. 그리고 각 전염병도 특정 지역 및 시기에 국한되어 이야기된다. 전략적이고 또 불가피한 선택이었을 것이다. 따라서 독자의 관심에 따라 다른 시대와 다른 지역, 그리고 다른 전염병에 관해서도 살펴보기를 권한다. 나아가 전염병을 포함한 질병 일반과 문명의 상호작용으로 관심의

영역을 넓힌다면, 옮긴이로서, 그리고 의사학자醫史學者로서 더 바랄
것이 없겠다.

2020년 경칩을 앞두고

옮긴이

세계사를 바꾼 전염병 13가지

지은이 제니퍼 라이트
옮긴이 이규원
펴낸이 윤양미
펴낸곳 도서출판 산처럼

등 록 2002년 1월 10일 제1-2979
주 소 서울시 종로구 사직로8길 34 경희궁의 아침 3단지 오피스텔 412호
전 화 02-725-7414
팩 스 02-725-7404
이메일 sanbooks@hanmail.net
홈페이지 www.sanbooks.com

제1판 제 1쇄 2020년 3월 10일
제1판 제10쇄 2023년 11월 5일

값 20,000원

ISBN 978-89-90062-92-5   03900

* 잘못된 책은 바꾸어 드립니다.